suhrkamp taschenbuch
wissenschaft 888

Die Herrschaftsverhältnisse im Deutschland der frühen Neuzeit werden nirgends differenzierter sichtbar als auf der Ebene dörflicher und kleinstädtischer Gesellschaften. In diesem sozialen Mikrokosmos enthüllen die Spannungen zwischen Absolutismus und lokaler Selbstverwaltung, zwischen verordneter »Aufklärung« und den Beharrungskräften traditioneller Mentalitäten ihre Bedeutung für das Alltagsleben jener Menschen, die in der »großen Politik« nur als Beherrschte vorkommen.

In den Quellen erscheinen Sprach-, Vorstellungs- und Handlungsstrukturen der »einfachen« Bevölkerung jedoch fast ausschließlich durch den Filter staatlicher oder kirchlicher Untersuchungsprotokolle. Wie solche Akten als Zeugnisse einer vergangenen Volkskultur erschlossen werden können, haben u. a. die großen Arbeiten von Emmanuel Le Roy Ladurie und Carlo Ginzburg gezeigt. David Sabean verbindet hier die Analyse bäuerlicher Handlungs- und Vorstellungsstrukturen mit der Untersuchung politischer und ökonomischer Herrschaftsformen und liefert damit einen wesentlichen Beitrag zur gegenwärtigen Debatte um die Volkskultur.

David Warren Sabean promovierte in Geschichtswissenschaften an der University of Wisconsin. Weitere Studien in Anthropologie an der Cambridge University. 1966-1970 Dozent für europäische Geschichte an der University of East Anglia. 1970-1978 Assistent und Assistant Professor an der University of Pittsburgh. 1976-1983 Mitarbeiter des Max Planck-Instituts für Geschichte in Göttingen. Seit 1983 Professor of History an der University of California, Los Angeles.

Veröffentlichungen u. a.:
Landbesitz und Gesellschaft am Vorabend des Bauernkriegs (1972); Mitherausgeber von: *Emotionen und materielle Interessen. Sozialanthropologische und historische Beiträge zur Familienforschung* (1984). Mitautor von: *Klassen und Kultur. Sozialanthropologische Perspektiven in der Geschichtsschreibung* (1984). Gründer und Herausgeber der Zeitschrift *Peasant Studies*.

David Warren Sabean
Das zweischneidige Schwert

Herrschaft und Widerspruch
im Württemberg der frühen Neuzeit

Übersetzt von
Brigitte Luchesi

Suhrkamp

Titel der Originalausgabe:
Power in the Blood
© 1984 by Cambridge University Press

CIP-Titelaufnahme der Deutschen Bibliothek
Sabean, David Warren
Das zweischneidige Schwert :
Herrschaft und Widerspruch im Württemberg
der frühen Neuzeit /
David Warren Sabean.
Übers. von Brigitte Luchesi. –
1. Aufl. – Frankfurt am Main :
Suhrkamp, 1990
(Suhrkamp-Taschenbuch Wissenschaft ; 888)
Einheitssacht.: Power in the blood <dt.>
ISBN 3-518-28488-6
NE: GT

suhrkamp taschenbuch wissenschaft 888
Erste Auflage 1990
© 1986 by Dietrich Reimer Verlag Berlin
Lizenzausgabe mit freundlicher Genehmigung
des Dietrich Reimer Verlages
Suhrkamp Taschenbuch Verlag
Alle Rechte vorbehalten, insbesondere das
des öffentlichen Vortrags, der Übertragung
durch Rundfunk und Fernsehen
sowie der Übersetzung, auch einzelner Teile.
Satz und Druck: Wagner GmbH, Nördlingen
Printed in Germany
Umschlag nach Entwürfen von
Willy Fleckhaus und Rolf Staudt

1 2 3 4 5 6 – 95 94 93 92 91 90

Inhalt

Abbildungsverzeichnis

Dieses Buch
ist meiner Mutter
Myrna Maude Dixon Sabean
und dem Andenken meines Vaters
Elmer Clyde Sabean
gewidmet

Vorwort

Die Anfänge dieses Buchs liegen selbst für mich im dunkeln, doch bei welcher Gelegenheit die Idee dazu entstand, ist mir in ziemlich lebhafter Erinnerung. Seit etwa fünfzehn Jahren trage ich alles Material zusammen, das ich über das Dorf Neckarhausen (heute Teil der Stadt Nürtingen) finden kann. Ausgehend von der reichhaltigen Sammlung im Rathaus dehnte ich meine Suche vor mehreren Jahren auch auf die regionalen und staatlichen Archive aus. Vor etwa einem Jahr verbrachte ich eine Woche im Landeskirchlichen Archiv Stuttgart, um die Akten der Kirchenvisitationen auf relevante Hinweise durchzugehen. Am Ende der Woche standen mir vor Abfahrt meines Zuges noch drei freie Stunden zur Verfügung, die ich dazu nutzte, die Bände aus den achtziger Jahren des 16. Jahrhunderts durchzublättern, wobei ich hoffte, weitere Beispiele für bäuerliche Abendmahlsverweigerungen zu finden, die zu den beiden Fällen aus Neckarhausen paßten. Was ich entdeckte, bildet die Grundlage für das erste Kapitel des vorliegenden Buchs. Es verwies mich zudem auf ganz neues Material, das eine Erweiterung der Fragestellungen zuließ und neue Experimentiermöglichkeiten eröffnete.

Auch wenn die Schauplätze der Handlung in diesem Buch über ganz Württemberg verstreut sind, wird der aufmerksame Leser feststellen, daß meine Kenntnisse über die Mechanismen dieser ländlichen Gesellschaft in erster Linie aus der beharrlichen, eingehenden Durchsicht des umfangreichen Quellenmaterials für Neckarhausen erwachsen sind. Eine weitere Quelle der Anregung waren die täglichen Diskussionen, die ich während der vergangenen sieben Jahre mit meinen Kollegen vom Max-Planck-Institut für Geschichte führte. Ganz besonders eng waren meine Kontakte zu Hans Medick, der einen großen Teil seines Lebens dem schwäbischen Dorf widmet, das er bearbeitet. Zusammen mit Alf Lüdtke haben wir außerdem lange Zeit die verbindenden Momente zwischen Geschichtswissenschaft und Ethnologie erörtert. Nur wenig von dem, was ich hier niedergeschrieben habe, hätte vor meinem Aufenthalt in Göttingen verfaßt werden können.

Jürgen Schlumbohm las jedes Kapitel, sobald es aus der Schreibmaschine kam, und sparte nie mit der nötigen Ermutigung zum Weitermachen. Mit Vanessa Maher, Gerald Sider, Jonathan Knudsen und William Reddy, die alle ihre eigenen Arbeiten am Institut vorstellten, habe ich das Buch von Anfang bis Ende diskutiert. Sie alle wissen, wieviel ich von ihnen gelernt habe.

Eine frühere Fassung des ersten Kapitels erschien in der Festschrift für den Institutsdirektor Rudolf Vierhaus (im Verlag Vandenhoeck und Ruprecht). Seine kritischen Anmerkungen halfen mir bei der Überarbeitung meiner These; noch entscheidender jedoch waren die unablässige Unterstützung, die er meiner Arbeit zukommen ließ, und die hervorragenden Forschungsbedingungen, die er mir zur Verfügung stellte.

Eine Reihe von Personen hat das eine oder andere Kapitel gelesen und kommentiert. Ganz besonders hilfreich waren die Bemerkungen von Barbara Duden, David Cohen, Anthony La Vopa, Ivan Illich, Kenneth Barkin, Peter Reill und Georg Iggers.

Kurz vor der Fertigstellung des Buches hatte ich Gelegenheit zu einem Gespräch mit Martin Scharfe, der mich auf die Flugschrift mit der Abbildung des Farrenopfers in Beutelsbach hinwies. Dr. Irmgard Hampe in der Württembergischen Landesstelle für Volkskunde empfing mich aufs freundlichste und erteilte mir die Genehmigung zur Reproduktion.

Während meiner zahlreichen Aufenthalte im Hauptstaatsarchiv Stuttgart in den vergangenen zwanzig Jahren gab es viele Stunden voller Entdeckungen. Ich hoffe, daß der Text noch etwas von der Erregung enthält, die mich beim Studium der Dokumente erfaßte. Für die Mitarbeiter des Archivs war es nicht immer leicht, meine Wünsche zu erfüllen, dennoch waren sie jederzeit hilfsbereit und ermutigend. Eine ruhige Oase in der vielfältigen Welt der Archive ist das Landeskirchliche Archiv Stuttgart, dessen Direktor Dr. Gerhard Schäfer mir Material aus Neckarhausen zur Verfügung stellte und viele nützliche Anregungen gab. Hermann Ott, der für das Benutzerzimmer zuständig ist, weiß besser als irgend jemand sonst, wie man den Hilflosen hilft.

Während der verschiedenen Herstellungsphasen des Buchs erhielt ich wertvolle Unterstützung von Brigitte Bartels und Monika Hammer, die das Manuskript tippten, sowie von Hiltrud Mintenig, die es in den Computer eingab. Manfred Thaler, der in der Einleitung zu meinem Buch über Neckarhausen eine prominente Rolle spielen wird, führte mich in die Geheimnisse der Textverarbeitung ein. Die Abbildungen im fünften Kapitel wurden von Stefan Mielke gezeichnet.

Eines Abends, nachdem ich eilig ein ganz besonders schlechtes Essen gekocht hatte, fragte mich meine Frau, ob die Bauern das meiner Ansicht nach wert seien. Ihre Ironie hat mich bei Verstand gehalten.

David Warren Sabean
Göttingen, Juli 1983

Einleitung

Perspektiven zur Analyse staatlichen Handelns
in der frühen Neuzeit

> Wo nicht glaub ist, da ist kein gewissen,
> sonder ein Malzaichen der bestien.
>
> Johannes Brenz, 1530

> *Aufrürisch Opinionen... Item die eüsserlich mündtlich Predig des heiligen Evangeliums Christi, sey allein ein eüsserlich gethön unnd Buchstab, zum innerlichen leben des Geists undienstlich.*
>
> Württembergische Kirchen-Ordnung, 1559

> *Die Worte freilich plappern alle nach,*
> *wenige aber holen sich daraus Glaubensstärkung.*
>
> Johann Valentin Andreä, 1622

> *In unseren Evangelischen so genannten Lutherischen Kirchen und gemeinden ist ein großer Defect, größer alß bey all anderen Religionen... daß die meisten Lehrer... nach dem außerlichen buchstaben [lehren].*
>
> Georg Gottfried Bregenzer, 1699

> *Die von ihnen anjezo erlangte Freyheit nur eine außerliche Freyheit ihres Leibes und ihrer person von bißherigem proceß, und nicht eine innerliche Freyheit ihres gewissens seye.*
>
> Superintendent Lang, 1745

> *Wie wenig Empfänglichkeit [der gemeine Man]*
> *für reinere Vorstellungen hat.*
>
> Kanzleiadvokat Bolley, 1796

Das vorliegende Buch handelt von verschiedenen Episoden, die sich in einem Zeitraum von zweieinviertel Jahrhunderten ereigneten. In allen Fällen bilden Dörfer und Kleinstädte des Herzogtums Württemberg im Südwesten Deutschlands den Schauplatz. Das erste Kapitel beschreibt, wie Beamte in den achtziger Jahren des 16. Jahrhunderts die Teilnahme am Abendmahl zu erzwingen versuchten, und zeigt, in welcher Weise sich für die Dorfbewohner das Sakrament um Freundschaft und Feindschaft drehte. Im zweiten Kapitel tritt ein bäuerlicher Prophet auf, der 1648, dem letzten Jahr des Dreißigjährigen Kriegs, im Weinberg oberhalb seines Dorfes einem Engel begegnete. Der Engel übermittelte ihm eine Botschaft an den Herzog, in der von Sünde und Buße die Rede ist, doch hinter diesen Verschlüsselungen finden sich Hinweise auf eine Steuerrevolte. Das dritte Kapitel handelt von einem Vorfall aus dem Jahr 1683, als ein dreizehnjähriges Mädchen das Gerücht verbreitete, es sei eine Hexe. Die von ihm gebrauchten Metaphern weisen auf zentrale Fragen des Gemeindelebens und der staatlichen Herrschaft hin. Das vierte Kapitel befaßt sich mit der Laufbahn eines Pfarrers an der Wende zum 18. Jahrhundert, den wir heute wahrscheinlich als paranoid bezeichnen würden. Seine Aktivitäten veranschaulichen das komplexe Problem der Beziehung zwischen geistlicher und weltlicher Macht. Kurz vor der Mitte des Jahrhunderts führte der Tod eines anderen Pfarrers zu einer Morduntersuchung. Seine Geschichte konfrontiert uns mit Fragen der Verwandtschaft und des Gewissens, der lokalen Macht und der Ideologie des Staates. Das sechste Kapitel beruht auf Material aus den letzten Jahren des 18. Jahrhunderts. Es geht um ein Dorf, das einer Viehseuche einen lebendigen Farren opferte. Der Zusammenhang zwischen diesem Ereignis und dem dörflichen Diskurs führt uns zu weiteren Problemen des Verständnisses von lokaler Macht und Volkskultur.

In jedem Kapitel werden wir mit problematischen Fragen der Textanalyse konfrontiert. Es fällt häufig schwer, exakt auszumachen, wie eine Sache aus der Sicht des Volkes beurteilt wurde. Historische Quellen, die von Angehörigen der Volksschichten verfaßt wurden, existieren bis weit ins 19. Jahrhundert hinein nur in spärlichem Umfang, wodurch der Eindruck entsteht, als habe die große Masse der ländlichen Bevölkerung den Gang der Ereignisse nur schweigend erlebt. Alle Quellen, die uns zur Erforschung der bäuerlichen Kultur vorliegen, stehen in irgendeiner Weise im Zusammenhang mit Personen, die ein gewisses Maß an Herrschaft über die Bauern ausübten.[1] Selbst gerichtliche Auseinandersetzungen auf lokaler Ebene schlossen gewöhnlich Schreiber, Notare oder Richter ein, die niederschrieben, was die Dorfleute sagten. Was wie eine unmittelbare Zeugenaussage wirkt, kann sehr wohl die gekürzte Fassung einer Prozedur sein, die eine ziemlich lange Zeit beanspruchte. Hinzu kommt, daß die Zeugnisse über das Denken und Handeln der Bauern größtenteils anekdotenhaft und durch die Erzählung selbst entstellt sind. Diese Zeugnisse enthalten häufig derart viele Wiederholungen oder triviale Einzelheiten, daß es dem Historiker oft schwerfällt, sie nicht banal zu finden. Diese beiden Probleme – die Eingebundenheit bäuerlicher Sichtweisen in Quellen, die von verschiedenen obrigkeitlichen Instanzen verfaßt wurden, und der anekdotenhafte Charakter des Materials – stellen den Historiker der Volkskultur vor äußerst wichtige Fragen.

Zunächst wäre zu sagen, daß die beschriebene Quellenlage nicht notwendig ein Mangel sein muß. Dokumente, in denen Bauern mit den Augen der Herrscher oder ihrer Agenten wahrgenommen werden, belegen Herrschaftsverhältnisse. Schließlich meint der Begriff »Bauer« mehr als nur »Landwirt« und umfaßt auch seine Einfügung in die Produktions-, Rechts- und Religionsverhältnisse, die einen Teil seines Lebens beherrschen. Es entbehrt nicht der Ironie, daß unser Material gerade deshalb, weil wir nur über den Herrn an den Bauern gelangen können, häufig ein guter Ausgangspunkt für die Betrachtung der Beziehungen ist, die wir erforschen wollen. Die Beschaffenheit bäuerlicher Vorstellungen kann nicht losgelöst von der Dynamik der Machtverhältnisse und hierarchischen Beziehungen untersucht werden, und die Kapitel in diesem Buch sind Übungen, Quellen von der Hand staatlicher Obrigkeitsvertreter für das Studium der bäuerlichen Sicht dieses Prozesses heranzuziehen.

Was den Erzählcharakter des Materials angeht, so haben wir es hier mit zwei Arten von Erzählungen zu tun. Einige sind repetitiv, wie etwa die im ersten Kapitel behandelten Berichte über Personen verschiedener Dörfer, die sich weigerten, am Abendmahl teilzunehmen, oder die in den beiden letzten Kapiteln aufgeführten Zeugenaussagen von Dorfbewohnern, die nacheinander über Sachverhalte befragt wurden, die sie alle kannten oder die sie alle miterlebt hatten. Derartige repetitive Erzählungen stehen ihrer Form nach der bäuerlichen Kommunikation nahe, eine Form, die es wahrscheinlich in den meisten Gemeinschaften mit direkten, persönlichen Beziehungen gibt. [2] Zu dieser Form gehört eine konkrete Sprache mit symbolischem Inhalt, die zentrale Aspekte sozialer Beziehungen beständig wiederholt. Ihre Wiederholungen und ihre scheinbare Trivialität machen auf das aufmerksam, was wir untersuchen wollen. Die anderen, nichtrepetitiven Darstellungsformen ermöglichen ähnliches: die genaue Betrachtung von Handlungs- und Vorstellungsstrukturen legt ihre Logik frei und zeigt, wie die Logik auf neue Situationen abgebildet oder mit anderen Elementen verknüpft wird. Unser Interesse gilt der Untersuchung von Symbolen und Metaphern sowie der Sprache der konkreten Erfahrung, um einige der Formen zu verstehen, in der sich die Dorfleute den Strom sozialer Prozesse und die Beschaffenheit sozialer Beziehungen vorstellten und einander darstellten.

Dieses Buch vermittelt Einblicke in einzelne Begebenheiten. Da das Quellenmaterial eines Falls thematisch kaum mit dem eines anderen übereinstimmt, entstehen Brüche, die die Analyse gleicher Fragen für den gesamten Zeitraum erschweren. Trotzdem besteht ein Ziel des Buchs darin, Veränderungen nachzugehen, die in den dörflichen Sozialbeziehungen und ihren Ausdrucksformen im Laufe der Zeit stattfanden. Eine der Fragen ist, ob es in den ländlichen Strukturen und ländlichen Kultur tatsächlich Konstanten gibt, die von einem gleichbleibenden Produktionsablauf oder der Beharrlichkeit bäuerlichen Denkens herrühren.[3] Eine Interpretation versucht, die eigentliche bäuerliche Kultur aufzuspüren, sozusagen die geheime Tradition, die vor den Herren verborgen wurde und tief in der Vergangenheit wurzelte. In diese Welt sind uns nur flüchtige, gelegentliche Einblicke möglich. Eine andere Position spricht sich für relativ gleichbleibende Strukturen aus, die im Lauf der Zeit verschiedene Ausdrucksformen erhalten, was auf beständige Zwänge und die konstante Übernahme von Elementen aus der »hohen Kultur« hinweist. Ich bin der Auffassung, daß sich die sozialen Beziehungen in den württembergischen Dörfern im betrachteten Zeitraum beständig veränderten. Tradierte Kulturelemente wechselten fortwährend ihre Gestalt, sobald sie in neue Kontexte gestellt wurden. Wir werden jeden Fall gesondert betrachten und die ihm eigene Logik der sozialen Beziehungen und des Diskursmusters untersuchen. Wir werden einige der historischen Kräfte diskutieren, die im jeweils gegebenen Moment zusammentrafen. Wir werden auch wiederkehrende Probleme erörtern und einige der übergreifenden Prozesse untersuchen, die zu Veränderungen führten.

Produktivkräfte und sozialer Wandel in Württemberg

Die folgende Darstellung kann keine umfassende Einführung in die Agrar- und Wirtschaftsgeschichte Südwestdeutschlands zwischen dem 16. und 18. Jahrhundert sein. Ich werde nur jene Elemente herausgreifen, die den Hintergrund für die Informationen und Argumente in den anschließenden Kapiteln abgeben können. Ziel ist es, einige der Hauptmerkmale der sozialen Kräfte innerhalb der württembergischen Dörfer sowie ihrer Verbindung mit äußeren sozialen Kräften zu umreißen, wobei diejenigen Aspekte hervorgehoben werden sollen, die für mein Material relevant sind. Als erstes ist hervorzuheben, daß Württemberg ein Land kleinbäuerlicher Produzenten war, obschon die Amtsstädte als Dienstleistungszentren für die Landwirtschaft ein aktives Handelsleben führten und Sitz der gewerblichen und administrativen Eliten waren. Bestimmte Gebiete, vor allem um Urach auf der Schwäbischen Alb und Calw im Schwarzwald, entwickelten – insbesondere im 18.

Jahrhundert – protoindustrielle Aktivitäten. Unsere Episoden spielen jedoch vorwiegend in Dörfern, die hauptsächlich von kleinen landwirtschaftlichen Produzenten bestimmt wurden. Einen Adel im eigentlichen Sinne gab es in Württemberg nicht, zumindest nicht nach dem 16. Jahrhundert, als sie sich den Status von Reichsrittern erworben hatten. Ihre Gebiete – mitunter nicht größer als ein Dorf – blieben fremde Enklaven im württembergischen Hoheitsgebiet, denen beispielsweise für den Handel eine gewisse Bedeutung zukommen konnte. Doch der Adel selbst bildete keine Klasse, die zwischen der ländlichen Bevölkerung und dem Herzog stand. Er stellte keine dynamische Kraft im Ausbeutungsprozeß dar. Was die Eigentumsrechte angeht, so war etwas Land im privaten Besitz von Bauern, doch bei einem großen Teil des Landes handelte es sich um Lehen, die dem Herzog von Württemberg oder einer Institution, zum Beispiel der Universität oder einer der zahlreichen Stiftungen, gehörten.[4] Bereits im 16. Jahrhundert verfügte der größte Teil der Bauernschaft über Erblehen. Sowohl der Zehnte vom Getreide wie auch die Renten gingen in der einen oder anderen Form an den Herzog oder an Institutionen im Landesgebiet. Alles Land, sei es privates Eigentum oder Erblehen, wurde besteuert.

Man muß sich verdeutlichen, daß in Württemberg ein großer Anteil der »Feudalrente« bis weit ins 19. Jahrhundert hinein in Naturalien erhoben wurde. Es gab zwar noch verschiedene andere Abgaben und Gebühren, doch waren es vor allem drei Formen der Abschöpfung, die die rund dreißig Prozent ausmachten, die am Ende vom Produkt der Bauern einbehalten wurden. Zehn Prozent des Getreides gingen als Zehnter ab (von allen Gütern – Lehen oder Freieigenem). Rund weitere zehn Prozent wurden als »Zins« und »Gülte« gezahlt, die zumeist in Naturalien entrichtet wurden.[5] Diese beiden Anteile an der Feudalrente veränderten sich in der Zeit zwischen dem 16. und 18. Jahrhundert verhältnismäßig wenig. Das »dynamische« Element, das in Geld erhoben wurde und Fluktuationen und langfristigen Steigerungen unterlag, bildeten die Steuern. Gegen Ende des 18. Jahrhunderts beliefen sich diese ebenfalls auf ungefähr ein Zehntel des landwirtschaftlichen Produkts.

Seit Beginn des 16. Jahrhunderts wies Württemberg eine höhere Steuerbelastung als die benachbarten Territorien auf.[6] Eine bedeutende Erhöhung erfolgte Ende des 16. Jahrhunderts, eine weitere während und nach dem Dreißigjährigen Krieg. Beide hingen mit den Kosten für den militärischen Apparat zusammen. Die Steuern gingen selbstverständlich direkt an den Staat. Eine Unzahl von Beamten war damit befaßt, die jährlich anfallenden beträchtlichen Produkt- und Geldmengen von den Dörfern zu den zentralen Institutionen zu leiten; sie bildeten eine der wichtigsten Instanzen, durch die die Dörfer mit dem Staat verbunden waren. Doch die staatlichen Beamten waren nicht die einzigen, die mit der Abschöpfung des bäuerlichen Surplus befaßt waren, denn auf Dorfebene wurde die Einziehung aller Abgaben in der Regel von verschiedenen lokalen Beamten ausgeführt und überwacht, von Leuten also, die dem Dorf selbst angehörten. Eine weitere, für die lokalen Beziehungen bedeutsame Tatsache war die, daß der Pfarrer eines Dorfes häufig den kleinen Zehnten (von den Gartenerzeugnissen und ähnlichem) erhielt und einer der wenigen Beamten war, der mit dem unmittelbaren Produzenten direkt zu tun hatte und dem seine Produkte unmittelbar zugute kamen.[7]

Es wird oft darauf hingewiesen, daß sich in Württemberg nie eine ausgeprägte Stadt-Land-Dichotomie entwickelt hat. Es entstanden keine großen Zusammenballungen mit radikal anderen Produktionsweisen oder mit Kapitalstrukturen, die Transformationen auf dem Lande hätten bewirken können. Die Beziehungen zur Stadt waren nicht durch einen Expropriationsprozeß gekennzeichnet.[8] Selbst im politischen Bereich konnten die Dörfer eine Besteuerungsstruktur verhindern, die die Städte begünstigt hätte.[9] In den Kleinstädten betrieben viele der Einwohner weiterhin Landwirtschaft, und die dortigen Handwerker unterschieden sich häufig nicht von den Handwerkern im Dorf. Obwohl zwischen Kleinstadt und Dorf keine radikale Trennung bestand, konzentrierten sich die administrativen, religiösen und ökonomischen Eliten des Amtsbezirks auf die Kleinstädte, und wohlhabendere Stadtbewohner waren gewöhnlich beträchtlich reicher als die wohlhabendsten Dorfbewohner. Die strategische Lage ermöglichte den städtischen Handwerkern und Händlergruppen unternehmerische Funktionen im Baugewerbe und bei der Vermarktung landwirtschaftlicher Produkte. Wahrscheinlich noch bedeutsamer war die Tatsache, daß die intermediären kirchlichen und staatlichen Verwaltungsbeamten in der Stadt wohnten. Letztere waren damit befaßt, zwanzig oder dreißig Prozent dessen, was die Dorfbewohner produzierten, einzuziehen und den zentralen staatlichen Verteilungszentren zuzuleiten. Die Kluft zwischen dem höchsten Verwaltungsbeamten des Dorfes, dem Schultheißen, und dem städtischen Vertreter der staatlichen Obrigkeit, dem Vogt, war beträchtlich.

Ausgehend von diesen strukturellen Aspekten können wir uns einigen der Hauptpunkte des sozialen und ökonomischen Wandels für den in diesem Buch behandelten Zeitraum zuwenden. Das 16. Jahrhundert war allgemein durch eine wirtschaftliche Expansion und einen Anstieg der ländlichen Bevölkerung gekennzeichnet, der mindestens bis 1580 anhielt. Auch wenn ein Teil des Bevölkerungszuwachses von den Städten und Armeen aufgesogen wurde, war das Wachstum in den ländlichen Gebieten ebenfalls beträchtlich.[10] Unter diesem Druck drohte den im späten Mittelalter entstandenen Höfen die Aufteilung, eine Tendenz, die in Gegenden wie Oberschwaben und dem Schwarzwald erfolgreich gebremst wurde.[11] In den Kerngebieten Württembergs kamen Teilungen größerer Höfe in gewissem Umfang vor, doch hielten sie sich allgemein in Grenzen.[12] Hier entstand in den Dörfern auch eine Klasse von Landarmen neben Bauern mit relativ großen Betrieben. Im Vergleich mit dem 18. Jahrhundert ging das Bevölkerungswachstum und die Expansion der Landwirtschaft – die durch einen enormen Preisanstieg der landwirtschaftlichen Produkte, insbesondere des Getreides angetrieben wurde – nicht mit einem Anwachsen der dörflichen Handwerkerklasse einher. Es gab natürlich einige Gegenden, in denen Spinnen oder Weben auf dem Lande weite Verbreitung fand. Da sich die Preisschere immer mehr zugunsten landwirtschaftlicher Produkte auswirkte, konzentrierten die ländlichen Produzenten ihre Anstrengungen vor allem auf die Landwirtschaft.[13] Im allgemeinen jedoch bedeutete die zunehmende regionale Spezialisierung – Wein, Flachs, Milchprodukte, Holz usw. – eine Spezialisierung der Landwirtschaft mit einem immer komplexer werdenden Netz überregionaler Handelsbeziehungen.[14] Doch die Komplexität der Marktstruktur, wie sie sich im 18. Jahrhundert findet, existierte noch nicht.

Peter Kriedte hat kürzlich die Dynamik und Stockung der ökonomischen Expansion im 16. Jahrhundert umrissen.[15] Mit dem Bevölkerungswachstum ging eine Preisrevolution einher, die vor allem die Preise für landwirtschaftliche Produkte und hier in erster Linie für Getreide betraf. Mehr Land wurde kultiviert – um den Preis sinkender Grenzerträge, was ein Anwachsen der Produktion, jedoch ein Sinken der Produktivität nach sich zog. Die Expansion führte schließlich zu einer Zerstörung des ökologischen Gleichgewichts, zu verbrauchten Böden, Mißernten, erschöpften Ressourcen. Eine der Folgen war, daß der Anteil der feudalen Klassen am Agrarprodukt ständig bedroht war, und eine ihrer Reaktionen bestand darin, die Aufteilung lebensfähiger Höfe durch landhungrige Erben einzuschränken. Wo die Feudalrente in Geld umgewandelt worden war, waren neue Expropriationsformen und willkürliche Abgaben erforderlich. Doch in Württemberg, wo Renten und Zehnten weitgehend in Naturalien entrichtet wurden, hatten Landesherr und staatliche Institutionen am allgemeinen ökonomischen Aufschwung teil. Württemberg änderte die Form der erblichen Lehen nicht. Was es zu höheren Geldabgaben in Gestalt von Steuern trieb, waren Monetarisierung und die gestiegenen Kosten für ein Militär, das sich im 16. Jahrhundert entwickelte.[16] Um den Markt im 16. Jahrhundert in großen Zügen charakterisieren zu können, muß man die Unterschiede zwischen Stadt und Land hervorheben – Warenproduktion in der Stadt und Agrarproduktion auf dem Land, wobei der Marktplatz den Punkt des Austausches bildete. Auch die regionale Spezialisierung unterstrich die Bedeutung des Marktplatzes als dem Ort der Tauschbeziehungen. Im 18. Jahrhundert hingegen wurde diese Art Märkte von einem inneren Markt überlagert, und der *Marktplatz* als Vermittlungsinstanz zwischen Manufakturwaren und Agrarprodukten verlor seine exklusive Stellung.

Um 1580 hörte das Bevölkerungswachstum auf oder verlangsamte sich beträchtlich. Diese Stockung wurde durch eine Reihe von Mißernten verursacht, die mit verschiedenen Seuchenwellen einhergingen, vor allem der Beulenpest, die ca. 1580 einsetzte, am Ende des ersten Jahrzehnts des 17. Jahrhunderts wiederkehrte und im zweiten Jahrzehnt des Dreißigjährigen Kriegs erneut auftrat. Es drängt sich der Gedanke auf, daß die großen Sterblichkeitswellen eng mit den Expansionsgrenzen in der Landwirtschaft zusammenhingen.[17] Die ärmsten Teile der Bevölkerung waren Opfer eines beträchtlichen Absinkens der Reallöhne. Die Löhne müssen nicht unbedingt den hauptsächlichen Teil ihrer Subsistenz gebildet haben, um sie als Indikator für ihren Status heranziehen zu können. Alle Lohnreihen, die uns für das 16. Jahrhundert vorliegen, weisen einen erheblichen und dramatischen Abfall auf.[18] Dieses Faktum ist Teil der Entwicklung, die hinter dem zunehmenden Gebrauch der sozialen Kategorie »arm« in den Urkunden des späten 16. Jahrhunderts steht.[19] Diejenigen mit geringen Ressourcen standen jenen gegenüber, die Eigentum besaßen, und kämpften um die Nutzung von Waldland und um andere Gemeinrechte. Da die Landwirtschaft die Basis der Ökonomie darstellte, liegt die Vermutung nahe, daß die Verbindungen zwischen Menschen eng mit Landbesitz verknüpft waren und daß die reziproken Verpflichtungen in einem Dorf weitgehend über nichtmonetäre Verbindungen liefen. Ein Beispiel für die Art und Weise, in der soziale Beziehungen in die alltäglichen Subsistenzaktivitäten der landwirtschaftlichen Produktion und des agrikulturellen Austauschs eingebettet sein konnten, ist das Tagebuch eines Pfarrers aus den siebziger Jahren des 16. Jahrhunderts, das zeigt, wieviel Zeit er täglich damit zubrachte, in den verschiedenen Häusern Mahlzeiten einzunehmen und die Naturalabgaben einzusammeln.[20] Im Gegensatz dazu setzte sich im 18. Jahrhundert ein großer Teil der Einnahmen eines Pfarrers aus Zinsen, die er für Geldleihen an verschiedene Bauern nahm, aus Besoldungen und häufig auch aus ziemlich beträchtlichen und kommerziell genutzten kleinen Zehnten zusammen.[21]

Es ist nicht leicht, die mit dem Dreißigjährigen Krieg zusammenhängenden ökonomischen Veränderungen zu erfassen. Pest und Krieg forderten ihren Tribut, so daß die Bevölkerung vieler württembergischer Dörfer auf vierzig oder weniger Prozent ihres Vorkriegsstandes fiel.[22] Das Absinken der Bevölkerungszahl und der Preise für landwirtschaftliche Produkte sowie der geringe Umfang der Kapitalreserven und des verfügbaren Arbeitspotentials führten zu einer extensiveren Bodenbewirtschaftung, die jedoch einer hohen Besteuerung unterlag. Eine wichtige Folgeerscheinung des Krieges scheint die Stabilisierung der Agrarproduktion als der dominierenden sozialen Reproduktionsbasis gewesen zu sein, die sich jedoch in gewissen Punkten von der des 16. Jahrhunderts unterschied.[23] In den folgenden fünfzig Jahren wurde die Realteilung zum eindeutig beherrschenden Faktor in den württembergischen Dörfern, und am Ende dieses Zeitraums hatte sich eine feste ländliche Handwerkerschicht herausgebildet. Die in den Dörfern entstandene Handwerkerschicht mag durchaus das Ergebnis der relativ hohen Kosten für Arbeitskräfte in einer Depressionsperiode gewesen sein, da sie sich teilweise durch landwirtschaftliche Arbeit ernähren konnte. Man darf auch nicht übersehen, daß die Verbindung von Feudalabgaben in Form von Agrarerzeugnissen und neuer hoher Besteuerung dazu beitrug, die Realteilung zu befördern, da ein Gleichgewicht zwischen Kapital und Boden nur unter Schwierigkeiten aufrechtzuerhalten war. Der Bedarf an Geld zwang die Bauern auch dazu, Wucherdarlehen aufzunehmen.[24]

In diesem Zeitraum entstand die für Württemberg charakteristische Güterverteilung, die keine großen Unterschiede zwischen der Klasse der Vollbauern und der der Tagelöhner aufwies. Gleichwohl blieb die Produktion vollständig auf die Landwirtschaft ausgerichtet, und die Maßnahmen der staatlichen Herrschaft konzentrierten sich auf die Einziehung von Grundrenten oder Abgaben, die auf dem Besitz von Eigentum gründeten.[25] Trotz des wirtschaftlichen Niedergangs in der zweiten Hälfte des 17. Jahrhunderts nahm die Aktivität des Staates immer weiter zu. Natürlich können die Präsenz des Staates während des Dreißigjährigen Krieges in Gestalt sich bekämpfender Armeen und das Anwachsen der Besteuerungsinstrumente und Abgaben vor, während und nach dem Krieg als grundlegende Faktoren langfristiger ökonomischer Schwierigkeiten gesehen werden. Erfordernisse, die sich aus der Struktur des reorganisierten, auf militärische Präsenz angewiesenen Feudalstaats ergaben, bewirkten eine permanente hohe Besteuerung. Es waren nicht so sehr die Schockwirkungen des Dreißigjährigen Krieges[26] als vielmehr die anhaltenden hohen Steuerbelastungen dafür verantwortlich, daß sich die bäuerliche Reproduktion nur langsam erholte und immer wieder Schwierigkeiten ausgesetzt war.[27] Steuern und andere Formen des Transfers prägten die Beziehungen zwischen Staat und Dorf immer deutlicher. Die Instrumente des Staats waren lokale Beamten in den Dörfern und Kleinstädten, und die Quellen vermitteln den Eindruck, daß die Nachkriegszeit eine Zeit der Korruption und Beutemacherei für sie war. Parallel zum anwachsenden bürokratischen Apparat mit seinen Forderungen, der – wie jede Hexereiuntersuchung zeigen kann – zentral kontrolliert wurde, gab es Wucher, Unterschlagung und Kampf um Amtseinkünfte auf seiten der Beamten. In dieser Zeit mußten die Dorfbewohner Immigranten Platz einräumen. Gleichzeitig standen sie vor enormen Problemen der Kapitalbeschaffung – mußten Geld zu hohen Zinsen von Beamten leihen – und waren mit unerbittlichen Steuerforderungen konfrontiert.[28] In den Dörfern wurde die öffentliche Armenunterstützung zu einem zentralen Problem, und es kam immer häufiger vor, daß Familien die Verantwortung für entfernte Verwandten ablehnten.[29] Zu den Nachwirkungen des Krieges gehörte, daß viele Menschen von ihren ursprünglichen Heimatorten abgetrennt und in Dörfern gestrandet waren, in denen sie keine wirklichen Bindungen hatten, was zu Auseinandersetzungen darüber führte, wer wohin und zu wem gehörte.[30] Dörfliches und städtisches Bewußtsein entwickelte sich im Zuge der Auseinandersetzungen mit staatlichen Beamten über Wohnrechte und Fragen der öffentlichen Unterstützungsverpflichtung für einzelne. Außerdem bauten die Dörfer und Städte ihr eigenes inneres System aus, um die Einquartierung von Truppen und die Einziehung von Steuern und Zehnten zu bewältigen. Mit der sich beschleunigenden Dialektik zwischen Dorf und Staat wurden auch Fragen der legitimen Obrigkeit immer akuter. Pfarrer zum Beispiel ersannen neue Diskursformen gegenüber habgierigen Beamten, und die Thematik des geistlichen und weltlichen Macht wurde zu einem Brennpunkt vieler Konflikte.[31] Viele Geistliche waren nach dem Dreißigjährigen Krieg verarmt, doch gingen sie mit neuen Machtinstrumenten in den Händen in die zweite Hälfte des Jahrhunderts: institutionell waren sie mit dem dörflichen Kirchenkonsistorium und ideologisch mit einer Theorie der Buße gerüstet.[32]

Eine kurze Charakterisierung des 18. Jahrhunderts ist ebenfalls nicht einfach. Wenn wir die Zeit zwischen 1720 und 1750 betrachten, als der Bevölkerungsstand der Jahre vor dem Dreißigjährigen Krieg wieder erreicht war, so wird deutlich, daß sich die Situation entscheidend verändert hatte. Geordnetere Möglichkeiten des Militärdienstes für junge Männer entzogen dem Dorf für eine gewisse Zeit einen kleinen, aber festen Prozentsatz von Leuten. Vor allem aber hatte sich – je nach der Größe der Dörfer – ein mehr oder minder großes Korps von Dorfhandwerkern etabliert, das sich mit dem rapiden Bevölkerungswachstum nach der Jahrhundertmitte zahlenmäßig vergrößerte. Zu Beginn des

18. Jahrhunderts zählten die Handwerker häufig zu den wohlhabendsten Mitgliedern des Dorfs, was gegen Ende des Jahrhunderts – mit Ausnahme der Bäcker, Metzger, Gastwirte und Müller – nur noch selten der Fall war.[33] Während die Handwerker zu Beginn des Jahrhunderts mit Sicherheit unter der dörflichen Obrigkeit zu finden waren, gingen alle derartigen Positionen zunehmend an die landbesitzenden Bauern über. Das Anwachsen einer dörflichen Handwerkerschicht muß von der Zunahme protoindustrieller Produzenten unterschieden werden, zu denen etwa die Spinner und Weber um Calw im Schwarzwald oder um Urach und Laichingen auf der Schwäbischen Alb gehörten. Im Gegensatz zum 16. Jahrhundert waren die Unterschiede zwischen Stadt und Land weniger ausgeprägt, da die Produktion von handwerklichen Kleinwaren allerunterschiedlichster Art überall auf dem Land wohletabliert war. Obwohl dieses Phänomen in ganz Deutschland anzutreffen war, war die Handwerkerschicht nirgendwo so groß wie in Württemberg. Dort erreichte sie eine Dichte und Komplexität, die der einer ostelbischen Stadt gleichkam.[34] Um 1730 bildete sie etwa ein Viertel der arbeitenden Bevölkerung und gegen Ende des Jahrhunderts ein Drittel. Handwerker gehörten eindeutig zu den Landarmen, sie waren für ihren Lebensunterhalt von ihrem jeweiligen Handwerk abhängig. Ihre Existenz und ihr Anwachsen belegen eine zunehmende Arbeitsteilung und marktmäßige Durchdringung,[35] womit zwei weitere Aspekte einhergingen. Das Anwachsen der Handwerkerschicht hing aufs engste mit der Intensivierung und Spezialisierung der Landwirtschaft zusammen, mit der Produktion von Früchten, Wein und Industriepflanzen, die alle auf den Markt kamen. Gleichzeitig eröffnete das Aufkommen einer von Lohnarbeit abhängigen Gruppe von Menschen in den Dörfern und Kleinstädten einen zusätzlichen Markt für handwerkliche Waren.[36] Obwohl der Prozentsatz dieser Bevölkerungsgruppe stabil blieb (etwa fünfzig Prozent), nahm ihre absolute Zahl mit dem Bevölkerungswachstum beträchtlich zu.[37] Schultz charakterisiert diese Periode als eine der sozialen Differenzierung, die sich innerhalb einer homogenen bäuerlich-kleinbäuerlichen Gesellschaft vollzog.[38] Nach Kaschuba und Lipp ging der Prozeß mit einer fortschreitenden Abhängigkeit der dörflichen Produzenten von Marktbeziehungen und vom Erwerb von Waren einher, so daß Waren aus dem Fernhandel in die lokale Ökonomie eintraten. Das bewirkte eine sukzessive Ersetzung der Subsistenzwirtschaft durch Warenkonsumtion und -produktion.[39]

Ein beherrschender Trend war das Anwachsen der Marktbeziehungen und der Spezialisierung. In Mitteleuropa gab es sogar Leute, die die von vorbeiziehenden Schafen hängengebliebene Wolle von den Hecken klaubten, oder solche, die Pferdehaar sammelten.[40] Ihre Erzeugnisse wurden für Geld verkauft. Aber es waren nicht nur einzelne Menschen, die sich spezialisierten; auch ganze Dörfer verlegten sich auf die Produktion spezialisierter Erzeugnisse der verschiedensten Art. So gab es beispielsweise ein Dorf, das eine ganze Reihe von Kirschsorten anbaute, die jeweils ganz besondere Vermarktungsmöglichkeiten hatten – eine wurde an Weinhändler zum Dunkelfärben von Wein verkauft.[41] Ein Dorf mochte sich auf den Anbau und Verkauf von rohem Flachs spezialisieren, ein anderes auf die Bearbeitung von Flachs und ein drittes auf das Spinnen von Leinengarn.[42] Auch wenn in jedem der Dörfer diese Tätigkeiten in einem gewissen Maße kombiniert wurden, strich ein jedes seine spezielle Tätigkeit besonders heraus. Auf jeden Fall stand der Trend zur Spezialisierung und Monetarisierung, der zu Beginn des Jahrhunderts vielleicht nur in geringem Maße vorhanden gewesen war, am Ende des Jahrhunderts in voller Blüte. Er fiel mit der wachsenden Spezialisierung in der Landwirtschaft, mit der Kapitalisierung und mit der Vermarktung zusammen. Die Besitzverhältnisse im Dorf erfuhren eine Reihe entscheidender Veränderungen, die neue Formen der Beziehungen zwischen den Menschen erzeugten.

Die bäuerlichen Güter wurden zunehmend aufgeteilt – durch Vererbung, aber auch durch Landverkäufe innerhalb des Dorfes. Am Ende des Jahrhunderts wurde immer mehr Land verkauft, und zwar in immer kleineren Stücken.[43] Der allmähliche Übergang von extensiven zu intensiven Methoden kann sowohl an der Art der Bebauung wie an den Techniken abgelesen werden. Gegen Ende des Jahrhunderts standen Dörfer vor der Entscheidung, ihre Pferde aufzugeben und den Bestand an Rindvieh beträchtlich zu vergrößern, was neue Kooperationsformen nötig machte: zum Pflügen reicht ein Pferd, nimmt man hingegen Kühe oder Ochsen, braucht man zwei Tiere.[44] Auch auf dem Kapitalmarkt traten Veränderungen ein. Für viele Staatsbeamte und Pfarrer bildeten Renten einen beträchtlichen Teil ihres Einkommens. Auch Witwen waren für den Kapitalmarkt wichtig. Die Höhe der Zinsen lag offiziell bei fünf Prozent. Im Laufe der Zeit gerieten die bäuerlichen Produzenten wegen ihrer Verpfändungen (in Höhe von 100–300 fl.) in Abhängigkeit von diesem Kapitalmarkt und waren – je nach wirtschaftlicher Lage – mehr oder weniger verschuldet. Ein Bankrott führte nicht dazu, daß Eigentum vom Bauern an den Bürger überging. Das Land wurde vielmehr in einer Versteigerung an andere Dorfbewohner verkauft und die Gläubiger wurden unter Verlust ausbezahlt. In zunehmendem Maße wurde Geld auch an Leute verliehen, zu denen man keinen direkten Kontakt hatte, beispielsweise verlieh eine Notarswitwe in Stuttgart an einen Kleinbauern in einem 30 oder 40 Kilometer entfernten Dorf irgendwo auf der Schwäbischen Alb.[45]

Die gesellschaftlichen Kräfte im 18. Jahrhundert unterschieden sich von denen im 16. Jahrhundert beträchtlich. Die zunehmende soziale Differenzierung bedeutete eher ein Kontinuum von Landbesitz und Einkommen und nicht so sehr eine Trennung in große Landbesitzer und Landlose.⁴⁶ Die Spezialisierung bewirkte, daß jede Person in ihrer Besonderheit mehr oder weniger bestimmbar wurde; eine größere Zahl von Menschen befand sich in Randpositionen und war auf komplexere Weise miteinander verbunden – wenige Menschen führten noch ein und dieselbe Arbeit das ganze Jahr hindurch aus. Es war notwendiger geworden, verschiedene Einkommensquellen miteinander zu verbinden. Die Ehre einer Person war zu einem größeren Problem geworden, und der Kampf um einen Platz in der Gesellschaft stellte in zunehmendem Maße Symbole dieser Art in den Mittelpunkt. Das gleiche galt auch für ein ganzes Dorf: sein Ansehen und seine Ehre galt als entscheidend für die Konkurrenzposition seiner Bewohner.⁴⁷ Horizontale Verbindungen – und damit die Kooperation von Gleichen – setzten sich immer mehr durch; Eheschließungen wurden zunehmend ein Mittel der Fraktionsbildung und Gegenstand genauer Berechnungen. In den vertikalen Verbindungen zeigte sich eine stärkere Verquickung von Patronage und direkter Machtausübung. Obwohl blutsverwandtschaftliche Beziehungen als Zuordnungskriterien wichtig blieben – um Legitimität (Ehre) zu demonstrieren oder um sich erfolgreicheren Verwandten zuzuordnen –, verlor die Gruppe der Blutsverwandten ihre Funktion als kooperative Gruppe. Fiktive Verwandtschaft – Patenschaft – eignete sich besser zur Herausbildung neuer vertikaler Beziehungen.⁴⁸

Innerhalb dieser Struktur gehörte der Pfarrer, der immer von außen kam, zu einer zunehmend selbstsichereren, wohlhabenden Klasse. Im Dorf traf er auf eine herrschende Gruppe von Landbesitzern, die ebenfalls immer selbstsicherer wurde. Auseinandersetzungen, etwa über die Frage des Trinkens, konnten die divergierenden Formen der Macht symbolisieren – die des Pfarrers und die des Schultheißen. Und die soziale Basis für die Reaktion auf die Botschaft des Pfarrers war immer Teil der Gliederung der dörflichen Sozialstruktur.

Einheimische und Fremde: Beamte des Dorfes und des Amtes

In den folgenden Kapiteln wird verschiedentlich auf Dorfangelegenheiten, staatliche Institutionen und Amtspersonen Bezug genommen, die dem Leser gleich zu Beginn erläutert werden sollten. Da sich die behandelte Zeitspanne vom 16. bis zum Ende des 18. Jahrhunderts erstreckt, haben hier ziemlich viele Veränderungen stattgefunden. Ich werde sie, sofern sie relevant sind, erwähnen, sonst aber ein eher statisches Bild zeichnen, um die Ausführungen leidlich kurz zu halten.

Beginnen wir am unteren Ende: die meisten Dörfer, von denen in diesen Kapiteln die Rede ist, lagen in Gebieten von Württemberg, für die große, kompakte Siedlungen mit Einwohnerzahlen zwischen 400 und 1000 Personen charakteristisch waren.[49] Ein Dorf dieser Größe konnte sehr wohl eine eigenständige Gemeinde bilden, mit Kirche, Pfarrer, Schulhaus und Lehrer. Bisweilen gab es kleinere Siedlungen – einen Weiler oder ein vereinzeltes Gehöft – mit eigenen Institutionen und Land, die aber zu einer größeren Pfarrgemeinde gerechnet wurden. In Gegenden, die näher an der Schwäbischen Alb oder dem Schwarzwald zu lagen, waren die Siedlungen häufig kleiner und manchmal in übergreifenderen Verwaltungseinheiten zusammengefaßt, die wie Dörfer funktionierten. Inmitten einer Anzahl von Dörfern fand sich als Sitz der zentralen Verwaltung eine Kleinstadt, die nicht mehr als 2000 bis 4000 Bewohner zählen mochte. Die Stadt samt den Dörfern bildete eine der württembergischen Verwaltungseinheiten – Stadt und Amt.[50]

Jede Person, die als Kind eines Bürgers in einem Dorf geboren war, hatte das Bürgerrecht in diesem Dorf, d. h. das Recht, dort zu leben und die den Dorfangehörigen zustehenden Privilegien in Anspruch zu nehmen.[51] Als Erwachsener mochte ein Mensch aufgrund wirtschaftlicher Notwendigkeiten gezwungen gewesen sein, woandershin zu gehen, doch wenn er das Bürgerrecht nicht eingebüßt oder es anderswo erlangt hatte, blieb sein Recht auf Rückkehr erhalten. Ansonsten konnte das Bürgerrecht nur durch die Erlaubnis der Dorfobrigkeit erlangt werden – oft bei der Einheirat in die Gemeinde. Umsiedlungen in ein anderes Dorf geschahen nicht so häufig, kamen aber vor. Gelegentlich ließ sich jemand nieder, ohne formal Bürger zu werden. In einem solchen Fall konnte ihm das Beisitzrecht – das Recht, dort zu wohnen – erteilt werden, was aber nicht notwendig auch das Recht auf Gemeinderechte einschloß. »Bürger« hatte außerdem noch eine andere Bedeutung und meinte erwachsene, verheiratete Männer, all jene, die das Recht zur Nutzung des Gemeindeeigentums und die Verpflichtung zu Gemeindefronen sowie zur Wahl der Dorfbeamten hatten. Jeder Mann, der Bürger wurde, mußte einen Eid auf den Herzog ablegen und ihm Gehorsam versprechen. Die Gesamtheit der Bürger bildete die Dorfgemeinde. Die Struktur des Besteuerungssystems stellt eine der Möglichkeiten dar, mit deren Hilfe der Zusammenhalt und die Beschaffenheit der Dorfgemeinde festgestellt werden kann. Württemberg hatte seit dem frühen 15. Jahrhundert ein Steuersystem, das sich über das gesamte Herzogtum erstreckte und alle seine Bewohner in ziemlich gleichem Maße belasten sollte.[52] Grundsätzlich wurden Steuern auf Besitz, Land und Gebäude erhoben, und erst im 18. Jahrhundert traten auch Abgaben für Berufe hinzu. Die Steuersumme wurde vom Zentrum aus für jedes Amt festgelegt. Die Ämter wiederum legten die zu erbringende Steuersumme auf die Amtsstadt und die einzelnen Dörfer um. In den einzelenen Dörfern erfaßte die Dorfobrigkeit das Vermögen und legte dementsprechend die Steueranteile fest. Ein Teil der politischen Prozesse in Städten und Ämtern sowie zwischen den Städten und Ämtern einerseits und dem Zentrum andererseits betraf die Frage, wie die Steuern festzulegen waren. Im 16. Jahrhundert errangen die Einwohner des Herzogtums das Recht, in Steuersachen gehört zu werden; sie gründeten die Institution der Landschaft oder des Landtags. Anfangs repräsentierten die städtischen Vögte – die höchsten Beamten in Stadt und Amt – die Ämter, doch 1629 wurden sie aus dem Landtag ausgeschlossen. Bestrebungen, die bereits im 16. Jahrhundert eingesetzt hatten, führten schließlich dazu, daß in der Zeit nach dem Dreißigjährigen Krieg Dorfvertreter an den Beratungen teilnahmen, zu denen Vertreter eines Amts in den Landtag entsandt wurden. Auch in der Amtsversammlung, wo die Festlegung der Steuern für die einzelnen Dörfer vorgenommen wurde, gelang es den Dörfern, den Einfluß der Obrigkeit der Amtsstadt allmählich zurückzudrängen.

Diese Tatsachen erlauben einige Schlußfolgerungen hinsichtlich der allgemeinen politischen Situation der Dörfer. Im 16. Jahrhundert, als ein deutlicher Unterschied zwischen Stadt und Land bestand und die Dörfer weitgehend auf Landwirtschaft beschränkt blieben, hatten die Amtsstädte – in Gestalt des Vogts und der städtischen Obrigkeit – die politische Leitung des Amtes inne. Aber auch damals entrichtete die Gesamtheit der Dörfer selten mehr als ein Drittel der Steuern eines Amtes.[53] Nach dem Dreißigjährigen Krieg, als die starken Unterschiede im Wirtschafts- und Sozialgefüge von Stadt und Dorf fast ganz verwischt waren, entfiel paradoxerweise nicht nur eine größere Steuerlast auf die Dörfer, auch ihre politische Stellung im regionalen Verband wurde größer. Zur gleichen Zeit wurde der Einflußbereich der staatlichen Obrigkeit geklärt. Die Selbstverwaltung der Gemeinden bedeutete keine Verringerung, sondern eine Erhöhung der Steuern, genauso wie die verstärkte Gemeindeorganisation nicht weniger, sondern mehr Herrschaft bedeutete.

Die besondere Situation in Württemberg, daß nämlich die Feudalrente in allen ihren Formen in der einen oder anderen Weise primär an den Herzog, seine Zentralbeamten oder an herzögliche Einrichtungen ging, sowie die Tatsache, daß ein bedeutender Teil des Surplus in Naturalien gezahlt wurde, erforderten eine große Anzahl von Beamten und bezahlten Arbeitern, die die jährlich anfallenden Produkte und Geldsummen aus den Dörfern ins Zentrum zu leiten hatten. Da ein so beträchtlicher Teil der Rente aus Getreide und in gewissem Umfang auch Wein bestand, fielen Probleme des Sammelns, Messens, Aufbewahrens, Verarbeitens, Vermarktens und Buchführens an. Das eigentliche Einsammeln fand weitgehend auf Dorfebene statt, unter der Aufsicht der Dorfbeamten oder eigens dazu »Deputierter«, die ihrerseits unter der Aufsicht der städtischen Beamten standen. Für alle Arten von Abgaben, ob Zinsen, Zehnten oder Steuern, gab es ein eigenes Einziehungssystem und einen eigenen Verwaltungsstab. Eine enge Zusammenarbeit zwischen den Beamten im Dorf und in der Stadt war notwendig; entsprechend waren ihre Beziehungen zueinander in hohem Maße mit dem Prozeß der feudalen Aneignung verbunden.

Die Art der Verwaltung auf der untersten Ebene, der des Dorfes, kann als eine der Selbstverwaltung mit starken externen Kontrollen beschrieben werden. Der höchste Beamte war der Schultheiß. Im 15. Jahrhundert wurde er zumeist vom Herzog ernannt, doch im Laufe der Zeit erwirkten viele Dörfer das Recht, ihn zu wählen. Nach der *Communordnung* von 1758 mußte er in allen Dörfern gewählt werden, ein Recht, das mehrmals abgeschafft werden sollte, 1770 aber erneut bestätigt wurde.[54] Er wurde von allen erwachsenen Männern (Bürgern) des Dorfes gewählt, die der Reihe nach vor den Wahlbeamten (gewöhnlich der höchste Verwaltungsbeamte des Amtes) traten. Nach seiner Wahl hatte der Schultheiß sein Amt mehr oder weniger auf Lebenszeit inne. Der andere höchste Beamte eines Dorfes war der Bürgermeister, der gemeinhin ein Mitglied des Gerichts oder des Rates war. Er war der Finanzbeamte, verantwortlich für die Einziehung der Steuern, Begleichung der Rechnungen und die Führung der Abrechnungsbücher. Häufig gab es einen zweiten Bürgermeister, dem die Verwaltung des Gemeindelandes und der Gemeindegebäude, der Getreidevorräte und Fronen oblag. Zusätzlich zum Bürgermeister konnte es noch andere Finanzbeamte in einem Dorf geben, wie etwa den Heiligenpfleger, der die Armenkasse verwaltete; bisweilen hatte eine Person beide Ämter inne. In einer Stadt war der Heiligenpfleger unter Umständen ein sehr wichtiger Beamte; seine Befugnisse konnten sowohl in der Stadt wie im Dorf ziemlich bedeutsam sein, besonders seitdem die Armenhilfe als ein Kapitalfonds funktionierte und Geld gegen Zinsen an Bürger ausgeliehen wurde. Außerdem gab es verschiedene Posten mit kombinierten Verwaltungs- und Finanzaufgaben, wie etwa den des Waldmeisters oder den des Pförchmeisters. Ersterer verwaltete die Waldungen des Dorfes, die teilweise so ausgedehnt waren, daß sie eine der größten Einnahmequellen des Dorfes bildeten. Naturgemäß waren bei dieser Position die Möglichkeiten für Begünstigung und Korruption groß. Der

Pförchmeister vergab das Recht, die Gemeindeherde auf Stücken Ackerland einzupferchen; er führte auch die ziemlich umfangreichen Bücher. Häufig hatte der Dorfschultheiß eines oder beide Ämter inne.

Die anderen Beamten des Dorfes waren die Mitglieder des Gerichts und des Rats. Ein Stadtgericht konnte bis zu zwölf Mitglieder haben; kleinere Ortschaften hatten entsprechend weniger Richter (oder Gerichtsverwandte). Sie wurden ebenfalls von den Bürgern des Dorfes gewählt und bekleideten ihr Amt auf Lebenszeit. Sie traten einmal jährlich zusammen, um die Inhaber aller Dorfposten, die in periodischen Abständen (meist für ein Jahr) besetzt wurden, zu ernennen, wie etwa den Feldschütz, Weingarthüter, Wald- und Dorfschütz, die Nachtwächter, Pferdehirten, den Kuhhirten, Gänsehirten, Schafmeister, Hägemeister und den Mäuse- oder Maulwurffänger, und ein oder zweimal jährlich, um ein Ruggericht zu halten, das sich mit allen während des Jahres aufgetretenen Konflikten und Delikten befaßte. Ansonsten versammelten sie sich ad hoc, häufig sonntags nach dem Gottesdienst, um ernste Verstöße oder dringende Fragen unverzüglich zu behandeln. Eine andere, gewöhnlich kleinere Gruppe von Dorfbeamten bildete den Rat. Allem Anschein nach trafen sie sich nicht gesondert, sondern traten zum Gericht hinzu, wenn für bestimmte Angelegenheiten ein größeres Gremium erforderlich war. Offenbar handelte es sich um jüngere Dorfbewohner, die später die Position von Gerichtsverwandten übernahmen. Alle Dorfbeamten, die höhere administrative Aufgaben innehatten, wurden vom Schultheißen, dem Gericht und dem Rat aus ihrer Mitte gewählt: Waldmeister, Pförchmeister, Felduntergänger, Feldstäussler, Feuerschauer, Steuersätzer, Waisenrichter, Inventierer, Brotbeschauer, Fleischschätzer, Acciser, Umgelder, Bettelvogt, Unterzoller, Roß- und Viehbeschauer, Kirchenkonventsrichter. Die Protokolle aller Sitzungen wurden von einem Gerichtsschreiber verfertigt, eine Position, die gewöhnlich vom Schultheißen bekleidet wurde, sofern er schreiben konnte. Andernfalls ging sie an den Schulmeister oder einen »Substitut« der Stadtverwaltung.

Schultheiß, Gericht und Rat bildeten zusammen die »Obrigkeit« oder den Magistrat des Dorfes und stellten gegenüber der Dorfgemeinde eine Korporation dar. Obwohl sie von den Bürgern gewählt waren, unterlag ihre Amtszeit nicht dem Willen der Gemeinde. Sie konnten nur durch eine höhere Instanz ihres Amtes enthoben werden, wenn sie Vergehen überführt worden waren – hauptsächlich solche gegen den Herzog und seine Beamten. Die Stellung des Schultheißen gegenüber dem übrigen Magistrat und der Dorfgemeinde ist der eines Abtes gegenüber einem Kloster vergleichbar: obwohl er gewählt war, besaß er nach der Wahl die unabhängige Autorität seines Amtes. Die Rückgriffmöglichkeiten auf die Vorrechte der ihm übertragenen administrativen Macht bedeuteten jedoch nicht, daß er nicht auf einen gewissen Konsensus angewiesen gewesen wäre. Schließlich stammte er in der Regel aus dem Dorf, in dem er lebte, war Bauer und Mitglied einer Familie. Seine Stellung war mit all jenen Beziehungen verknüpft, die die Menschen als Nachbarn und Verwandte verbanden, und Teil der tatsächlichen und potentiellen Konflikte, die das Dorf aufspalteten. Seine erfolgreiche Amtsführung hing oft davon ab, ob er andere dazu bringen konnte, ihm zu folgen. Parteikämpfe gab es in den Dörfern immer, doch einer halbwegs einflußreichen Gruppe Forderungen abzuschlagen, die sie für rechtmäßig hielt, konnte dazu führen, daß ein Dorf vollkommen unregierbar wurde oder die Interessen des Schultheißen oder die seiner Familie angegriffen wurden. Ein wichtiger Teil seines Einkommens bestand aus Gebühren und natürlich aus Bestechungsgeldern, und seine alltägliche Autoritätsausübung bewegte sich zumindest hart an der Grenze zu Korruption und eigenmächtiger Bereicherung.

Weiterhin gab es im Dorf zwei Beamte, die gewöhnlich von außerhalb kamen. Der Schulmeister, der häufig der Sohn eines Schulmeisters, gelegentlich auch der Sohn eines Pfarrers oder sogar ein Ortsfremder war, mußte sich meistens zusammen mit einer Reihe anderer Kandidaten um seine Stelle bewerben.[55] Er wurde in der Kirche einer Prüfung im Orgelspielen, Singen sowie in der christlichen Lehre und im Rathaus einer weiteren in Rechtschreibung, Lesen, Schreiben usw. unterzogen und dann vom Dorf gewählt. Er erteilte natürlich Schulunterricht und erfüllte häufig auch die Aufgaben eines Küsters in der Kirche. Er spielte die Orgel und übernahm gelegentlich die Pflichten eines Dorfschreibers. Obwohl er von außerhalb kam, konnte er durch Heirat ins Dorf, Erwerb von etwas Land und genügend langer Anwesenheit mehr oder minder integriert und manchmal sogar ein wichtiger Dorfbeamter werden. Pfarrer, die gewöhnlich aus Pfarrersfamilien stammten und an der Universität ausgebildet worden waren, wurden aus einer Anzahl von Stellenanwärtern ebenfalls vom Dorf gewählt.[56] Doch im Unterschied zu den Schulmeistern blieben sie Außenseiter – ihre Kinder heirateten nur selten Leute aus dem Dorf, und ihre eigenen Frauen kamen aus Familien der gleichen Schicht von außerhalb des Dorfs. Sie wurden auch nie zu Landeigentümern in einem Dorf. Sie bestritten ihren Lebensunterhalt aus ihrem Gehalt vom Staat, dem kleinen Zehnten aus dem Dorf (von Gartenprodukten, Flachs und Heu) und Gebühren; gelegentlich verfügten sie über einen kleinen Garten, einen Streifen Ackerland und etwas Weidefläche. Außerdem erhielten sie Zinsen auf Darlehen, die sie den bäuerlichen Produzenten gaben.

Die Stellung des Pfarrers beruhte auf mehreren unterschiedlichen Elementen. Jede Woche bot sich ihm die Gelegenheit, sich die Autorität der Heiligen Schrift zu eigen zu machen und Vorkommnisse, soziale Zustände, Handlungsweisen von Beamten und Dorfangelegenheiten zu interpretieren. Einmal im Monat erteilte er das Abendmahl. Bevor ein Dorfbewohner das Sakrament empfangen konnte, mußte er zur Beichte gehen. Diese bestand aus einem öffentlichen Gottesdienst – in dem die Bedeutung des Abendmahls erklärt und die Gemeindemitglieder zum Bekenntnis ihrer Sünden aufgerufen wurden – und der Anmeldung beim Pfarrer, daß man zum Abendmahl zu gehen wünsche. Letzteres nannte sich »Erscheinen im Beichtstuhl«. Während dieses privaten Zusammentreffens sollte der Pfarrer keine mündliche Beichte nach katholischer Art abnehmen, sondern das Gemeindemitglied auffordern, Gott seine Sünden zu bekennen und Buße zu tun. Die Art der Reue und Vorbereitung sollte dem einzelnen überlassen bleiben. Doch dieser Anlaß bot dem Pfarrer die Möglichkeit, sich mit den bekannten Handlungsweisen seines Gegenübers zu befassen und auf den Unterschied zwischen tatsächlicher und vorgetäuschter Reue hinzuweisen. Tatsächliche Reue konnte keine private sein, da echtes religiöses Erleben eine Veränderung des Lebens zur Folge haben sollte. In bestimmten Fällen konnten die Pfarrer jemanden die Teilnahme am Abendmahl verweigern. In vielen Dörfern und zu gewissen Zeiten war die Anmeldung zum Abendmahl jedoch eine reine Formsache. Ob die damit verbundenen Möglichkeiten in Anspruch genommen wurden, hing in hohem Maße von der persönlichen Entscheidung des einzelnen Pfarrers ab.

Nach 1644 wurde die Macht des Pfarrers durch ein neues Element verstärkt, nämlich den dörflichen Kirchenkonvent, der sich aus verschiedenen Konventsrichtern (meist Angehörigen der Dorfobrigkeit), dem Schultheißen und dem Pfarrer zusammensetzte. Es handelte sich dabei um eine Art Sittengericht, das befugt war, all jene vorzuladen und zu verhören, die fluchten, sich betranken und Familienstreitigkeiten hatten. Es befaßte sich mit Ehebruch, Unzucht, Hexerei, Magie, Sabbatentheiligung, Teilnahme am Gottesdienst und Schulunterricht und ähnlichem.

Die Dorfbeamten wurden in periodischen Abständen von außen kontrolliert. Im 17. Jahrhundert hielt der höchste Verwaltungsbeamte des Amtes ein Vogtruggericht. Jeder Bürger wurde aufgefordert kundzutun, ob er von irgendeinem Delikt gegen die Interessen der staatlichen Herrschaft Kenntnis hatte. Der Beamte prüfte die Berichte und Protokolle des Schultheißen, des Gerichts und des Rats daraufhin, ob die verhängten Geldstrafen korrekt waren, ernste Fälle gemeldet und alle Anordnungen des Herzogs und seiner Beamten verzeichnet und dem Dorf bekanntgegeben worden waren. Diese Überprüfung war nur die formellste Form der Kontrolle, da der Schultheiß praktisch jede Woche mit den Beamten des Amtes zu tun hatte. Jedes Jahr suchte der höchste kirchliche Beamte des Amts, der Superintendent, das Dorf auf, um das Verhalten des Pfarrers und des Schulmeisters zu überprüfen und notorisch gewordene Probleme zu behandeln. Vom Bürgermeister wurde jedes Vierteljahr die Ablieferung eines Rechnungsberichts und zum Ende des Finanzjahres eine Schlußabrechnung erwartet. Die Abrechnungen wurden aufs genaueste überprüft, er wurde zitiert und mußte dazu Rede und Antwort stehen.

Die Verwaltungsstädte wiesen eine etwas kompliziertere Struktur auf, und einige ihrer Beamten waren gleichzeitig Beamte des Amts.[57] An der Spitze stand der Stabsbeamte, meist Vogt – später Oberamtmann – genannt. Er wurde nicht von den Bürgern gewählt, sondern war ein vom Herzog bestimmter Beamter und höchste Verwaltungsperson sowohl der Stadt als auch des Amts. Er war der Vorsitzende des Oberamtsgerichts, das auch die Appellationsinstanz für die Dorfgerichte war. Alle Schreiben, die von Dorfebene aus an den Herzog gingen, hatten über ihn zu laufen, einschließlich der Klagen über das Verhalten des Schultheißen oder auch sein eigenes Verhalten. Und umgekehrt lief die Weitergabe aller Mitteilungen von Zentralbeamten an die Dorfbeamten über ihn. Alle zwei Jahre hielt er in jedem der Dörfer ein Vogtruggericht. Der höchste gewählte Beamte einer Stadt war der Bürgermeister; ihm unterstand das Rechnungswesen, er vertrat aber auch – manchmal gegen den Vogt – die Interessen der Stadt. Die Stadt hatte ebenfalls ein gewähltes Gericht und einen gewählten Rat. Ein von einer Versammlung des Amts gewählter Stadt- und Amtspfleger war für die Rechnungsbücher des Amts verantwortlich. Schließlich gab es den Stadt- und Amtsschreiber, ein sehr wichtiger Beamter, der von den versammelten Schultheißen gewählt und vom Herzöglichen Rat in seinem Amt bestätigt wurde. Ihm oblagen alle Schreibarbeiten des Amts, wodurch er einen genauen Einblick in das Dorfleben hatte. Während der Dorfgerichtsschreiber die Protokolle der Gerichtssitzungen und die Steuer- und Pfändungslisten führte, oblagen dem Amtsschreiber alle Schreibarbeiten, die das dörfliche Finanzwesen, Heiratsverträge, Testamente, »Inventuren und Teilungen« betrafen. Dem Schreiber unterstanden immer ein oder zwei Lehrlinge (Incipienten), die nach ihrer Lehrlingszeit üblicherweise für einige Jahre als Scribenten weiterbeschäftig wurden. Hatten sie lange genug gedient, meldete der Schreiber das nach eigenem Gutdünken den zentralen Behörden in Stuttgart, um sie zur Prüfung und Beförderung des Scribenten in den Rang eines Substituten zu veranlassen, was ihm die Arbeit als unabhängiger Schreiber ermöglichte. Er konnte dann auch ans Heiraten denken.

Als Gruppe bildeten die Beamten der Schreiberei einen Teil der literaten Stadtkultur – eine der Voraussetzungen, Schreiber zu werden, waren gründliche Lateinkenntnisse. Für die umfangreiche Arbeit, die aus den Dörfern anfiel, gab es immer eine ausreichende Anzahl von ihnen, bisweilen wurden sie auch für längere Zeit in die Dörfer gerufen. In der Zeit vor ihrer Verheiratung waren sie, soweit man aus den gegen sie erlassenen Trink- und Zechverboten schließen kann, ein lärmender Haufen.

Es ist hier nicht der Ort, die Gesamtheit der Beziehungen zwischen Dorf- und Stadtbeamten in allen Einzelheiten aufzuführen. Wir beschränken uns auf ein Kontrollsystem, das als Beispiel für die Verbindung zwischen den Dorfbeamten und der staatlichen Verwaltungsmaschinerie dienen soll. Es geht um den Dorfbürgermeister, dessen Aufgabe es war, die Rechnungsbücher des Dorfes zu führen und eine Jahresabrechnung zu erstellen.[58] Alle Gelder der Gemeinde, Beamtenbesoldungen, Kosten für Truppeneinquartierungen, Erträge aus Gemeindeland, der Schafweide (Pförch) und Waldnutzung, Kosten für Fronen und Ausbesserungen von Gemeindeeigentum, Gemeindesteuern, Amtssteuern und Steuern, die an die Zentralregierung gingen, wurden in die Abrechnungsbücher des Dorfes eingetragen. Der Bürgermeister mußte ein Heft mit den täglichen Ausgaben und Einnahmen (Rapiat) führen, ein Abrechnungsbuch, in dem die Eintragungen nach einzelnen Sparten vorzunehmen waren, ein Holz- und Waldungsparticular, ein Verzeichnis der Fronen, ein Verzeichnis der Militärkosten und ein Verzeichnis aller Strafen. Er mußte alle Belege aufbewahren und durfte nur das eintragen, wozu schriftliche Dokumente existierten. Am Ende des Finanzjahres hatte der Bürgermeister seine gesamten schriftlichen Unterlagen einem Rechnungsprobator des Amtes (entweder dem Amtspfleger oder seinem Substituten) vorzulegen, dessen Aufgabe es war, jede einzelne Eintragung zu prüfen. Dann mußte das gesamte Rechnungsbuch, einschließlich der Holz- und Pförchregister, der ganzen Gemeinde in Abwesenheit des Bürgermeisters Wort für Wort vorgelesen werden. Alle Einwände waren schriftlich festzuhalten und zu untersuchen. Sobald dieser Vorgang abgeschlossen war, wurde die ganze Abrechnung dem Vogt oder seinem Beamten zur Prüfung vorgelegt, der jede Eintragung mit dem Originalbeleg oder dem Originaldokument zu vergleichen und alle Beilagen, Aufstellungen über den Zehnten, Dreschregister etc. durchzugehen hatte. Vor allem mußte der Probator jede Rubrik mit den vorjährigen Eintragungen vergleichen und auf Veränderungen und ungewöhnliche Posten achten. Er hatte die Reisekosten der lokalen Beamten, ihre täglichen Ausgaben, die einzelnen Steuerfestlegungen, die Einziehung der staatlichen Steuern und die

Abrechnungen für Truppeneinquartierungen zu prüfen. Er mußte mit den Beamten der Landschafts- und Amtskasse Rücksprache halten, um festzustellen, ob alle ausstehenden Summen eingegangen waren. Ein wichtiger Teil seiner Arbeit bestand darin, alle problematischen Punkte am Rande der Rechnungsbücher zu vermerken, so daß der Rechnungssteller seine Fehler korrigieren oder die Sache im folgenden Jahr vor Augen haben konnte. Am Ende seines Berichts hatte der Rechnungsprobator alle Mängel zu verzeichnen und sie dem Bürgermeister und dem Amtspfleger schriftlich mitzuteilen, die ihrerseits alle Fragen schriftlich beantworten mußten. Schließlich hielt der Vogt im Beisein des Dorfbürgermeisters, des Stadt- und Amtsschreibers (óder seines Substituten) und des Rechnungsprobators eine offizielle Abhörung der Rechnungen ab. Das Dorf entsandte dazu den Schultheißen und vier Gerichts- und Ratsdeputierte.

Das ist nur ein Beispiel für die enge Verflechtung der Interessen des feudalen Staats und der des Dorfs. Mit den dörflichen Rechnungsbüchern, die sowohl die innere Finanzorganisation des Dorfes als auch Protokolle über Abgaben an den Staat enthielten, war die lokale Selbstverwaltung mit einer eingehenden Kontrolle durch das Zentrum verknüpft. Eine derartige Struktur muß im Kontext einer Staatsform gesehen werden, in der konkurrierende Gruppen, wie etwa der Adel, fehlten und in der die lokalen Beamten in das dörfliche Interessennetz verflochten waren und gleichzeitig als wichtige Verbindungsmitglieder in der Kette der Feudalabgaben fungierten.

Der Begriff der Herrschaft

Es gibt drei Begriffe, die in den Kapiteln dieses Buchs immer wieder auftauchen und ineinandergreifen: »Person«, »Gemeinschaft« und »Herrschaft«. Wir werden hier nicht versuchen, eine Geschichte der Konstruktion der Person, der sich verändernden Dynamik des Gemeinschaftslebens oder der Entwicklung von Institutionen der staatlichen Herrschaft zu umreißen. Es gibt eine solche Geschichte, und jeder der erörterten Fälle kann in seinem spezifischen zeitlichen Zusammenhang und in Relation zu den grundlegenden Alternativen gesehen werden, die durch Veränderungen der Wahrnehmung und im Netz der sozialen Beziehungen gegeben waren. Bei der Behandlung der einzelnen Fälle werden wir auf einige der räumlichen und zeitlichen Besonderheiten hinweisen und, soweit es das Material gestattet, die verschiedenen alternativen Möglichkeiten für die Konstruktion der Person, die Strukturierung sozialer Beziehungen und des Widerstands untersuchen. Wir werden uns auch mit der Verfeinerung der Konzepte befassen, die wir für die Analyse des Wandels heranziehen. Zum Schluß werden wir anhand des württembergischen Materials eine Interpretation der Entwicklung der staatlichen Institutionen und der Implikationen dieser Entwicklung für die Ausübung von Herrschaft auf Dorfebene und verschiedener Konstruktionen der Person vorlegen.

Das Wort »Herrschaft« ist ein Ausdruck für Machtbeziehungen.[59] Es ist in einem solchen Maße durch spezifische historische Phänomene, aber auch durch ideologische Auseinandersetzungen überlagert, daß es angebracht ist, die Wahl des Begriffs und die Nützlichkeit zu erklären, die er für die Klärung bestimmter Prozesse bei der Ausübung staatlicher Macht im betrachteten Zeitraum haben mag.

Da jede abstrakte, analytische Verwendung des Begriffs sich in irgendeiner Weise auf seine konkrete institutionelle Stellung in den feudalen Verhältnissen bezieht, müssen wir mit der Frage nach den gemeinsamen Elementen in seinen verschiedenen Bedeutungen beginnen.[60] Herrschaft bezeichnet institutionelle Machtbeziehungen wie beispielsweise Gerichtsherrschaft, Leibherrschaft und Grundherrschaft. Jeder dieser Begriffe benennt den Machtbereich eines ganz bestimmten Herrn, sei dieser Herr nun eine einzelne Person – etwa ein Herzog oder ein König – oder eine Korporation wie etwa ein Kloster, ein Spital oder ein Stadtrat. Der Begriff Gerichtsherrschaft bezog sich auf den Bereich der Rechte und der Rechtsprechung.

Leibherrschaft meinte die Beziehung eines Herrn zur Gesamtheit seiner Leibeigenen. Grundherrschaft betraf das Eigentum und die Kontrolle von Land und implizierte verschiedene Abgaben und Verpflichtungen, die der Bauer dem Grundherrn schuldete. Das Gesagte ist in dieser Form viel zu schematisch, um die Komplexität der Regelungen, die sich überschneidenden und widerstreitenden Formen von Herrschaft zu erfassen, verweist aber dennoch auf verschiedene wesentliche Punkte. Die Beziehung wurde als eine persönliche verstanden, vor allem deshalb, weil ein Individuum der Theorie nach, häufig aber auch in der Praxis, als Leibeigener der Herrschaft eines Herrn, als Pächter der eines anderen und als Rechtsobjekt der Herrschaft eines dritten unterstehen konnte. Am Ende des Mittelalters gab es einige Herrschaftsbeziehungen, die territorial definiert waren, meistens jedoch wurde die Territorialität in ein Kaleidoskop persönlicher Beziehungen aufgelöst. Einer der Trends seit dem 15. Jahrhundert war die Territorialisierung einiger Herrschaftsformen und die Bündelung sich überschneidender Rechte in immer weniger Händen. In Württemberg beispielsweise waren der Herzog und die herzöglichen Institutionen Lehensinhaber, übten die Gerichtsbarkeit aus, zogen den Zehnten ein und vereinigten die Untertanen in einer mehr oder minder territorial definierten Leibherrschaft, auch wenn die jeweiligen Rechte und Pflichten von Ort zu Ort verschieden waren. Einige der Autoren, die sich mit Herrschaft befaßt haben, verwechseln die »persönliche« Beziehung zwischen Untertan und Herrn mit einer Reihe direkter persönlicher Beziehungen *[face-to-face relations]* und vertreten die Ansicht, daß im 19. Jahrhundert eine Depersonalisierung von Herrschaft stattgefunden habe.[61] In diesen Argumentationen wird die persönliche Gegenwart des Herrn abstrakten, anonymen Strukturen, Produktionsverhältnissen und ähnlichem gegenübergestellt: einerseits die Gewalt der direkten Konfrontation, andererseits der Zwang der Umstände. Es ist sicher richtig, daß es in der frühen Neuzeit viele Formen der Herrschaft gab, in denen persönliche Beziehungen Teil des Herrschaftsapparates waren, beispielsweise auf den großen Bauernhöfen oder den kleinen Junkergütern. Doch die Beziehungen zwischen den württembergischen Untertanen und dem Herzog und seinen Beamten in Stuttgart waren keineswegs direkte und persönliche Begegnungen. Im zweiten Kapitel wird von dem Irrtum eines Bauern die Rede sein, der glaubte, direkt mit dem Herzog in Verbindung treten zu können. Obwohl uns eine solche Überlegung zu weit abführen würde, wäre es auch möglich zu fragen, ob Herrschaft von der direkten, persönlichen Konfrontation der Bürger mit dem Gewaltapparat des modernen Staats abstrahiert werden kann.[62] Die Unterscheidung zwischen persönlicher Herrschaft und abstrakter Herrschaft trifft offenbar nicht den entscheidenden Punkt, da auch in der modernen Welt Macht in der Tat vor dem Hintergrund direkter Gewalt erfahren wird.

Wir werden die Frage von Herrschaft und Gewalt in mehreren Kapiteln dieses Buchs behandeln. Auch wenn wir zumeist abstrakt wissen, daß die Macht durch verschiedene ideologische und institutionelle Formen verschleiert wird, fällt es uns unter Umständen schwer, zu erkennen, wieviel offene Gewalt dadurch verschleiert wird, daß sie als eine von mehreren alternativen Möglichkeiten einer Situation erscheint. Es kann indirekte oder »sanfte« Formen der Gewalt geben, die alternativ neben anderen Formen der Herrschaft ausgeübt werden.[63] Ein Beispiel dafür, das mehrmals auftaucht (besonders im ersten, fünften und sechsten Kapitel), ist der Eid. Das Ablegen eines Eids gefährdete unter Umständen die ewige Seligkeit des Betreffenden, und der Staat inszenierte mit Bedacht die Situationen, in denen ein solcher Akt erforderlich wurde. Die verschiedenen Möglichkeiten physischer und psychischer Bedrohung im Fall eines Eides *(tortura spiritualis)* liefern ein gutes Anschauungsmaterial für die Ausübung von Gewalt.

Ebenso wichtig wie die Momente des Zwangs und der Gewalt im Zusammenhang mit Herrschaft sind zwei wesentliche Grundlagen dieses

Zwangs. Zum einen beinhaltete jede der genannten Formen von Herrschaft eine mehr oder minder deutliche Form der Mehrwertabschöpfung. Der Leibherr hatte ein spezifisches Recht auf das »Hauptrecht« – Kleider, Vieh oder einen bestimmten Anteil am Gesamtinventar –, ein Huhn pro Jahr und vielleicht ein Dutzend Eier. Einer der Faktoren, der den ausgezeichneten Bestand an Inventuren und Teilungen in jedem württembergischen Dorf erklärt, war das Interesse des Herzogs an der Einziehung des ihm zustehenden Hauptrechts. Zehntherrschaft bedeutete das Recht, den Zehnten der Getreideproduktion einzuziehen. Grundherrschaft beinhaltete die Einnahme von Lehenszins und Abgaben aus Landbesitz. Manchmal faßten die frühen Formulierungen von Herrschaft die Beziehung in Besitzkategorien und behaupteten, daß die Beziehung eine des Eigentums an Dingen und Personen sei.[64] Der Herr nehme nur das, was ihm gehöre, und berücksichtige dabei entsprechend die Reproduktion des menschlichen Materials, das zur Aufrechterhaltung des gegebenen Zustands notwendig sei. Verschiedene Autoren fragten, ob der Untertan oder Knecht eine Person und ein Zweck an sich oder ein Ding, ein Werkzeug zur Befriedigung der Bedürfnisse der Herrschenden sei. Diese Fragestellung ist jedoch nur eine extreme Formulierung der Tatsache, daß einer der wesentlichen Kernpunkte aller Herrschaftsbeziehungen ein Prozeß der Abschöpfung von Mehrwert war.

Doch die andere Seite von Herrschaft war für die Institution ebenso zentral, nämlich der »Schutz und Schirm«, den sie bot, sei es in Form von Patronage, Gerechtigkeit, allgemeiner Ruhe oder militärischem Schutz. Einige der Herrschaftsformen mögen ziemlich ungleichgewichtig gewirkt haben. Man könnte fragen, welche Dienstleistungen der Leibherr im Austausch für das Hauptrecht und das jährliche Hühnchen bot.[65] Eine solche Frage kann zu drei unterschiedlichen Einschätzungen der Ausübung von Herrschaft führen: (1) Gelegentlich stellten die Untertanen die eine oder andere Form von Herrschaft in Frage, eben weil sie keinerlei entsprechende Gegenleistung bot. (2) Die Gesamtheit aller Herrschaftsformen konnte insgesamt als Schutz verstanden werden; damit entfiel die Notwendigkeit, eine einzelne Form in Frage zu stellen. (3) Herrschaft allgemein oder in ihren einzelnen Formen konnte als etwas angesehen werden, das immer zu einem Teil willkürlich ist, durch keine adäquate Gegenleistung ausgeglichen wird, das sehr kostspielig ist und durch ein gewisses Maß an Gewalt aufrechterhalten wird.

Wenn das Begriffspaar Herr/Knecht in der Weise Reziprozität einschließt, daß das Pfandrecht auf den Mehrwert des Untertanen durch Dienste aufgewogen wird, die der Herr den Untertanen leistet, erfordern die ungleiche Machtverteilung und die alltäglichen Zwangspraktiken eine ständig erneuerte Legitimierung. Ohne eine kontinuierliche Willfährigkeit wären die Kosten der Mehrwertabschöpfung viel zu hoch gewesen. Einige Wissenschaftler sind der Auffassung gewesen, daß die Frage der »Legitimität« der Herrschaft erst in der Zeit der Französischen Revolution aufkam.[66] Untersucht man jedoch die Alltagspraxis von Herrschaft, so wird deutlich, daß die »Legitimierung« ein integraler Bestandteil davon war. Dieses Problem taucht im ersten Kapitel zum Beispiel im Zusammenhang mit der Struktur verschiedener Dienstleistungen des Staats und der Staatskirche auf. Das Abendmahlssakrament war als zentrale Institution und als zentrales Symbol des religiösen Lebens eingesetzt worden, wurde aber von den Beamten ausdrücklich als Gehorsamserweis gegenüber der Obrigkeit interpretiert. Dorfbewohner forderten eine gerechte Behandlung durch den Magistrat und einen fairen Rechtsprozeß als Gegenleistung dafür, daß sie die kirchliche Dienstleistung akzeptierten und zum Abendmahl kamen. Im zweiten Kapitel ist von einer Begebenheit die Rede, in der die staatliche Besteuerung in Frage gestellt wurde, weil die Aktivitäten der Herrschenden das Gericht Gottes heraufbeschworen hatten.

Unser Überblick über Herrschaft in ihrer konkreten historischen Form hat auf einige der Elemente aufmerksam gemacht, die jede zufriedenstellende abstrakte analytische Verwendung des Begriffs enthalten sollte, und zugleich auf einen inneren Zusammenhang zwischen den feudalen Formen von Herrschaft als konkreten Institutionen und der modernen Herrschaft in industrialisierten Nationalstaaten. Begriffe wie das englische Wort *power* sind zu amorph, um für die Erforschung der angesprochenen Verhältnisse von großem analytischen Wert zu sein. »*Domination*« dagegen bringt nur die Durchsetzung des eigenen Willens zum Ausdruck. Das, was Weber als das zentral bestimmende Element von »Herrschaft« herausgestellt hat – Herrschaft als Chance, Gehorsam zu finden –, verleiht dem Begriff nicht nur analytischen Wert, sondern liefert zugleich auch einen Forschungsansatz für die gesamte westliche Geschichte.[67] Der Schwerpunkt der Analyse liegt damit nicht mehr auf der philosophischen Erforschung von Legitimität, sondern auf der Praxis. Das Problem der Gewalt und der Prozeß der Legitimierung werden verknüpft. Doch die Definition des Begriffs bleibt historisch flach, wenn sie nicht die Tatsache mitaufnimmt, daß Herrschaft von der Verteilung der Ressourcen, der Befriedigung von Interessen und der Erfüllung von Bedürfnissen handelt. Im Mittelpunkt der Ausübung von Herrschaft steht immer ein Prozeß der Abschöpfung und eine entsprechende Reihe von Gegenleistungen. In diesem Kontext ist Legitimierung kein starres Verhältnis, sondern ein permanenter Prozeß mit jeweils besonderen historischen Ausprägungen.

Wir haben die Elemente von Herrschaft ziemlich abstrakt definiert. Daß der Herr oder der Staat Dienstleistungen zu »bieten« hat, sagt weder etwas darüber aus, um welche Dienstleistungen es sich im einzelnen handelt, noch darüber, wie sie ausgeführt werden sollen. In der Dialektik des Verhältnisses von Herr und Knecht kommt dem Legitimierungsprozeß nicht einfach nur die Funktion einer Maske zu, die die Praxis der Mehrwertabschöpfung verdecken soll. Er umfaßt auch die Art und den Umfang der angebotenen Dienstleistungen, deren Annahme oder Ablehnung schließlich ebensowenig im Belieben eines Untertanen stehen wie etwa die Verpflichtung zum Militärdienst oder zur Entrichtung von Steuern. Zu einem Teil beruht die Ausübung von Herrschaft auf ihrer Bestimmungsgewalt, ihrer Macht, festlegen zu können, wer der Untertan ist und welche Bedürfnisse er hat. Um ihre Aktivitäten zu legitimieren, muß sie sicherstellen, daß die Bedürfnisstruktur des Untertanen mit den anzubietenden Gegenleistungen übereinstimmt. Weiterhin beinhaltet Macht unabhängig davon, ob die herrschenden Mächte Wert abschöpfen oder eine Dienstleistung »bieten«, immer eine Form von Zwang, sei sie nun explizit oder implizit. Wenden wir uns noch einmal dem Beispiel des Abendmahls zu. Es genügte nicht, den »Dienst« anzubieten, die Herrschaft mußte gleichzeitig die Art der Gemeinschaft bestimmen, der er zugute kommen sollte, und darüber hinaus sogar die Person, die daran teilnehmen sollte. Der letztendliche Rekurs auf das Argument, daß eine gute Ordnung einer einheitlichen religiösen Institution bedarf, und damit der Rückgriff auf die grundlegende Dienstleistung des Schutzes (die Luther so herausgestellt hatte), führte dazu, daß die Obrigkeit bei jedem einzelnen Schritt zu ihrer Etablierung in einen endlosen Zyklus der Legitimierung der Besonderheiten dieser Institution geriet. Wie die Beispiele im ersten Kapitel zeigen, konnte am Ende Gewalt angewendet werden, um die Dorfbewohner dazu zu bringen, die Rituale des religiösen Kultus einzuhalten. Damit wird deutlich, daß die Gemeinschaft auf vielen verschiedenen Ebenen einer massiven Durchdringung von seiten der Herrschaft ausgesetzt war und daß sich die Dynamik des Herr-Knecht-Verhältnisses nicht allein auf der Seite der Mehrwertabschöpfung, sondern auch auf der Seite der Dienstleistungen und der Legitimierung sowohl von Abgaben als auch der Erhaltung des Friedens zu finden war.

»Legitimierung« geht davon aus, daß die Ausübung von Macht in gewissem Maße willkürlich ist und daß ihre Willkürlichkeit entweder gerechtfertigt oder verdeckt werden muß. Daß ist zum Teil deswegen notwendig, weil weder die Bedürfnisse des »Herrn« noch sein Vermögen, die Formen der Abschöpfung beizubehalten, konstant bleiben. Es ist auch deswegen notwendig, weil die Formen der Abschöpfung in der Vergangenheit »legitimiert« worden sind und in diesem Prozeß Teil des Geschichtsbewußtseins der Untertanen geworden sind. An der Wurzel von »Schutz« steht die Problematik des Schutzes vor dem Beschützer. In der Dialektik von Willkür und Legitimierung liegt einer der zentralen Mechanismen für das beständige Formen und Neuformen von Geschichtsbewußtsein. Mit der Dynamik der Legitimierung ebenfalls eng verbunden ist das Erbringen von Dienstleistungen seitens des Herrn. Innerhalb des Herr-Knecht-Verhältnisses werden fortwährend neue »Bedürfnisse« erzeugt und alte »Bedürfnisse« verworfen. Bedürfnisse, die der Herr definiert, laufen den Bedürfnissen zuwider, die von den Untertanen empfunden werden, so daß sich die Kosten von Herrschaft nicht einfach nur in den Abgaben niederschlagen, sondern auch im ununterbrochenen Kreislauf der Neubestimmung von Bedürfnissen und ihrer Unterdrückung.

Ein großer Teil der Diskussionen zum Herr-Knecht-Verhältnis arbeitet mit einem einfachen dichotomen Modell des Systems.[68] »Die da oben« stehen der übrigen Bevölkerung gegenüber. Neuere Arbeiten zum Widerstand in der Gesellschaft der frühen Neuzeit haben sich auf die Dorfgemeinde als eine solidarische Organisation konzentriert, die sich von außen kommenden Forderungen in Form von neuen oder exzessiven Steuern oder Angriffen auf dörfliche Privilegien entgegenstellte. Aufgrund einer zu engen Definition von Widerstand, einer ganz bestimmten Auswahl von Dokumenten und der Nichtbeachtung der Herrschaftspraxis im Alltag entgeht diesen neuen Untersuchungen, in welcher Weise Menschen verschiedener Gesellschaftsebenen in den Herrschaftsapparat eingebunden sind. Keine der Stellungen in der Hierarchie der Machtausübung ist einfach; auf allen Ebenen finden sich Befriedigungen und Beeinträchtigungen. Es ist zum Beispiel unmöglich, die Herrschaftspraxis in Württemberg ohne eine detaillierte Erforschung des Schultheißenamts zu untersuchen. Wie wir in fast allen Kapiteln sehen werden, gingen mit der alltäglichen Ausübung von Macht erhebliche Vorteile einher. Es reicht jedoch nicht aus, nur den persönlichen Vorteil ins Auge zu fassen, da die Ausübung des Amts Befriedigungen in Form von Pflicht, Ehre und Aufopferung oder der Unterstützung von Werten erbringen konnte. Auf der anderen Seite konnte die Ausübung von Macht auch ihren Preis haben – Isolation, Gefahr, Ängste, Entehrung, Schimpf und Spott.

Unsere hauptsächliche Aufgabe besteht offenbar darin, nach dem Nutzen zu fragen, den diejenigen haben, die Teil des Machtapparats sind. Betrachtet man Herrschaft nicht als eine Praxis, sondern institutionell, abstrakt, als eine Art Entität, so führt das leicht von den zentralen Ele-

38

menten ihrer Realität ab. Als Praxis erscheint sie täglich in Gestalt von Nötigung und Zwang; gleichzeitig unterliegt sie ihren eigenen Zwängen, da das Hervorbringen von Gehorsam immer zu ihren Zielsetzungen gehört. Sobald man sich der systematischen Praxis der Alltagszwänge zuwendet, wird deutlich, auf wie vielen Ebenen Herrschaft ausgeübt wird und auf wie vielen Ebenen Widerstand möglich ist. Wir werden zum Beispiel im fünften Kapitel sehen, wie der Begriff des »Haushalters«·die Einwohner eines Dorfs entweder zu Subjekten oder zu Objekten der Herrschaft im Dorf machte. Es wird dabei auch deutlich werden, wie unzulänglich ein dichotomes Modell von staatlicher Herrschaft sein kann und daß nur dann eine adäquate Erörterung von Herrschaft möglich ist, wenn klar erkannt ist, daß sie ihre Objekte in ihre Praxis einbezieht und sie häufig sogar zu ihren Subjekten macht.

Neuere Arbeiten zu Rebellion und Widerstand folgen meist einem Ansatz, der dem hier kritisierten einfachen Modell nahesteht.[69] Opposition gegen Steuern gilt als Widerstand, aber Zorn über eine korrupte Dorfobrigkeit nicht. Doch ebenso wie man der Ausübung von Herrschaft auf verschiedenen Ebenen nachgehen muß, muß man auch den Widerstand auf verschiedenen Ebenen suchen. Er kann, wie wir im dritten Kapitel sehen werden, die Form einer bestimmten Metapher annehmen oder sich, wie im fünften Kapitel der Fall, in Zitate aus der Bibel kleiden oder aber, wie im zweiten Kapitel, sich als verdeckter rhetorischer Angriff auf die Finanzpraktiken des Staates äußern.

Die Fixierung auf Momente der dramatischen Rebellion führt leicht dazu, daß der Blick des Beobachters von der der Herrschaft innewohnenden Dialektik abgezogen wird. Betrachtet man Widerstand genauer, so wird deutlich, daß keine der Verhandlungen ausschließlich oder auch nur primär über »Repräsentanten« der beiden Seiten erfolgt. Der politische Prozeß ist in diesem Sinne nicht verantwortlich und steht der Introspektion durch den außenstehenden Beobachter auch nicht ohne weiteres offen. Eine ausführliche Erörterung dieses komplexen Sachverhalts kann hier nicht vorgenommen werden, doch auch unabhängig von der Form des Verhandlungsprozesses ist es nützlich, die Art und Weise zu erforschen, in der die Beherrschten ihr Begehren zum Ausdruck bringen. Eine der Zugangsmöglichkeiten liegt in der Reaktion auf ein lokales Ereignis – die zeitweise Popularität eines lokalen Helden, die allgemeine Berühmtheit irgendeines Vorfalls. Es ist schwierig, Menschen davon abzuhalten, überall dorthin zu laufen, wo etwas los ist. Sie bedrohen die etablierte Obrigkeit, indem sie glauben oder nicht glauben, indem sie die normalen Kategorien in Zweifel ziehen.[70] Die Streitpunkte werden nicht nur durch die verschiedenen Ereignisse dramatisiert, sondern auch durch die Art der Aufnahme, die sie finden. In direkten alltäglichen Konfrontationen kann die Obrigkeit mehr oder minder eindeutig handeln, wobei das Pendel der Macht häufig zu ihren Gunsten ausschlägt. Jede allgemein beliebte Gestalt, jeder Aberglauben oder jeder Katalog von Forderungen kann von der Obrigkeit mit Hilfe der rationalen bürokratischen Vorgehensweisen diskreditiert werden. Die Hauptwaffe der Beherrschten liegt bisweilen im bloßen Hinstarren, im plötzlichen Drang, sich der Masse anzuschließen, in der aufgeregten Zuwendung zu einem neuen Glauben und einer plötzlichen Hoffnung, die sich schnell wieder verflüchtigt, in der momentanen Verweigerung von Zustimmung. Eine Vision oder eine dramatische Handlung kann ein komplexes Gefüge von Werten vermitteln oder die Ahnung von einer anderen Wirklichkeit ermöglichen.

Sie mag insgesamt schnell in Vergessenheit geraten; und selbst wenn die Erinnerung daran bleibt, kann sich mit der Veränderung der Alltagswirklichkeit ihre innere Botschaft verändern. Beispiele für solche momentanen Artikulationen sozialer Werte werden im zweiten und sechsten Kapitel behandelt.

Der Begriff der Gemeinschaft

In den anschließenden Kapiteln geht es zu einem großen Teil um Gemeinschaften. Bei den meisten handelt es sich um große Haufendörfer, bei einigen um eine Ansammlung von Weilern und bei einigen um Kleinstädte. Da diese Gemeinschaften in einem Kontext stehen, der unter so verschiedenen Bezeichnungen wie »vormodernes«, »frühneuzeitliches«, »feudales« oder »traditionelles« Europa gefaßt wird, scheint sich der Begriff der Gemeinschaft als organisierendes Element einer Untersuchung anzubieten.[71] Gemeinschaft als analytische Kategorie ist wegen ihrer ideologischen Konnotationen kritisiert worden, ging jedoch trotzdem in der einen oder anderen Form in das geistige Rüstzeug der meisten Sozialwissenschaftler ein. Ob man sie historisch als eine soziale Form versteht, die einer modernen »Gesellschaft« vorausgeht, oder als das, was man in der Dynamik direkter, unmittelbarer Beziehungen in kleinen Gruppen findet, Gemeinschaft scheint unverzichtbar. Manchmal wird dem englischen Wort »community« eine Bedeutung gegeben, die der von »Gemeinschaft« nahekommt, aber häufig wurde es ganz einfach mit einer bestimmten Art des sozialwissenschaftlichen Vorgehens assoziiert, nämlich der Konzentration auf kleine, irgendwie begrenzte Gruppen als Untersuchungseinheiten. Das dabei auftauchende Problem besteht darin, daß der Forscher durch die Wahl einer »begrenzten« Einheit – einer Gemeinschaft im zweiten Sinn – leicht dazu geführt wird, eine

Gemeinschaft im ersten Sinn zu unterstellen: eine Gruppe von Menschen mit gemeinsamen Zielen, Zwecken oder Absichten.

Es ist an dieser Stelle weder möglich noch erstrebenswert, auf die komplexe Literatur zum Thema Gemeinschaft einzugehen, doch ist es sicher angebracht, einige Unterscheidungen anzuführen, die im Mittelpunkt der Analyse dieses Buches stehen. Es gibt eine Außen- und eine Innensicht kommunaler Prozesse. Die anschließenden Ausführungen bestehen zum großen Teil in dem Versuch, die Vorstellungen von innen her zu analysieren. Wir dürfen jedoch nicht erwarten, daß die Dorfbewohner uns soziologische Begriffe liefern. Selbst die Frage, ob die Dorfbewohner dorfbezogen denken, muß offen bleiben, da dies zeitlichen Veränderungen zu unterliegen scheint. Im 16. Jahrhundert scheint es beispielsweise eine strikte Trennung zwischen Stadt und Land als solchen gegeben zu haben, und es finden sich nur wenige Hinweise auf eine starke Identifizierung mit einem bestimmten Dorf, dem bestimmte Merkmale beigelegt werden. Erst im späten 17. und im 18. Jahrhundert wird darauf Bezug genommen, wie die Beispiele im vierten und sechsten Kapitel zeigen. Die Art und Weise, in der Beziehungen innerhalb des Dorfs wahrgenommen und gestaltet wurden, ist mit der Praxis verbunden, und bestimmte Schlüsselbegriffe tauchen ständig wieder auf. Es sind diese Konzepte und Begriffe, nach denen wir Ausschau halten. Überdies wollen wir die Vorstellungen der Dorfbewohner dazu heranziehen, um unsere eigenen zu verfeinern und kritisch zu beleuchten.

Es gibt zwei leitende Prinzipien in meiner Auffassung von »Gemeinschaft« – und hier beziehe ich mich auf die Kleinstadt- oder Dorfgemeinde. Gemeinschaft ist eine Sache von Vermittlungen und Reziprozitäten und kann nicht losgelöst von Herrschaft analysiert werden. Was Gemeinschaft möglich macht, ist die Tatsache, daß sie eine Reihe vermittelter Beziehungen umfaßt. Eine zentrale Form der Vermittlung ist natürlich durch das Eigentum gegeben – den Zugang zu den Ressourcen, die Zuteilung von Rechten und Ansprüchen und die Anerkennung von Obliegenheiten und Pflichten. Andere Vermittlungsformen lassen sich in den Bereichen der Produktion und des Austauschs oder im Bereich der sozialen Werte finden – zum Beispiel in der Art und Weise, wie die Dorfbewohner in ihrer beständigen gegenseitigen Beobachtung Ehre zuweisen. Wenn man Beziehungen in den Vordergrund stellt, wird deutlich, daß Gemeinschaft sowohl negative als auch positive Elemente, sowohl Konflikt als auch gegenseitige Hilfe umfaßt. Aus der Sicht des Theologen oder Psychologen gibt es Gemeinschaft demnach dort, wo es nicht nur Liebe, sondern auch Frustration und Zorn gibt.[72] In verschiedenen Kapiteln werden wir feststellen, daß Dorfbewohner

Gemeinschaft in allererster Linie in den Begriffen »Neid« und »Haß« faßten.

In gewissem Sinn gibt es genauso viele Gemeinschaften, wie es vermittelte Beziehungen gibt. Dieses Faktum zeigt sich zum Beispiel in Ausdrücken wie »Ehegütergemeinschaft«. Damit wird nahegelegt, den Begriff auf solche Beziehungen anzuwenden, die mehrfache Glieder und eine überdauernde Struktur haben. In den meisten Beispielen in diesem Buch geht es darum, in welchem Maße eine Gemeinschaft eine Gemeinschaft ist, in welcher Weise eine Kollektivität von der Art eines Dorfes oder einer Nachbarschaft durch vermittelte Beziehungen zusammengebunden ist, die Hilfe, Konflikt, Aggression und Rücksichtnahme einschließen. In der tatsächlichen Konfrontation mit der Wirklichkeit des Dorflebens zeigt sich, daß Gemeinschaft nichts »Vormodernes«, Unveränderliches, Strukturelles, sondern etwas Geformtes, zeitlich sich Veränderndes war und nur als historischer Prozeß zu erfassen ist, da die Elemente, mit denen die Beziehungen geformt wurden – seien es nun »reale« oder symbolische Mittel –, sich beständig in Bewegung befanden.

Wenn Begriffe wie Gemeinschaft und Gesellschaft einander zeitlich zugeordnet werden, verschleiern sie häufig wichtige Sachverhalte in dem Maße, wie Geschichte nur an den Bruchstellen zwischen den Gesellschaftsformen auftauchen kann. Prozesse werden in solchen dichotomen Begriffen meist nur im Übergang von einer Struktur zur anderen gesehen.[73] Dabei wird zum Beispiel übersehen, daß auch die Reproduktion ein Prozeß ist und genauso wie jeder andere Prozeß historischen Kräften unterliegt. Doch nicht nur das: die Begriffe müssen sich dazu eignen, sowohl reale Veränderungen wie auch – wo relevant – Kräfte der strukturellen Stasis zu erfassen. Da wir wissen, daß Dörfer beständig ihre strukturellen Beziehungen änderten, wenn sich die Art der staatlichen Institutionen änderte, sind Begriffe notwendig, die dieser Tatsache gerecht werden können. Aber selbst hier erscheint Herrschaft dynamisch, während »Gemeinschaft« der Tendenz nach historisch unflexibel bleibt. Vielleicht können wir die mangelnde historische Flexibilität dadurch ausschalten, daß wir die Veränderungen in der Art und Weise hervorheben, in der Beziehungen zwischen Menschen vermittelt wurden. Wenn z.B. ein Bauer zum Pflügen ein Pferd braucht, werden die Beziehungen zwischen Haushalten durch dieses wichtige Produktionsinstrument mitbestimmt. Bauern ohne Pferde sehen sich genötigt, sich auf ständige Beziehungen der Abhängigkeit einzulassen, um sicherzustellen, daß sie zum rechten Zeitpunkt im erforderlichen Maße pflügen können. Doch wenn, wie es im späten 18. Jahrhundert in Württemberg häufig der Fall war, viele Dorfbewohner zu Rindvieh überwechselten, müssen sich die Beziehungen strukturell verändern. Zum Pflügen brauchte man zwei Rinder oder Ochsen, und es gab praktisch niemanden, der ein eigenes Pfluggespann besaß. Infolgedessen mußte die gegenseitige Abhängigkeit in der Produktion ganz andere Formen annehmen.

Das Gemeinsame in einer Gemeinschaft ist weniger ein gemeinsames Wertesystem oder ein allgemeines Einverständnis als die Tatsache, daß die Mitglieder einer Gemeinschaft die gleiche Argumentationsweise, das gleiche *raisonnement*, die gleiche Rede, den gleichen Diskurs verwenden, in dem alternative Strategien, Mißverständnisse, widerstreitende Zielsetzungen und Werte ausgehandelt wurden. Da die einzelnen Menschen in einer Gemeinschaft in jeweils anderen Beziehungsnetzen zur Außenwelt stehen können, wird niemand in seinen Beziehungen von der Gemeinschaft begrenzt. Begrenzung ist also keine Kategorie, die sich zur Beschreibung von Gemeinschaft eignet.[74] Es ist der Diskurs, der die Gemeinschaft herstellt. Wenn ein Teil oder sehr viel von dem, was Menschen tun, überhaupt nicht in den Diskurs eingeht, rührt das daher, daß sie in diesen Bereichen einfach keine Notiz voneinander nehmen. Dennoch ist das Problem von Innen und Außen komplex. Was man außerhalb der Gemeinschaft tut, kann enorme Implikationen für die eigene Position im Innern haben, und umgekehrt.

Wenn wir es für entscheidend halten, Vermittlung in die Analyse von Gemeinschaftprozessen einzuführen, soll das nicht heißen, daß die Dorfgemeinde in irgendeiner Hinsicht autonom gewesen wäre. Dieser Punkt wurde von dem im zweiten Kapitel angeführten Bauernpropheten deutlich erkannt. Nach seiner Auffassung brachte es nichts ein, wenn die Gemeinschaft Buße tat, solange sich die fremden Herrschenden nicht ebenfalls erneuerten. Damit formulierte er einen entscheidenden Sachverhalt, nämlich den, daß die Herrschaft für die Gemeinde konstitutiv war. Damit ist nicht gemeint, daß die Obrigkeits- oder Magistratsvertreter Zugang zu den »Geheimnissen« des Dorfes hatten und – wie im fünften und sechsten Kapitel gezeigt – planvoll in alle seine Winkel vordrangen. Es geht vielmehr darum, daß sich zum Beispiel das unausweichliche Faktum der Aneignung auf die Strukturierung des dörflichen Beziehungsnetzes auswirkte. Das zeigt sich etwa in der Art·und Weise, in der der gute Hausvater im Kontext der Staatspolitik des 17. und 18. Jahrhunderts als das entscheidende Bindeglied des Apparats angesehen wurde. Wie dieser Sachverhalt in außerökonomische Macht im Dorf übersetzt wurde, ist das Thema des 5. Kapitels.

Die Implikationen von Herrschaft für die Gemeinschaft können sogar an der metaphorischen Vorstellungsstruktur der Gemeinschaft abgelesen werden. Eines der zentralen Idiome im betrachteten Zeitraum war Hexerei. Sie war sozusagen das Vehikel für die Neidgefühle, die im

Leben der Gemeinschaft eine so wichtige Stellung einnahmen. Und in einem allgemeineren Sinn stellte sie auch eine Kategorie bereit, mit deren Hilfe sich die Kraftlinien zwischen Männern und Frauen, Alten und Jungen, Reichen und Armen, Mächtigen und Schwachen, Verwandten und Nichtverwandten nachzeichnen ließen. Hexerei als eine dynamische Kraft im Innern des Dorflebens war jedoch nicht in der Lage, der bestimmenden Macht der kirchlichen und staatlichen Obrigkeit standzuhalten. Der Entstehungsprozeß sozialer Metaphern und die Dialektik von Gemeinschaft und Herrschaft werden im dritten, vierten und fünften Kapitel untersucht.

Der Begriff der Person

Der Begriff der »Person« läßt uns an die Psychodynamik des Individuums denken. Er verspricht die Möglichkeit, die emotionalen Erfahrungen und subjektiven Lebenserscheinungen derer zu erfoschen, denen wir unsere Aufmerksamkeit zuwenden. Dennoch gibt es ernstzunehmende Einwände gegen die Vorstellung, wir könnten das emotionale Leben von Individuen so rekonstruieren, wie sie es erfahren haben, ein Problem, dessen Diskussion uns zu weit von unserem Thema abführen würde.[75] Wir wollen uns hier nicht mit der individuellen Psychologie befassen, sondern stattdessen untersuchen, in welcher Weise die Person durch ihre Stellung innerhalb einer Matrix von Beziehungen konstituiert wird. Wir wollen das Feld untersuchen, in dem das Ich situiert ist – die sozialen Kräfte und den Apparat zur Wahrnehmung dieser Kräfte. Ein weiterer Punkt hängt damit zusammen, wie die verschiedenen Elemente des sozialen Kraftfelds auf das Individuum und sein Geschick einwirken.[76] Es bleibt zum Beispiel nicht ohne Auswirkungen auf die Konstruktion des Ich, ob ein Individuum sich sein Geschick mit seinen eigenen moralischen Eigenschaften, der Bosheit seiner Nachbarn, den magischen Praktiken von Verwandten, dem unumschränkten Willen Gottes oder den unausweichlichen Kräften der Wirtschaft erklärt. Der Platz, der dem Individuum zwischen Geist und Fleisch, Gott und Teufel, Freund und Feind, Verwandten und Nachbarn zukommt, ist zentral für die Art und Weise, in der die Person und ihre kognitiven und motivationalen Strukturen gefaßt werden.

Feindschaft ist eine der »eingeborenen« Kategorien, die in diesem Buch immer wieder auftauchen. Im ersten Kapitel begegnen wir der Person inmitten eines Feldes aus Feinden und Helfern (»Gutherzigen«), in dem Neid und Haß zentrale Motivationen sind, die bestimmten Beziehungen zugeschrieben werden. In den dort erörterten Beispielen ist es offenbar nicht so, daß Haß und Neid Emotionen wären, die dem Bösen im Menschen zugeschrieben werden; sie rühren vielmehr aus den Zweideutigkeiten oder Ungerechtigkeiten bei der Zuteilung von Rechten her. Feindschaft war durch die Position bestimmt und galt nicht als etwas, das in einer konsistenten Persönlichkeitsstruktur verankert wäre oder dem eigenen Willen unterläge.

In den verschiedenen Kapiteln, die von Ereignissen nach dem Dreißigjährigen Krieg handeln, werden Fragen des Neids, der Aggression und der Angst im Kontext von Verwandtschafts- und Gemeinschaftsbeziehungen aufgeworfen. Diese Erörterungen drehen sich weitgehend darum, wie die Welt der sozialen Beziehungen vorgestellt und strukturiert wurde. Es gab eine grundlegende Unterscheidung zwischen Dorfbewohnern und Verwandten und – innerhalb der Verwandten – zwischen »Freunden« und »Verwandten«. Freunde waren all jene, die aufgrund von Heirat mit einem Menschen verwandt waren, während es sich bei den »Verwandten« um Blutsverwandte handelte. Im dritten Kapitel, das von einem jungen Mädchen berichtet, das der Hexerei verdächtigt wurde, treffen wir auf die Unterscheidung von Einflüssen und Gefahren, die von blutsverwandtschaftlichen Beziehungen ausgehen konnten, und jenen, die von Nachbarn und Schwiegerverwandten zu erwarten standen. Es läßt sich hier anmerken, daß Schwiegerverwandte tatsächliche Verwandte darstellten, während Nachbarn danach unterschieden wurden, ob sie geheiratet werden konnten oder nicht, ob sie also potentielle Verwandte waren oder nicht; und entsprechend ließen sich Gefahren lokalisieren. Heiratbare Nachbarn konnten bisweilen wie Schwiegerverwandte handeln und in einem weitergefaßten Sinne »Freunde« sein. In der Phantasie des jungen Mädchens ging Aggression von der Art, die als »Feindschaft« bezeichnet wurde, von Nachbarn und nicht von Blutsverwandten aus. Für den Pfarrer im vierten Kapitel stand Feindschaft im Mittelpunkt der sozialen Beziehungen und war eng mit den einander bekämpfenden Familiengruppen verbunden. Sich keine »Feinde« zu machen – das heißt, eine Heiratsallianz nicht einzugehen – war gleichbedeutend damit, daß man sich Feinde schuf. Im fünften Kapitel taucht eine strikte Unterscheidung zwischen Blutsverwandten und »Freunden« auf; Feindschaft wird hier in den weiteren Zusammenhang blutsverwandtschaftlicher Beziehungen gestellt. Man erwartete, daß Schwiegerverwandte sich tatkräftig als Freunde beistanden.

Diese grundlegende Dichotomie zwischen Blutsverwandten und Schwiegerverwandten ist eine der Hauptachsen, entlang deren verschiedene Gefährdungen angeordnet wurden – unbeabsichtigte und beabsichtigte Gefährdungen, Verunreinigung und Aggression. Nach Leach ist es in vielen Gesellschaften möglich, die verschiedenen Gefahrentypen schlüssig auf die Verwandtschaftsstruktur abzubilden.[77] Versucht man etwas Derartiges für die ländliche Gesellschaft in Württemberg, so ergibt sich ein Zusammenhang von Blutsverwandten und unbeabsichtigtem Einfluß, bzw. unspezifischer Verunreinigung einerseits und von Schwiegerverwandten, engen Nachbarn, potentiellen Heiratspartnern und absichtlich angespanntem, aggressivem Verhalten andererseits. Die Reziprozitäten im zweiten Bereich waren in größerem Maße von beständigen Verhandlungen abhängig. Wo genau in diesem Schema »Feindschaft« angeordnet ist, läßt sich nicht so deutlich erkennen; wir können jedoch vielleicht einige Unterscheidungen treffen. In einem Dorf mit Reichen und Armen konnte der generalisierte Neid der Armen bewirken, daß eine Person krank wurde (vgl. erstes Kapitel). Die Einwirkungen waren offenbar keine spezifischen – sie entsprangen nicht dem besonderen Neid der Armen oder spezieller Armer gegen eine bestimmte Person. Es war vielmehr die allgemeine Neidsituation, die zufällig eine Krankheit oder auch Tod hervorbringen konnte. In diesem Fall könnte man von Verunreinigung sprechen, wobei das Dorf als ein moralisches Isolat, als eine Art Familie erscheint. »Feindschaft« scheint hier kein relevanter Terminus gewesen zu sein. Feindschaft kommt durch solche Leute ins Spiel, die eine Aggression beabsichtigen, am deutlichsten durch Gleichgestellte – enge Nachbarn, Menschen, mit denen man sich über Eigentum und ähnliches im Streit befinden kann, Schwiegerverwandte. Schwiegerverwandte sind der Inbegriff von Feinden, weil sie die Gruppe darstellen, in der man seine Heiratspartner findet, Leute, die einem gleichgestellt sind, mit denen man kooperieren muß, um überleben zu können, mit denen man jedoch am meisten konkurriert.[78] In diesem Zusammenhang ist Hexerei interessant, weil sie zwei Aspekte aufweist, den Aspekt der Verunreinigung oder Verführung – andere dazu zu bringen, Hexen zu werden – und den Aspekt der Aggression und des Neids – Angriffe auf Tiere, das Krankmachen von Kindern etc. Ich kann nicht beanspruchen, daß ich für alle angeführten Fälle eine konsistente Symbolik zu erkennen vermag, möchte aber behaupten, daß sich bei einer Untersuchung der Verwandtschaftsverhältnisse jedesmal eine konsistente Zuordnung ausmachen ließe, bei der die Grenzen zwischen Schwieger- und Blutsverwandten, zwischen Verunreinigung und Aggression und zwischen Freund und Feind aufeinander abbildbar sind.

Die Art und Weise, in der das Umfeld der Person gezeichnet war, spielte eine zentrale Rolle für die Art und Weise, in der Menschen ihre Geschicke sich selbst und einander erklärten. Für uns sind in diesem Zusammenhang zwei Momente wichtig, nämlich eine Unterscheidung zwischen beabsichtigter und unbeabsichtigter Gefährdung und der Ort der Erklärung für das, was dem Individuum widerfährt.[79] Im ersten Kapitel begegnen wir direkter aggressiver Gefährdung in Gestalt von Hexerei und unspezifischer, generalisierter Gefährdung, die von sozialen Spaltungen in der Gemeinschaft ausgeht. Der Neid der Armen auf die Reichen konnte – genauso wie der direkte magische Angriff von seiten eines Nachbarn – bewirken, daß eine bestimmte Person krank wurde. In der Zeit nach dem Dreißigjährigen Krieg spielten die Unterscheidungen zwischen Blutsverwandten und Schwiegerverwandten sowie zwischen Verwandten und Nachbarn eine wichtige Rolle bei der Festlegung sozialer Beziehungen. Blutsverwandtschaftliche Beziehungen verliehen dem Individuum in der dörflichen Gesellschaft Status und waren etwas »Gegebenes«. Man mußte auf Verunreinigung oder Vergiftung gefaßt sein, da hier auch mit einer negativen Gefährdung zu rechnen war – daß etwa Alkoholismus von einem Onkel ererbt oder die Befähigung zur Hexerei in der Familie weitergegeben wurde. Eine der Fragen in der Zeit nach dem Krieg war, wie weit blutsverwandtschaftliche Beziehungen eigentlich reichten und welche Verantwortlichkeiten gegenüber Verwandten bestanden. Angriff und bewußte Aggression hingegen waren unter Stiefverwandten, Schwiegerverwandten und Nachbarn möglich. Nachbarsfrauen prüften Brote, die sie voneinander geborgt hatten, ob sie nicht verhext waren, und ließen es sich angelegen sein, zusammen mit einer sterbenden Nachbarin das Abendmahl einzunehmen, um zu beweisen, daß sie ihren Tod nicht verursacht hatten.[80] Durch behexte Nahrungsmittel konnte ein Mann Angriffen seitens seiner Frau ausgesetzt sein und umgekehrt.[81] Im 18. Jahrhundert wurden bei einem Konflikt zwischen Schwiegerverwandten Bezeichnungen wie »Hexe« rückhaltlos eingesetzt, aber den Beziehungen zwischen Blutsverwandten, seien sie nahe oder entfernte, haftete selbst dann, wenn sie feindselig waren, nicht die Vorstellung eines magischen Angriffs an.[82]

Diese Unterscheidungen tragen zur Erhellung der Tatsache bei, daß der Person verschiedene Kräfte zugesprochen werden, die ihrerseits in verschiedenen Arten sozialer Beziehungen verankert sind. Die tiefe Kluft zwischen Arm und Reich, die einen so entscheidenden Aspekt der Gemeinschaft im 16. Jahrhundert war, wirkte sich auch auf die Vorstellung von der Person und vom Schicksal aus. Die Klärung der familiären Verpflichtungen und der Bedeutung der Familie während der gesellschaftlichen Neugestaltung nach dem Dreißigjährigen Krieg war ebenfalls entscheidend für die neue Verortung der Person. Die Spaltung in kleine Landeigentümer und Handwerker und die fortschreitende Disziplinierung der Dorfbevölkerung im Rahmen neuer obrigkeitsstaatlicher Hierarchieformen geben den Kontext ab, in dem die Person im 18. Jahrhundert verstanden wurde.

Es ist nicht möglich, auf der Grundlage der in diesem Buch vorgelegten Fälle eine Geschichte der Person zu konstruieren, doch können einige Vermutungen vorgelegt werden. In den Beispielen, die im ersten Kapitel erörtert werden, wurde die Person im Rahmen der Kategorien Gemeinschaft und Herrschaft verstanden, die beide Fragen der Gerechtigkeit aufwarfen. Neid und Haß waren Emotionen, die durch äußere Bedingungen bestimmt waren – durch Ungerechtigkeit,. Unterdrückkung oder Rechtsungewißheit. Unter diesen Umständen war Schuld nicht so sehr ein Gefühl als vielmehr ein Zustand, nicht so sehr ein Bestandteil des Bewußtseins als einer der Stellung. Emotion war in erster Linie die Widerspiegelung äußerer Bedingungen und nicht Teil einer integrierten motivationalen Struktur. Die Rolle, die dem Gedächtnis bei der Integration einer solchen Struktur zukommt, fehlte. Wenn unter derartigen Voraussetzungen einem Individuum ein Unglück widerfuhr, wußte es, wo es nach einer Erklärung dafür suchen mußte, nämlich bei den Spaltungen in der Gemeinschaft oder bei denen, die mit ihm um Land, Erbe und ähnliches konkurrierten. Es konnte sich rituell gefährlich machen, indem es seine Feindschaft öffentlich kundtat.

Auch in der Zeit unmittelbar nach dem Dreißigjährigen Krieg standen Herrschaft und Gemeinschaft im Mittelpunkt, allerdings mit ziemlich anderen Betonungen und einer etwas anderen Logik. Im zweiten Kapitel erfahren wir von einer Vision, in der Sünde als etwas Individuelles, Vergeltung hingegen als etwas Kollektives aufgefaßt wurde. Dabei ging es jedoch nicht einfach nur um Sünde und Vergeltung innerhalb der Gemeinschaft, da das Dorf wesentlich als Teil des übergreifenden Herrschaftsgefüges verstanden wurde. Die Vergeltung für die Sünden des Herrn traf die Untertanen. Hier war Schuld nicht an ein inneres Reuegefühl und ein individuelles Erlösungsstreben gebunden; sie hing auch nicht mit der äußeren Frage der eigenen Stellung gegenüber anderen in einer Auseinandersetzung um Rechte zusammen. Schuld wurde vielmehr unter die radikale, willkürliche Strafgewalt Gottes subsumiert. Individuelles Mißgeschick wurde als kollektives und irrationales zugleich interpretiert.

Im vierten Kapitel begegnen wir einem Pfarrer, der alle Wendepunkte in seinem Leben auf Einflüsse zurückführte, die außerhalb von ihm selbst und seinen moralischen Eigenschaften zu suchen waren. Alles, was ihm widerfuhr, erklärte er sich im Rahmen des verwandschaftlichen Beziehungsnetzes und der Welt der Parteilichkeiten. Seine radikale Sicht des Alltagslebens als Kampf zwischen Parteigängern weicht von der des im zweiten Kapitel behandelten Propheten von 1648 ab. Es gab keine Verbindung zwischen dem dörflichen Alltagsleben und den umfassenderen politischen und sozialen Strukturen. Das Geschick der Person war weder an die sozialen und ökonomischen Bedingungen noch an die Dynamik von Herrschaft gebunden – ein Rückschritt gegenüber der Sicht des Propheten. Statt dessen stellte der Pfarrer erneut die lutherische Scheidung von Fleisch und Geist in den Vordergrund und vertrat eine vollkommen negative Auffassung vom ersteren. Die Spaltungen der Gesellschaft konnten keine generelle Wirkung mehr haben, noch auch wurde die Person Opfer einer Vergeltung, die die Gemeinschaft traf. Es gab vielmehr überhaupt keine Gerechtigkeit im Bereich des Fleisches mehr, und Gesellschaft war ein unaufhörlicher Kampf, in dem – geschützt durch die Verwandtschaftsnetze – Wille gegen Wille und Person gegen Person stand. Für gute und böse Ereignisse gab es stets eine Erklärung, und das eigene Geschick war immer das Ergebnis persönlicher Kräfte. Unter diesen Voraussetzungen spielte das Gewissen eine unbedeutende Rolle.

In der Mitte des 18. Jahrhunderts können wir sehen, daß die Bedeutung von »Gewissen« sich geändert hatte und je nach der Stellung in der Sozialstruktur etwas anderes meinte. Es gab noch keine Vorstellung von der Person als einem einzelnen, integrierten Zentrum von Bewußtsein. Ein Beobachter vermerkte, daß die Dorfbewohner nicht wüßten, wie sie sich erinnern sollten. Gewissen in dem Sinne, wie er von der damaligen kulturellen Elite verstanden wurde – als ein verhaltenssteuernder Mechanismus, der mit dem Selbstbewußtsein als konsistente Einheit verknüpft war –, konnte es daher nicht geben. Handeln folgte nicht einem einheitlichen Komplex von Prinzipien. Das Gewissen galt allgemein als etwas, das eher im nachhinein als im vorhinein wirksam wurde, so wie es während der Reformation verstanden worden war.[83] Es wurde nun zu einer aktiven Kraft in einer Reihe sozialer Beziehungen, die unter der Kategorie »Angst« gefaßt wurden.

Aus diesem Überblick und dem im Buch diskutierten Material müßte deutlich werden, daß die »Person« ein historisches Konstrukt ist.[84] Die Elemente, die wir erörtert haben – Schuldgefühl, Gewissen, die Beschaffenheit menschlicher Kräfte, Feindschaft und Freundschaft, Individualität und Kollektivität –, wurden beständig neu organisiert, sobald Verschiebungen in der Herrschaftsstruktur und Veränderungen in der sozialen Ordnung auftraten. Es sollte außerdem betont werden, daß es selbst im Innern der kleinen Gesellschaft des Dorfes alternative Auffassungen von der Person gab. Eine Reihe von Leuten konnte die Ansicht vertreten, daß die Sünde eines einzelnen eine kollektive Bestrafung durch Gott nach sich ziehen werde, während andere die Zeichen als Beweis für ihre eigene persönliche Schuld interpretierten.

Ein zentraler Punkt, der sich aus dem Material ergibt, ist die Frage, inwieweit mit der Vorstellung von der Person eine begrenzte und integrierte motivationale Struktur einhergeht. Es geht in diesem Zusammenhang nicht nur um das zentrale Problem der Verbindung von Glauben und Handeln, sondern auch um seine Auswirkungen darauf, wie der Historiker die Volkskultur oder der Ethnologe die Sozialstruktur sieht.[85] Wir gehen auf diese Frage im sechsten Kapitel etwas näher ein, wenn wir die Konfrontation zwischen einem von der zentralen Obrigkeit in Stuttgart entsandten Kommissar und den befragten Dorfbewohnern behandeln. Der Kommissar hatte angenommen, einigermaßen klare, von allen vertretene Vorstellungen vorzufinden, aus denen sich die scheußliche Tat – das Lebendigbegraben eines Bullen – herleiten ließe. Auf der einen Seite sprach er den Dorfbewohnern jegliche Rationalität ab – er beklagte sich, wie wenig sie »um die Verbindung zwischen Ursache und Wirkung sich zu bekümmern gewohnt« seien –, auf der anderen Seite hatte er zur Erklärung der Motivation nur ein einziges Modell zur Verfügung, daß sie nämlich in einer konsistenten Überzeugung wurzelte, wie falsch auch immer sie sein mochte. Es scheint jedoch so, daß das Verständnis für das Motivuniversum der Dorfbewohner nicht in einem Vorstellungskomplex, sondern vielmehr in jenem Diskurs zu suchen ist, der den diversen Beziehungen und sich verändernden Positionen im dörflichen Sozialleben Rechnung trägt. Die Beziehung zwischen Glauben und Handeln ist offenbar keine zwischen Prinzipien und Handeln, das aus diesen Prinzipien folgt. Handlungen entstehen vielmehr aus der Spannung zwischen der Notwendigkeit und dem Wunsch zu handeln einerseits und dem veränderlichen System der Beziehungen im Auseinandersetzungsprozeß andererseits. Die Analyse dieses Problems wird uns zur Befassung mit dem »Geschwätz«, dem »Geschrey« und dem »Wissen« im Dorf führen und zeigen, daß die Motivationen so plastisch und zugleich so begrenzt waren wie der sich ständig verändernde Komplex dörflicher Sozialbeziehungen.

Kommunion und Gemeinschaft

Abendmahlsverweigerung im 16. Jahrhundert

*Welcher nun unwirdig von diesem Brot isset,? oder von dem Kelch des Herrn
trincket, der ist schüldig an dem leib und blut des Herrn. Der Mensch prüfe
aber sich selbs, und also esse er von diesem Brot, und trincke von diesem Kelch.
Denn welcher unwirdig isset und trincket, der isset und trincket im selber das
Gerichte, da mit das er nicht unterscheidet den leib des Herrn. Darumb sind
auch also viel Schwachen und Krancken unter euch, und ein gut teil schlaffen.*

1. Korinther 11, 27–30 *

> *There I met an old man*
> *Who would not say his prayers.*
> *I took him by the left leg*
> *And threw him down the stairs.*
> Englischer Kinderreim

Die Quellen für dieses Kapitel sind die Protokolle der Kirchenvisitationen, die sogenannten Synodus Protocolle, für das Herzogtum Württemberg aus der Mitte des 16. Jahrhunderts, die im Evangelischen
Landeskirchlichen Archiv Stuttgart zugänglich sind.[1] Protokolle von
Kirchenvisitationen stehen für den Zeitraum ungefähr zwischen 1520
und 1830 zur Verfügung, allerdings veränderte sich ihr Charakter im
Laufe der Zeit von Grund auf, und es bestehen viele Lücken. Für das
16. Jahrhundert liegt nur das Jahrzehnt nach 1580 vollständig vor.
Gemeinhin handelt es sich bei den Protokollen um Berichte, die der
Superintendent eines jeden Amts anläßlich der jährlichen oder halbjährlichen Inspektion seiner Pfarrbezirke erstellte.[2] Jedem Pfarrbezirk waren ein oder zwei Seiten gewidmet, wobei Einzelheiten über den Pfarrer
und den Schulmeister den meisten Raum einnahmen. Gelegentlich
wurde ein spezieller Disput zwischen Pfarrer und Gemeindemitgliedern oder ein aufsehenerregender Fall unchristlichen Verhaltens vermerkt und mehr oder minder ausführlich kommentiert. In den

---

* Die diesem und den folgenden Kapiteln vorangestellten Bibelzitate sind der Lutherischen Bibelübersetzung von 1545/46 entnommen. (*D. Martin Luthers Werke. Kritische
Gesamtausgabe*, Abt. 3: *Die Deutsche Bibel*, Bd. 6–12, Weimar 1929 ff.)

achtziger Jahren des 16. Jahrhunderts gehörte zu solchen immer wiederkehrenden Fällen die Weigerung einer oder mehrerer Personen eines
Dorfes oder einer Kleinstadt, am Abendmahl teilzunehmen. Jeder
dieser Fälle enthält nur die Skizze einer Geschichte. Zusätzliche Dokumente, aus denen man mehr erfahren könnte, sind nicht vorhanden. Im
Verlauf der Darstellung sollen die meisten Fälle in vollem Umfang
nacherzählt werden. Die Dokumente können dadurch für sich selbst
sprechen und bieten die Möglichkeit, die Logik einer jeden Erzählung
und die Bedingungen der jeweiligen sozialen Interaktion genau zu
betrachten.

Im Jahre 1587 wurde der siebzigjährige Lienhart Seitz aus dem Dorf
Holzheim vom Untervogt und Superintendenten der Stadt Göppingen
vorgeladen.[3] Der Pfarrer hatte gemeldet, daß der alte Mann nicht beten
lernen könne und daß er nie am Abendmahl teilgenommen habe. Um
seine Seele besorgt, drohten ihm die beiden Beamten, daß sie ihn, wenn
er nicht beten lerne, an eine Kette schmieden und nach seinem Tod wie
ein Stück Vieh vergraben würden. Trotz dieses ziemlich rüden Vorgehens glaubten sie, daß er vielleicht einfach zu alt – möglicherweise
auch senil – sei und daß die primäre Verantwortung ohnehin bei denen
liege, die für ihn sorgten. Entsprechend erinnerten sie Seitz' Vetter an
seine Pflicht. Dieser jedoch wandte ein, daß Seitz so »strittig« mit der
Magd gewesen sei, die er zu ihm gesandt habe, daß die Sache hoffnungs-
los erscheine. Jedesmal, wenn Seitz zum Pfarrer geschickt worden sei,
sei er zwar losgegangen, aber nie im Pfarrhaus angekommen. Dennoch
stünde außer Frage, daß der alte Mann geistig rüstig und wendig sei;
immerhin sei er nach wie vor in der Lage, vorteilhafte Pferdekäufe oder
-verkäufe zu tätigen. »Aber das Beten kann er in sein Kopf nit bringen.«
Nach einer weiteren Vorladung und einer Gefängnisandrohung versprach Seitz, zum Pfarrer zu gehen und es noch einmal zu versuchen,
»aber hoffe nit das er was fruchtbarlichs bei ihm werde ausrichten.
Denn wie oft er ime auch das Vaterunser vorspreche, so stosse er sich
drinnen, sonderlich in der Bitt: vergib uns unser Schuld etc.« Er käme
an der Stelle, wo er seinen Feinden vergeben solle, nicht weiter.

Aus dem Gesagten geht deutlich hervor, daß das Gedächtnis des alten
Seitz völlig in Ordnung war. Im übrigen zeichnet sich das Vaterunser
ja gerade durch seine Kürze aus, und er hatte es immer fast bis zu Ende
aufsagen können. Das Beten an sich schien ebenfalls nicht das Problem
zu sein, es handelte sich gewiß nicht um eine Frage der persönlichen
Frömmigkeit und inneren Spiritualität. Daß seine Unfähigkeit, das
Gebet zu sprechen, überhaupt bekannt werden konnte, läßt sich einzig
damit erkären, daß er es bei irgendeinem öffentlichen Anlaß nicht zu
Ende sprach. Er versuchte nicht, sich mit undeutlichem Gemurmel zu

behelfen, sondern hielt inne und weigerte sich, jene Worte auszusprechen, die Gott anzeigten, daß seinen Feinden vergeben werden sollte. Weiterhin kann angenommen werden, daß er den Gottesdienst besuchte, da seine Verfehlung sonst andere Dimensionen angenommen hätte. Abgesehen von seinem Problem beim Beten ging er auch nie zur monatlichen Abendmahlsfeier, was – wie wir an anderen in diesem Kapitel behandelten Texten sehen werden – ebenfalls mit Problemen der Feindschaft zusammenhing. Faßt man die verschiedenen Elemente zusammen, dreht sich die Geschichte um öffentliches Ritual und Feindschaft – eine Verbindung, die auch in den meisten anderen Fällen von Abendmahlsverweigerung das Hauptspannungsmoment darstellte.

Die Art und Weise, in der die Beamten mit Seitz verfuhren, veranschaulicht die Grundelemente der Kirchenzucht, wie sie auf dörflicher Ebene in der zweiten Hälfte des 16. Jahrhunderts praktiziert wurde. In den ersten Jahren der Reformation in Württemberg wurden zwei miteinander zusammenhängende Probleme diskutiert. Die erste Frage war die, ob die Kirchenzucht lokalen Sittengerichten oder aber zentralen Rechtsinstitutionen obliegen sollte.[4] Mitte des 16. Jahrhunderts entschied man sich schließlich gegen die Gemeindelösung und beschloß, eine Reihe zunehmend zentralisierter Instanzen zu schaffen. Der Pfarrer hatte die Möglichkeit, für Vergehen Abmahnungen zu erteilen. In problematischen Fällen erstattete er dem Spezialsuperintendenten Meldung, der sich seinerseits an den Generalsuperintendenten oder den Kirchenrat wenden konnte.[5] Die wichtigste Institution zur Durchsetzung der Kirchenzucht war die Kirchenvisitation durch den Spezialsuperintendenten, die dem Pfarrer Gelegenheit zu Meldungen bot. Davon abweichend wurden nach 1644 dörfliche Kirchenkonvente in Württemberg gebildet und die Kirchenzucht in diesen lokalen Institutionen verankert.

Parallel zur Frage nach den Kirchenzuchtinstitutionen war die, ob Sittenangelegenheiten der kirchlichen oder der staatlichen Kontrolle unterlagen. Im 16. Jahrhundert blieb die Sittenzucht offiziell eine Sache des Staates.[6] Darüber hinaus lag auch die zivile Bestrafung religiöser Vergehen in den Händen der weltlichen Obrigkeit. Das erklärt, warum sich sowohl ein hoher Zivilbeamte als auch ein hoher Kirchenbeamte des Amts mit Seitz' Weigerung befaßte, an den grundlegenden religiösen Ritualen teilzunehmen. Die Bedeutung des Abendmahls war nie ganz eindeutig gewesen, da der Pfarrer befugt war, einen Unbußfertigen vom Abendmahl abzumahnen und ihn auch – allerdings mit größter Vorsicht – davon auszuschließen. Damit konzentrierten sich sowohl Fragen der Kirchen- wie der Sittenzucht auf das Sakrament. Wie im vorliegenden Fall verbanden sich Kirche und Staat, um die Unterwerfung unter das Ritual durchzusetzen, machten aber die Zulassung zum Abendmahl vom Verhalten und von der Einstellung abhängig. Wir können nicht entscheiden, ob die groben Drohungen der Beamten ernst gemeint waren oder nicht, oder ob jemand, der die rituellen Handlungen nicht vollzog, tatsächlich im Gefängnis angekettet wurde. Ich vermute, daß nur wenige Personen allein aus diesem Grund ins Gefängnis kamen. Doch der Inhalt der Drohung symbolisiert einen Teil des Problems. Die Beamten sagten, man werde Seitz wie ein Stück Vieh begraben, was in Analogie zu einem anderen Fall so interpretiert werden kann, daß sie ihm ein Begräbnis ohne Totenpredigt und Glockengeläut androhten.[7] Daraus folgt, daß das, was ein Tier zum Tier macht, das Fehlen von Ritualen ist, und die Tatsache, daß Seitz sich selbst vom Ritual zurückgezogen hatte, rückte ihn symbolisch aus der menschlichen Gesellschaft heraus. Konkret ging es den Beamten darum, daß das Abendmahl die württembergischen Untertanen zu Mitgliedern einer Gemeinschaft machte, die man eine »sakrale« nennen könnte. Es war eine Institution, die die Menschen zu Untertanen eines Herrn unter dem HERRN machten. Da man das Ritual als konstitutiv für die Gemeinschaft verstand, stellt sich uns die Frage, wie diese Beziehung zwischen Gemeinschaft und Ritual von seiten der Obrigkeit und – abweichend davon – von seiten der Mitglieder der Gemeinschaft gesehen und behandelt wurde.

Hans Weiss aus Neckartailfingen war die rechte Hand abgeschlagen worden, weil er mehrmals sein Gelübde gebrochen hatte. Im Anschluß daran hatte man ihn auch in »den Zehenden gebotten«. Seitdem war er nicht mehr zum Abendmahl gegangen. Anläßlich seiner Visitation fragte ihn der Superintendent, weshalb er dem Abendmahl fernbleibe. Er könnte, so gab Weiss an, nicht gehen, »dan er lige in neid und hass gegen seine Oberkait, die ihn unbilliger weiss beim Vogt angeben«. Sie würde ihn, wenn sie könnte, um Leib und Leben bringen. Im nächsten Jahr wurde er erneut angezeigt, weil er während der Gottesdienste über die Felder gegangen war. Weiss sagte, er könne nicht zum Nachtmahl gehen, weil ihn der Schultheiß so unbillig behandele. Der Schultheiß bemerkte dazu, daß er nur seine Pflicht getan und Weiss dafür bestraft habe, daß er während des Gottesdienstes das Dorf verlassen habe. Seine trotzige Haltung wurde dem Vogt gemeldet. Weiss kam daraufhin ins Gefängnis und entging nur durch die Gnade des Gerichts einer schweren körperlichen Bestrafung. Der Superintendent forderte ihn auf, der Obrigkeit zu verzeihen und die üble Nachrede einzustellen. Falls er nicht verzeihe, werde er »kein gnedigen Gott haben«. Weiss erwiderte, daß er nicht glaube, daß Gott ihn noch länger leben

lassen wolle, warum also schlüge ihm die Obrigkeit nicht einfach den
Kopf ab und mache seinem Leben ein Ende?
Als der Superintendent darauf meinte, daß der böse Geist Weiss' Herz
mitgenommen habe, antwortete dieser, er habe nie einen Teufel gesehen
– wie könne er dann in seinem Herzen sitzen? Auf diese Frage, ob er
nicht glaube, daß es einen Teufel und eine Hölle gebe, erwiderte
er, »er wisse nit, es mög wol sein«. Das veranlaßte den Superinten-
ten, deren Existenz aus der Bibel zu beweisen, worauf Weiss meinte, er
habe nie gesehen, daß der Teufel jemanden geholt habe, und wenn er
sterbe, wolle er nicht zum Teufel; der müsse ihn schon in die Hölle tra-
gen. Ob er nicht selig werden wolle? Doch, das wolle er. Das, so hielt
der Superintendent Weiss entgegen, könne jedoch nicht geschehen, wenn
er nicht zuvor seine Sünden erkannt, seinen Nachbarn vergeben, den
Gottesdienst besucht und am Abendmahl teilgenommen habe. Weiss
verließ darauf trotzig den Raum.
Nach Ansicht des Superintendenten blieb ihm bei einem derart trotzi-
gen, neidischen, verstockten Menschen nichts anderes übrig, als ihn ins
Gefängnis sperren zu lassen, bis er einsehe, daß sein Verhalten falsch
sei.[8]

In dieser Konfrontation geht es um gegensätzliche Auffassungen
von physischer und spiritueller Gefährdung, um die Beziehung des
Physischen zum Spirituellen und um den Zusammenhang zwischen
dem einzelnen und dem kollektiven Ganzen. Hans Weiss interpretierte
die Warnungen des Superintendenten vor dem Teufel in einem physischen Sinne. Seine Antwort und der Dialog zwischen den beiden Männern drehte sich nicht wirklich um die Existenz Gottes oder die des
Teufels: im Grunde ging es auch Weiss um seine Errettung. Seiner Auseinandersetzung mit dem Superintendenten lag eine unterschiedliche
Logik von der Funktion des Herzens zugrunde, das der Superintendent
– der Auffassung Luthers sehr ähnlich – als einen Ort des Kampfes zwischen Gott und dem Teufel verstand.[9] Dieses kosmische Ringen oder
Drama wurde im Herzen eines jeden einzelnen Menschen wiederholt
und hatte die persönliche Errettung zum Gegenstand. Welche Gefahren
und Möglichkeiten es gab, hing nur vom einzelnen ab. Nach Auffassung des Superintendenten lag der Ausgang beim einzelnen, der sein
Herz Gott zur Verfügung stellte, indem er seinen Feinden vergab. Auch
Weiss stellte mit seinem Hinweis auf Neid und Hass sein Herz in den
Mittelpunkt, verstand es jedoch nicht als einen Kampfschauplatz, als
eine Bühne für das kosmische Drama zwischen Gott und dem Teufel.
Die eigentliche Gefahr bestand, wie er deutlich machte, für ihn darin,
in einem rituellen Zustand des Neids das Sakrament zu empfangen. In

seinem Verhalten behielt er eine offene, öffentlich erklärte Feindschaft gegenüber der Dorfobrigkeit bei. Er forderte sie dazu auf, ihn zu töten, weigerte sich jedoch, sich der größeren spirituellen Gefahr auszusetzen, in die sie ihn hineinzuwingen versuchte. Für Weiss gingen der Neid und der Hass in seinem Herzen auf die Ungerechtigkeit im Dorf und auf seine Beziehung zum Schultheißen zurück. Während einerseits die zivile Obrigkeit die Ursache seines Hasses war, brachte ihn andererseits die kirchliche Obrigkeit durch die Probe des Abendmahls in spirituelle Gefahr.

Die Debatte zwischen dem Superintendenten und Weiss läßt eine grundlegend unterschiedliche Interpretation der Bedeutung des Sakraments erkennen. Für den Superintendenten war es eine Sache der persönlichen, individuellen Erlösung. Weiss dagegen ließ durchblicken, daß der kirchliche Verwaltungsbeamte naiv sein müsse oder doppelzüngig argumentiere – für ihn war es eindeutig eine Sache der sozialen Kontrolle, und ein näherer Blick auf die Institutionen zeigt, daß Weiss recht hatte. Jedes Gemeindemitglied wurde in periodischen Abständen der Probe unterworfen, sein Herz auf Groll und Verdruß zu untersuchen. Man mußte sich entweder mit der Obrigkeit versöhnen – ihr vergeben – oder sich beim Empfang des Sakraments spirituellen Gefahren aussetzen. Die Bibelworte, die immer wieder von der Kanzel herab verkündet wurden, waren unmißverständlich: jeder, der »unwürdig« aß und trank, aß und trank sich selber zum Gericht. Sie wiesen außerdem darauf hin, daß man ernstlich erkranken oder sterben konnte, wenn das Herz dabei in einem unrechen Zustand war. Für Weiss bestanden offenbar zwei Möglichkeiten – entweder die Autorität des Staates anzuerkennen oder Gift zu nehmen.

In der Reformationszeit gab es ausgedehnte Diskussionen über das Thema der Gewalt. Luther sprach sich in seinen Ausführungen zur weltlichen Obrigkeit in den frühen zwanziger Jahren des 16. Jahrhunderts gegen die Anwendung von Gewalt in Glaubensdingen aus.[10] Er vertrat die Ansicht, daß der Glaube eine Sache des einzelnen Herzens, des Gewissens sei und daß die Anwendung von Gewalt nicht nur falsch sei, sondern auch nicht die erhoffte Wirkung haben könne. Die meisten Reformatoren stellten Luthers Gewissensprinzip mehr oder minder in den Mittelpunkt ihrer Ausführungen, insbesondere in denen zur Macht des Staates. In diesem Zusammenhang ist Johannes Brenz, ein bedeutender Reformator in Württemberg, instruktiv. Während seines Aufenthaltes in Schwäbisch Hall 1530 verfaßte er eine Abhandlung zu der Frage, ob die Obrigkeit Macht über das Gewissen habe.[11] Durch eine Neudefinition des Gewissens gelangte er zu neuen Schlußfolgerungen: er argumentierte zunächst, daß das Gesetz notwendig sei, um Recht und Unrecht zu bestimmen, und weiterhin, daß es kein Gewissen gebe, wo der Heilige Geist nicht erleuchtet.[12] »Daruß weyter offenbar ist, das auch kein Gewissen gilt, wo nicht der hailig gaist darinnen zeugknus wirckt; dan on den ist alles zeugknus lugenhaftig, truglich und falsch und nicht ein gewissen zu nemen.«[13] Überall dort, wo sich das Werk des Teufels zeige, könne man nicht von Gewissen reden, es handele sich hier genausowenig um ein wirkliches Gewissen, wie es sich bei Falschgeld um echtes Geld handele. Brenz kommt zu dem ziemlich bemerkenswerten Schluß, daß man, wenn man gegen jene, die nicht glauben, handelt, nicht gegen ihr Gewissen handelt, da sie per definitionem keines haben können. »Wo nicht glaub ist, da ist kein gewissen, sonder ein malzaichen der bestien.«[14] Es folgt ein Abschnitt, der außerordentlich wichtig bezüglich der Gewalt ist, die die Kirchenbeamten zur Durchsetzung einer religiösen Einheitlichkeit in den württembergischen Dörfern für notwendig hielten: »Wo aber kein glaub ist, sonder nur hartkopfig irrung befunden wurt bei einem menschen, also das er zengkisch ist und der warhait nicht gehorchen wil, darf man kein schew haben.«[15] Nach Brenz' Auffassung sollten die Beamten ihr Amt ausüben, um denjenigen zu dienen, die ein Gewissen haben – sei es ein schwaches oder ein starkes –, und um die falschen Geister zu strafen.[16]

»Hartköpfigkeit«, »Zänkischkeit« und »Gehorsam« sind Schlüsselbegriffe in Brenz' Abhandlung. Derartige Begriffe sind nur unter den Voraussetzungen konkreter Herrschaftsausübung verständlich. Es sind Begriffe, mit deren Hilfe Beamte die Objekte ihrer Zuchtmaßnahmen kennzeichneten; sie sind daher für ein Verständnis der Art der Herrschaftsausübung zentral. In den Brenzschen Ausführungen bezogen sie sich offenbar auf abweichende Glaubensvorstellungen und religiöse Praktiken, auf Häretiker und Wiedertäufer. Sie konnten jedoch ohne weiteres auch auf Aberglauben und die Weigerung, am kirchlichen Ritual teilzunehmen, ausgedehnt werden. Die Quintessenz der Brenzschen Vorstellungen findet sich in den Instruktionen für die Beamten, denen die periodische Visitation eines jeden Pfarrbezirks oblag. In der Visitations-Ordnung von 1547 wurden die Untersuchungsbeamten angehalten, sich allgemein nach »abgötterey, falsche Leer, aberglauben, Schenndung und verachtung göttlichs Wortts« und im besonderen nach Leuten zu erkundigen, die nicht am Gottesdienst teilnahmen oder das Sakrament verweigerten.[17] Gegen Ende des Jahrhunderts sollten sie einfach »auf *Verbi et Sacramentorum Contemptores, Sectarios*, Segenssprecher guete Achtung geben«.[18] Was Brenz als Fehlen von Gewissen und Gegenstand disziplinarischer Besserungsmaßnahmen beschrieb, wurde im Kirchenrecht konkretisiert: Sektierertum, abergläubische Magie und Nichtbeteiligung an den wiederkehrenden kirchlichen Ritualen. Indem man die Abendmahlsverweigerung in den Kontext von Häresie und Aberglauben stellte, wurde sie als eine aggressive Herausforderung an die orthodoxe religiöse Praxis interpretiert. Im Fall von Hans Weiss war es die Verbindung von Abendmahlsverweigerung und Trotz, die die Ausübung staatlicher Autorität in Gang setzte.

Wenn wir uns mit diesem Fall auseinandersetzen, müssen wir uns verdeutlichen, daß die Etablierung von Religion auf einer territorialen Grundlage nicht bloß eine Frage der Einheitlichkeit und Geordnetheit war. Es bringt in diesem Zusammenhang auch wenig ein, die religiöse Ordnung abstrakt unter dem Gesichtspunkt der Staatsbildung zu sehen. Wir haben es hier mit einem Beispiel zu tun, wo der Staat direkt versucht, Gehorsam durch religiöse Institutionen hervorzurufen. Die Teilnahme am Abendmahl war nicht nur eine Sache des Glaubens oder der Praxis, sondern wurde auch als eine Probe verstanden. Die Obrigkeit machte daraus eine Frage der Vergebung und Feindschaft, genauso wie auch Weiss es tat. Weiss bot den Beamten auf verschiedene Weise Trotz – Kulminationspunkt war seine Weigerung, am Abendmahl teilzunehmen. Beide Seiten stimmten darin überein, daß das gemeinsame Abendmahl ein Versöhnungsmahl war, sie unterschieden sich aber in dem Punkt, ob Versöhnung unter unveränderten objektiven Bedingungen möglich war. Vielleicht bildete diese Aufspaltung in subjektive Erfahrung und objektives Leben ein Kernstück von Luthers Lehre und bestimmte auch weiterhin die Perspektive der geistlichen Verwalter im Verlauf des weiteren 16. Jahrhunderts. Es war dies eine Vorstellung, die Weiss fern lag.

Ein anderer zentraler Begriff in Luthers Abendmahlslehre war »Gnade«. Seine Ersetzung der Werke durch den Glauben beruhte auf der Vorstellung der unverdienten Gnade. Auch in Weiss' Geschichte begegnen wir dem Ausdruck »Gnade«, allerdings in einem weltlichen Kontext. Da er jedoch in einer Diskussion um die Teilnahme am Abendmahl auftaucht, scheint er durchaus am Platz. Weiss hatte von seiten des Gerichts unverdiente Gnade erfahren. Die Themenverbindung und der fließende Übergang zwischen geistlicher und weltlicher Ordnung, der hier exemplifiziert wird, lassen vermuten, daß Luthers Gnadenlehre im Kontext der Herrschaftspraxis des 16. Jahrhunderts ohne weiteres aufgenommen worden war.[19] Die Erteilung von Gnade erfolgt, wie Luther deutlich gemacht hatte, nicht aus Barmherzigkeit, sie ist vielmehr eine freie Entscheidung des Willens. Ihr Ziel ist die Hervorbringung von Glauben, den wir ohne allzu große Entstellung als »Gehorsam« auslegen können. Zumindest waren Gnade und Gehorsam im weltlichen Bereich eindeutig korrelative Begriffe. Und genau diesen Punkt betonte der Superintendent. Er konnte Weiss' Ungehorsam nicht verstehen, da dieser doch schon einmal Gnade erfahren hatte. Im Fall Weiss treten also die aufeinanderfolgenden Momente der Herrschaftspraxis deutlich hervor – der Einsatz des Eids zur Kontrolle, schwere Bestrafung nicht für die Tat selbst, sondern für den Eidbruch (zum Teil spirituell), der Einsatz anderer spiritueller Mittel (Abendmahl) bei der Durchsetzung eines ruhigen Verhaltens und schließlich die Gewährung unverdienter Gnade.

Auf zwei Elemente dieser Abfolge, nämlich den Eid und das Sakrament, ist näher einzugehen. Mit dem Eid konnte das ewige Leben eines Menschen aufs Spiel gesetzt werden, um sein äußeres Verhalten zu kontrollieren. Das Sakrament jedoch verlangte mehr – eine Gesinnungsänderung und nicht einfach nur ein Versprechen, Versöhnung und nicht nur äußerlichen Gehorsam. Es scheint, als hätten sich die geistlichen Verwalter hier einen Schritt weit von der Auffassung der Gnade als etwas Unverdientem entfernt und sich einer Auffassung von Gnade zugewandt, die sie als etwas Abhängiges begriff, abhängig nämlich von der Versöhnung mit der obrigkeitlichen Autorität. Gnade war durch den Staat vermittelt. Wenn man der Obrigkeit nicht vergab, sich mit der Ausübung von Herrschaft nicht versöhnte, brachte einen das um die Möglichkeit der Gnade.[20]

Ein wichtiger Passus des 1. Korintherbriefs zum Thema Abendmahl ist Kapitel 11, Vers 27 ff., in dem es heißt, daß jeder, der das Sakrament *unwürdig* nimmt, sich der Gottlosigkeit oder Gotteslästerung schuldig macht und Gericht über sich bringt. Der einzelne sollte sich zuvor prüfen. Die Frage war nun, wie »Unwürdigkeit« zu verstehen war. Luthers Interpretation nahm dem Abschnitt jeden Stachel. Nach seiner Auffassung wandte sich Paulus hier nur gegen Leute, die sich wie Schweine auf das Sakrament stürzen und ein »leibliches Gefresse« daraus machen – die es einfach wie gewöhnlichen Wein und gewöhnliches Brot behandeln.[21] Jene, die wissen, daß das Sakrament mehr als Schweinefraß ist, die wissen, daß es sich um den wahren Leib und das wahre Blut Christi handelt, und die der Gnade Gottes teilhaftig werden möchten, müßten sich vor der Teilnahme nicht fürchten.[22] Es ging nicht darum, ob man sich würdig oder unwürdig fühlte, sondern nur darum, ob man der Gnade bedurfte, d.h. der Akzent wurde auf den Glauben gelegt. Jemand, der die Notwendigkeit verspürte, zum Abendmahl zu gehen, konnte nicht unwürdig sein – schließlich hatte Gott das Sakrament nicht als Gift vorgesehen.

Luthers Abendmahlslehre wurde im großen und ganzen in Württemberg übernommen, allerdings mit einigen Akzentverschiebungen. Der Reformator Vannius predigte gegen die mittelalterlichen Formen der Abendmahlsvorbereitung – *contritio, confessio, satisfactio* –, sprach sich aber für die Erforschung des Gewissens und für die Beichte aus, die zusammen mit der gesamten Kirchengemeinde abgelegt werden sollte, wobei nicht an eine mündliche Beichte, sondern an Selbstprüfung gedacht war.[23] Der Akzent scheint hier von reiner Rezeptivität auf die Vorbereitung verlegt worden zu sein; es handelt sich, bildlich gesprochen, um den Unterschied zwischen Hungrig-zum-Mahl-kommen (Luther) und vorherigem Tischdecken (Vannius). Johannes Brenz verlagerte den Akzent vom »Unwürdigsein« auf den Glauben und Unglauben.[24] Jeder, der das Sakrament ohne Glauben nehme, sei unwürdig; ihm drohe nicht nur körperliche Bestrafung, sondern auch ewige Verdammnis.[25] Täglich würden zahlreiche Ungläubige vom Sakrament essen.[26] Angesichts des lutherischen Glaubens, daß die Ungläubigen die überwiegende Mehrheit bildeten, wäre es nicht recht angemessen gewesen, wenn man gefordert hätte, daß alle zum Abendmahl gehen müssen. In der Württembergischen Kirchen-Ordnung von 1559 wurde der Zweck des Abendmahls ganz in Luthers Sinn als ein Trost aufgefaßt. Es sollte das Gewissen stärken.[27] Der Pfarrer hatte seine Gemeindemitglieder am Abend vor dem Abendmahl darauf aufmerksam zu machen, daß jeder, der teilnehmen wollte, Reue und Leid über seine Sünden bekennen, Absolution und Vergebung begehren und den Vorsatz fassen müsse, sich der Sünde zu enthalten und im Leben christlichen Gehorsam zu bezeugen. Damit würde niemandem durch das Abendmahl Verdammnis drohen. Der Pfarrer sollte eine Predigt über Buße halten und danach jede Person einzeln befragen. Sollte es unter den Anwesenden jemanden geben, der ein lasterhaftes oder sündiges Leben führte und sich unbußfertig zeigte, sollte der Pfarrer ihm von der Teilnahme abraten, bis er sich änderte.[28] In dieser Passage wurde die Würdigkeit vom Glauben auf das Verhalten verlagert, und das furchteinflößende Ritual des Sakraments dadurch unterstrichen, daß der Pfarrer jemandem, der in große Sünden verstrickt war, von der Teilnahme abraten sollte. Zwei eigenartige Erlasse der Ratsversammlung der Superintendenten (Spezialkonferenz) vom Ende des 18. Jahrhunderts geben noch weiteren Aufschluß über den Zustand der Unwürdigkeit. Laut Beschluß vom 2. Januar 1795 sollte jeder, gegen den eine Vaterschaftsklage vorlag, vom Abendmahl ausgeschlossen werden. In einem anderen Beschluß aus etwa der gleichen Zeit heißt es, daß eine Frau, die in einem Streit mit ihrem Mann liege (selbst wenn sie unschuldig sei), keine Privatkommunion empfangen dürfe, wenn sie Groll im Herzen trägt – was sich an *ihrer* Weigerung, sich mit ihm zu versöhnen, zeige.[29]

In den achtziger Jahren des 16. Jahrhunderts war die Frage der Würdigkeit ein zentrales Thema in den Dörfern, und der Zustand des Herzens

– Gefaßtheit und Ruhe oder deren Gegenteil – wurde häufig diskutiert. In Oppelsbohm führten drei Männer als Grund für ihre Weigerung, zum Abendmahl zu gehen, »Zankhändel« untereinander und ihre sich daraus ergebende »Unwürdigkeit« an.[30] Wolf Seytz aus Gemmrigheim verweigerte das Sakrament, weil er nicht verzeihen »und mit denen Conditionibus so ihm Pfarrer fürgehalten«, das Abendmahl nicht empfangen könne.[31] In Pfullingen standen zwei Männer in »Span«; einer davon ging, obwohl er schwerkrank war, nicht zum Abendmahl.[32] Ein ehemaliger Schultheiß aus Hohenhaslach gab an, daß man seine Ehre angetastet habe und »sein Hertz nit ruhig und daugenlich darzu« sei, zum Abendmahl zu gehen.[33] Ein Jahr später heißt es, daß zwischen eben diesem Mann und dessen Sohn »Unwill« entstanden sei, und zwar wegen Erbschaftsproblemen im Anschluß an seine Wiederverheiratung.[34] Er habe »weniger ein ruhig Hertz dan bisher« und könne deshalb nicht zum Abendmahl gehen. Michael Verich aus Heimerdingen besuchte noch nicht einmal den Gottesdienst, weil er sich nicht für würdig hielt, Gottes Wort zu hören.[35] Der Pfarrer bezeichnete ihn als »bössen, streittigen und trutzigen« Menschen. In Cannstatt gab es zwei Ehepaare, die seit fünf Jahren nicht mehr zum Abendmahl gegangen waren, weil zwischen ihnen »Neid und Haß« herrschten.[36]

Alle diese Fälle haben eines gemeinsam: mit einem »unruhigen« Herzen (oder, wie es in einem später angeführten Text heißt, mit einem schlechten »Gewissen«[37]) konnte man nicht zum Abendmahl gehen. In einem solchen Zustand war man unwürdig und lief Gefahr, Gericht über sich zu bringen. In fast allen Fällen wurde das unruhige Herz auf Zank, einen sich hinziehenden Streit oder eine Verleumdungsklage zurückgeführt. Es gibt viele Hinweise darauf, daß dieser Zusammenhang auch von den meisten Pfarrern hergestellt wurde, und ganz sicher fand sich bei den Konferenzen der Superintendenten eine ähnliche Logik. Die »conditiones«, von denen einer der Betroffenen sprach, bestanden wahrscheinlich darin, der anderen Seite zu vergeben. Im dörflichen Alltagszusammenhang wurde das Sakrament als ein Versöhnungsmahl interpretiert. Von den Pfarrern wurde es als eines der wichtigsten Instrumente zur Beilegung von Konflikten (wenn nicht zur Kontrolle des Verhaltens) eingesetzt. Doch die Dorfbewohner interpretierten es anders: Konflikte waren zivilrechtliche Angelegenheiten, für deren Beilegung die Gerichte zuständig waren, und während der Zeit, in der eine Entscheidung noch ausstand, war kein Versöhnungsmahl möglich. Das Sakrament konnte kein friedfertiges Herz herbeiführen. Es war vielmehr so, daß ein friedfertiges Herz die Voraussetzung war, um am Abendmahl teilnehmen zu können.

Diese Situation rührt zum Teil aus der Art und Weise, in der die württembergische Tradition der Elemente des Sakraments von Luther hergeleitet worden war. Nach Loofs war der Gottesdienst in den lutherischen Gebieten anfangs eine mehr oder minder abgewandelte Form der Messe. Eine der wichtigsten Neuerungen war die, daß die Kommunikanten beide Elemente – sowohl den Wein wie auch das Brot – erhielten. Nach zwanzig Jahren geriet Luthers Konsubstantiationslehre – die besagte, daß Christus in den Elementen wirklich präsent war, die Elemente aber gleichzeitig Brot und Wein blieben – weitgehend in Vergessenheit. Melanchthon gab diese Auffassung mit Sicherheit nach 1531 auf. Erst als Brenz um 1555 die Lehre für die württembergische Kirche formulierte, wurde Luthers Auffassung für Fragen des Abendmahls zur Richtschnur.[38] Im Mittelpunkt der lutherischen Auffassung stand, daß der Böse mit dem Sakrament den Leib und das Blut Christi erhielt, wobei besonderes Gewicht auf der Vorstellung lag, daß die Unwürdigen sich selber zum Gericht aßen und tranken. Die Kirchen-Ordnung von 1559 gibt sogar zu verstehen, daß die Teilnahme am Abendmahl in einem unwürdigen Zustand als eine Art der Verrücktheit anzusehen sei.[39] Jemand, der zum Abendmahl ging und am gleichen Tag Alkohol trank oder tanzte oder in anderer Weise Ärgernis erregte, sollte für eine angemessene Zeit bei Wasser und Brot ins »Narrenhäuslin« gesteckt werden.

Streit als Ursache eines Zustands, in dem die Teilnahme am Abendmahl undenkbar ist, ist ein Thema, das in vielen Synodus-Protokollen wiederkehrt. Ein typischer Fall ist der des Hans Alber aus dem Dorf Feuerbach, der schon geraume Zeit nicht zum Abendmahl gegangen war.[40] Er entschuldigte sich damit, daß er mit seinem Bruder über das Erbe eines Hofguts im Streit liege. Er warte auf einen Vergleich durch das Gericht, danach wolle er seinem Bruder von Herzen verzeihen und das Abendmahl nehmen. Diese Geschichte entspricht in verschiedenen Punkten der von Hans Weiss – die Handlung dreht sich um die Verbindung von Herz, Vergebung und Abendmahl. Alber war keinesfalls gewillt, sich dadurch in Gefahr zu begeben, daß er das Sakrament nahm, solange sein Herz in einem unangemessenen Zustand war. Die von ihm angedeutete Lösung des Problems zeigt jedoch deutlicher, um was es geht. Der innere Zustand des Herzens ging auf eine Situation zurück, die außerhalb des einzelnen lag und die durch formale Schritte von seiten einer Institution – in diesem Fall des Gerichts – beseitigt werden konnte. Die Streitsituation ging auf einen Konflikt über Eigentum zurück, auf Unklarheiten in der Verteilung von Rechten. Es war ein formaler Zustand, der nach dem Ergehen eines Urteils aufgegeben werden konnte. Bis dahin herrschte eine öffentliche Konfliktsituation.

Sobald die Unklarheiten beseitigt waren, war der vorherige Zustand aufgehoben, und Vergebung mußte automatisch folgen. »Haß und Neid« scheinen nicht etwas gewesen zu sein, was der Kontrolle des einzelnen unterlegen hätte, sie umschreiben vielmehr einen rituellen Zustand, der aus Rechtsunklarheiten über Eigentumsrechte herrührte. Solange der Konflikt Gegenstand eines Gerichtsverfahrens war, glaubte man, daß das Herz unruhig war. In einem solchen Zustand war man für eine Teilnahme am Abendmahl ungeeignet, des Sakraments unwürdig, rituell gesehen in einem gespannten Verhältnis zur Gemeinschaft. Alber sah keinen Widerspruch darin, seinem Bruder zu vergeben, sobald die Rechtslage gerichtlich geklärt worden war: die *Erinnerung* an eine Ungerechtigkeit reichte nicht aus, um die Feindschaft zwischen ihm und seinem Bruder fortzuführen. Wie bei Hans Weiss war die Nichtteilnahme am Abendmahl die formale, öffentliche Anerkennung eines Streits. Haß oder ein Herz, dessen Zustand nicht zum Empfang des Sakraments berechtigte, ging mit dem Riß in den sozialen Beziehungen einher. Alber sah in einem formalen Vorgehen die Möglichkeit, sein Herz wieder in Ordnung zu bringen, während Weiss außer seinem Tod keine Lösung sah, da für ihn die Sache in den Händen der Obrigkeit lag, die ihm gegenüber kein Wohlwollen an den Tag gelegt hatte. Vergebung, das Ablegen von Haßgefühlen und das Zurechtrücken des Herzens scheinen keine Sache eines einseitigen, individuellen Handelns gewesen zu sein.

Es empfiehlt sich, in diesem Zusammenhang etwas näher auf das Problem der Erinnererung einzugehen, da Vergebung in der Sicht der Dorfbewohner offenbar eine Folge formaler, geschlichteter Rechtssituationen und nicht psychologischer Zustände war. Auch wenn eine Situation allerhand Leidenschaften erzeugt haben mochte, ging man nicht davon aus, daß die in diesem Zustand entwickelten Gefühle andauern könnten. Das läßt vermuten, daß diese Menschen keine Vorstellung von der Person als einem Zentrum des durch Erinnerung integrierten Bewußtseins hatten. Als der Schultheiß von Hohenhaslach wegen seines Nichterscheinens beim Abendmahl vorgeladen wurde, erklärte er, daß sein Herz nach der gerichtlichen Schlichtung seines Ehrenhandles wieder »ruhig« sein werde und er dann wieder teilnehmen könne.[41] In einem anderen Fall, auf den wir noch eingehen werden, sagte ein gewisser Bartle Ganser, er werde nach Abschluß seiner gerichtlichen Auseinandersetzung in der Lage sein, seinen Feinden zu vergeben.[42] Thomas Rapp aus Enzweihingen war von zwei seiner Dorfgenossen übel zusammengeschlagen worden.[43] Er werde ihnen, so sagte er, verzeihen, sobald das Gericht die Angelegenheit behandelt habe. Es mag gewagt erscheinen, auf der Grundlage dieser

Daten zu behaupten, das das Erinnerungsvermögen zu jener Zeit nicht die Rolle spielte, die ihm in der Persönlichkeitsstruktur nach der Aufklärung zukam. Es gibt jedoch Anhaltspunkte dafür, daß das abgegrenzte, integrierte Zentrum des Bewußtseins, das Teil des späteren westlichen Personenbegriffs ist, noch nicht entwickelt war. Wir können hier zum Beispiel Luthers Auffassung vom Gedächtnis anführen, die sich aus seiner Erörterung der Abendmahlsworte »Dies tuet zu meinem Gedächtnis« ergibt.[44]

»Gedächtnis« muß in diesem Zusammenhang von »Erinnerung« einerseits und von »Andacht« andererseits unterschieden werden. Gedächtnis scheint für Luther Bewußtsein eingeschlossen zu haben, allerdings jenes Moment des Bewußtseins, das sich in einem angeregten oder lebendigen Zustand befindet.[45] Ein solcher Zustand tritt ein, wenn man zum Abendmahl geht und das Sakrament empfängt. Der Akzent liegt auf dem Gedächtnis als einem Verfahren, das die Person zu integrieren vermag und daher zu einer Einheit von Glauben und guten Werken führt. Der Zweck des Sakraments kann als eine Mahnung, ein Merkzeichen, ein Stimulans verstanden werden.[46] Gedächtnis für Luther ist jedoch trotz verschiedener gemeinsamer Aspekte nicht exakt dasselbe wie Erinnerungsvermögen. Die Vorstellung vom Ich als einem konsistenten Zentrum von Bewußtsein setzt Erinnern als ein Instrument voraus, das dieses Gefühl der Einheit der Person organisiert. Das Erinnern gehört zu den Übungen, in die die Individuen seit der Aufklärung eingewiesen werden, ihr Ich in einer Folge von inneren Dialogen mit der eigenen Vergangenheit zu entfalten. Ichversagen wird als Verdrängung der Erinnerungsaspekte des Bewußtseins interpretiert. Bei Luther hingegen gibt es keine Vorstellung vom Individuum als einem integrierten Zentrum von Bewußtsein. Gedächtnis ist ein Verfahren, das Bewußtsein vereinheitlichen kann. Was es vom Erinnerungsvermögen unterscheidet, ist erstens, daß es keine innere Überprüfung, sondern vermittelte Erfahrung ist. Seine vereinheitlichenden Wirkungen beruhen auf dem Bewußtsein, das gleichzeitig mit dem Abendmahl entsteht, das die realen Elemente des Fleisches und des Blutes Christi vermittelt. Zweitens kann dieses Bewußtsein nur dadurch lebendig erhalten werden, daß man immer wieder am Abendmahl teilnimmt.[47] Drittens: Menschen, die Gnade empfangen, sind eher in der Lage, ihre Handlungen in Form von guten Werken und Nächstenliebe zu integrieren; diejenigen hingegen, die das Sakrament nicht empfangen, die nicht von der Gnade berührt sind, sind von ganz anderer Art. Ihre Handlungen sind nicht voraussagbar, noch nicht einmal für sie selbst. Sie sind weder in ihrem Verhalten noch in ihrer Persönlichkeitsstruktur konsistent. Ohne Abendmahl wird, wie Luther es ausdrückte, der Glaube täglich schwächer und kälter. Die Liebe zum Nächsten vergeht. Man wird der guten Werke überdrüssig und hört auf, dem Bösen zu widerstehen.[48]

Dieser Gegensatz zwischen zwei radikal verschiedenen Arten von Personen findet sich in Luthers Unterscheidung von Gedächtnis und Andacht, zwei Worten, die etymologisch nahe miteinander verwandt sind. Er versteht »Andacht« als selbstgewählte Aufgabe, als einen Versuch, Gott einen Dienst – ein gutes Werk zu erweisen. Wie alle guten Werke widerspricht sie dem Zustand des Menschen als eines Empfängers von Gnade. Sie erzeugt Angst und Zweifel. Luther ist der Auffassung, daß »Andacht« – im Unterschied zu »Gedächtnis« – dadurch, daß sie den Zustand des Empfangenden, Geschenkenehmenden verfälscht, zu radikal individualisierenden Versuchen der Gottgefälligkeit und damit zum Auseinanderbrechen der Gemeinschaft führt.[49] Es ist wichtig zu verstehen, daß Luther Individualismus nicht als Folge eines integrierten Bewußtseins, sondern als dessen Gegenteil interpretiert. Außerdem denkt er im Kontext von Gemeinschaft und Austausch. Seine Vorstellung von der Gemeinschaft ist eine doppelte. Einerseits sind Menschen auf der Suche nach ihrem persönlichen Heil radikal individualisiert. Ihr Verhalten zueinander wird durch die Regeln des »Jahrmarkts« bestimmt, ein Bild, das ein Modell des Austauschs impliziert, der durch Geld vermittelt ist.[50] Andererseits gibt es jene, die in der Position von Geschenkempfängern sind; ihre Beziehung zu Gott ist zwar eine unmittelbare, sie ist jedoch ohne Gemeinschaft nicht möglich. Dieser Vergleich zwischen den Vorstellungen Luthers und denen der Dorfbewohner macht deutlich, daß die Elemente »Person«, »Austausch« und »Gemeinschaft« in unterschiedlicher Weise verknüpft wurden. Weitere Untersuchungen dazu wären sicher ergiebig.

Eine andere Möglichkeit, das Wesen der Person zu erfassen, ist die Vorstellung der Schuld. Was die kirchliche Obrigkeit betraf, so war es ihr nicht nur um eine individuelle Verantwortlichkeit vor Gott, sondern auch um ein Schuldgefühl zu tun, das den einzelnen dazu bringen konnte, Gottes Vergebung zu suchen. In den angeführten Beispielen zeigt sich jedoch häufig eine davon abweichende Auffassung von der Beziehung des Äußeren zum Inneren oder des kollektiven Ganzen zum Individuum. Der Fall der Witwe Theinlin aus Warmbronn bei Leonberg verdeutlicht, daß Schuld auch als Folge eines Zustandes verstanden werden konnte, der außerhalb des einzelnen lag – als Produkt der öffentlichen Meinung der Allgemeinheit.[51] Die Witwe war vom Superintendenten vorgeladen worden, weil sie seit zwölf Jahren nicht mehr zum Tisch des Herrn gegangen war. Sie erklärte das damit, daß sie während der ganzen Zeit in eine »Schmach Handtlung« verwickelt gewesen sei. Verschiedene Leute hätten sie beschuldigt, eine Hexe zu sein. Nach einer Vermahnung versprach sie, zum Abendmahl zu gehen, erschien dann aber nicht, weil jemand in der Zwischenheit ihren Sohn geschmäht und »Unhold Kind« geheißen hatte, worauf sie dies in Leonberg vor Gericht brachte. Sollte sie gewinnen, sagte sie, werde sie »als unschuldig« zum Abendmahl kommen. Die Witwe Theinlin begriff Schuld hier allem Anschein nach in einem formalen und juristischen Sinne. Schuld war gewissermaßen von ihrem Willen unabhängig und ergab sich daraus, wie die Öffentlichkeit sie sah. Die Frage ihrer Schuld konnte vor Gericht in der einen oder anderen Weise entschieden werden, doch bis zur Urteilsverkündung blieb ihr Status zweideutig und ihre Schuld unwiderlegt. Weil ihre Unschuld noch nicht feststand, konnte sie nicht zum Abendmahl gehen. Da ihre äußeren Zustände nicht in Ordnung waren, konnte der Zustand ihres Herzens nicht als »würdig« angesehen werden. Die Logik hinter diesem Konflikt ist die, daß es hätte möglich sein können, daß ein Mensch eine Hexe war – jemand, von dem böse Einflüsse ausgehen konnten –, ohne daß er das wollte oder wußte. Um die kirchliche Vorstellung von Schuld als bewußter Schuld und Folge eines Vergehens ging es der Frau nicht. Das Gericht konnte feststellen, ob sie eine Hexe war, ob sie ohne ihr Wollen böse Einflüsse auf die Gemeinschaft hatte ausüben können.

Wenn diese dörfliche Schuldvorstellung das Fehlen dessen, was wir »Über-Ich« nennen, vermuten läßt, ist es nützlich, darauf hinzuweisen, daß Luthers Gewissensbegriff in dieser Hinsicht Ähnlichkeiten aufweist. Schuld blieb für die Dorfbewohner ein äußerliches Faktum. Der Witwe Theinlin ging es um die Ungewißheit ihrer Position, und genau dies war für Luthers Vorstellung vom Gewissen so ausschlaggebend. Für sie rührte die Ungewißheit daher, daß ihr Fall vom Gericht noch nicht entschieden war, ein Motiv, das – wie wir gesehen haben – in vielen der in den Synodus-Protokollen vermerkten Fälle auftaucht. Wir begegnen hier einer Reihe von Elementen, die miteinander verbunden sind – Schuld, Ungewißheit, Urteil, Abendmahl. Für die Dorfbewohner ergab sich Ungewißheit aus ungeklärten Rechtssituationen, deren Entscheidung durch die weltlichen Gerichte noch ausstand. Waren sie entschieden, besiegelte das Abendmahl die Versöhnung. Für Luther waren »Gewissen« und »Gewißheit« eng miteinander verbunden. In seinen Ausführungen gegen die katholische Messe als einem Opfer vertrat er die Auffassung, daß die Darbietung eines Opfers dem Versuch, sich mit Gott zu versöhnen, gleichkäme[52] und daß alle, die das versuchten, Gott als zornig und ungnädig auffaßten, ein belastetes Gewissen hätten und letzten Endes nie Gewißheit haben könnten, ob Gott das Opfer angenommen habe.[53] Gewißheit und ein gutes Gewissen rührten aus dem Glauben her, aus dem bloßen Annehmen der unmittelbaren Gnade Gottes. An anderer Stelle heißt es, daß das Gewissen keine Ruhe habe, wenn man mit guten Werken statt mit Glauben zum Abendmahl komme.[54] Daraus scheint deutlich hervorzugehen, daß das Gewissen nicht als verhaltenssteuernder Mechanismus, als internalisierter Kontrollmechanismus verstanden wurde. Es folgt auf sündiges Verhalten und kann nicht zur Korrektur des Verhaltens herangezogen werden – insofern ähneln sich Luthers Auffassung und diejenige der Dorfbewohner, die Versöhnung mit einem unruhigen Herzen für unmöglich hielten.[55] Daraus folgt, daß die Beziehung eines von seinem Gewissen geplagten Menschen zu Gott nur die eines Geschenknehmers, eines Gnadenempfängers sein konnte. In seiner Abendmahlslehre rückte Luther denn auch die Realpräsenz ins Zentrum und weigerte sich damit, die Gnadenmittel vollkommen zu spiritualisieren und zu subjektivieren, weil durch eine solche völlige Subjektivierung die Heilsgewißheit gefährdet wurde.[56] In beiden Fällen wurden Schuld und Gewissen nicht vollkommen subjektiviert – wodurch sich Ähnlichkeiten im Verständnis der Person ergaben. Im Gegensatz dazu zielten die geistlichen Verwalter um 1580 auf eine Trennung zwischen subjektiver Erfahrung und objektiver Position, wobei die Möglichkeit einer Versöhnung ausschließlich Sache der Gesinnung sein sollte. Daher vertreten sie in den Konflikten mit den Dorfbewohnern eine eindeutig andere Vorstellung von der Person. Diese subjektive Vorstellung vom Ich war, wie wir noch sehen werden, ein radikaler Angriff auf die Art und Weise, in der die Dorfbewohner die Wirklichkeit verarbeiteten und auffaßten.

Mathias Dettinger aus Neckarhausen hatte sechs Jahre lang »nicht communiciert«. Sowohl der Schultheiß als auch der Pfarrer hatten mit ihm gesprochen, aber ohne Erfolg. Zu einem anderen Bürger des Dorfes hatte er gesagt, »es gehe mancher alle vier Wochen darzu und schlaps hinein und bleib dannoch wie er sei, man nage unsern Herrn Gott bis aufs Bein und fresse ihn schier gar«. Nach Aussage des Pfarrers war Dettinger meist eigennützig und zänkisch, niemand könne ihm nahekommen. Auf die Frage des Superintendenten, warum das so sei, antwortete Dettinger, er habe viele Feinde, die ihn nicht hochkommen lassen wollten. Er bitte Gott allezeit um den heiligen Geist, damit er seinen Feinden vergeben könne. Er habe zu Hause über dem Tisch ein Bild mit dem Letzten Abendmahl. Es erinnere ihn an das bittere Leiden und den Tod Christi und sei ebensogut wie die Teilnahme am Sakrament. Es gingen viele Heuchler zum Abendmahl, die die Füße Gottes und der Heiligen abbeißen wollten. Für diese Blasphemie sollte Dettinger nach Auffassung des Superintendenten nicht nur mit Gefängnis bestraft werden.[57]

Bartle Ganser aus Kirchheim unter Teck hatte seit achtundzwanzig Jahren das Sakrament nicht mehr empfangen. Sein gottloses Leben erklärte er dem Pfarrer damit, daß er seinen Feinden nicht verzeihen könne. Selbst wenn Gott »heut oder morgen sollte angreiffen, so wüste er doch seinen Feinden nit zu verzeihen«. Dem Superintendenten sagte er, daß er sich, sobald seine Händel ausgerichtet wären, christlich erzeigen wolle. Der Untervogt meinte, daß Ganser immer wieder neue Händel beginne, nicht verzeihen und nicht zum Abendmahl gehen werde.[58]
Jacob Heer, ebenfalls aus Kirchheim, hatte vier Jahre lang nicht »communiciert«. Als Entschuldigung gab er seine große Feindschaft gegen den Bürgermeister und andere Amtsleute an. Wie könne er zum Abendmahl gehen und seine Feinde vor sich sehen, die ihn so unbillig behandelt hätten? Es befremde ihn , daß sie mit gutem Gewissen gehen könnten. Er erzürnte sich so sehr, daß der Superintendent und der Untervogt Angst vor ihm bekamen.[59]
Im Flecken Bottnang lebte eine alte, an Händen und Füßen verkrüppelte Frau, die trotz ihres Elends seit mehreren Jahren dem Nachtmahl ferngeblieben war. Man hielt ihr vor, daß sie in ihrer großen Armut doch sicher die Seligkeit des Heiligen Abendmahls empfangen wolle. Darauf antwortete sie nur: »Kurtzum werde sie solches nit tun, kein Mensch werde sie bereden, wölle auch nit verzeihen, man mach mit ir, und thu was man wölle«. Die Ursache für ihre Einstellung sei die, daß sie die alte Schützin beschuldige, ein Unhold zu sein (diesen Verdacht hegten viele), der sie nachts geritten und damit zu einem armen Weib gemacht habe. Sie habe »unverrichtete Sach« gegen die alte Schützin vor Gericht. Der Superintendent forderte sie auf, ihren »Neid« aufzugeben, andernfalls werde man sie wie ein Vieh – ohne Totenpredigt und Geläut – vergraben.[60]

»Feind« und »Span« (Streit) sind fundamentale Begriffe für die Untersuchung der Vorstellung, die die Dorfbewohner von der Person hatten. Die angeführten Fälle zeigen, daß Feinde meist solche Leute waren, die im gleichen Dorf oder in der gleichen Stadt wie die betreffende Person lebten. Definiert man Dorf als eine Gruppe von »Nachbarn«, so scheinen hier Nachbarn und Feinde eng miteinander verwandte Bezeichnungen zu sein. Welche Gefahren auch immer den Dorfbewohnern von außen drohten, vieles von dem, was ihnen widerfuhr, wurde im Rahmen der innerdörflichen Dynamik interpretiert. Innerhalb der Matrix von Beziehungen, die aus Fremden und Dazugehörigen, Freunden und Feinden, gelegentlich und permanent Anwesenden bestand, war es den Dorfbewohnern möglich, das Wesen einer Person abzuschätzen. Feinde waren Leute, die man kannte, die in den Alltagsbeziehungen einen festen Platz hatten. Die alte Frau im zuletzt angeführten Fall brachte ihr Schicksal mit persönlichen feindschaftlichen Beziehungen in Zusammenhang. Sie führte ihre Armut nicht auf Preisveränderungen, ökonomische Entwicklungen, Erbregelungen oder staatliche Ausbeutung zurück, sondern beurteilte die Wirklichkeit nach den Spaltungen zwischen Nachbarn und dem Spiel persönlicher Kräfte.

Neben einer Untersuchung des Feldes, in dem die Person ihren festen Platz einnimmt, ist auch die Art des Einflusses oder der Bedrohung wichtig, die mit der Personvorstellung der Dorfbewohner einhergehen konnte. Es gab die Bedrohung durch alltägliche Konflikte, Rufschädigung, Angriff und Verteidigung, die im Rahmen der rechtlichen Institutionen stattfanden. Außerdem gab es den Bereich der Magie, die Bedrohung, die von Hexerei ausging. Im Fall der alten Frau bestanden beide Aggressionsformen nebeneinander: die alte Frau glaubte, Opfer von Hexerei zu sein, und führte gleichzeitig mit ihrer Gegnerin eine Auseinandersetzung vor Gericht. Hier scheint Hexerei direkte, feindselige, beabsichtigte Aggression einzuschließen. Und die alte Frau, die vom Superintendenten befragt wurde, stand mit ihrer Auffassung, daß ihre Gegnerin eine Hexe sei, keineswegs allein. Wenn diese Frau absichtsvoll ihre Kraft einsetzen, bestimmte Personen für ihren Angriff auswählen konnte, taucht die Frage auf, ob es auch unbeabsichtigte, unspezifische Formen magischer – oder vielleicht können wir sagen: mystischer – Kraft geben konnte. Und weiter, welche Formen der Kraft standen einer angegriffenen Person zur Verfügung? Wie konnte man einem beabsichtigten magischen Angriff einer Hexe oder der unbeabsichtigten mystischen Kraft einer Person entgegenwirken, die wegen ihres marginalen oder rituellen Zustands gefährlich war?[61] Auf die unbeabsichtigte, unspezifische Gefährdung werden wir weiter unten eingehen. Hier möchte ich deutlich machen, daß in dörflicher Sicht das Ritual für die Person konstitutiv war, daß sie in einer Matrix von Beziehungen (Freund/Feind) stand und bestimmte Kräfte verkörperte. Die zentrale vermittelnde Institution war in allen Fällen das Abendmahl. Es war das Ritual, das die soziale Ordnung begründete und ihre Spannungen bestimmte. Es gab Zeiten, in denen es gefährlich war, am symbolischen Mahl teilzunehmen. War man Angriffen von seiten seiner Feinde ausgesetzt, konnte das Herz unruhig werden, und in einem solchen Zustand drohten den Teilnehmenden ernste Folgen. Die Weigerung, am Abendmahl teilzunehmen, enthält jedoch noch andere Momente. Nach meiner Auffassung wies jemand, der nicht teilnahm, damit öffentlich darauf hin, daß er sich in einem Streit befand. Er gab den außergewöhnlichen Zustand eines außerhalb des Rituals Stehenden kund und machte die Unruhe seines Herzens öffentlich bekannt. In einem solchen Zustand waren zwei Dinge möglich. Zum einen sammelte der einzelne wahrscheinlich seine Kräfte, um den Angriffen seiner Feinde zu widerstehen. Zum anderen war er, da er sich in einem »rituell« gefährdeten Zustand befand, für seine Mitbewohner im Dorf in unspezifischer Weise gefährlich. Die alte Frau im zuletzt angeführten Fall war das Opfer einer neidischen Widersacherin, galt jedoch selbst ebenfalls als neidisch. Neid und Haß waren genau die Themen, um die es in vielen Fällen ging, und in eben diesen Kontext der Böswilligkeit wurde auch Feindschaft gestellt. Daß Neid und Haß zu magischen Angriffen führen konnten, war jedem Dorfbewohner klar. Daher konnte jemand, der nicht am Ritual teilnahm, seinen Dorfgenossen als gefährlich erscheinen. Es lag dann im Interesse der Gemeinschaft, für Gerechtigkeit zu sorgen und damit die Aussöhnung ihrer Mitglieder sicherzustellen. Daß eine Spaltung der Gemeinschaft unspezifische mystische Auswirkungen haben konnte, wird in den bisher behandelten Quellen allenfalls angedeutet. Zwei weitere Texte lassen die Annahme plausibler erscheinen.

Die von uns untersuchten Vorstellungen zeigen, daß die Beziehung des einzelnen zur Gemeinschaft für das damalige Verständnis des Abendmahls zentral war. Ein Anlaß, bei dem davon abweichende Vorstellungen artikuliert wurden, war die Erteilung des Sakraments an die Kranken. In den achtziger Jahren des 16. Jahrhunderts weigerten sich viele Pfarrer, bestimmte tradierte Praktiken weiterhin beizubehalten. Uns liegen hierfür zwei Beispiele vor.

In Kleinsachsenheim war es ein alter Brauch gewesen, eine Glocke zu läuten, wenn einem Kranken bei sich zu Hause das Sakrament gereicht werden sollte, »damit andere guthertzigen dardurch vermanet dem Kranken zuzulaufen«.
Der Pfarrer hatte diesen Brauch beim »jüngsten Sterben«, der letzten Pestepidemie, abgeschafft. Die »armen leut« baten den Superintendenten darum, den Pfarrer anzuweisen, den Brauch so, wie er ihn vorgefunden hatte, »noch lenger wölle pleiben lassen«.[62]
Bei einer Visitation in Gerlingen beschwerten sich der Schultheiß und das Dorfgericht über die Veränderung herkömmlicher Gewohnheiten. Seit das Evangelium im Dorf gepredigt werde (d. h. seit der Reformation), habe es den christlichen Brauch – ohne jeglichen Aberglauben – gegeben, den Meßner mit einer Glocke durch die Gassen gehen zu lassen, wenn eine kranke Person mit dem Abendmahl versehen werden sollte. Da das Dorf so groß und zahlenmäßig stark geworden sei, wisse nicht jeder, wer jeweils krank sei. Mit dem Glockenläuten sei ein Zeichen gegeben worden, auf das hin viele Leute herbeieilten, um Gott

um Hilfe für den Kranken anzurufen und Belehrung und Trost zu spenden. Vor allem sei es in diesem Zusammenhang üblich gewesen, daß die »Vermöglichen« den »Dürftigen« und »Hausarmen« ein »Trunklein« Wein und etwas zu essen schickten. Dies alles habe so gut wie aufgehört, seit die Glocke nicht mehr geläutet werde. Der alte Brauch sei abgeschafft worden, als in Gerlingen das letzte Mal die Pest so schrecklich gewütet habe. Die Bittsteller ersuchten darum, daß der Pfarrer den Brauch wieder aufnehmen möge. In einer Randbemerkung des Superintendenten heißt es, daß es diesen Brauch in vielen Ortschaften gebe. Er erinnere die Gesunden daran, daß auch sie leicht erkranken und sterben könnten. Auch wenn man nicht am Abendmahl im Haus des Kranken teilnehme, könne man aus Mitleid das Vaterunser sprechen.[63]

Im ersten Dorf war der Brauch vom Pfarrer abgeschafft, im zweiten war er während der Pest außer Kraft gesetzt worden, wahrscheinlich ebenfalls vom Pfarrer. Die Tatsache, daß es die Amtsleute des Dorfes waren, die die Beschwerde einreichten und betonten, daß kein Aberglauben im Spiel gewesen sei, macht deutlich, daß der Pfarrer – unabhängig von seiner Rolle bei der Abschaffung des Brauchs – keine Neigung zeigte, ihn wieder aufzunehmen. Aus dem Verhalten der Pfarrer geht demnach hervor, daß es sehr wohl um Aberglauben ging. ·
Die Gerlinger Amtsleute wiesen darauf hin, daß sich der Brauch, kurz vor der Kommunion eines Kranken die Glocke zu läuten, mit der Reformation eingebürgert habe, doch scheint das nicht zuzutreffen. Der württembergische Reformator Vannius schreibt in den dreißiger Jahren, daß in der Zeit vor der Reformation jedesmal, wenn einem Kranken das Sakrament ins Haus gebracht wurde, die Kirchenglocken geläutet wurden.[64] Der problematische Punkt war offenbar der gewesen, ob es legitim war, daß irgend jemand das Abendmahl privat empfing. Für die protestantische Reformation konnte das Sakrament nur öffentlich erteilt werden, da es unter die Kategorie des Wortes fiel. Für Luther setzte sich das Sakrament aus zwei Teilen zusammen, aus dem Wort und dem Symbol, wobei jedoch dem Wort ein sehr viel größeres Gewicht beigemessen wurde.[65] Er bezeichnete das Sakrament sogar als ein »sichtbares Wort« (»verbum visibile«).[66] Das Wort wurde als etwas verstanden, das nur öffentlich vermittelt werden konnte, wodurch das Krankenabendmahl problematisch wurde, da die Gemeinde fehlte.[67] Das gleiche galt für das Glockenläuten. Mehrere württembergische Verordnungen weisen ausdrücklich darauf hin, daß die Kirchenglocken einzig zur Versammlung der Gemeinde geläutet werden durften. »So wäre es ein grosser Aberglauben, das Todten zu läuten, und doch kein Predigt thun noch halten.«[68] Trotz der verschiedenen

Vorbehalte sprach sich die Württembergische Kirchenordnung von 1559 für das Krankenabendmahl aus.[69] Sie legt dar, daß das Abendmahl normalerweise für die versammelte Kirchengemeinde stattzufinden habe, daß jedoch die Kirchengemeinde auch dann vorhanden sei, wenn nur zwei Menschen versammelt seien. Aus der Sicht der protestantischen Kirche wurden also Sakrament und Gemeinschaft als untrennbar aufgefaßt. Die rituelle Handlung ging mit einer Predigt an die versammelte Gemeinde und mit der Buße eines jeden der Versammelten einher.

Die Art und Weise, in der das Sakrament von der ländlichen Bevölkerung verwendet und umgestaltet wurde, beinhaltete auch ein anderes Verständnis vom Zusammenhang zwischen Individuum und Gemeinschaft. Die kirchlichen Verwaltungsbeamten sahen im Grunde nur spirituelle Gefahren, und die – trotz ihres Nachdrucks auf den gemeinschaftlichen Aspekten des Sakraments – auch nur für den einzelnen, der es in einem unangemessenen Zustand empfing. In der kurzen Eintragung zu Kleinsachsenheim findet sich ein wichtiger Begriff, nämlich der der »Gutherzigen«, von denen man erwartete, daß sie sich auf das Läuten der Glocke hin zu der kranken Person begaben.[70] Der Begriff legt nahe, daß ein gutes Herz das Gegenteil eines Herzens war, in dem Neid und Haß herrschten, mithin eines war, das nicht unruhig war. Implizit bedeutete das, daß ein jeder, der einen verborgenen Groll gegen die kranke Person hegte, gezwungen war, den Zustand seines Herzens öffentlich bekannt zu machen. Die Krankheit konnte ja durch eine feindselige magische Attacke verursacht worden sein. Man erwartete natürlich nicht, daß sich das gesammelte Dorf in einen kleinen Raum zwängte, um seine Gutherzigkeit unter Beweis zu stellen. Gemeint waren vor allem wohl nahe Verwandte und Nachbarn, die durch ihr Eintreffen anzeigen sollten, daß sie keinerlei feindselige Gefühle hegten. Jemand, dessen Erscheinen erwartet wurde und der nicht erschien, war verdächtig. Eine solche Auffassung erlaubt den Schluß, daß beabsichtigte feindselige Hexereiattacken von denjenigen zu erwarten standen, die einem Menschen am nächsten waren – von nahen Nachbarn, Freunden und Verwandten. Es waren die gleichen Menschen, von denen auch die meiste Hilfe und Unterstützung erwartet wurde. Gleichzeitig waren es jene, mit denen man am ehesten im Streit lag und gegen die man vor Gericht ging. Die Bedeutung dieser Beziehungen wurde gerade durch die Befürchtungen, die man mit ihnen verband, hervorgehoben.

Eine derartige Auffassung belegt auch das Beispiel aus Gerlingen. Genauso wie in Kleinsachsenheim sollten die Leute mitgehen und zusammen mit der kranken Person das Abendmahl nehmen und beten.

Hinzu kam aber noch ein weiteres wichtiges Element: man erwartete von den wohlhabenden Mitgliedern des Dorfes, daß sie den Armen Essen und Trinken schickten. Das weist darauf hin, daß die Gefährdung des Kranken genereller auf der Dorfebene gesucht wurde. Die Ursache der Krankheit eines einzelnen konnte auch Neid und Haß im Dorf allgemein und nicht nur eine speziell gegen ihn gerichtete Bosheit sein. Sollte die Gefahr daher rühren, mußte man irgend etwas tun, um eine moralische Gemeinschaft wiederherzustellen. Die Beseitigung der sozialen Spaltung wurde durch zwei Formen der Speisung angestrebt – durch die mystische Kommunion, bei der der einzelne von seinen Freunden und Nachbarn umgeben war, d. h. von jenen, die die moralische Prüfung auf sich nahmen, und durch die Umverteilung von Nahrung in Form von Gaben der Reichen an die Armen. Die Teilung der Gesellschaft in Wohlhabende und Bedürftige wurde wegen der möglichen Haß- und Neidgefühle von den Dorfbewohnern als einer der entscheidenden Gefahrenherde angesehen. Die moralische Einheit/ Uneinigkeit des Dorfes drückte sich in der Vorstellung aus, daß sie zu Krankheit führen konnte. Der einzelne war weder moralisch noch spirituell oder physisch unabhängig vom Zustand des kollektiven Ganzen, zu dem er gehörte. Und ein wichtiger Aspekt der sozialen Struktur, wie die Dorfbewohner sie verstanden, waren Besitzunterschiede.

Es wird deutlich, warum es hier sehr wohl um Aberglauben ging, standen doch die Pfarrer der Möglichkeit einer physischen Gefährdung des Individuums als Folge der moralischen Uneinigkeit in der Gemeinschaft ambivalent gegenüber. Gott stand es zu, den einzelnen mit Krankheit heimzusuchen, um seine Sünden zu vergelten oder seinen Glauben zu prüfen. Er mochte sogar eine Gemeinschaft oder eine ganze Gesellschaft verfolgen, um sie zu sich zurückzubringen. Doch Gottes Handlungen entsprangen seinem Willen und gehorchten nicht den logischen Operationen der Menschen. Auf jeden Fall sollte die Demonstration seiner Macht das Gefühl einer persönlichen Schuld erwecken. Die davon abweichende Auffassung sah einen möglichen Gefahrenpunkt im allgemeinen Neid der Armen gegen die Reichen. Die Pfarrer versuchten, den Brauch des Glockenläutens gerade deshalb abzuschaffen, um zu verhindern, daß alle von dem Ereignis wußten. Andererseits war der Superintendent bereit, den Brauch weiter gelten zu lassen, interpretierte ihn jedoch neu. Das Läuten der Glocke sollte eine Mahnung an die Wohlhabenden sein, daß auch sie eines Tages krank werden und sterben konnten. Sie sollten sich geistig rüsten. Damit stellte er die Beziehung des einzelnen zu Gott in den Vordergrund und verlegte das Problem auf eine subjektive Ebene. Jeder Gedanke an gefährliche mystische Einflüsse von einer Person auf eine andere wurde ausgeschaltet. Gleichwohl enthalten die Anmerkungen des Superintendenten auch ein kommunales Element. Man konnte mitgehen und ebenfalls das Sakrament empfangen. Tat man das nicht, sollte man für die kranke Person aus Mitleid beten (das Vaterunser sprechen). Das Individuum wurde hier in einem subjektiven Sinn verstanden – als eine Person, die das Leid eines anderen teilt und auf diese Weise Sorge für ihr eigenes Heil trägt. Doch letzten Endes stand sie allein und ohne Vermittlungsinstanz vor Gott. Die Gefahren, die ein Dorfbewohner sah, drohten ihm von seinen Dorfgenossen, seinen Nachbarn, seiner Familie. Er war von den anderen weder getrennt noch trennbar. Seine Einheit war Teil der Einheit anderer Gegebenheiten – der Familie, der Nachbarschaft, des Dorfes. Uneinigkeit in diesen Bereichen konnte (in Form von Haß und Neid) eine physische Bedrohung für ihn darstellen – und er konnte selbst zu einer Bedrohung werden.

Die mystische Kraft, die eine Person bedrohte, entsprang Beziehungen innerhalb der Familie, der Nachbarschaft oder des Dorfes. Sie kam nicht von »außen«: nicht der Neid der Armen im allgemeinen, sondern der Neid der Armen in »diesem Dorf« schuf die Bedingungen, die Unheil nach sich zogen. Es war nicht so, daß ausnahmslos alle, von denen Gefahr drohte, im Dorf angesiedelt waren; tatsächlich wurden bisweilen Personen von außerhalb als bedrohlich angesehen. Doch die vielfältigen Beziehungsstränge innerhalb des Dorfes oder der Pfarrei stellten diejenigen Beziehungen dar, von denen primär Gefahr drohte. Die Aufgabe des Brauches, die Glocken zu läuten, traf natürlich das ganze Dorf, und in beiden Fällen war es der Ausbruch der Pest, der dafür verantwortlich war. In den achtziger Jahren des 16. Jahrhunderts war es nicht außergewöhnlich, daß in Dörfern mit 600 oder 700 Einwohnern innerhalb eines Monats oder weniger Wochen mehr als hundert Menschen starben.[71] Es geschah häufig, daß die Pest ein Jahr hindurch in einem Dorf wütete und die Nachbardörfer verschonte, in denen sie vielleicht einige Jahre später ausbrach. Diese Bedingungen dürften den Charakter des Dorfs als eines moralischen Isolats noch mehr als sonst unterstrichen haben. Bei der herrschenden Auffassung von Krankheit als Folge der Böswilligkeit anderer Menschen hätte die große Zahl der pestbedingten Todesfälle sehr wohl zur Bildung feindlicher Gruppen führen können, die sich verzweifelt bemüht hätten, die bösartigen Einflüsse anderer auszuschalten – nicht durch eine Politik der Versöhnung, sondern durch Verteidigung und Aggression. Dabei wären die unterschiedlichen Interpretationen des Brauchs durch den Pfarrer und die Dorfbewohner unübersehbar zutage getreten. Auf jeden Fall können wir davon ausgehen, daß die Pest keinen Anstoß zu religiöser Erneuerung und sittlicher Neubelebung gab.

Wir sind in diesem Kapitel zwei Aspekten von Herrschaft begegnet. Der erste ist der direktere: die Heranziehung religiöser Institutionen zur Untermauerung der Prinzipien politischer Autorität. Der Druck, am Abendmahl teilzunehmen, war massiv und vielgestaltig. Er äußerte sich nicht nur in den ständigen Interventionen des lokalen Pfarrers, sondern beinhaltete auch lästige Behinderungen von seiten der Amtsleute, wie beispielsweise im Fall von Hans Weiss aus Neckartailfingen, der während der rituellen Feier das Dorf nicht verlassen durfte. Subtilere Vorgehensweisen bestanden darin, jeden, der nicht am Abendmahl teilnahm, als trotzig, gotteslästerlich, asozial zu bezeichnen – wichtige Zuordnungen, mit deren Hilfe die Leute in Machtpositionen Situationen beurteilen konnten. In periodischen Abständen konnte die Staatsgewalt ihre Hand erheben und Widerspenstige Verhören und Drohungen aussetzen und auch ins Gefängnis bringen. Abendmahlsverweigerung wurde jedoch meistens zusammen mit anderen Vergehen geahndet, wodurch die Strafe noch härter ausfiel, da sie sich auf mehrfache Verfehlungen bezog.

Die Nichtteilnahme am Abendmahl wurde Anabaptismus und Magie gleichgestellt und damit in Verbindung mit Häresie und Aberglauben gebracht, die beide den öffentlichen Kultus direkt angriffen. Schließlich war noch eine endgültige Sanktion möglich: für diejenigen, die das Sakrament verachteten, wurde keine Totenpredigt gehalten und keine Glocke geläutet. Die Glocken durften nicht geläutet werden für Separatisten, solche, die das Wort und das Sakrament verachteten, für totgeborene Kinder und Kinder, die noch nicht den Katechismus erlernt und das Sakrament empfangen hatten.[72] Daß das Läuten für diese Menschen als »Aberglauben« galt, erklärt sich eindeutig damit, daß sie außerhalb der eigentlichen Gemeinschaft standen – die Separatisten hatten sich selbst ausgeschlossen (einer ihrer Beweggründe war das Tauf- und Abendmahlssakrament), und totgeborene Kinder und solche, die nicht am Abendmahl teilgenommen hatten, waren noch nicht offiziell aufgenommen worden. Für die Beamten stellte das Sakrament demnach das zentrale Symbol dar: durch die Festlegung der Aufname, des Austritts und der Grenzen definierte es die soziale und moralische Gemeinschaft. Die von den geistlichen Verwaltern entwickelte Ideologie des Sakraments enthielt zwei Aspekte. Dadurch, daß die Abendmahlsverweigerer an den Rand der Gesellschaft verwiesen wurden, wurde fraglich, inwieweit die normalen Regeln des Gesetzes für sie galten; das eröffnete den Amtsleuten mehr Möglichkeiten, geeignete Methoden des Umgangs mit ihnen zu entwickeln. Zum anderen zielte die offizielle Theologie darauf, die subjektiven und objektiven Elemente im Herrschafts-Gehorsams-Zusammenhang zu trennen. Zur Teilnahme am

Ritual gezwungen, mußte ein Dorfbewohner lernen, ein ruhiges Herz zu bewahren, sich mit Herrschaft abzufinden und das Verhältnis zwischen »Herr und Knecht« nicht als eine gerechte Austauschbeziehung zu sehen, damit er nicht unruhig wurde. Die Probe verlange mehr als nur äußerliche Unterwerfung, und es bleibt offen, bis zu welchem Grad die Bauern diesen massiven Übergriffen auf ihr Bewußtsein standhalten konnten.

Doch die Lektionen über Herrschaft in dieser Auseinandersetzung über das Sakrament beschränken sich nicht nur auf die Alltagspraxis. Es stellt sich die Frage nach dem größeren Rahmen, in dem die herrschenden Mächte die Bedingungen und Institutionen zu bestimmen trachten, mit denen Herrschaft ausgeübt wird. Ein massiver Widerstand kann hier nur selten stattfinden, zum Teil deshalb, weil eine große Zahl von Menschen auf komplizierte Weise in die Institutionen eingebunden ist, und zum Teil deshalb, weil die Bedingungen des Widerstands weder den Herrschenden noch den Beherrschten deutlich sind. Es gab natürlich Widerstand gegen das von der Staatskirche definierte Abendmahlssakrament von seiten der »Separatisten« und »Anabaptisten«, doch diese Leute wurden sehr bald vom Staatskörper abgeschnitten. Viel häufiger jedoch wurde das Ritual akzeptiert und ein unentschiedener Spannungszustand aufrecht erhalten, der dadurch zustande kam, daß die Bevölkerung es umfunktionierte, um es ihren Bedürfnissen anzupassen. Die verschiedenen Staatsbeamten versuchten, mit Hilfe des Sakraments ihre Vorstellungen von der Person, von Schuld, von Gewissen und Gerechtigkeit zu vermitteln, und die Dorfbewohner benutzten genau das gleiche Ritual, um eben diese Vorstellungen zu bekämpfen. Die Weigerung, am Abendmahl teilzunehmen, richtete sich nicht gegen das Ritual selbst, sondern die Bauern eigneten sich das Ritual an, um ihre eigenen Zwecke zu verfolgen. Das Material, das hier vorgelegt wurde, konnte nur einen flüchtigen Einblick in den Prozeß vermitteln, durch den die Strukturierung der bäuerlichen Symbolwelt erfolgte. Die um 1580 aufgeworfenen Fragen blieben auch für die folgenden Jahrhunderte zentral, häufig entzündeten sie sich an anderen Institutionen. Es wird unsere Aufgabe sein, einige der Formen zu untersuchen, in der die komplexe Interaktion zwischen den verschiedenen Diskursebenen stattfand.

Ein Prophet im Dreißigjährigen Krieg:

Buße als soziale Metapher

O Christglaubiges Hertz, führ solches zu Gemüt,
Thu hertzlich Buß und Rew, bitt Gott durch seine Güt
Die wolverdiente Straff, so er uns läßt ankünden,
Umb Christi willen doch, gnädig von uns zu winden,
Und durch sein gutten Geist, unsre Hertzen regieren,
Daß wir durch sein Beystand ein Christlich Leben führen.

Aus einer Flugschrift über den Propheten, 1648[1]

Kehre wider du abtrinnige Israel, spricht der HERR,
so will ich mein Antlitz nicht gegen euch verstellen,
dann ich bin Barmhertzig, spricht der HERR.
Und will nicht Ewiglich zürnen.
Allein erkenne deine Missethat,
daß du wider den HERRN deinen Gott gesündiget hast.

Jeremia 3, 12–13
(zitiert in der Flugschrift über Keil)

O Allmächtiger Gott, Himmlischer Vatter, übel, übel haben wir gethan. Aach und Rach schreyet über uns die Sünde, unserer Sünden seyndt mehr als Sterne am Himmel, mehr als Sand am Meer, mehr als Staub auff Erden. Wir haben das Sünden Maaß überfüllet, darumb überhäuffest du auch nun das Maaß der Straff. Wir haben Dich, unsern Herren verunehret, darumb hast du uns wieder lassen zu Schanden werden. Wir haben dich, unsern Vatter, erzürnet, darumb hast auch du dein Vätterliches Hertz von uns abgewendet…

»Ein Andächtiges Bueß-Gebetlein«[2]

Dieses Kapitel handelt von einem Visionär, einem Winzer namens Hans Keil, der in Gerlingen lebte, einem württembergischen Dorf im Amt Leonberg unmittelbar westlich der Hauptstadt Stuttgart. Keil entspricht nicht dem Bild, das wir gemeinhin von einem Rebellen haben, doch was er zu sagen hatte und wie seine Botschaft von den Dorfbewohnern aufgenommen wurde, zeigt uns, in welcher Weise Werte des Volks in den allgemeinen Auseinandersetzungsprozeß mit der Obrigkeit hineingetragen wurden. Am Morgen des 4. Februar 1648 begegnete er draußen im Weinberg oberhalb des Dorfes einem Engel. Wie unter diesen Umständen nicht anders zu erwarten, hatte der Engel eine Botschaft für Keil – sie kündigte diesmal Buße und Bestrafung an –, die für all jene, die die Ereignisse aus einem historischen Abstand betrachten, ein gehöriges Maß Ironie enthält. Keils Engel erschien im dreißigsten Jahr eines langen, zerstörerischen Kriegs. Soldaten hatten zu wiederholten Malen blindlings im Land gewütet, die Pest hatte in kurzen fürchterlichen Ausbrüchen, die zwischen dreißig und vierzig Tage dauerten, in den meisten Orten Hunderte von Menschen dahingerafft. Eine Reihe von Dörfern lag vollkommen in Schutt und Asche, in allen anderen gab es verlassene Häuser und Höfe und unbestellte Äcker. Die Kriegsfolgen im Württemberg des 17. Jahrhunderts lassen sich vielleicht mit ähnlichen Schrecken in unserem Jahrhundert vergleichen. Trotz alledem stand der Engel nicht an, der Bevölkerung eine kollektive Strafe anzudrohen. Doch der angesichts der Entstehungsumstände banale Inhalt der Botschaft sollte uns nicht davon abhalten, sie genauer zu betrachten. Sie kann uns nämlich einen Einblick in die symbolischen Ausdrucksformen von Hierarchie, Klassenkonflikt und Herrschaft vermitteln. Hans Keils Vision enthält politische Momente, deren Bedeutung über die prophetischen Topoi der Buße und Reue hinausreicht. Was die konkreten Ereignisse angeht, von denen die Dokumente berichten, so mischen sich hier Elemente der Tragödie und der Posse; sie sollen zunächst dargestellt werden.

Noch am gleichen Tag, als Hans Keil seine Vision hatte, schrieb er die Geschehnisse eigenhändig nieder.[3] Früh am Morgen war er in den Weinberg gegangen, um seine Weinstöcke zu beschneiden. Er hatte ein Büchlein mitgenommen, aus dem er den Morgensegen las. Er betete auch das Vaterunser und rief den Allmächtigen an, er möge doch die Menschen aus ihrer Trübsal erlösen. Daraufhin erschien ihm ein weiß gekleideter Mann, der ihn mit den Worten: »Der Herr gebe dir ein gutten tag« ansprach. In seinem Schrecken vermochte Keil nicht zu antworten. Der Mann fuhr fort: »Sey getrost dein gebet ist von dem Hern erhört worden, sey getrost, ich bin der Engel einer, der vor dem herren steht, dan was ich dir sagen werd, das soltu deinem Fürsten in Württemberg anzeigen, dan Gott will land und leut straffen, von wegen ihrer sünd, wan man nicht buß thut, dan der Herr hatt die gantze Christenheit nunmehr 30 gantzer jahr heimgesucht mit krieg und blutvergießen, hunger, pestilentz, und mit allerlay straffen, aber kein Mensch kert sich daran, sondern seind alle tag erger, darüber schreyet er o weh, o weh, württemberg, o weh o weh, Teutschland o weh o weh der gantzen Christenheit, o weh o weh der großen sünd, Fewer vom himmel das türkisch schwert, hunger gnug solt ihr haben.« Er nahm Keil das Messer aus der Hand und schnitt sieben Reben ab, die zu bluten begannen. Das sollte ein Zeichen dafür sein, daß der Herr eine Frist von sechs Monaten geben wolle. »*Dan der Herr will nicht haben das die Menschen in jener sünd sterben, sondern er will haben das alle Menschen seelig werden, das ist, das der Herr klagt, und hoch darüber zürnt, und sein Zorn entbrint in ihm. Zum 2. klagt der Herr über den Fluch, der also gemein sey bey allen Menschen kindern, das offt in einer stund vil 1000 flüch geschehen, welcher Mensch den geringsten Fluch thut, der schleht meinem herren Jesu einen Nagel in seine Glieder ein, welcher Mensch des tags 3 mahl flucht, der kan nicht seelig werden, o weh o weh, o weh, desselbigen Menschen, welcher offt in einer stund 30 mahl flucht, demselbigen steht der hollische Rach weit offen, o weh du blinde welt, warumb betrachtestu so gahr nicht Gottes Marter und seine 5 wunden, über dasselbige würt nun folgen, das der Herr würt dem leidigen Satan gewalt geben, und vil 1000 bosen Geistern, die sollen in der lufft fahren, und die fluchen jammerlich hinweg reissen, und verzerren, und mit leib und seel in die helle fueren. Zum 3. klagt mein H. Jesus über den schantlichen ehbruch, der bey allen Menschen so gemein sey, bey dem Herren, bey dem Knecht, bey Man und Weib, und allen Menschen, man wehrt ihn nicht mehr, man treibt ihn bald an allen ortten offentlich, ja die gantze Christenheit steckt aller Unzucht voll, sie werden bald erger dan das tumme Vieh, das soll auch gewiss bedeutten, das der türkh mit seiner maht würt gewalt über die gantze Christenheit bekommen. Zum vierten klagt mein Herr Jesus, über die schandtliche Hoffart dardurch das weibliche geschlecht fast alle verloren ist, das man die edle Gaben Gottes, das liebe getraid welches der Herr aus der Erden wachsen lasst den Menschen zu der Leibs nahrung das mans so schandtlich zu der hoffart mißbraucht, und verflucht ist das Weibsbild welches Haubenspitz über sich trägt die sticht die Heilige Dreyfaltigkeit in die Fußsohlen und tragt dem obristen teuffel und hellischen könig die kron nah, weh weh denselbigen welche die gaben Gottes dazu mißbrauchen, die sollen mit der hellischen Müntz bezahlt werden. Zum fünfften klagt mein H. Jesus und Meister über die grosse Schinderey, das ist wan die hohe potentaten, könig, fürsten, oberherren, die das Regiment füren, wan sie ein Weisspfennig aufflegen, auff die gemeine landtsundertthanen, bis dasselbig von einem Amptman zu den andern kompt, und ein jeder das seine darzulegt, bis das auff den gemeinen pofel kompt, so werden redlich 2 darus, dardurch alle obrigkeit beflegt seind, alles recht würt vergessen, unnd sehen nur auff das gelt, o du Schinders gelt, warumb machstu die welt so blind? Das doch der leidig satan ein fürst darüber ist, o weh o weh o weh, welcher dem armen Man den geringsten heller*

Kurtzer Summarischer doch aigentlicher vnd warganter Bericht/
Was sich den 4. Hornung/ dises jetzt lauffenden 1648.
Jahrs/ zu Görlingen 2. Stund von der Fürstlichen Würtembergischen Haupt-Statt Stuttgart/ mit einem Rebmann/
Namens Hanns Keil/ laut seiner auffsag begeben vnnd zugetragen hat. Wie volgt.

Görlingen.

Getruckt im Jahr Christi 1648.

Abb. I: Hans Keil begegnet einem Engel
(Württembergisches Hauptstaatsarchiv Stuttgart, A 209 Bü 1462 a)

ohne recht abnimpt, der soll mit dem hellischen Mantel wol bedeckht werden. Zum 6. klagt der Herr über den Wucher, welcher seinem Nechsten einen groschen leiht der muss ihm bald 2 daführ geben, eh die Son dreymal über ihn undergehet. Zum 7. klagt der Herr über das spihlen, das wüst an dem heiligen sontag getriben, und der Nam Gottes dardurch gelestert, und verhindert, da doch der Sontag dess herren tag ist, den man heiligen soll mit feyren und betten, der würt schantlich zu einem fluchtag gemacht, das soll auch gewisslich bedeuten, aus den feyrtagen, sollen auch trauertag kommen. Zum achten klagt der Herr über das Priesteramt, das fast alle Priester auff dem Geitz ligen, wan sie sollen das heilig Evangelien erkleren, das Wort des Herren predigen, so seind sie mit dem mund auf dem predig stuhl, mit dem hertzen auf dem ähker, weinberg, keller, kornlaubin, und bey dem geltsekhel. Das soll sie gewisslich bedeutten, das auch das Wort soll finster werden, sie sollen bey dem priesterlichen erb bleiben.« Hier endet die Fassung, die ein Unbekannter von Keil kopierte. Der Schluß wurde von jemand anderem kopiert. »Zum 9. klagt der Herr Jesus, das die heilige son unnd feyertag entheret werden mit unnützem jagen, und werde der allerhailigste Nam Gottes den man loben ehren und preisen soll von den Gottlosen waidknecht entheiliget und verlestert, mit Gotteslesterlichem fluchen und schweren, darüber sein Herr Jesu höchlich erzürnt und belaidiget werde.

Das soltu deinem Fürsten anzeigen, das er das schwert darüber brauch, über diese Laster alle, als ein euferiger fürst. Dan der Herr württ ein erschrekhlich wetter schikhen, das alle Menschen werden zusammen lauffen, und schreyen o weh, o weh, in diesem wetter werden 7 statt undergehen und 3 durch das wilde fewer fallen, und in dem wetter werden vil Menschen und Vieh verderben, zum andern württ das wetter das gantze Land verzehren, das die Leut werden verhungern und verschmahten, zum dritten würt ein grimmig volkh einfallen, und würt die überige Ort vollendt berauben, zum vierten, werden die Leut vollendt verschmahten, dan der Herr würt alle heiden zusammen ruffen, und sollen das end in der Christenheit mahen. Zum fünften, ach das end der Welt ist da, die son ist undergangen, die Vesperglokh ist gelitten, ach wo seind die Zehen kluge junge frauen, die dem Brauttigam mit den brennenden lampen entgegen gehen, ach sie schlaffen alle, o weh o weh wie steht die hellische Pforten so weit offen, die Teuffel stehen mitt ieren zugeristen Fasseln und Strikhen beraidt. Das solstu deinem Fürsten anzeigen, das Er dasselbige seinen Underthanen verkündigen lass, das alle Menschen schnell und behend von sünden umbkehren, dan die straff bald alle angehet, wan man nicht buss thut.

Weiter das soltu zu einem trost haben, wan man von sünden abstehet,

und ernstliche buss thut, und die bestimpte laster meidet, wie ich dir
gesagt hab, so solt ihr für die traw wort und für dise straffen, wie auch
verkündiget ist, so solt ihr haben, wie der Schnee von der Hitz zer-
schmiltzt, und der Rauh vom Wind zertriben würt und wie sich ein
zeittige frucht von Mutterleib scheidet, also soll sich alles unglück von
euch schaiden, der Krieg soll von euch schaiden, die Schinderey soll auch
brehen, in summa ihr solt ein fröhlichen sonnenschein haben, dan ihr
habt noch ein kleines bis zu dem grossen tag des Herren. Also soll es
allen Potentaten ergehen, in der gantzen Christenheit, wan sie nicht
werden buss thun.« An dieser Stelle bricht der Text ab.

Dieses Dokument wurde offenbar aus den Texten von zwei verschiedenen Personen kompiliert, die Keils Niederschrift kopierten, während
sie gleichzeitig mit ihm diskutierten. Eine andere Version stimmt bis
auf geringfügige Abweichungen in den Formulierungen im wesentlichen mit dieser überein.[4] In ihr werden Punkt sechs und sieben des Ori-
ginals zu einem Punkt (sieben) zusammengezogen, und Punkt sechs
enthält die Klage über die Blasphemie des Jagens am heiligen Sonntag.
Ein zusätzlicher neunter Punkt handelt von Umkehr und Buße. Eine
dritte Version folgt der oben wiedergegebenen bis zum sechsten Punkt
und fährt dann mit dem neuen neunten Punkt fort.[5] Sie endet wie die
erste. Eine letzte Version[6] gibt die ganze Begebenheit in der dritten
Person wieder und behandelt die folgenden Punkte: (1) die Sache
mit den blutenden Reben und der sechsmonatigen Warnfrist, (2) Fluchen, (3) Ehebruch, (4) Hoffart, (5) Abgabenerpressung (Schinderey),
(6) Wucher, (7) Spielen am Sonntag, (8) das Priesteramt, (9) die Entheiligung des Sonntags und der Feiertage durch die Jagd – eine Kritik an
den Waidknechten. Der Schluß entspricht dem der ersten Version.
Keil wollte mit seiner Vision Erschütterung hervorrufen, deshalb über-
zog er manche Punkte. Die verschiedenen Fassungen variieren je nachdem, welchen er gerade ausführen oder betonen wollte und zu wem er
sprach. Zentrale Themen waren Sünde und Vergeltung, und fast
immer verknüpfte er sie mit der politischen Gemeinschaft – dem Herzogtum Württemberg. Auffallend ist sein unsicheres Hin- und Herwechseln zwischen der gesamten Christenheit, Deutschland und Württemberg. Gleichwohl ist es immer die umfassende Gemeinschaft, der
Strafe und Vergeltung drohen. Sein Schwanken rührte zum Teil daher,
daß er den eigenen Staat mit der Christenheit in eins setzte. Die Tatsache, daß das protestantische Württemberg von Feinden und Ungläubigen umgeben war, engte seine Vorstellung von den Grenzen ein. Andererseits hatte die Christenheit als solche die göttliche Botschaft empfan-
.gen, was bedeutete, daß die Strafe in ihrem ganzen Geltungsbereich

erfolgen mußte. Dessen äußerer Rand wurde mit den Grenzen zu den Türken gleichgesetzt, jenem Randvolk, das auf einen Einfall wartete. Auf jeden Fall ging es um die Sünden des kollektiven Ganzen. Was für Keil die moralische Gemeinschaft bestimmte, war jene Gruppe von Menschen, die ein spezifisches Gebot – bestimmte Sünden nicht zu begehen – mißachtete. Zumindest war das eine Möglichkeit, das kollektive Ganze zu fassen. Eine andere bestand darin, die zentrale Dynamik von Herrschaft zu thematisieren – das Verhältnis von Herr und Knecht, Obrigkeit und Untertanen. Zu einem Teil stellte die Vision eine Abhandlung über dieses Verhältnis dar.

Keils Vision umfaßte acht Themen: Fluchen, Ehebruch und Unzucht, Eitelkeit, Abgabenerpressung, Wucher, Entheiligung des Sabbats durch Spielen, Geistlichkeit, Waidknechte und Jagen am Sonntag. Allgemein betrachtet reichen die Sünden von solchen, die das Dorf begeht, zu solchen, die am Dorf begangen werden. Nur bei den beiden ersten handelt es sich um Sünden, auf die er einen direkten Einfluß hätte haben können. Fluchen gehörte zu Keils Alltagserfahrungen, und daher befaßte er sich damit ausführlicher als mit den anderen. Nach Keil wird diese Sünde von jedermann begangen – von allen »Menschen kinder(n)«. Diesen Gedanken entwickelt er weiter, um schließlich zu einer extremen Schlußfolgerung zu gelangen, bringt ihn jedoch immer mit Vergeltung in Verbindung. Fluchen treibt Christus einen Nagel in die Glieder. Für den Fall, daß dieses Bild nicht fruchtet, spricht er willkürlich allen, die mehr als dreimal am Tag fluchen, die Möglichkeit ab, selig zu werden – und dennoch gebe es Menschen, die in einer Stunde dreißigmal fluchten. Anschließend beschreibt er die Vergeltung im einzelnen. Bei der zweiten Sünde verändert Keil selbst die Bedeutung von »allen Menschen«, indem er allgemeine Klassen aufführt – sie kommt bei allen *Arten* von Menschen vor. Die beiden sozialen Unterteilungen sind Herren und Knechte und Männer und Frauen. Während er die Dichotomie von Männern und Frauen nicht weiter beachtet, steht die von Herr und Knecht im Mittelpunkt seines Denkens. Nachdem er diese Kategorien bei der zweiten Sünde eingeführt hat, greift er von da an vor allem die Sünden der herrschenden Klassen auf und spricht von der spitzentragenden Dame, dem steuereinziehenden Amtmann, dem geldverleihenden Rentier, dem luxusliebenden, habgierigen Pfarrer und dem Jäger, der den Sonntag entweiht. Nur das Spielen am Sonntag mag auch in den unteren Klassen des Volkes praktiziert worden sein, doch ist es durchaus denkbar, daß hier aristokratische oder militärische Sportarten angesprochen sind – Pferderennen eher als Hahnenkämpfe. Die Rede von den Waidknechten oder Jägern scheint ebenfalls eine verdeckte Anspielung zu enthalten. Der größte Jäger war natürlich der Herzog, dazu kam sein engster Kreis. Da ein direkter Angriff zu gefährlich gewesen wäre, zog Keil es vor, seine Kritik auf das Hilfspersonal zu richten. Möglicherweise spielte er auf einen nicht weit zurückliegenden Vorfall an, als Dorfbewohner zur Teilnahme an einer sonntäglichen Wolfsjagd beordert worden waren.[7] Der Pfarrer des Dorfs hatte aus diesem Anlaß offenbar eine Predigt über die Entheiligung des Sabbats gehalten. Weder der Pfarrer noch Keil wagten es, den Fürsten direkt anzugreifen, sie brachten jedoch ihr Anliegen dadurch zum Ausdruck, daß sie an Werte appellierten, die von weiten Teilen der Gesellschaft geteilt wurden. Während also Keils Botschaft eine generelle Aufforderung zur Buße war, richtete sich seine Kritik in erster Linie gegen herrschende Gruppen in der Gesellschaft. In einigen Fällen ist die Vergeltung für die aufgezählten Sünden spezifiziert – die Pforten der Hölle öffnen sich für diejenigen, die fluchen, Eitelkeit wird mit Verdammnis entgolten, wer andere auspreßt, wird mit einem höllischen Mantel bedeckt –; die meisten Sünden ziehen jedoch Folgen für die Allgemeinheit nach sich. Ehebruch und Unzucht werden eine Schreckensherrschaft der Türken zur Folge haben – was auch ein Ende der herzöglichen Oberherrschaft impliziert. Der Sonntag wird zu einem Trauertag werden, das Wort Gottes wird finster werden, d.h. die Wahrheit – und damit die Möglichkeit, überhaupt noch Buße zu tun – geht verloren.

Das Thema des bäuerlichen Mehrwerts griff Keil in verschiedener Weise auf. Sein Hinweis darauf, daß Reichtum auf der Produktion von Nahrungsmitteln basiert, enthält eine direkte Kritik an der Prahlerei mit Reichtum. Ein Teil könne für notwendige Funktionen verwendet werden, nicht jedoch für Prunkentfaltung und überflüssige Herrschaftssymbole – und schon gar nicht zur Ausstattung von Frauen, die keine Regierungsaufgaben haben. Von theologischer Seite wurde er später belehrt, daß Eitelkeit eine Sache beider Geschlechter sei, doch Keil sah darin mehr und zielte auf die Macht und die Funktionen hinter den äußeren Zeichen. Was er über Auspressung sagte, hing mit der Steuereinziehung zusammen und richtete sich gegen die Beamten aller Rangstufen, die ihren Teil davon einstrichen. Zwar spricht er die Frage der Steuern nicht direkt an, prangert jedoch die Beamten »mit klebrigen Fingern« an, deren Bereicherungspraktiken zur Folge hatten, daß die Hauptlast den unmittelbaren Produzenten aufgebürdet wurde. Er sah auch deutlich, daß Beamte, die sich bereichert hatten, ihn wirkungsvoller beherrschen konnten. Wucher wurde von Keil als eine Praxis zwischen Nachbarn behandelt, war aber eher eine Sache des städtisch / dörflichen Geldverleihs oder von Beamten, die Darlehen an bäuerliche Produzenten gaben. Die Kritik an den Geistlichen ist zwar allgemein gehalten, spielt jedoch auf den Zehnten, Wucher und gewisse Geschäftspraktiken an, die allesamt Angriffe auf die bäuerliche Produktion darstellten. Die Erwähnung der drohenden Machtübernahme durch die Türken hatte ebenfalls damit zu tun. Den Dorfbewohnern war eine sogenannte »Türkensteuer« auferlegt worden, mit deren Hilfe die Christenheit gegen eine Angriff geschützt werden sollte.[8] Blieb diese Steuer jedoch beim Steuereinnehmer hängen, dann bestand die Gefahr, daß die Türken einfielen.

Die Folgen der Vergeltung waren keineswegs auf die Sünder beschränkt, sondern trafen kollektive Einheiten – Städte, das Land, Deutschland, die Christenheit. Überdies äußerten sich die Strafen, die Keil ausmalte, in Ereignissen, deren Wirkungen nicht auf einzelne beschränkt waren – Stürme, Feuer, der Einbruch der Heiden. Insgesamt enthält Keils Botschaft zwei grundlegende Implikationen. Erstens, die Folgen einer Sünde sind nicht ausschließlich und vielleicht noch nicht einmal primär individuelle. Sünden wie Fluchen oder Ehebruch zeitigen Folgen für die moralische und soziale Gemeinschaft. Ehebruch kann zu einem vollständigen Verfall der öffentlichen Autorität und Selbstbestimmung und – da Heiden das Strafwerkzeug sind – zu einer Aufgabe der Verkündigung von Gottes Wort führen. Fluchen wird mit Blindheit in Zusammenhang gebracht, Auspressen mit einer blinden Welt. Spielen »verhindert« den Namen Gottes. Das Verhalten von Priestern führt zu Finsternis. Zweitens: die grundlegend hierarchische Beschaffenheit von »Gemeinschaft« wird herausgestellt. Gemeinschaft ist das, was Herrschaft ist. Hinter einem System von korrupten Beamten gibt es keine Kultur des Guten. Herrschaft und kollektives Ganzes werden dialektisch verstanden. Wenn die Prediger nicht predigen, gibt es kein Wort Gottes. Die Eitelkeit reicher Frauen bewirkt, daß alle hungern werden. Auspressung durch Beamte führt zur Monetarisierung aller Beziehungen, selbst der zwischen Nachbarn (die anfangen, Wucherzinsen zu nehmen). Die sonntäglichen Jagdunternehmungen des Herzogs und seiner Beamten führen zur Korruption des Hilfspersonals und dazu, daß in allen Gesellschaftsschichten gespielt wird. Die soziale Gemeinschaft wird durch die Ausübung von Herrschaft auseinandergerissen. Dennoch war die Antwort auf all dies die Züchtigung durch das Schwert – eine hierarchische Lösung für ein hierarchisches Problem. Zumindest war das die Richtung, die die Vision zunächst einschlug, und so lautete die Botschaft, die Keil dem Herzog übermitteln sollte. Seine andere Botschaft – Buße zu tun – beantwortete das Problem auf einer anderen Ebene. Hier war die Buße aller notwendig. Es gab jedoch zwei Möglichkeiten, in der das verstanden werden konnte. »Alle« konnte alle Angehörigen des kollektiven Ganzen *oder* Menschen aller Stände bedeuten. Die erste Bedeutung ergibt sich aus der Vorstellung, daß die Sünde eines Menschen Implikationen für die Gemeinschaft hat. Die zweite impliziert, daß es nichts bringt, wenn ein Teil des kollektiven Ganzen Reue empfindet und Buße tut, solange nicht auch der andere Teil Buße tut. In gewissem Sinne sind beide Bedeutungen in Keils Botschaft enthalten; sie entstammen jedoch verschiedenen Bereichen seiner Erfahrung. Als Mitglied der Dorfgemeinde wurde der einzelne als Teil eines Ganzen gefaßt. Abneigung, Magie oder Neid konnten sich auf andere Mitglieder der Gemeinschaft auswirken. Der andere Bereich seiner Erfahrung entstammte der Konfrontation mit Herrschaft und beinhaltete das Wissen, das autonomes Handeln nutzlos war.

Das Kernstück der Botschaft setzte Buße und Strafe direkt miteinander in Verbindung. Keil forderte zur Umkehr auf und betonte, daß die Strafe im Diesseits erfolgen werde. Im Kontext der mittelalterlichen Buß- und Reuelehre, die zwischen *contritio* und *attritio* unterschied – zwischen Reue aus Liebe zu Gott und zu Gottes Gerechtigkeit und Reue aus Furcht vor Gott oder seiner Strafe –, handelte es sich hier eindeutig um eine Aufforderung zur *attritio*.[9] Glaube und Liebe kamen nicht vor. Die Forderung nach einem besonderen Buß- und Bettag wurde mit der Abwendung der kollektiven Folgen von Sünde in Zusammenhang gebracht und nicht als kollektiver Ausdruck einer fröhlichen Gemeinschaft gesehen. Buße war nicht die Konsequenz eines persönlichen Schuldgefühls, sondern wurde als eine Art kollektiver Beschwörungsritus verstanden, eine Möglichkeit, Gott zu besänftigen und von den drastischen Folgen der Sünde des einzelnen für die Gruppe abzubringen.

Am selben Tag, an dem Hans Keil dem Engel begegnet war, schickten der Superintendent und der Vogt der Amtsstadt Leonberg einen Bericht über den Vorfall an den Herzog.[10] Sie wiederholten im wesentlichen das, was Keil selbst erzählt hatte. Außerdem berichteten sie, daß aus den Reben, die Keil mit ins Dorf gebracht hatte, weiterhin Blut geflossen sei. Auf der Treppe und im Hof seines Hauses sei überall Blut gewesen. Der Pfarrer, der Schultheiß und andere hätten die Reben angefaßt und danach Blut an den Händen gehabt. Die beiden Verfasser des Berichts vermerkten, daß die Reben so ausgesehen hätten, als seien sie in Blut getränkt. Keil sei entschlossen, mit seinen Reben nach Stuttgart zu gehen und dem Herzog seine Botschaft zu überbringen, müsse aber, so habe ihm der Engel aufgetragen, noch vierundzwanzig Stunden warten. Sie hätten ihm befohlen, zu Hause zu bleiben, bis sie vom Herzog erfahren hatten, was zu tun sei. Keil sei etwa dreißig Jahre alt und ein Weingärtner »schlechten Vermögens«. Er habe drei Kinder, das älteste sei stumm. Er führe ein christliches, ehrbares und untadeliges Leben, gehe fleißig zur Kirche und habe der Obrigkeit immer gehorcht. Niemand habe je zuvor derartige Visionen und Phantasien von ihm gehört.

Am folgenden Tag (5. Februar) schrieben die Beamten, sie hätten einen Befehl vom Herzog erhalten, Keil unter keinen Umständen nach Stuttgart gehen zu lassen.[11] Sie hätten ihn erneut befragt und sich einige Reben verschafft, die nach Stuttgart geschickt werden sollten. Keil sei bei seiner Aussage vom Vortag geblieben und habe den Beamten einen Text gegeben, den er aufgeschrieben hatte, um ihn nicht zu vergessen. Da er schwer zu lesen sei, habe der Schulmeister eine leserliche Abschrift angefertigt. Die Reben hätten in der vorausgegangenen Nacht erneut Blut »geschwitzt«; es sei auch auf die Bank, auf denen sie gelegen hätten, geflossen. Keil habe auf die Frage, ob er einen leiblichen Eid ablegen wolle, kurz gezögert und dann gesagt, er sei dazu bereit, hoffe jedoch, daß es nicht dazu kommen werde. Sie hätten Keil dazu überreden können, zu Hause zu bleiben. Doch seine Frau habe eine große Szene gemacht, geheult und geschrien, daß niemand ihn bei der Durchführung seiner Aufgabe aufhalten dürfe. Sie hätten die sechs Reben untersucht und den Fleck auf der Bank besichtigt, aber nicht feststellen können, ob es Blut sei. Keils Gesinde habe ihn angeblich mit Sand zu entfernen versucht. Die Beamten vermerkten weiterhin, daß der Gerlinger Pfarrer die gleichen Sätze, die Keil in seiner Schrift verwendet hatte, von der Kanzel gesprochen habe. Sie hätten auch zwei Zeitungen an Keils Kammertür entdeckt. Die eine gebe eine Geschichte wieder, die der seinen nicht unähnlich sei, allerdings handele sie nicht von blutenden Reben, sondern von blutenden Kornähren. Keil habe von innerhalb und außerhalb des Fleckens starken Zulauf; viele der Leute hätten gesagt, er dürfe nicht davon abgehalten werden, den ihm erteilten Befehl auszuführen.

Bei der Bearbeitung dieses Falles wurde wie bei ähnlichen Fällen der vorgeschriebene Amtsweg eingehalten. Keils Berichte und Materialien wurden allesamt an das Kirchenkonsistorium weitergeleitet. Dort wurde der Fall untersucht und ein abschließendes Gutachten erstellt, das aus zwei Teilen bestand: der erste befaßte sich mit der Authentizität der Vision, der zweite mit ihrem Inhalt.[12] Im ersten Teil gelangte man zu folgendem Schluß: die von Keil berichtete Vision enthalte viele Fehler und Irrtümer, es sei daher unwahrscheinlich, daß es sich um eine göttliche Vision handele; ganz gewiß stimme sie nicht mit Gottes Wort überein. Es bestehe natürlich die Möglichkeit einer »Illusion Satans«, da die Reben un- und übernatürlich erschienen. Es sei jedoch wahrscheinlicher, daß Keil in Schwermut und Melancholie verfallen sei. Offenbar habe er Predigten und Polizeiverordnungen in seine Phantasie eingearbeitet. Die Reben habe er selbst – entweder absichtlich oder unwissentlich – blutig gemacht. Seine Vision sei insgesamt gesehen ein »Extract der allgemeinen Querelen«. Niemand könne die grausame Gotteslästerung, die Gott so tief beleidige, bestreiten. Wegen der Verhöhnung des blutigen Versöhnungsopfers Jesu Christi drohe ein Blutschwert. Ungeachtet der vielen fürstlichen Verordnungen gebe es überall Unzucht und Ehebruch. Die Ungleichheit und das Übermaß der Steuern (»Contribution«) samt der Gewohnheit, sie durch verschiedene Hände gehen zu lassen, hätten allerorten Lamentieren und Klagen hervorgerufen und könnten zu einer Verödung des Landes führen. Dazu komme die Plage des »jüdischen Wuchers«; es gebe auch zu viele Getreide- und Viehhändler. Die Entheiligung des Sabbats durch Jagen, Reisen und Arbeiten sei allgemein üblich. All dies sei oft von der Kanzel herab erklärt worden, habe aber keine Veränderung bewirkt. Allerorten gebe es »übermächtiges Spielen«, unnötige Belustigungen, viel zu aufwendige Bankette, hoffärtige und ungestalte Kleidung, während die Diener des Evangeliums hungern müßten. Zur Wiederherstellung von Disziplin und »Erbauung« sei eine Änderung erforderlich, doch eine Anweisung von seiten eines schwarzen oder weißen Engels oder eines neuen Propheten sei unnötig. Es reiche aus, auf Moses, die Propheten des Alten Testaments, Christus und die Apostel zu hören. Der angedrohte Krieg und Zerfall des Landes zusammen mit dem eigenen schuldhaften Gewissen sollten zu Reue und Besserung führen, um dem flammenden Zorn und Gericht Gottes zu entgehen. Was nötig sei, sei eine Wiederbelebung der Buß- und Betordnung, die überall verfallen sei, und eine Erneuerung der Kirchenzensur und der allgemeinen Zucht.

Hieran anschließend folgt eine detaillierte inhaltliche Kritik an Keils Vision. Keil, so heißt es, glaube, der Dreißigjährige Krieg sei eine Strafe für alle Christen gewesen, doch der einfache Mann kenne keine anderen Christen als die in Deutschland. Man könne nicht annehmen, daß ihm der Engel das auf göttlichen Befehl hin mitgeteilt habe. Wenn es zutreffen würde, daß niemand sich bekehre, dann gäbe es keine Christenheit mehr, und Gottes Wort wäre auf Erden vollkommen untergegangen. Bezüglich Christi und seines »Schreiens« über das Fluchen sei zu sagen, daß Christus nicht mehr im Stand der Erniedrigung sei und nicht mehr schreie. Er befinde sich zur Rechten Gottes. Was die Vorstellung angehe, jemand, der dreimal am Tag fluche, könne nicht selig werden, so stimme das nicht: jeder, wie häufig er auch sündigen mag, könne selig werden, wenn er nur Buße tue. Wo die Sünde groß sei, sei auch die Gnade groß. Die Stelle, in der es heiße, daß jeder, der auch nur die geringste Sünde begehe, einen Nagel in die Glieder Christi am Kreuz treibe, sei von der Art, wie sie in Predigten gerne vorkomme, sie habe aber kein Fundament in der Heiligen Schrift. Daß die Verdammten diejenigen, die fluchen, regieren werden, besage nur, daß Christus die Gotteslästerer dem Satan überantworten werde und ihre Buße ohne Bedeutung bleibe. Daß die ganze Christenheit Ehebruch und Unzucht treibe, impliziere, daß es überhaupt keine »züchtigen« Menschen gebe, was denn doch zu weit gehe. Es sei die Frage, ob der Türke die ganze christliche Welt untertan machen könne, und selbst wenn ihm das gelinge, sei zweifelhaft, ob das dem Ehebruch ein Ende setzen würde. Die Behauptung, daß alle Frauen durch ihre Hoffart verloren seien, sei »allzuhart«. Das Problem bestehe nicht darin, daß überhaupt Spitzen getragen werden, sondern daß sie im Übermaß getragen würden. Als einfacher Bauer spreche Keil von der Hoffart als einer rein weiblichen Eigenart, sie finde sich jedoch auch unter Männern. Man könne von der Dreifaltigkeit nicht wie von einem menschlichen Wesen sprechen, das Fußsohlen habe. Die Rede vom »obristen Höllischen König des Ertzteufels« sei falsch, da er selbst der höllische König sei. Keil vergesse die Gerechtigkeit der Herrschaften und streiche den Wucher zu sehr heraus. Es sei einfach unmöglich, daß alle Menschen Buße tun könnten oder würden. Jedenfalls werde das nirgendwo in der Schrift gefordert. Der Passus über die zehn Jungfrauen zeige die »Ungeschicklichkeit« der Vision – nicht alle zehn, sondern nur fünf seien klug gewesen. Wie hätte Keil seine Vision dem Fürsten wortwörtlich berichten sollen, da doch von einem einfachen Mann wie ihm nicht erwartet werden könne, daß er das alles zu behalten vermag? Es sei kein Trost, wenn ein jeder Buße tun müsse, da man nicht alle Menschen vom Sündigen abhalten könne.

Mit einigen von Keils Grundvorstellungen stimmten die Konsistoriumsmitglieder überein. Immerhin bildeten sie den Stoff für viele Predigten. Keils Hauptproblem bestand ihrer Meinung nach offenbar darin, daß er die Wendungen allzu wörtlich nahm und die Warnungen nicht als Teil eines langfristigen Disziplinierungsprogramms, sondern als reale Möglichkeiten hier und jetzt sah. Ein von Grund auf umgestaltetes kollektives Ganzes war weder möglich noch auch wünschenswert. Dennoch hatte die Zuchtlosigkeit der meisten Menschen zu einem blutigen Gericht geführt. Fluchen und Schwören wurden ganz buchstäblich als Ursachen für das Gericht Gottes verstanden. Der Unterschied in der Interpretation lag in der Art und Weise, wie Strafe aufgefaßt wurde. Während Keil einen Zusammenhang zwischen Tat und Vergeltung sah, faßte das Konsistorium – obwohl es formal an einer Vergeltungsvorstellung festhielt – Strafe als Teil eines Verbesserungsplans auf. Er zielte auf Reue und Besserung und fand in einem Programm formaler Disziplinierungsmaßnahmen Ausdruck: in allgemeiner Zucht und in der Einrichtung eines Buß- und Bettags sowie dörflicher Kirchenkonvente. Bei der detaillierten Überprüfung der Vision wählten die Konsistoriumsmitglieder sofort die umfassende Perspektive, den großräumigen geographischen Blickwinkel, die historische Tiefe. Dennoch wird deutlich, wie tief verwurzelt ihr Verständnis von Buße war. Es unterschied sich von Keils Verständnis in erster Linie durch die zentrale Vorstellung eines Zusammenhangs von Person und Gemeinschaft. In Keils Augen verdarb ein schlechter Apfel den ganzen Sack. Dem Kirchenkonsistorium hingegen ging es – in einem anderen Bild gesprochen – um die Entwicklung einer institutionalisierten Methode zur Bestrafung und Besserung der Menschen – zur Einhegung des einzelnen. Während Keil sein Hauptaugenmerk auf die Sünden der herrschenden Gruppen richtete und Kriege und Seuchen als Strafe für diese Sünden interpretierte, kritisierte das Konsistorium vor allem die Vergehen der breiten Bevölkerungsschichten – die Belustigungen, Feiern und Kleider, Dinge also, die in den vielen Luxusverordnungen behandelt wurden – und verwies auf die Gefahren für die Seele. Es erwähnte zwar die ungerechte Besteuerung, rückte aber Sitten und Bräuche an die vorderste Stelle, an der für Keil die Ausbeutung gestanden hatte.

Eines der Mitglieder des württembergischen Kirchenkonsistoriums, das die Dokumente begutachtete, war Johann Valentin Andreä, jener württembergische Geistliche, der ein protestantisches Utopia (Christianopolis) entworfen sowie eine pädagogische Reformschrift (Theophilus) und verschiedene Arbeiten über die Rosenkreuzer verfaßt hatte. Er war ein scharfer Kritiker der staatskirchlichen Ordnung, die auf den orthodoxen Lutheraner Johannes Brenz zurückging.[13] Daher hatte er wie Keil eine negative Auffassung von der Beamtenschaft und äußerte zum Beispiel heftige Kritik an der Korruptheit der Vögte. Sein Interesse galt in erster Linie der Kirchenzucht, und er war die treibende Kraft hinter der Einrichtung der dörflichen Kirchenkonvente in Württemberg 1644.[14] Obwohl er das lutherische Programm der Kirchenzucht, nämlich öffentliche Beichte und Abendmahl, für unzureichend hielt und die Betonung auf Erziehung und Kontrolle der Sitten legte, war er weit davon entfernt, Luthers Rechtfertigungslehre dahingehend zu modifizieren, daß er Buße in den Vordergrund gestellt hätte.[15] Geistlichen wie Andreä ging es im Grunde um eine bis ins einzelne gehende Kontrolle aller Lebensäußerungen des Volkes. Im Theophilus spricht er sich für zwei oder drei »gassenweise Männer von unbescholtenem Rufe« aus, die registrieren sollten, wenn jemand Würfel oder Karten

Abb. II: Hans Keil verkündet die Botschaft
(Württembergisches Hauptstaatsarchiv Stuttgart, A 214 Bü 1462 a)

spielte, fluchte oder schwor, unzüchtige Lieder sang, dem Müßiggang
nachging oder wenn Ehegatten sich stritten, Diener liederlich waren
oder Kinder sich trotzig gebärdeten.[16] Es ging ihm mit anderen Worten
in erster Linie um die Kontrolle der Volkskultur und die Disziplinierung der Bevölkerung im Sinne hart arbeitender, wohlgeordneter Familiengruppen. Seine Auffassung von der Bedeutung der Buße hing aufs
engste mit der zeitgenössischen Ideologie der Staatskunst und ihrem
Nachdruck auf dem disziplinierten Haus als der Grundlage der öffentlichen Macht zusammen. Ironischerweise lag für den geistlichen Verwalter Andreä der Schlüssel zur Lösung des Problems in der Reform
der breiten Bevölkerung, während Keil, der Bauer, keine Lösung ohne
eine vorausgehende Reform der herrschenden Gruppen sah. Andreäs
Betonung lag auf einer systematischen Disziplinierung, die lokal durchgeführt wurde, aber einer extern kontrollierten Institution unterstand.
Es gab keinen Versuch, mit Hilfe belehrender Lektüre die Entwicklung
selbstreflektierender Individuen zu fördern.[17] Die Idee des dörflichen
Kirchenkonvents beinhaltete letztlich die Festigung der Herrschaft-
funktion der Dorfobrigkeit.

Drei Tage nach seiner ersten Vision wurde Keil erneut von dem Engel
im Weinberg aufgesucht. Der Vogt und der Superintendent berichteten,

daß diesmal sehr viel mehr Reben mit Blut bedeckt gewesen seien, insgesamt mehr als 200.[18] Sie hätten die ungeschnittenen Reben persönlich untersucht und »fliessend Blut« entdeckt. Als sie im Weinberg eingetroffen seien, habe sich dort bereits eine große Menge von Dorfbewohnern befunden, die alle das Blut gesehen und die Weinstöcke angefaßt hätten. Sie hätten den Schulmeister beauftragt, einige Reben abzuschneiden, um sie nach Stuttgart schicken zu können. Obwohl die meisten Reben trocken gewesen seien, als sie beide eingetroffen seien, hätten einige doch noch Blut geschwitzt. Mehrere Leute hätten mit dem Blut geschrieben. Die Neuigkeit habe sich verbreitet und der Zulauf von Wallfahrern begonnen. Keil habe sich mit niemandem beraten, sondern sei sofort nach Stuttgart aufgebrochen. Diesmal habe der Engel nicht so lange zu ihm gesprochen. Er habe Keil bei der Hand genommen und gesagt: »Gott geb dir einen guten tag, hastu die reeben überliefert, die ich dir geben hab?«. Als Keil erklärt habe, daß er von der Obrigkeit daran gehindert worden sei, habe sie der Engel Knechte Pharaos geheißen. Falls sie sich weigerte, das zweite Zeichen zu glauben, und der Engel ein drittes Mal kommen müsse, dann werde er mit Feuer kommen, »den armen gläubigen zum trost, den ohngläubigen aber zum schrecken«.

Nachdem die Beamten inzwischen den Befehl erhalten hatten, zu prüfen, ob die Begegnung mit dem Engel irgend etwas Verdächtiges aufweise, meldeten sie am nächsten Tag folgendes:[19] Der Pfarrer aus Höfingen habe berichtet, er sei gerade beim Gerlinger Pfarrer gewesen, als Keil eintrat und die zweite Heimsuchung kundtat. Sie seien beide mit der Gemeinde hinaus in den Weinberg gegangen. Er habe nicht mit Bestimmtheit feststellen können, ob das Blut vom oberen oder vom unteren Ende der Reben kam, sei aber auf jeden Fall mißtrauisch gewesen. Nach kurzer Suche habe er gleich außerhalb des Weinbergs einen Grasflecken entdeckt, der voller Blut war. Er habe dort auch eine Feder entdeckt, die nach seinem Dafürhalten zum Anstreichen der Reben benutzt worden war. Die Beamten, denen der Pfarrer ein Stück der Feder geschickt hatte, schlossen sich seiner Auffassung an.

Dem Bericht zufolge entsprach ein großer Teil dessen, was Keil niedergeschrieben hatte, den Worten des Gerlinger Pfarrers. Weiterhin heißt es, daß Keil häufig im Haus des Pfarrers verkehrte (dieser sei der Pate von Keils Kindern) und während der Fluchtzeit (nach der Schlacht von Nördlingen 1634) dort auch gewohnt habe. Der Pfarrer verteidige Keils gesamte Vision mit außergewöhnlicher Vehemenz, habe neue Betstunden eingerichtet und kniee vor dem Altar. Angesichts der Tatsache, daß der Pfarrer so unbedingt ein Wunder zeigen wolle, sei ein Betrug nicht ausgeschlossen. Er sei ein alter, frommer Mann, aber »ein großer

Melancholicus, seltsam moros und ganz eigensinnig«. Wenn er eine Idee habe, glaube er, daß niemand ihr widerstehen könne. Seit dem Vorfall seien die Menschen in Massen ins Dorf geströmt. Zu einer kurz zuvor abgehaltenen Betstunde hätten sich mehrere hundert Fremde eingefunden, und in Keils Haus seien so viele Menschen gewesen, daß die Beamten nicht hätten hineingelangen können. Die Leute hätten begonnen, Keil Geschenke zu bringen, er habe jedoch keine Neigung gezeigt, sie anzunehmen. Höchst bedenklich sei die Tatsache, daß die Beamten von den Leuten des Dorfs, der Stadt und des umliegenden Landes als Widersacher behandelt würden, weil sie sich geweigert hatten, Keil nach Stuttgart gehen zu lassen. Schlimme Nachrede und Geschrei gehe um. Der Pöbel betrachte die Beamten, vom Pfarrer unterstützt, als Knechte Pharaos; es bestünde jetzt ernsthafte Gefahr für ihren Leib und ihr Leben.

In seiner zweiten Vision begann Keil, seine Botschaft etwas einzuengen. Gott werde in seinem Gericht unterscheiden zwischen den Gläubigen und den Ungläubigen – d.h. solchen, die an Keils Zeichen glaubten, und solchen, die nicht daran glaubten. (Zu den Ungläubigen wurde hier die Obrigkeit gerechnet, während die Massen, die herbeieilten, um dem Schauspiel beizuwohnen, die Gläubigen waren.) Keils nachdrückliche Worte zeigten erste Anzeichen einer antiobrigkeitlichen Ausrichtung, als er die lokalen Beamten mit den Knechten Pharaos verglich. Wenn sie die Knechte waren, wer war dann der Pharao? Die Pharao-Metapher strich den Unterdrückungsaspekt heraus und rückte, wie wir noch sehen werden, den Punkt der Steuern in den Mittelpunkt der Diskussion. Die Rede vom »Pharao« breitete sich aus, und verschiedene Leute begannen, Berichte in die umliegenden Marktflecken zu tragen. Die Untersuchungskommission befand später, daß die Steuerfrage der eigentliche treibende Punkt hinter der ganzen Sache war, doch ihre zynische Reduzierung der Punkte auf einen einzigen – wirrer, falschverstandener Protest gegen die Steuern – verfehlt das entscheidende Moment in der »Pharao«-Metapher: der Fürst, der unbillige Forderungen erhob und seinen Untertanen noch nicht einmal das Überlebensminimum beließ. Faßt man den Pharao als einen heidnischen Fürsten auf, so war Keils ursprüngliche Vision schon in Erfüllung gegangen: die Heiden hatten ihre Herrschaft bereits angetreten.

Von da an befassen sich die Berichte vor allem mit den Versuchen der zentralen Obrigkeit, aus Keil die Wahrheit herauszubekommen. Am Rande erfahren wir, daß neue Gerüchte entstanden, auf den Märkten und in den Wirtshäusern Flugschriften zirkulierten, populäre Volkssänger von Keils Taten berichteten und das Dorf seine Vision in einer für

die Obrigkeit bedrohlichen Weise zu interpretieren begann – die Unter-
töne eines Steueraufstands wurden immer lauter.

Der Pfarrer von Keils Dorf, Philipp Christoph Schertlin, erhielt den
Befehl, sich nach Stuttgart zu begeben und auszusagen.[20] Schertlin
versuchte, sich dieser Anordnung zu entziehen, und schützte Schnup-
fen, Husten, Zahnschmerzen und verschiedene Leib- und Gallen-
beschwerden vor. Er ließ den Schultheißen kommen und ein Schriftstück aufsetzen, in dem es heißt, er habe (außer als Gevatter und als
Empfänger täglicher Mahlzeiten in seinem Haus!) niemals etwas mit
Keil zu schaffen gehabt.[21] Der Schultheiß hatte wohl ernste Bedenken
und riet den anderen anwesenden Dorfbeamten, nicht zu unterzeich-
nen, doch als der Pfarrer drohte, die Sache öffentlich von der Kanzel
zu verkünden, unterzeichneten einige. Der Schultheiß weigerte sich
auch dann noch, was den Pfarrer dazu veranlaßte, mit ihm zu brechen.
Der Schultheiß vermerkte dazu in seinem Bericht, daß der Pfarrer
seinen Zorn vergessen haben würde, wenn er das nächste Mal jemanden
brauche, der ihm eine größere Summe Geld aus Stuttgart mitbringe.
Nach einigen weiteren Verzögerungen begab sich der Pfarrer schließlich
nach Stuttgart, wo er vom Oberrat befragt wurde.[22] Es ging in erster
Linie darum, inwieweit der Pfarrer für Keils Botschaft verantwortlich
war – ein großer Teil der Formulierungen schien von Schertlin zu
stammen. Schertlin sagte aus, er predige »schlecht und einfältig«. Die
meisten seiner Predigten hätten von Buße gehandelt und die Zehn
Gebote zum Inhalt gehabt. Er sei zwar der Gevatter von Keil, doch
Keil sei schon lange nicht mehr bei ihm gewesen, und er habe zu wenig
Kontakt mit ihm gehabt, um Informationen über ihn geben zu können.
Er könne sich nicht daran erinnern, in seinen Predigten gesagt zu haben,
daß die Erscheinung des Engels ein göttliches Werk sei – und damit die
Meinung des »Pöbels« bestärkt zu haben. Was er gesagt habe, sei, daß
der Teufel keine Buße predigen könne. Als der Engel zum ersten Mal
erschienen sei, habe er sich auch dahingehend geäußert, daß Gott einen
anderen Boten schicken werde, wenn man dem Kirchenengel nicht
gehorchen werde. Offenbar entschlossen, sich herauszuhalten und den
Ausgang der Dinge abzuwarten, weigerte sich der Pfarrer, die Vision
zu verdammen oder auch anzuerkennen. Er gab zu, daß viele Passagen
der Botschaft verdächtig klängen und daß er sich nicht vorstellen
könne, wie der Engel »schriftmäßig« habe sprechen können. Schertlin
bestritt jede aktive Beteiligung an der Begegnung mit dem Engel; er
habe Keil auch niemals Papier und Feder gegeben. Was die Reben
angehe, so glaube er, daß das Blut aus den »Augen«, nicht jedoch aus
dem Innern der Reben getreten sei – sie hätten wie in Blut getaucht
gewirkt. Er entschuldige sich dafür, daß er im Weingarten gebetet und

zusätzliche Betstunden in der Kirche anberaumt hatte. Die Menschen draußen im Weingarten hätten alle ein Gebet erwartet; tatsächlich habe er gar keine zusätzlichen Versammlungen in der Kirche einberufen, sondern nur die regulären Betstunden abgehalten. Er habe ein altes Gebet gewählt, das gewöhnlich von den Kindern in der Schule aufgesagt werde, habe aber, als er es sprach, nicht an die Stelle gedacht, die sich auf prophetische Zeichen beziehe. Man befal ihm, es nicht wieder zu sprechen und bei den üblichen Gebeten zu bleiben. Der Oberrat gelangte zu dem Schluß, daß der Pfarrer »moros« und ein Melancholiker sei, der eifrig und sorgfältig darauf bedacht sei, die Leute zur Buße zu bringen. Er sprach sich für eine allgemeine Bekanntmachung aus, in der das ganze Volk zu »Buss, Censur, Disziplin, Moderation« aufgerufen werden sollte.

Unter den Dokumenten in der Akte Keil befindet sich ein Gebet mit dem Titel »Ein schön Gebet führ das gemeine Anligen der Christenheit«,[23] bei dem es sich offensichtlich um das in der Aussage genannte handelt. Schertlins Gebet ist in verschiedener Hinsicht orthodox lutherisch. Es geht davon aus, daß die Menschen Sünder sind und der Gnade Gottes bedürfen, und fügt sich gut in die Tradition der Reformationszeit ein, für die die Beziehung zwischen Gott und Menschen nicht durch gute Werke vermittelt war. Außer Besserung gibt es nichts, was ein Sünder tun kann. Dennoch fehlen verschiedene Dinge in dem Gebet. Gott ist ausschließlich als zorniger, gerechter und strafender Gott konzipiert. Zwar geht es in dem Gebet um das Erbitten von Gnade, doch dürfen Gottes Handlungen nicht mit Liebe in Zusammenhang gebracht werden. Man fürchtet seine Rache, Willkür und Unberechenbarkeit. Schertlin betete sogar, daß Gott die von ihm Gerechtfertigten mit Maßen züchtigen möge, was impliziert, daß Gott seine eigene Kraft nicht kennt.

»Herr Gott Himmelischer Vatter, Du Heilige Drayfaltigkeit, Du Ewige Einigkeit, Du große Allmechtige Majestat, wür sehen unnd erkennen Deinen Zorn wider unsere große vilfeltige Sünden, Unbüßfertigkeit, unnd Sicherheit, unnd ist unnß hertzlich laid, das wür dich … jemahls erzürnet haben. …wür geben unnß schuldig, und stellen unß demüttiglich, mit weinenden Hertzen und augen für dein vetterlich angesicht… wir appellieren und kehren unß von deinem Zorn zu deiner gnad, von deinem ernsten Richterstul zu deinem Gnadenthron… O Herr Gott, sey unß gnedig, und sei unß ja nicht schrekhlich, zichtige unnß Herr doch mit maßen, und nicht in deinem grim, auff daß du unß nicht auffreibest…«

Auch in Schertlins Denken standen nicht der einzelne und das Gewissen des einzelnen im Mittelpunkt, sondern – genauso wie bei Keil – kollektive Sünde, Schuld und Strafe. Er faßte Unheil in der Welt nur unter dem Gesichtspunkt der Strafe Gottes und Strafe nur als kollektive auf: »und behütte unß vor frembdem Joch, und sonst führ kriegeslast, auffruhr, und anderen grewlichen straffen, mißgewechs, hagel und ungewitter, thewerung, pestilentz und anderen bösen seuchen, und krankheitten«. Weiterhin schien er anzunehmen, daß es Gottes Natur sei, zornig zu sein, und es daher ein Objekt dieses Zorns geben müsse: wenn wir es nicht sind, dann jemand anderes. Dieser andere sollte der Feind sein: »Erhörr das gebet deiner kinder, unnd schütte deinen grim nit auß über dein Volkh, und über die schaff deiner waide, schitte aber deinen Zorn über die feind, die dich nicht kennen, und dein wort nit hoch halten, und über die geschlecht, so deinen Namen nit anrüffen...« Wir finden also bei Schertlin das gleiche Denksystem wie in Keils Vision. Die Zeitläufte wurden als Strafe und Strafe als eine kollektive aufgefaßt. Das kollektive Ganze umfaßte immer auch den Magistrat und die politische Obrigkeit. Gleich nach der Bitte an den Herrn, seinen Zorn in Gnade zu verwandeln, heißt es in Schertlins Gebet: »auff dich hoffen wür lieber Herr, in Schanden laß unß nimmermehr, Behütte unser kirchen und schulen führ falsche lehr, gib unß trewe lehrer, Erhalte, segne, unnd beschirme die du unß gegeben hast, Beschütze, Regiere, und vertheidige unser liebe hohe und ordentliche Obrigkeit, sampt allen derselben anverwanten, auch Räth und Amptleut, und behütte unß vor frembdem Joch...« Die Grenze zwischen innen und außen wurde zwischen der politischen Gemeinschaft Württembergs – mit ihren Lehrinstitutionen – und dem fremden Feind, dem potentiellen Despoten, gezogen. In seiner Metapher befindet sich die Gemeinschaft mit allen ihren Teilen in den väterlichen Händen Gottes. Das Bild ist eines der Einkapselung, Gebundenheit und Umschlossenheit: »...wür befehlen nun dir unser seel, leib, leben, Mann, weib, kinder, gesind, Obrigkeit, underthanen, hauß, hoff, felder, kirchen, schulen, blut, gutt, und ehr.«

Angesichts dieser Auffassung von Unglück als Strafe erhält die Aussage des Pfarrers, daß die meisten seiner Predigten von Buße handelten, eine besondere Bedeutung. Mit Buße muß er vor allem die kollektive Buße gemeint haben, da die Strafen, die er androhte, kollektive waren. Zudem vermittelte seine Metaphorik ein Verständnis von der Person, das sie in Familien, Herrschaftsinstitutionen und Dorfgemeinschaft eingebettet sah. Im Grunde war sein Gebet eine Art Beschwörung, ein Abstecken des Territoriums, in dem Gottes Zorn gedämpft werden sollte. Die »prophetischen Zeichen«, die die Konsistoriumsmitglieder so sehr

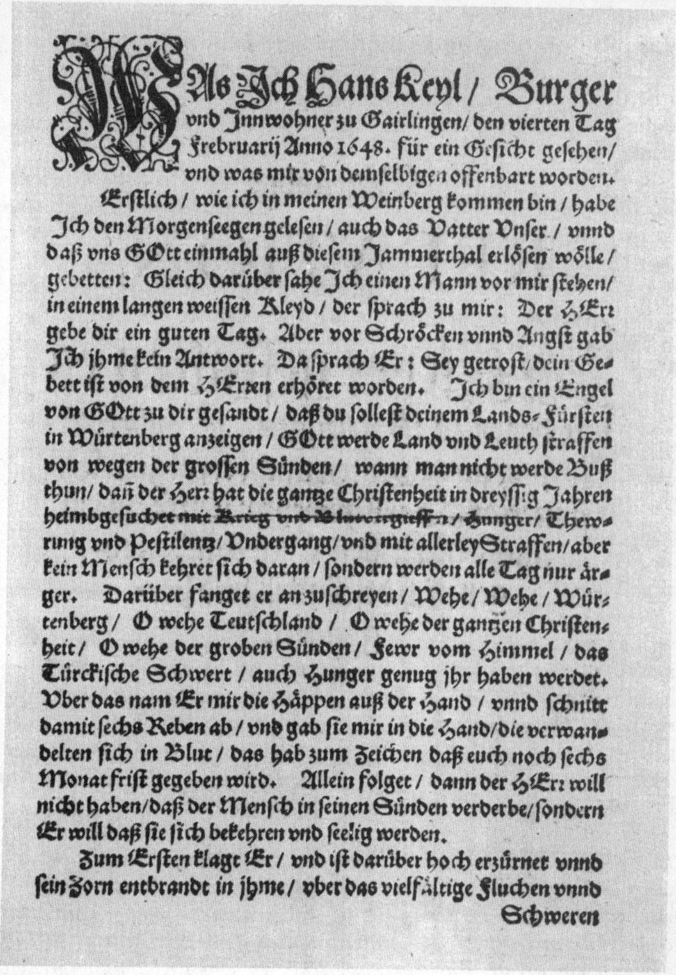

WAs Ich Hans Keyl / Burger und Innwohner zu Gairlingen / den vierten Tag Februarij Anno 1648. für ein Gesicht gesehen / und was mir von demselbigen offenbart worden.

Erstlich / wie ich in meinen Weinberg kommen bin / habe Ich den Morgenseegen gelesen / auch das Vatter Unser. / unnd daß uns GOtt einmahl auß diesem Jammerthal erlösen wölle / gebetten: Gleich darüber sahe Ich einen Mann vor mir stehen / in einem langen weissen Kleyd / der sprach zu mir: Der HErr gebe dir ein guten Tag. Aber vor Schröcken unnd Angst gab Ich ihme kein Antwort. Da sprach Er: Sey getrost / dein Gebett ist von dem HErren erhöret worden. Ich bin ein Engel von GOtt zu dir gesandt / daß du sollest deinem Lands-Fürsten in Würtenberg anzeigen / GOtt werde Land und Leuth straffen von wegen der grossen Sünden / wann man nicht werde Buß thun / daß der Herr hat die gantze Christenheit in dreyssig Jahren heimbgesuchet ~~mit Krieg und Blutvergiessen~~ / Hunger / Thewrung und Pestilentz / Undergang / und mit allerley Straffen / aber kein Mensch kehret sich daran / sondern werden alle Tag nur ärger. Darüber fanget er an zuschreyen / Wehe / Wehe / Würtenberg / O wehe Teutschland / O wehe der gantzen Christenheit / O wehe der groben Sünden / Fewr vom Himmel / das Türckische Schwert / auch Hunger genug ihr haben werdet. Uber das nam Er mir die Häppen auß der Hand / unnd schnitt damit sechs Reben ab / und gab sie mir in die Hand / die verwandelten sich in Blut / das hab zum Zeichen daß euch noch sechs Monat frist gegeben wird. Allein folget / dann der HErr will nicht haben / daß der Mensch in seinen Sünden verderbe / sondern Er will daß sie sich bekehren und seelig werden.

Zum Ersten klage Er / und ist darüber hoch erzürnet unnd sein Zorn entbrandt in ihme / uber das vielfältige Fluchen unnd Schweren

Abb. III: Hans Keils Prophezeiung in einer gedruckten Fassung (Württembergisches Hauptstaatsarchiv Stuttgart, A 209 Bü 1462 a)

beunruhigten, können nur in den Stellen zu finden sein, die von Mißernten, Seuchen, Kriegen und Stürmen als Strafen sprechen. Ihre Auffassung von der Beziehung des einzelnen zu Gott war derjenigen Schertlins radikal entgegengesetzt. In Andreäs Verständnis von Disziplin und Frömmigkeit hatten derartige apokalyptische Visionen wenig Platz.

Am 9. Februar meldete der Schultheiß, daß Keil und zwei andere Dorfbewohner – darunter der Arzt – schriftliche Berichte über das Ereignis in die Stadt Calw gebracht oder geschickt hätten.[24] Am 14. März ging die Nachricht ein, daß ein Buchhändler namens Buchhänslein einen Kupferstich zu dem Vorfall hergestellt sowie ein Lied komponiert habe und das Blatt in den Wirtshäusern verkaufe.[25] Er sei in Tübingen gewesen, halte sich jetzt aber angeblich in Straßburg auf. Mathias Stembold, ein Kupferstecher in Ulm, habe mehrere Blätter im Druck, ein Stapel davon sei von einem Buchverkäufer aus Augsburg nach Tübingen gebracht worden. Der Buchbinder Funckh in Stuttgart besitze zehn Exemplare, ein anderer »Buchführer« in Esslingen vierzig weitere, die er von seinem Schwager in Heilbronn erhalten haben will. Letztere seien offensichtlich in Straßburg gedruckt worden. Die Meldungen machen deutlich, daß bereits um den 14. März, also etwas mehr als ein Monat nach Keils erster Vision, in ganz Süddeutschland verschiedene Flugschriften und Volksbüchlein im Umlauf waren. Tatsächlich sorgte Keil selbst mit Hilfe mehrerer enger Verbündeter innerhalb weniger Tage nach dem Ereignis für Publizität, indem er Kontaktpersonen außerhalb des Dorfes verschiedene schriftliche Berichte zukommen ließ. Es trafen laufend Meldungen über die Verbreitung der Flugschriften in der Gegend zwischen Ulm und Straßburg ein. Nach Frankfurt gelangte keines. Mitte April hatte man die meisten Buchverkäufer ausgemacht und alle Exemplare, derer die Obrigkeit habhaft werden konnte, vernichtet.[26]

In der zweiten Februarwoche kamen zwei Mitglieder des Oberrats nach Gerlingen, um sich einen persönlichen Eindruck zu verschaffen.[27] Als sie eintrafen, fanden sie eine große Menschenmenge aus allen benachbarten Dörfern und Ämtern vor. Es ging das Gerücht, daß an eben diesem Tag der Engel erneut erscheinen, eine Ermahnungspredigt halten und ein neues Wunder tun werde. Als erstes befragten sie den Dorfschultheißen, der, wie sich herausstellte, Keils nächster Nachbar war. Er bestätigte, daß Keil keine besonders enge Verbindung zum Pfarrer gehabt habe. Die Beamten erfuhren weiter, daß Keil schon immer ein besonderes Interesse an Flugschriften und Liedern über allerlei Wunder, Zeichen und Erscheinungen gehabt habe. Er habe sie auf den umliegenden Märkten erstanden und ihren Inhalt häufig dem Schultheißen, dem Pfarrer und allen, die ihm zuhörten, erzählt. Er habe auch einige davon dem Schultheißen angeboten, der halte jedoch »nichts davon und mögs nicht lesen«. In Keils Haus stießen die Beamten auf mehrere dieser Flugschriften. Zwei, so berichteten sie, hätten sich an seiner Kammertür befunden, die eine habe von einem Blutzeichen in Böhmen, eine andere von einem blutenden Brotlaib in Kempten gehandelt. In seiner Bibel entdeckten sie weitere »Zeitungen«, die Ähnlichkeiten mit seiner Vision aufwiesen. Eine sei über einen Engel gewesen, der einem armen Gärtner erschienen war, welcher von Herzen über den Jammer und die Mühseligkeit dieses Lebens und die elenden Zeiten geklagt habe. Der Engel habe ihn gegrüßt und über das gottlose Leben in Deutschland gesprochen, das durch Unzucht, Fluchen, Schwören, Hoffart und Prachtentfaltung gekennzeichnet sei. Ein Lied habe von Krieg als der Folge der Unbußfertigkeit gehandelt. In einem dritten Text hätten sie den Satz gefunden: »O weh, o weh Du blinde Welt. O weh, o weh Deutschland.« Darauf befragt, warum er so viele schöne Zeitungen und Lieder habe, habe Keil geantwortet, daß er sich in ihnen »erspiegeln« und sich damit vor Sünden hüten könne.

Die Ratsmitglieder interessierten sich auch für etwaige Ähnlichkeiten zwischen Keils Schrift und Sätzen, die der Gerlinger Pfarrer in seiner Predigt verwendet hatte. Dem Schultheißen zufolge hatte der Pfarrer am Dreikönigstag gegen das Jagen an Fest- und Sonntagen gepredigt und gesagt: »O Württemberg, O Württemberg, wie übel würdt es dir noch ergehen.« Der Pfarrer habe bestritten, daß er den Fürsten gemeint habe; er habe vielmehr über die anderen Diener gesprochen, die sich vor Gott verantworten müßten. Laut Schultheiß habe sich der Pfarrer auch zur letzten Steuereinziehung (»Contribution«) geäußert. Seine Zuhörer sollten nicht geben, was man ihnen zumute, sondern sich eher in den Stock legen lassen und im Turm verderben. Er habe einen anderen Befehl von Gott und befehle ihnen, die Steuer nicht zu zahlen. Der Pfarrer gab jedoch an, der Schultheiß habe alles falsch verstanden. Er habe gepredigt, man solle dem Kaiser geben, was des Kaisers ist usw. Man schulde der Obrigkeit Ehre, Furcht, Gehorsam und Tribut. Sollte sie etwas fordern, was gegen das Gebot Gottes verstoße, dann sei man verpflichtet, Gott zu folgen. Das wäre beispielsweise dann der Fall, wenn die Obrigkeit den Gottesdienst oder das Abendmahl abschaffen würde. Den Untersuchungsbeamten fiel auf, daß der Pfarrer in seiner Aussage die Wendung »Mein Herr Jesus Christus« gebrauchte, die gleiche, die auch Keils Engel benutzt hatte.

Die Obrigkeit interessierte sich für die Verbindung zwischen Keil und

Pfarrer Schertlin. Sie wollte unbedingt herausfinden, ob zwischen ihnen ein Komplott bestand oder ob Keil womöglich nur eine Deckperson für den Pfarrer war. Im Verlauf der weiteren Ereignisse ergeben sich noch mehr Anhaltspunkte, doch das bisherige Material reicht bereits aus, um einige wesentliche Punkte hervorzuheben. Keil war kein passiver Empfänger der Schertlinschen Botschaft; er war ein frommer Mann und eifriger Besucher von Gottesdiensten und Predigten. Sein Fall läßt erkennen, wie die Predigtinhalte und Alltagsereignisse von verschiedenen Bewohnern des Dorfes verarbeitet, erörtert und kommentiert wurden. Keil war in keinerlei Hinsicht isoliert, sondern vollständig in seine Umgebung und in das dörfliche Leben integriert. Tatsächlich war es so, daß die außergewöhnlichen Ereignisse der vorangegangenen dreißig Jahre im Diskurs der Gemeinde als Zeichen des göttlichen Mißfallens interpretiert wurden. Und der Pfarrer ließ Zeitereignisse keinesfalls unkommentiert. Wenn auf Sünde Strafe folgte und wenn die Einhaltung des Sabbats eines der Hauptgebote war, dann war es unumgänglich, das Jagen an Sonntagen zum Thema einer Predigt zu machen. Tat er das, gab es – wenn er sich nicht verstellen wollte – keine Möglichkeit, den württembergischen Fürsten nicht zu kritisieren. Ein jeder mußte es so verstehen. Auch was er über die Steuern sagte, konnte in Anbetracht der impliziten Bedeutung einer derartigen Botschaft ganz unterschiedlich interpretiert werden. Seine Botschaften legten die Vorstellung nahe, als stünde die politische Gemeinschaft – Württemberg – als Ganze Gott gegenüber. Keil verstand die Botschaft so, daß Herrschaft sowohl Teil der Bedingungen war, die zu Bestrafung führten, als auch das einzige Mittel gegen die Übelstände.

Die Beamten befragten alle siebzig Bürger (d. h. die erwachsenen verheirateten Männer) des Dorfes wie auch verschiedene Frauen und Dorffremde, ob die Reben tatsächlich geblutet hatten.[28] Sie notierten, daß alle befragten Gerlinger die blutenden Reben für ein wahrhaftiges göttliches Wunderwerk hielten – keiner im Dorf habe den geringsten Zweifel. Am Ort des Geschehens zögen sie den Hut und forderten Fremde auf, es ihnen gleichzutun. Sie betrachteten den Ort als heilig. Die Magd eines Junkers aus der Umgebung sei zuerst auf die Knie gefallen und habe gebetet, bevor sie sich die Reben angesehen habe. Viele Zeugen hätten angegeben, sie hätten Blutstropfen an den Spitzen der Ruten gesehen, die dann auf die Stöcke geflossen seien. Es sei auch Blut an den Rebenaugen gewesen. Niemand habe gesehen, daß Blut aus den Stöcken oder den Augen geflossen sei. Einige hätten zwar ausgesagt, frisch herausquellendes Blut gesehen zu haben, hätten jedoch ihre Aussagen kurz darauf wieder zurückgenommen. Ein Mann habe seine

Aussage zurückgenommen, nachdem er gefragt worden war, ob er bereit sei, einen leiblichen Eid darauf zu schwören. Einige andere Leute hätten ausgesagt, sie hätten Blut aus frischgeschnittenen Stöcken quellen sehen. Der Pfarrer von Mönsheim sei erst eine Stunde nach dem Ereignis eingetroffen, habe jedoch auch dann noch mit einem Stock schreiben können. Nach Auskunft verschiedener Zeugen habe der Stock Blut geschwitzt. Sie hätten sich auf die Schilderungen der Pfarrer berufen. Der Geistliche aus Höfingen habe mit einem Stock »Jesus« geschrieben, aber kein fließendes Blut gesehen. Der Amtsschreiber habe »Gott mit uns« geschrieben. Obwohl der Mönsheimer Pfarrer erst eingetroffen sei, als das Blut praktisch getrocknet war, habe er immer noch »Jesus Christus« damit schreiben können. Er habe ein wenig getrocknetes Blut vom Gerlinger Pfarrer bekommen. Der Amtsschreiber habe kein fließendes Blut gesehen; er habe das nötige Blut von mehreren Stöcken genommen und seine Feder mehrmals in ziemlich dickes Blut getaucht. Einer der lokalen Beamten habe die Ansicht geäußert, die Gerlinger unterstützten die Geschichte vom quellenden Blut deshalb, weil sie sich nicht zum Gespött machen wollten, falls an den Visionen und Zeichen nichts sei. Tatsächlich hatte der Schultheiß zuvor gemeldet, daß einige Waiblinger sich über sie lustig zu machen versucht und behauptet hätten, neue blutende Reben im Weinberg entdeckt zu haben.[29] Als sie sich geweigert hätten, sie herzugeben, habe er die Glocke geläutet, und das gesamte Dorf sei hinter ihnen hergejagt, um der Reben habhaft zu werden. Was die Motive der Waiblinger waren, wird nicht deutlich, da sie später behaupteten, aus einem der Stöcke sei Blut geflossen, nachdem sie gebetet hätten.

Die Widersprüche in diesem Abschnitt sind äußerst aufschlußreich. Keiner der Dorfleute bezweifelte, daß die Reben geblutet hatten. Viele gaben an, sie hätten gesehen, wie frisches Blut aus den Stöcken ausgetreten sei. Andererseits war niemand bereit, darauf einen Eid zu schwören. Keil selbst hatte zuvor ausgesagt, daß viele Leute glaubten, er habe die Reben in Blut getaucht.[30] Ein lokaler Beamter brachte die Vermutung vor, es ginge hier nur um das Prestige des Dorfes. Leute von außerhalb betrachteten den Vorfall mit einer Mischung aus Leichtgläubigkeit, Zweifel und Spott. Sogar die Pfarrer und Distriktbeamten versuchten, sich ins Spiel zu bringen, indem sie das Blut sogleich für ihre eigenen Zwecke nutzten. Sie demonstrierten ihre Führungsrolle in Sachen Frömmigkeit oder trieben mit Hilfe geschriebener Schutzformeln den Teufel aus – vielleicht auch beides gleichzeitig. Auf jeden Fall wäre es falsch, den Vorfall als Volksglauben zu analysieren und zu meinen, daß das allgemeine Interesse an Keils prophetischer Begegnung mit einem

Engel auf irgendwelche Unterströmungen in der unaufgeklärten Volkskultur zurückzuführen sei. Immerhin erkannte die Obrigkeit sehr deutlich, welches politische Moment allein schon in den Diskussionen über die Ereignisse und im Zustrom von Neugierigen lag. Am 14. April wurde eine Keil betreffende Verordnung zur öffentlichen Bekanntmachung an alle Dörfer geschickt.[31] Es seien »unter dem gemeinen Mann allerhand widrige, und theils sehr nachdenkliche, gefähr- und ohnverantwortliche ohnbegründete *Discurs* und Geschwäz geführt worden«. Jedermann sollte angewiesen werden, sich »solch vermeinten Erscheinungen, Wunderzeichen, und von selbst gemachten Wunderwerks« fernzuhalten. Jeder, der bei der Erörterung dieses Themas angetroffen werde, solle eingesperrt, verhört und dem Herzog gemeldet werden. Es wird damit deutlich, daß der Diskurs in den Augen der Obrigkeit eine Tat darstellte. Vielleicht befürchtete sie die Herausbildung einer mehr oder minder vereinheitlichten Front gefährlicher Vorstellungen, doch der zitierte Passus läßt vermuten, daß sie wußte, daß die Leute, die nach Gerlingen eilten, ganz verschiedene Auffassungen vertraten. Keil war es in seiner Vision gelungen, eine Reihe von Punkten zusammenzubringen und ein Vehikel des Widerstands bereitzustellen. Ob die Leute an seinen Engel oder an die blutenden Reben glaubten, ist in gewisser Hinsicht unerheblich. Allein die Tatsache, daß sie in die Aufregung einbezogen waren, zwang beide Seiten, ihre gemeinsamen Voraussetzungen und ihre Divergenzen zu artikulieren. Keil und seinen Visionen Glauben zu schenken, war eine Möglichkeit, sich mit Herrschaft auseinanderzusetzen.

Der Bericht der Beamten endete mit einem Hinweis, den sie für einen Schlüssel zu den gesamten Ereignissen hielten. Sie hatten in Keils Bibel ein Schriftstück in seiner Handschrift gefunden, das an den Herzog gerichtet war. Darin bat er den Herzog um Gnade hinsichtlich der außerordentlichen Steuerbelastung, die er den betrügerischen Praktiken bei der Einziehung zuschrieb. Er ersuchte um die Erlaubnis, das abzugeben, was er persönlich dem Herzog schulde. Aufgrund dieses Schriftstücks kamen die Beamten zu dem Schluß, daß die eigentliche Absicht der Vision die war, zum Herzog zu gelangen und ihm dieses Anliegen zu übermitteln.

Die Steuerfrage war einer der Hauptpunkte der Vision gewesen und drohte nun Teil sehr ernster Unruhen zu werden. Am 13. März schrieb der Vogt von Leonberg in einem Bericht, daß die Unzufriedenheit über den Weisspfennig und die Schinderei durch die Amtsleute, die Keil in seiner Vision angesprochen habe, in einen Aufstand auszuarten drohe.[32] Er legte einen Bericht des Gerlinger Schultheißen bei, der um Leib und

Leben fürchtete. Sollte sich ein weiteres Wunder ereignen, würde es einen Aufstand und Rebellion geben. Hans Keil und ein anderer Bürger, Hans Michel Vogel, hätten tags zuvor zehn Bürgern die folgende Geschichte erzählt: »Es habe ohnlangsten ein Schultheiss in einem dorff seiner Gemeind die Contribution ausgekündt, haben sie darüber gesagt, sie khöndtens einmahl nimmer erschwingen, khöndtens und wolltens auch nicht mehr geben, worauf der Schultheiss geantwortet haben solle, ihr müessts wohl thuen, oder ich will euch ehe schenden lassen, gleich uf dise red, habe ein Mann, so ein stattlich ausehen gehabt, vor der thüren geklopfft, und des Schultheissen begehrt (das seye aber Gott behüet uns, der laidige Teuffel gewesen). Da er nun zue ihme hinausgegangen, habe er ihne in einen biegel genommen, dann Er mit ihme was wichtiges zuereden, über ein weill hernach, khomme diser Mann wider, habe den Schultheissen lebendig geschunden, und die haut seiner Gemeind gezaigt, und gesagt, weill euer Schultheiss euch zueschinden getrawet, hab ichs ihme allso gemacht, und darüber seye Er verschwunden.« Am Ende hatte derer Gerlinger Schultheiß vermerkt, daß er jetzt die Steuer einziehen müsse und daß das nur mit Zwang geschehen könne. Er befinde sich in großer Gefahr.

Gegen Monatsende wurde Keil festgenommen und auf die Festung Hohenneuffen gebracht.[33] Wie der Schultheiß berichtete, erzeugte das einen Aufschrei im Dorf. Keils Frau habe ihn beschuldigt, nichts zum Schutz ihres Mannes unternommen zu haben. Er habe die Glocke geläutet, um zur Aktion gegen die Waiblinger zu rufen, läute aber nicht, um ihren Mann zu befreien. Am Jüngsten Tag werde sie um Rache an jenen flehen, die sie ins Unglück gestürzt hätten. Die Frauen des Dorfs hätten inzwischen die Männer aus den Weingärten geholt und sich zusammen mit Keils Frau im Haus des Bürgermeisters versammelt. Er sei isoliert und fürchte sich. Am 25. März ersuchte Keils Frau den Herzog, ihren Mann freizulassen.[34] Da sie es sich nicht leisten könne, Tagelöhner einzustellen, und drei Kinder zu ernähren habe, benötige sie ihn für die Arbeit in den Weingärten. Sie bat um seine Entlassung oder zumindest um das Recht, zur Festung gehen und ihn versorgen zu dürfen. Zwei Tage später boten der Bürgermeister, das Gericht und der Rat Bürgschaft für Keil an und suchten um seine Entlassung nach.[35] Unterdessen hatte der Oberrat angeordnet (am 25. März), daß Keil zwei Tage lang am Boden gestreckt, nur mit Wasser und Brot versorgt und danach verhört werden sollte.[36] Am zweiten Tag meldete der Kerkermeister, daß er Keil regungslos liegend aufgefunden habe, mit seinem Gebetbuch auf der Brust.[37] Nachdem Keil mit Essig und Wasser wieder zu Bewußtsein gebracht worden sei, habe er folgendes berichtet: Er habe

gelesen und da sei ihm eine vollkommen weißgekleidete Gestalt mit
einem roten Kreuz auf der Brust erschienen; die ihm aufgetragen habe,
seiner Obrigkeit verschiedene Dinge auszurichten. Er wolle darüber
nur zum Fürsten sprechen. Innerhalb weniger Tage hatte sich die
Kunde von dieser Vision in ganz Württemberg verbreitet. Ein Gerlinger Bürger hatte – dem Schultheißen zufolge – in Stuttgart gehört, daß
ein schrecklicher Sturm die Festung Hohenneuffen fast zerstört habe.[38]
In Stuttgart seien Boten des Papstes und des Kaisers, die Keil besser
behandeln wollten, als es sein eigenes Land tue. Der gemeine Pöbel, so
fuhr der Schultheiß fort, glaube derlei Dinge immer. Der Glaube der
Leute werde durch die Predigten des Pfarrers, die fast alle anhörten,
bestärkt. Der Pfarrer gehöre ebenfalls zu jenen, die fast alles glaubten;
er habe angekündigt, in seiner Predigt am folgenden Tag auf diese
Neuigkeit einzugehen. Das ganze Dorf stehe hinter ihm und Keil. Der
Pfarrer lasse sich in allen Predigten grob gegen ihn, den Schultheißen,
aus, und er müsse das alles mit Furcht im Herzen hinnehmen.[39]

Keil wurde am 5. April zu seiner jüngsten Vision verhört.[40] *Er habe das
Lied »O Gott verley mir deine Gnad« gelesen, da sei ihm der Engel
erschienen und habe ihm befohlen, seinem Fürsten mitzuteilen, daß
Gott schreckliche Strafen schicken werde, wenn man nicht Buße tue.
Gott habe schon lange durch die Priester Warnungen erteilt und schreckliche Wunderzeichen getan. Er werde ein Feuerzeichen schicken, und
die Wolken, die zwischen Himmel und Erde schwebten, würden Blut
regnen. »Überschwenklich Fressen und Saufen« sei allgemein verbreitet, außerdem »allerlei Schand und Laster«, durch die Gott und sein
Wort verachtet, verhöhnt und verfolgt würden. Fluchen und Schwören
seien bei Groß und Klein, Alt und Jung an der Tagesordnung und
würden von vielen nicht mehr für Sünden gehalten werden. Die »Hoffart in Kleidern« werde alle Tage offensichtlicher. Ehebruch, Hurerei
und unzüchtiges Leben nähmen allerorten überhand und bewirkten,
daß viele vom »laidigen Satan« verführt würden. Die Schandtaten und
Laster wüchsen von Tag zu Tag an. Obwohl die Priester überall mit
dem Schwert des Evangeliums dreinschlügen, bemerke man wenig
Buße; ein jeder ginge seinen eigenen Weg. Wenn keine Buße getan
werde, werde Gott eine schreckliche Strafe senden; »Zucht und Straf-
recht seye schon gebunden«. Man werde sehen, daß Gott noch genauso
mächtig wie am Anfang der Welt sei. Nachdem der Engel seine Botschaft verkündigt habe, habe er Keil die Hand gegeben und gesagt:
»Bewahre dich Gott«, worauf er niedergefallen sei. Er wisse nicht, wie
lange er so dagelegen habe. Am folgenden Tag habe er nicht essen
können.*

Am 10. April zeigten sich bei Keil die Auswirkungen der Einkerkerung, Isolierung, kargen Ernährung und Kälte.[41] Seine Nase begann heftig zu bluten. Er reinigte sich und bekam etwas Suppe, doch am nächsten Tag fand ihn der Kerkermeister erneut völlig mit Blut befleckt. Er erhielt noch einmal Suppe, dann schrieb er ein Geständnis.[42] Außerdem teilte er dem Festungshauptmann mündlich mit, daß er willens sei, alles zu bekennen. Die Kommission empfahl, ihn bei Wasser und Brot zurück auf den Boden zu tun und ihn nach zwei Tagen dem Folterknecht (»Nachrichter«) zu übergeben, der vorgeben sollte, ihn foltern zu wollen.[43] In der Zwischenzeit war Keils Schreiben allen Leuten in Gerlingen gezeigt worden. Keils Frau sah sich betrogen und ersuchte den Herzog um die Erlaubnis, ihren Mann aufzusuchen.[44] Am 25. April gelang es Keil irgendwie, aus der Festung auszubrechen und zurück nach Gerlingen zu kommen. Dem Leonberger Vogt, der ihn erneut festgenommen hatte, sagte er, er sei bereit, die Wahrheit zu sagen und sie mit einem Eid und dem Abendmahl zu bekräftigen.[45] Das Wunder habe nie stattgefunden. Er habe das alles aus Einfalt getan, weil sich die Leute auf die Predigten des Pfarrers hin nicht gebessert hätten. Er habe den Leuten einen Schrecken einjagen wollen, um sie dazu zu bewegen, ihr Fluchen und Schwören aufzugeben, und sie zur Gottesfurcht zu bringen. Beim ersten Mal sei er gefallen und habe geblutet. Das Blut habe er in seinen Hut tropfen lassen und danach das Gesicht mit seinem Tuch abgewischt. Beim zweiten Mal habe er seine Nase absichtlich zum Bluten gebracht, das Blut mit dem Hut aufgefangen und mit etwas Speichel vermischt. Mit einer Feder, die er gefunden habe, habe er die Stöcke und Reben angestrichen. Den Hut habe er in Gras gelegt, wo er umgefallen sei, und dann vergessen, die Feder zu entfernen. Das Tuch, mit dem er seine Nase gereinigt hatte, habe er später ohne Wissen seiner Frau ausgewaschen.

In den folgenden Wochen wurde Keil wiederholt verhört, um festzustellen, ob er irgendwelche Komplizen hatte. Am 16. Mai durfte er sein Bekenntnis schreiben. Es war an den Herzog gerichtet und lautete folgendermaßen:[46] *»Ich Hanns Keill als ein underthäniger bekenn meine Missethat was die Vision anlangt, das kan ich nit verhelen, ich sey dann mit blindheit geschlagen worden. Ich hab solches gethan, die weil mein Lebtag allzeit Gott geförchtet und hab offt in einem Monat kein schwur gethan, und bin übel verschrocken, wann ich von andre Leüthe ein schwur gehört hab, das ich offt die leüth darvor gewarnt hab, so hab ich mit diesem gemeint, ich wölle alles Volckh dahin bringen, das sie abstehen von der Sünden laßter, aber doch under dem gemeinen Volckh ist das fluchen und schweren gar fütlin abgangen.« Er bat um Gnade* *und gab zu, schwer gesündigt zu haben und in die Finsternis gegangen zu sein. Jetzt sei er wieder im Licht. Er wolle zurück zu seiner Frau und seinen Kindern. Er fürchte sich nicht davor, daß man sein ganzes Vermögen einziehen werde; er wolle sein Leben bessern und ein gutes Beispiel abgeben. Er wünsche nur, am Leben zu bleiben. Was er getan habe, habe er getan, um jedermann zur Buße zu bewegen, da er geglaubt habe, daß Frieden einkehren werde, wenn jedermann Buße tun würde. Er sei ohne Zweifel in die Irre und in die Finsternis gegangen. Er sei der einzige, der irgend etwas damit zu tun habe. Man möge ihn doch zu seiner Frau und seinen Kindern zurückkehren lassen und nicht dem Nachrichter übergeben. Er wolle eine Strafe zahlen und auch gerne dem Gerlinger Förster helfen, der zu alt sei, um im Winter Wölfe jagen und Eis brechen zu können. Er bitte um Gnade, wie ein Kind seinen Vater bittet. Er habe nichts anderes tun wollen, als »jedermann zu der buuß zu bringen«.*

Die Verhöre und Folterungen wurden in den folgenden Wochen fortgesetzt. Keil gestand schließlich, daß er vom Gerlinger Pfarrer Hilfe erhalten habe, was dieser bei einer Gegenüberstellung mit Keil jedoch heftig bestritt.[47] Offenbar war auch die Obrigkeit nicht geneigt, sich allzuweit auf Aussagen zu verlassen, die auf solche Weise gewonnen worden waren. Während der Verhöre traf ein Keil betreffendes Schreiben des Leonberger Vogts ein.[48] Darin heißt es, daß Keil nach Aussage des Schultheißen von Gerlingen im vorausgegangenen Winter häufig die Spinnstuben (Nachtkärz) verschiedener Dörfer aufgesucht und jedesmal aus einem Buch über den Dr. Faustus vorgelesen habe. Die Frauen hätten ihn angewiesen, das sein zu lassen; wenn er etwas vorlesen wolle, dann solle er etwas Schickliches wählen. Seit dieser Zeit sei seine Mutter der Hexerei verdächtigt worden und das Gerücht umgegangen, er sei ein Zauberer.

Im Juni erging das abschließende Urteil über Keil. Er sollte dem Scharfrichter übergeben, an den Pranger gestellt und ausgepeitscht werden.[49] Danach sollte er für immer des Landes verwiesen werden. Ein Jahr später reichte seine Frau eine Bittschrift ein, in der sie bat, ihn nach Hause zurückkehren zu lassen. Ohne Lebensunterhalt und weit entfernt von Frau und Kindern führe er unter Katholiken ein unglückliches Leben.[50] Ihrem Gesuch wurde nicht stattgegeben.

Hans Keil war der Dorfleser; außerdem umgab er sich mit schriftlichem Material. An seiner Kammertür und an den Wänden gab es Flugschriften. In seine Bibel heftete er von Zeit zu Zeit neue Flugschriften und verschiedene eigene Aufzeichnungen ein. Er nahm ein Erbauungsbüchlein in den Weingarten mit und vertrieb sich häufig mit einem Gebetbuch die Zeit. Dieses Interesse an allem Geschriebenen könnte als eine private religiöse Übung verstanden werden. In dieser Hinsicht hob er sich entschieden vom Schultheißen ab, der kein Interesse hatte, die neuesten Zeitungen vom Markt anzusehen. Der Schultheiß könnte natürlich auch etwas gegen Wundergeschichten und Erscheinungen gehabt haben, doch das vorliegende Material enthält keinen Hinweis darauf, daß er moralische Bedenken gehabt hätte – es heißt nur, daß er keine Lust gehabt habe, sie zu *lesen*. Keil stand mit seinem breitgefächerten Interesse am geschriebenen Wort wahrscheinlich einzigartig im Dorf da. Er liefert uns zudem ein frühes Beispiel für Lektüre als Teil des Prozesses, über sich selbst Klarheit zu gewinnen. Er las, um sich in den Texten zu »erspiegeln«. Außerdem sah er das Nachdenken als eine Methode, seinen Willen zu stärken – um sich vor dem Sündigen zu bewahren. Wie das genau zu verstehen ist, wird nicht deutlich. Möglicherweise haben wir hier eine frühe Spielart der pietistischen Gewissenserforschung vor uns, mit der wir seit dem 18. Jahrhundert so vertraut sind. Doch wenn wir uns seine Botschaft noch einmal ansehen und die Tatsache berücksichtigen, daß seine Lektüre vor allem aus Geschichten über Wunder und plötzliche Vergeltungen für Sünden bestand, fällt uns auf, daß sich Keils Art zu lesen von der der späteren Pietisten deutlich unterscheidet. Er las, um sich sozusagen einen Schrecken einzujagen, das heißt, er versuchte, sich die Folgen des Sündigens klar zu machen oder vor Augen zu halten, um sich vom Sündigen abschrecken zu lassen. Er faßte Krieg und Seuchen als Strafen auf, und es ging ihm darum, diese Einsicht im eigenen Bewußtsein und dem seiner Mitmenschen als Kontrollmechanismus lebendig zu halten. Es scheint nicht so, als liefere uns Keil ein Beispiel für einen frühen volkstümlichen Versuch, zum Zweck der Verhaltensdisziplinierung das innere Funktionieren des Gewissens zu untersuchen. Er scheint vielmehr eine Persönlichkeit gewesen zu sein, die durchaus im Rahmen der nachreformatorischen Frömmigkeit blieb.

Keil las natürlich nicht nur für sich, sondern verstand sein Tun als öffentliches. Er diskutierte die von ihm gekauften Flugschriften mit anderen Leuten und las sie wahrscheinlich auch vor. Auf jeden Fall las er in den Nachtkärzen oder Spinnstuben vor, wo sich die Frauen an Winterabenden versammelten und gemeinsam spannen. Allerdings wählte er zum Vorlesen nicht immer das, was seine Zuhörer hören wollten.[51] Seine Wahl der Faustus-Legende läßt sogar vermuten, daß sich sein Ruf als Leser auf einem schmalen Grat zwischen Frömmigkeit und Magie bewegte. Möglicherweise wollte der Schultheiß Keil im nachhinein in Verruf bringen, als er erwähnte, daß er und seine Verwandten mit Hexerei zusammengebracht worden seien. Trotzdem möchte es so scheinen, als habe die Bereitschaft, sich mit Wundern abzugeben, die neueste Literatur über Erscheinungen aufzutreiben und die Faust-Geschichte vorzulesen, um Frauen zu erschrecken, dazu beigetragen, daß Keil einen zweideutigen Ruf in spirituellen Dingen genoß. Es ist in diesem Zusammenhang interessant, daß es in seiner Geschichte vom Schultheißen, der bei lebendigem Leibe geschunden wurde, der Teufel war, der der unterdrückten Bevölkerung zu ihrem Recht verhalf.

Durch seinen Kontakt mit einer weiteren Öffentlichkeit und die Vermittlung, die er zwischen dieser Öffentlichkeit und dem dörflichen Diskurs leistete, kam dem Dorfleser neben dem Pfarrer, dem Schultheißen und den literalen Dorfbeamten eine komplexe Rolle zu. Als Keil zu einem Propheten wurde, tauchte er nicht einfach aus dem Nichts auf. Er hatte zuvor schon Erscheinungen und Wunderzeichen aufgespürt, »mit denen sich gut denken läßt«, und sein Publikum fand es nicht absonderlich, daß er jetzt mit eigenen auftrat. Er war bereits vor seiner Begegnung ein Mann, der lokal Ansehen und Einfluß genoß.[52] Außerdem unterhielt er enge Beziehungen zum Pfarrer, der sich zu einem heftigen Kritiker der verschiedenen staatlichen Ausbeutungsformen entwickelt hatte. Die Fronten zwischen dem Schultheißen und Keil/Schertlin lagen bereits vor dem Ereignis fest. Die meisten Geschichten, die Keil nacherzählte, handelten von der Aufdeckung von Ungerechtigkeiten und von der Bestrafung von Sünden. Auch als Keil längst in Verruf geraten war und Schertlin zornig das Wort »Betrüger« neben seinen Namen in die Taufeintragung eines seiner Kinder geschrieben hatte, tauchten noch immer einzelne Aspekte seiner Vision auf. Jerg Keil, ein Vetter von Hans Keil, äußerte bei einem Streit über die Einziehung der Naturalzinsen im Oktober 1648: »Mann neme den leuhten das ihrig mit gewallt ab.«[53] Er warf dem Schultheißen die Alleinverantwortung für die Ausweisung von Hans Keil vor, da er Keil einen Hexenmeister genannt habe. Offenbar hatte Keil noch immer viele Anhänger, die ihn zu einem Propheten erheben wollten (»oder, wann mans recht bey licht besehe, gerne insgemeine Ufwiglerey sehen theten«). Tatsächlich blieb die von Keil hergestellte Synthese von Kritik am herrschaftlichen Auspressungs- und Unterdrückungssystem und prophetischer Form auch dann noch anwendbar, als er bereits längst ein Bekenntnis abgelegt hatte, an den Pranger gestellt, gefoltert und des Landes verwiesen worden war.

Nachdem Keil schließlich seinen Betrug zugegeben hatte, schrieb er ein Bekenntnis, in dem er kurz darstellte, wie er zu seiner Vision gekommen war.[54] Es zeigt sehr schön, wie er die Materialien, die ihm zur Verfügung standen, zusammenfügte. In einer der gekauften Flugschriften habe es eine Geschichte über einen Mann gegeben, der am Sonntag Reben schnitt. Ihm sei ein Engel erschienen, der ihm sagte, er tue Unrecht und er müsse es seiner Obrigkeit melden. Er habe auch in der Apostelgeschichte von einem Engel gelesen, der Cornelius erschienen war. Das habe ihm die ursprüngliche Idee für die Prophetie eingegeben. Er habe weiterhin eine Flugschrift an der Kammertür gehabt, die von einem Engel handelte, der einigen Schnittern erschienen war. Er habe mehrere Kornähren mit der Sichel geschnitten, und sie hätten sich in Blut verwandelt. Das habe ihm ein anderes Element geliefert. Was den Ehebruch betreffe, so gebe es in Gerlingen zwei Männer mit Frauen und Familien, die außerdem »Huren« und Kinder außerhalb des Dorfes hätten. Er habe sie zum Ausgangspunkt seiner Klage genommen. Er habe sehr viel Erfahrung mit Fluchen und Schwören, daher habe er gesagt, daß jeder, der dreimal fluche, nicht selig werden könne. Er habe verschiedentlich von Stärke gehört, die sich in Blut verwandelt hatte, daher habe er die Stelle über gestärkte Spitzen eingefügt. Was die Contribution angehe, so habe er festgestellt, daß alle, die sie einzögen oder sonst mit ihr zu tun hätten, immer reicher würden. Er habe außerdem beobachtet, daß ein jeder, der sich Geld borge, um Getreide oder Wein zu produzieren, noch zusätzlich die Hälfte der Summe zurückzahlen müsse. Der Pfarrer habe am Dreikönigstag, an dem die Dorfbewohner zur Wolfsjagd gezwungen worden waren, gepredigt, daß die Jagd an Sonn- und Feiertagen unrecht sei. Er habe außerdem wahrgenommen, daß die Leute beim Spielen am Sonntag fluchten und schworen. Er habe eine Flugschrift über eine Bäckerstochter gelesen, die in Ekstase ein schreckliches Unwetter für 1648 vorausgesagt habe. Es stehe auch ein Einfall der Türken bevor, wenn kein Frieden geschlossen werde. Seine Unwetterankündigung habe er von daher.

Die Art und Weise, in der Keil seine Vision aus dem ihm zur Verfügung stehenden Versatzstücken zusammenfügte, erinnert an Lévi-Strauss' Beschreibung des *bricoleur*:

»Sehen wir ihm beim Arbeiten zu: Von seinem Vorhaben angespornt, ist sein erster praktischer Schritt dennoch retrospektiv: er muß auf eine bereits konstituierte Gesamtheit von Werkzeugen und Materialien zurückgreifen; eine Bestandsaufnahme machen oder eine schon vorhandene umarbeiten; schließlich und vor allem muß er mit dieser Gesamtheit in eine Art Dialog treten, um die möglichen Antworten zu ermitteln, die sie auf das gestellte Problem zu geben vermag. Alle diese heterogenen Gegenstände, die seinen Schatz bilden, befragt er, um herauszubekommen, was jeder von ihnen ›bedeuten‹ könnte. So trägt er dazu bei, ein Ganzes zu bestimmen, das es zu verwirklichen gilt, das

*sich aber am Ende von der Gesamtheit seiner Werkzeuge nur durch die
innere Disposition der Teile unterscheiden wird.«* [55]

Genauso wie der *bricoleur* griff Keil auf die verschiedenen Versatzstücke zurück, die er schon immer benutzt hatte, und gestaltete sie
neu.[56] Er nahm eine Engelserscheinung, die in einem Weinberg spielte,
und eine andere, wo Korn sich in Blut verwandelte, und schuf aus
beiden sein Zeichen. Ihre Bedeutung veränderte sich zusammen mit
der Neuordnung all der anderen Zeichen. Sein Punkt über den Ehebruch entstand nicht dadurch, daß er zwei Fälle aus dem Dorf ver-
allgemeinerte, sondern daß er diese Tatsache mit der gängigen Vorstellung von einem plötzlichen Türkeneinfall verband. Wenn Keil
ein Beispiel für Volkskultur darstellt, so wird deutlich, daß sich seine
Methode des Denkens nicht aus »Gedankenreihen« zusammensetzte,
die den Ideen der »Hochkultur« analog gewesen wären, wenn auch vielleicht nicht so interessant wie diese. Die verschiedenen Versatzstücke
wurden vielmehr neu angeordnet, um seiner Situation einen neuen Sinn
zu verleihen und seinen Mitmenschen eine neue Bedeutung anzubieten.
Das Zusammenfügen war Teil der Aktion, es ging nicht so sehr um die
Formulierung als um einen Versuch, den Ereignissen Form zu verleihen. Wir werden Keil nicht gerecht, wenn wir nach der Struktur
seiner Ideen fragen. Es geht vielmehr darum, seine Ideen als *struktu-
rierend* zu begreifen. Die besondere Montage, die er schuf, und die
Situation, für die sie zusammengefügt wurde, müssen zusammen gesehen werden.

Man würde es sich zu leicht machen, wollte man Keils Bußvorstellung
– nämlich die Vorstellung, man müsse nur Reue zeigen, damit Gott
seine Segnungen auf die Menschen häuft – als etwas mechanisches oder
eine Art Magie auffassen. Einerseits nahm er an, daß Gottes Vergeltung
so lange anhält, wie sich die Menschen von seinen Machtbeweisen
unbeeindruckt zeigen. Andererseits war es auf keinen Fall möglich,
Sünde zu kompensieren. Keil schlug an keiner Stelle ein Besserungs-
programm, gute Werke oder irgendeine persönliche Sühne vor. Seine
Botschaft zielte auf eine Änderung der Gesinnung: sie sollte aktiv
(»Buße tun«) und kollektiv (»Buß- und Bettag«) werden. Indem er
Buße und Gebet miteinander verband und die Ereignisse seiner Zeit als
Strafe deutete, stellte Keil die Willkürlichkeit der Macht Gottes und die
zentrale religiöse Vorstellung der Gnade in den Vordergrund.
Kittsteiners kürzlich erschienene Arbeit belegt erneut, welche zentrale
Bedeutung der *Gnade* in der Reformationszeit zukam und in welcher
Weise die damals gültige Vorstellung vom Gewissen, die sich so grund-

legend von der unseren unterscheidet, Teil einer Matrix von Vorstellungen war, zu denen auch Gnade gehörte.[57] Kittsteiners komplexes Argument kann hier nicht dargestellt werden, nur so viel: Gewissen läßt sich als eine Gefühlsregung verstehen, die als Folge einer ungesetzlichen, unethischen oder unmoralischen Handlung auftritt. Oder es kann als ein Mechanismus der Selbstkontrolle aufgefaßt werden, als etwas, das Handeln leitet und nachfolgende Schuldgefühle mehr oder minder irrelevant macht. Als die zweite Vorstellung im 18. Jahrhundert entwikkelt wurde, ersetzte »Tugend« zunehmend jede Vorstellung von »Gnade«. Doch im 16. und 17. Jahrhundert gingen Gnade und die Vorstellung vom Gewissen als etwas nachträglich Wirksames Hand in Hand. Für die Denker der Reformation konnte keine noch so große Sühne von seiten des Sünders den Flecken entfernen, den eine begangene Sünde verursacht hatte. Er war abhängig von der willkürlichen Macht Gottes in Gestalt der Gnade. Ein anschauliches Beispiel für diese Vorstellung sind die Kommentare protestantischer Gelehrter zum Gleichnis vom verlorenen Sohn, das von der Rückkehr des verlorenen Sohns und seinem recht willkürlich freudevollen Empfang durch seinen Vater handelt. Der ältere Sohn, der die von späteren Kommentatoren so gepriesene Tugend der Besonnenheit an den Tag legte, wurde verachtet und in eine untergeordnete Position verwiesen, wenn er nicht gar als ausgesprochen böse angesehen wurde.

Ich bin der Auffassung, daß Keils Gottesvorstellung und die Art und Weise, in der er den Staat verstand und tatsächlich dann auch erfuhr, in der gleichen Weise strukturiert waren. In seiner Botschaft versuchte er, die Kluft aufzuzeigen, die zwischen den Menschen und Gott bestand. Er behauptete, daß alle, die mehr als dreimal täglich fluchten, nicht selig werden können, doch meinte er das nicht wirklich, da er im nächsten Schritt ein Erlösungsprogramm entwarf. Er versuchte nur, deutlich zu machen, daß alles verloren sein würde, wenn die Menschen nicht um eine Gnade nachsuchten, deren Gewährung sie nicht erhoffen konnten. Reue zu fühlen, »Buße zu tun«, bedeutete einen Appell an die willkürliche Macht Gottes, Gnade walten zu lassen.

In der gleichen Weise wußte Keil, daß keine noch so harte Arbeit, keine noch so enge Kooperation mit seinen Mitmenschen und kein noch so großer Gehorsam gegenüber der Obrigkeit notwendig »belohnt« werden würde. Dergleichen war unter den herrschenden Bedingungen der Steuererpressung zweifellos auch nicht zu erwarten. Zu oft hatte er die unkontrollierbare Macht marodierender Soldaten erfahren – war sogar selbst einer gewesen –, als daß er an irgendeine Voraussagbarkeit im Leben hätte glauben können. (Er hatte sogar um sein Leben gewürfelt.[58]) Er wußte, daß der Staat die Einhaltung bestimmter Verhaltensgebote von ihm forderte, die – wie die Heiligung des Sabbats – von Leuten mit genügend Macht vollkommen ignoriert wurden. Seine Antwort auf das Problem bestand darin, um Gnade nachzusuchen, direkt zum Herzog zu gehen und ihm seine Steuern persönlich abzuliefern. Sein Phantasiegebilde war eine Art Metapher, mit deren Hilfe er sich sein Unglück erklärte. Er war nicht der Bürger eines Staats, dessen Beschaffenheit von seiner und seiner Mitbürger Tugend abhing und dessen Geschicke sein eigenes Geschick bestimmten. Er war vielmehr den willkürlichen Ausbeutungskräften ausgeliefert und konnte seinen Herrn nur um Gnade bitten – um die Befreiung von erpresserischen Steuern, exzessiven Abgaben für protzige Prunkentfaltung, wucherischen Verleihpraktiken, verschwenderischen Geistlichen und Gott versuchenden Beamten, deren Sünden an allen vergolten wurden. Am Ende, als Keils Frau in einer Bittschrift um Erlaubnis seiner Rückkehr nachsuchte, erinnerte der Advokat den Herzog daran, daß dies ein *purum casum gratiae* sei.[59] Doch der Herzog weigerte sich, Gnade walten zu lassen, weil »sein begangenes Delictum gar zu groß und leichtfertig« sei. Wie übergroß die Gnade auch sein mochte, die man von Gott erbitten konnte, vom Staat wurde keine gezeigt.

Das heilige Band der Einheit:

Gemeinschaft aus der Sicht einer dreizehnjährigen Hexe (1683)

Denn das wort Gottes ist lebendig und krefftig, und scherffer, denn kein zwei-schneidig Schwert, und durch dringet, bis das scheidet seele und geist, auch marck und bein, und ist ein Richter der gedancken und sinnen des hertzen.

Hebräer 4, 11

Wenn du sitzest und issest mit einem Herrn, So mercke, wen du fur dir hast. Und setze ein Messer an deine Kele, Wiltu das leben behalten. Wündsche dir nicht seiner Speise, Denn es ist falsch Brot.

Sprüche Salomos 23, 1–3

Ein guter Ausgangspunkt für die Betrachtung von Kultur ist der, sie als Prozeß zu sehen. Diese Sicht eröffnet eine radikale Alternative zu Ansätzen, die sie als Produkt behandeln und das Augenmerk auf das Produzierte statt auf die Art der Produktion richten oder solchen, die sich auf Ideen oder Werkzeuge konzentrieren, um gemeinsame Voraussetzungen und Bedingungen zu entdecken. Kultur kann in mindestens zweierlei Hinsicht ein Prozeß sein. Zum einen »verarbeiten« die einzelnen Menschen fortwährend die Daten des Alltagslebens, die wiederkehrenden Arbeitsabläufe, die Beziehungen zu den Nachbarn, die gelegentlichen Begegnungen mit Fremden, die realen und symbolischen Momente von Gewalt. Auch wenn die Menschen einem Gutteil der tagtäglichen Ereignisse nur geringe Aufmerksamkeit zukommen lassen, gestalten sie sie gleichwohl in irgendeiner Weise. Und ihre Fähigkeit, auf die Wirklichkeit zu reagieren, ist das Ergebnis eines Prozesses anderer Art, nämlich dem, daß jeder sich mit seinen Mitmenschen beständig aktiv auseinandersetzt. Selbst die trivialen Unterhaltungen des täglichen Lebens umreißen Beziehungen und bestätigen die Regeln des Austauschs.

Da eine geschlossene Gemeinschaft für den Außenstehenden relativ undurchdringlich ist, erscheint ihre Kultur aus der Sicht des Untersuchenden in hohem Maße einheitlich. Ihre Geschlossenheit und ihre Einheit scheinen zusammenzugehören. Andererseits hat die historische Forschung häufig nach vereinheitlichenden Prinzipien in »offenen«

Gesellschaften gesucht, für die Geschlossenheit per definitionem nicht zur Debatte steht. Hier taucht jedoch die Schwierigkeit auf, zu bestimmen, inwiefern Kultur etwas Begrenzteres oder Einheitlicheres als etwa eine Klasse ist. Sie hat nicht allein damit zu tun, daß die Abgrenzungen beider unscharf sind und sie sich daher von den technischen Meßinstrumenten nur schwer erfassen lassen. Sie rührt vielmehr auch daher, daß Kultur eine Reihe von Auseinandersetzungen zwischen Menschen über die gewöhnlichen Dinge ihres Alltagslebens ist.[1] Was ihnen gemeinsam ist und sie verbindet, sind die materiellen und symbolischen Dinge, nicht die Einstellungen, Positionen, Empfindungen, Strategien oder Ziele.

Wenn wir Kultur sozusagen als »Medium« sehen, in dem Konflikte ausgetragen und fehlerhafte und unvollständige Sichtweisen korrigiert werden, in dem Herrschaft angestrebt und Widerstand dagegen angestrengt wird, dann können wir diesen Ansatz als Instrument zur Untersuchung der Machtdynamik, der Ressourcenverteilung und der Beschaffenheit von Hierarchie einsetzen. Kultur ist unter diesem äußerst entscheidenden Gesichtspunkt Teil eines Kampfes um Sachen, Bedeutungen und Positionen. Gerade weil sie eine beständige Auseinandersetzung, ein Komplex von Austauschbeziehungen oder ein Versuch ist, Macht zu erringen oder zu bekämpfen, erfahren wir mehr über sie, wenn wir von den Beziehungen zwischen den Menschen einer gemeinsamen Kultur ausgehen, als wir erfahren würden, wenn wir Kultur mit einer Reihe von Werkzeugen oder Ideen, einem einheitlichen Vorstellungsschatz eines Volkes in Zusammenhang bringen. Kultur entsteht im Wechselspiel gemeinsamer Szenen, die oft mit geringfügigen Abweichungen verschiedene Male »aufgeführt« werden und dem geduldigen Forscher damit immer wieder neue Einblicke in die Vielzahl der möglichen Bewertungen und Strategien erlauben, die Menschen im Umgang miteinander an den Tag legen.

Die hier geschilderte Geschichte betrifft eine der vielen tausend Hexereiuntersuchungen, die im 16. und 17. Jahrhundert durchgeführt wurden. Die Einzelheiten sind größtenteils von der Art, wie sie dem aufmerksamen Leser von Hexereiliteratur zur Genüge bekannt sein dürften. Wir würden jedoch nicht begreifen, was die Geschichte uns zu sagen hat, wenn wir auf der Ebene des Sediments des historischen Prozesses blieben – den Wahnvorstellungen dieser speziellen unaufgeklärten Theologen und Hinterwäldler. Unser Interesse gilt weniger dem Phänomen der Hexerei im 17. Jahrhundert als solchem,[2] als vielmehr der metaphorischen Struktur der Sprache, sowie der Frage, wie Metaphern als eine Grammatik sozialer Beziehungen verstanden werden können.

Im Jahre 1683 wurde dem Pfarrer gemeldet, daß ein dreizehnjähriges

Mädchen aus der württembergischen Stadt Leonberg unter den anderen Kindern der Nachbarschaft Hexereigeschichten verbreite.[3] Anna Catharina Weissenbühler, ursprünglich aus dem Dorf Warmbronn, war eines der sieben Kinder des Elias Weissenbühler, einem fünfzigjährigen Maurer, der wegen eines verkrüppelten Arms sein Gewerbe nicht mehr ausüben konnte.[4] Weissenbühler war ein katholischer Einwanderer aus Oberösterreich, wahrscheinlich einer jener Menschen, die durch die Ereignisse und Nachwirkungen des Dreißigjährigen Kriegs entwurzelt wurden. Jedenfalls hatte er sich mit seiner Frau und seinen sieben Kindern in dem kleinen protestantischen Dorf niedergelassen. Nach dem Tod seiner Frau entschloß er sich, eine landfahrende Calvinistin aus der Schweiz zu heiraten. Als jedoch der Pfarrer des Ortes sich weigerte, die Trauung vorzunehmen, gab er sein Bürgerrecht in Warmbronn auf und verließ seine sieben Kinder, von denen zu diesem Zeitpunkt nur eines verheiratet und unabhängig war. Alle unverheirateten Kinder traten Stellungen an; Anna Catharina arbeitete als Magd bei ihrem verheirateten Bruder.[5] Offenbar wurde sie nicht sehr gut behandelt; sie lief weg und fand Aufnahme bei ihrer Base, der Frau des Schäfers Andreas Kölle (der als ihr Vetter bezeichnet wird) im benachbarten Dorf Gerlingen. Dort blieb sie ein halbes Jahr, bis sie schließlich Kindermädchen bei der Frau von Hans Michael Feineysin in Leonberg wurde. Feineysin wird in den Protokollen ebenfalls einmal als ihr Vetter bezeichnet.

Am 16. Juni meldete der Superintendent den Fall an den Oberrat in Stuttgart. Das dreizehnjährige Mädchen, so schrieb er, habe ohne Scheu berichtet, daß es während seiner Dienstzeit in Gerlingen von Magdalena, der Frau des Gall Baum, »Hexenwerk« erlernt habe. Magdalena habe sie wiederholt bei Tag und bei Nacht zum Hexentanz mitgenommen. Seine Geschichte habe in Stadt und Amt großes Ärgernis erregt. Das Mädchen habe sich ihm gegenüber ganz frei und unerschrocken geäußert. Es »habe feine Gaben« und kenne viele schöne Gebete, doch könne es »weder Morgen- und Abendsegen, noch den Cathechismen betten«. Es sei jedoch lernbegierig. Sein Meister wolle es zur Schule schicken, und er selbst hege die Hoffnung, daß es noch zu retten sei.

Soweit die Anfangspassage des ersten Berichts, den der Superintendent verfaßte. Er ist bisweilen irreführend und nachweislich widersprüchlich. Der Superintendent bringt verschiedene Personen durcheinander und verwechselt Beziehungen – Fehler, die er alle in seinen späteren Berichten richtigstellt. So bezeichnet er in diesem Schriftstück zum Beispiel Magdalena, Gall Baums Frau, als Anna Catharinas Base. Dieser Punkt ist von einiger Wichtigkeit, da in der Geschichte, wie sie das junge Mädchen erzählte, deutlich wird, daß in seiner Phantasiewelt keiner seiner direkten Verwandten eine unmittelbar bedrohliche Rolle einnahm. Wie entscheidend auch immer sein Leben durch einen abwesenden Vater, einen unduldsamen Bruder, einen Vetter, dem es davonlief und einen anderen, der es schließlich hinauswarf, bestimmt war, Blutsverwandte wurden in seiner Phantasie nie zu böswilligen Gestalten.[6]

In seiner Vorrede führt der Superintendent einige wichtige Punkte ein. Vor allem interessierte er sich für Anna Catharinas Diskurs. Gleich zu Anfang weist er auf die Leichtigkeit und Ungehemmtheit ihres Vortrags hin und kommt in der einen oder anderen Form immer wieder auf dieses Faktum zurück, lag doch im gesprochenen Wort ihre Erlösung. Von der Art ihres Vortrags leitet er unmittelbar zu der Mitteilung über, daß sie viele Gebete wisse und aufsagen könne – in einem späteren Bericht wird sie in diesem Zusammenhang scharf kritisiert –, daß sie jedoch noch weitere Gebete erlernen müsse, besonders solche, die sich in einer zeitlichen Abfolge über den ganzen Tag erstrecken. Die Empfehlung, sie zur Schule zu schicken, entspringt unmittelbar der Auffassung, daß sie mehr Gebete erlernen und den Katechismus »beten« lernen müsse, das heißt, ihn dem Gedächtnis einzuprägen und auswendig aufzusagen. Es ist dieser Nachdruck auf dem Wort sowie auf den Symbolen der Kommunikation, der die gesamte Geschichte durchzieht, sowohl in der Form, wie sie Anna Catharina erzählte, als auch in der, die der Superintendent wiedererzählte.

Laut Anna Catharina wurde sie in der Zeit, als sie bei ihrer Base, der Frau von Andreas Kölle in Gerlingen, in Dienst war, von Gall Baums Frau Magdalena (sie wird durchwegs »die Gallassin« genannt) in deren Haus gefragt, ob sie Hexenwerk erlernen wolle. Als sie mit Nein antwortete, habe die Gallassin erwidert, sie könne dazu auch gezwungen werden. Sie sei darauf in der Kammer verschwunden, angeblich um einen Salat zu holen, sei aber mit einem Messer zurückgekehrt. Damit habe sie Anna Catharina in den Bauch gestochen, aus dem eine Schüssel voller Blut geflossen sei. Sie wisse nicht, was die Gallassin damit getan habe, »schätze wohl habs dem Teufel (Gott behüte uns) geben.« Der Superintendent vermerkte, daß man nicht mehr sehen könne, wo das Messer in die Haut eingedrungen sei.

Viele der Einzelheiten, die das junge Mädchen berichtete, waren kulturelles Allgemeingut; einer lebhaften Einbildung bot sich hier reichlich Material. Besonders wichtig ist in diesem Zusammenhang die Tatsache, daß das, was in den Dokumenten festgehalten ist, eine redaktionelle Bearbeitung der langen Gespräche durch den Superintendenten ist. Ein

Großteil dessen, was das Mädchen sagte, äußerte es im Zwiegespräch mit ihm, und natürlich interessierten ihn einige Aspekte mehr als andere. Im Anschluß daran stellte er einen Bericht zusammen und hob darin jene Punkte hervor, die ihm am wichtigsten dünkten. Die ganze Sache nahm ihren Ausgang mit einer Mahlzeit, die nicht stattfand. Wir werden sehen, daß der Bericht immer wieder auf Situationen zu sprechen kommt, in denen eine gestörte Kommunikation vorliegt – eine Mahlzeit, die nicht gereicht oder nicht gegessen wird, ein Wort, das nicht gesprochen wird. Tatsächlich steht die symbolische Bedeutung der engen moralischen Gemeinschaft im Sinne einer Gemeinschaft, die zusammen ißt, im Mittelpunkt der Erzählung.[7] Als Auftakt bietet die Gallassin esoterisches Wissen und eine Mahlzeit – den Salat – an, doch an die Stelle des Dialogs, den das anfängliche Angebot und das Symbol des gemeinsamen Essens versprach, trat plötzlich eine brutale Verführung. Die Szene endet damit, daß Anna Catharina dem Teufel eine Mahlzeit und – wie wir noch sehen werden – wahrscheinlich auch die Mittel liefert, die künftig ihre Kommunikation verunmöglichten. Der Superintendent stellte diese Punkte deshalb heraus, weil – wie sich zeigen wird – Verführung das zentrale Problem der Gemeinschaft war und die Aufnahme von Kommunikation im Mittelpunkt des Geschehens stand.

Anna Catharina gab an, von der Gallassin und anderen verheirateten Frauen aus Gerlingen zur Versammlung auf dem Berg im Wald mitgenommen worden zu sein. Sie hätten außer ihr auch ihren Vater und ihren Bruder aus Warmbronn mitgenommen. Die Frauen aus Magstetten seien sie ebenfalls holen gekommen und mit ihr zum Essen und Trinken hinausgefahren. Oft habe es ein großes Geschrei gegeben. Bei einem der Hexentreffen sei sie von der Gallassin am Arm festgehalten worden, so daß sie nicht habe davonlaufen können. Sie sei dann bei den Feineysins in Leonberg Kindermädchen geworden; am sechsten Tag ihrer Anstellung dort sei die Gallassin zu ihr in die Stube gekommen, habe sie den Berg hinuntergeführt und auf ein weißes Geißlein gesetzt.
Die Gallassin habe einen weißen Ziegenbock ohne Hörner bestiegen, und darauf seien sie zusammen nach Gerlingen, in den Wald und zu anderen Orten geritten. Jetzt, da sie mit ihrem Herrn und dessen Frau in der gleichen Kammer schlafe, bedaure sie, daß niemand sie mehr holen komme. Bei ihren Ritten habe sie die Frau des Maurers, den Maurer, den Schuhmacher und den Sohn der Gallassin erkannt. Es gäbe so viele Leute, die Hexen seien, daß sie sich nicht an alle erinnern könne.
Die Gallassin habe ihr befohlen, mit dem Kind, das sie betreute, scheinbar zufällig hinzufallen, andernfalls würde sie dazu gezwungen

werden. Sie sollte das Kind auf eine Bank legen und ein Messer so plazieren, daß es hineinfallen mußte. Auf die Frage des Superintendenten, ob sie etwas mit dem Bösen zu tun gehabt habe, verneinte sie, gab aber an, den Teufel gesehen zu haben. Er habe einen Geißfuß gehabt, sei ganz schwarz gewesen und habe nicht wie ein Mensch ausgesehen. Er habe nie zu ihr gesprochen. Wenn sie eine Hexe wäre, würde sie das sagen.

Bei der zweiten Befragung am 2. Juli ging der Superintendent verschiedenen unklaren Punkten nach. Anna Catharina gab an, die Messerwunde ihrem Vetter und ihrer Base, bei denen sie damals als Magd gearbeitet habe, gezeigt zu haben. Sie habe angenommen, daß sie es dem Pfarrer und dem Dorfschultheißen melden würden. Statt dessen habe die alte Frau, die Schäferin Kölle, von einem ihr unbekannten Mann eine gelbe Salbe gekauft, die sie dreimal täglich mit einem weißen Leinenflecken aufgetragen hätte. Beim Hexentanz habe sie nach dem Essen und Trinken in einem Graben gesessen und das Geschirr gespült. Der Sohn der Gallassin habe auf der Sackpfeife gespielt. Die Mahlzeiten hätten aus Fleisch, Kraut, Brot und Salz bestanden. Die Hexen hätten das Salz vom Brot geleckt. Sie hätten Wein aus dem Keller ihrer Base gestohlen. Außer dem Sohn der Gallassin seien keine Männer dabeigewesen. Der Teufel habe den Tanz angeführt. Aus Gerlingen hätten nur wenige Leute teilgenommen. Man könne es der Gallassin vom Gesicht ablesen, daß sie eine Hexe sei.

Magdalena (die Gallassin), die zu Anna Catharinas Aussage befragt wurde, bestritt, je irgendein Interesse am Erlernen von Hexerei gehabt zu haben. Sie machte darauf aufmerksam, daß das Mädchen gestorben wäre, wenn sie es mit einem Messer gestochen hätte. Sie sei niemals in ihrem Leben in Warmbronn gewesen. Sie habe Anna Catharina bereits aufgesucht und im Beisein anderer Leute gefragt, warum sie diese leichtfertigen Dinge über sie verbreite. Sie gab außerdem an, mit dem Mädchen nicht verwandt zu sein. Wenn sie die ihr nachgesagte Kunst beherrschte, würde sie sie gewiß nicht einem »kleinen Krötlin« wie Anna Catharina lehren. Als das junge Mädchen in den Wald davongelaufen sei, müsse es vom Teufel verführt worden sein. Anna Catharina, die zu diesem letzten Punkt noch einmal befragt wurde, erklärte, sie sei deshalb davongelaufen, weil sie Angst gehabt habe, Hexenwerk erlernen zu müssen. Als sie zu ihrem Bruder in Warmbronn gekommen sei, habe er sie geschlagen. Sie habe die Nacht im Wald verbracht, von wo sie die Gallassin geholt und nach Gerlingen gebracht habe.

Anna Catharinas Geschichte enthält kaum etwas, was nicht dem üblichen, allgemein bekannten Hexereivorstellungen entspräche. Es gab die beiden Welten, die sie einander entgegensetzte: die des Dorfes bzw. der Dörfer, in denen sie gelebt hatte, und eine andere auf dem Berg und im Wald, wo ein anderes System von Regeln galt. Das Wilde war das Gegenbild zum Alltäglichen, trug jedoch einige Züge ihrer besonderen Stellung, die auf das Reale im Phantastischen und zugleich auf das Entfremdete im Normalen hinweisen. Die Vermittlung zwischen den beiden Welten leistete ein Tier, das trotz seiner Domestiziertheit ungebändigte Momente aufweist. Die Bevölkerung der wilden Welt bestand aus den Hexen, die aus der normalen Welt hinübergewechselt waren und – angeführt vom Teufel – den Ton angaben. Sie nahmen auch verschiedene andere Leute mit – insbesondere Anna Catharinas Vater und Bruder. Allerdings deutet nichts darauf hin, daß dem Mädchen böse Einflüsse oder Verführung durch sie drohten. Sie waren einfach vorhanden. Niemand aus seiner erwachsenen weiblichen oder männlichen Verwandtschaft erhielt in seiner Phantasiewelt eine ihm gefährliche Position. Die bedrohlichen Gestalten waren nichtverwandte Frauen, allen voran Magdalena – »die Gallassin« –, und der Teufel mit seinem ziegenbockartigen Äußeren. Das einzige nahe männliche Wesen von Bedeutung war Magdalenas Sohn, der zu dem lasterhaften Tanz aufspielte. Wir stoßen hier auf den Punkt der Vererbbarkeit von Bosheit und schädlichen Kräften. So wie Anna Catharinas nahe Verwandte keine mystische Bedrohung für sie darstellten, wie schlecht auch immer sie von ihnen behandelt worden sein mochte, so gaben diejenigen, von denen eine Bedrohung ausging, ihre Kräfte im Blut weiter. Anna Catharinas Bedrohung kam aus der Welt der erwachsenen Frauen. Kinder waren beim Hexentanz nicht zugegen.

Im Mittelpunkt der Aktivitäten in der verkehrten Welt standen Essen und Trinken. Die Art des Tafelns widersprach den ihr bekannten Kommunikationsformen. Es gab keine Regeln, und Lärm beherrschte die Szene. Anna Catharinas Beschreibung der Hexen, die das Salz vom Brot lecken, zeigt die Verletzung der sonst üblichen menschlichen Sitten an. Das Essen, das sie zu sich nahmen, war – zumindest teilweise – gestohlen. Alles zusammengenommen gewinnen wir durch Anna Catharinas Beschreibung der Szene das Bild eines strukturlosen gemeinsamen Essens, bei dem es keine Transaktionen gibt. Zwischen den Akteuren findet kein Austausch statt. Sie haben nichts füreinander produziert und verschlingen die Speisen in zügelloser Weise.[8] Der Überfluß an Nahrung ist selbst bereits ein weiterer Beweis für das Fehlen der Notwendigkeit, im Austausch miteinander die Bedürfnisse der einzelnen zu befriedigen. Anna Catharina, die das Geschirr gespült hatte, scheint als einzige einen Beitrag zum Fest geleistet zu haben. Ihre Aufgabe bestand in dem vergeblichen Bemühen, Ordnung in eine Situation zu bringen, die durch Unordnung gekennzeichnet war. Andererseits gab es offenbar keine Möglichkeit für sie, direkt an der Tollheit um sie her teilzunehmen, ebensowenig wie sie einen Platz in der realen Welt fand.

Am 9. Juli wurde Maria Catharina, die Frau von Hans Michael Feineysin, deren Kind Anna Catharina als Kindermädchen betreute, befragt. Sie berichtete, daß das junge Mädchen einem andern gesagt habe, es fürchte sich davor, in der Nacht wieder ausfahren zu müssen. Sie, Maria Catharina Feineysin, habe in jener Nacht ein Geräusch in der Geschirrkammer gehört und dreimal den Namen des Mädchens gerufen, aber keine Antwort erhalten. Am nächsten Morgen sei ihr das Mädchen ängstlich erschienen. Auf ihre Fragen habe es geantwortet, daß es in der vergangenen Nacht mit der Gallassin auf der Heide gewesen sei; den Lärm habe es beim Verlassen des Hauses verursacht, weil es den falschen Weg eingeschlagen habe. Daraufhin wurde Anna Catharina hereingerufen und erneut befragt. Sie erzählte die Episode, wie sie mit der Gallassin auf einer Ziege davongeritten sei. Die Frau habe ihr gesagt, sie werde ihr etwas Gift geben, das sie in den Brei des ihr anvertrauten Kindes geben solle. Sie solle auch ihre Base (Maria Catharina) lausen und einige Läuse unter den Brei des Kindes mischen, um es zu töten.

Auch hier erscheint Essen als ein »Beziehungsidiom«.[9] Die Beziehungen zwischen der Welt der Erwachsenen und Anna Catharina waren fortwährend gestört. Zwischen ihr und ihrem Schützling waren sie bestenfalls ambivalent, und in ihrer Phantasie plante sie, sie abzubrechen. Allem Anschein nach setzt sich die Essenssymbolik aus zwei Teilen zusammen. Einerseits kann das gemeinsame Essen eine höchst intime Handlung sein, die ungeachtet aller Hierarchien und Ungleichheiten eine moralische Gemeinschaft des direkten Austauschs zwischen ihren Mitgliedern ausdrückt. Andrerseits macht das Symbol deutlich, daß diese höchst intime Handlung zugleich die größten Gefahren birgt. Es kann sich herausstellen, daß das Essen Gift enthält, und daß der Handlung, die Vertrauen impliziert, ein Betrug zugrunde liegt.[10] Von wem nun eigentlich das Gift für das Kind kommen sollte, ist nicht ganz eindeutig: ob von der Gallassin (die es absichtlich liefert) oder ob von der Mutter des Kindes (die es unabsichtlich liefert). Das Bild der Mutter, die Gift für ihr Kind bereithält, arbeitet mit der Vorstellung einer unbeabsichtigten Gefährdung, wie sie für blutsverwandtschaftliche Beziehungen charakteristisch sein sollte. Im Gegensatz dazu wurde beabsichtigte Aggression mit den Beziehungen zwischen Nachbarn in Zusammenhang gebracht. In beiden Fällen wäre Anna Catharina das Werkzeug gewesen, mit dessen Hilfe die Tat ausgeführt worden wäre. Die Unentschiedenheit in ihrer Phantasie rührte vielleicht von der Ambiguität ihrer Stellung als heranwachsendes Mädchen zwischen der Welt der Familie und jener der erwachsenen Dorfbewohner her.

Am 10. Juli berichtete der Superintendent dem Oberrat, was er im Laufe der verschiedenen Zeugenaussagen erfahren hatte. Magdalena, Gall Baums Frau, sei ein altes, böses Weib, das wegen der Dinge, die es seinem Sohn Gallus angetan hätte, in einem schlechten Ruf stehe. Letzterer sei dreißig Jahre alt und »um etwas verruckter Sinne«. Sie hätte ihm erlaubt, sich mit ihrer Magd zu verloben und drei Aufgebote zu bestellen, dann aber die Eheschließung mit der Begründung verhindert, daß er für den Ehestand untüchtig sei. Man habe ihr von seiten der Obrigkeit befohlen, die Eheschließung nicht länger aufzuhalten oder eine gesetzmäßige Trennung zu bewirken. Sie habe die ganze Sache so lange herausgezögert und der Verlobten derart zugesetzt, daß diese in ihren Heimatort im Breisgau zurückkehrte und dort heiratete. Nach allgemeiner Ansicht sei der Sohn ebenfalls böse. Obwohl leicht verrückt, sei er wohlbelesen und könne die Sackpfeife spielen. Er sei so gottlos und übel, wenn er im Zorn fluche, daß selbst seine Eltern sich vor ihm fürchten müßten. Sobald man ihm mit der Obrigkeit drohe, mache er alle glauben, er werde sich umbringen. Der Vater sei alt und schwach, habe aber einen guten Ruf. In der abschließenden Zusammenfassung seiner Untersuchungsergebnisse vermerkte der Superintendent, daß die Feineysins das Mädchen nicht länger behalten wollten. Es gebe kein Corpus delicti. Vielleicht sei die ganze Angelegenheit nur eine Sache übler Träume oder ein Anfall von Melancholie. Er empfahl, es für einige Zeit zum Schulmeister zu schicken.
Ein weiterer Bericht datiert vom 16. Juli. An diesem Tag meldete der Schulmeister, bei dem Anna Catharina inzwischen den Unterricht aufgenommen hatte, daß der böse Feind in der Scheuer zu Anna Catharina gesprochen und ihr befohlen habe, am Abend zum Tanz zu kommen. Er selbst wolle mit ihr tanzen. Er habe ein Mal ganz hinten auf ihrer Zunge gemacht. Maria Catharina Feineysin berichtete, daß Anna Catharinas Bruder ein ähnliches Mal auf dem Bauch habe, und wies außerdem auf einen roten Flecken am Kopf der Gallassin hin. Anna Catharina sei durch die Scheuer gegangen, um ihrem Vetter (Feineysin) Essen zu bringen. Dort sei ihr der Teufel begegnet. Sie habe ihrem Vetter zugerufen, daß sie in der kommenden Nacht wieder hinausgehen müsse, der Teufel sei bei ihr gewesen. Feineysin habe in dieser Nacht Wache gehalten, es sei jedoch nichts passiert. Das Mädchen wurde befragt, und es berichtete, daß der Teufel gesagt habe, sie wollten ganz lustig sein. Er wolle mit ihr tanzen und ihr Essen und Trinken geben. Er habe ihre rote Tinte

*genommen, sie ins Feuer gehalten und zwei Tropfen auf den Boden ge-
schüttet. Die habe er aufgenommen, sie dann geheißen, die Zunge heraus-
zustrecken, und sie ganz hinten in ihren Hals tropfen lassen. Zunge und
Hals hätten ihr so weh getan, daß sie nicht richtig habe essen können.
Nach dieser Aussage wies der Vogt einen Arzt an, das Mädchen, ihren
Bruder und die Gallassin zu untersuchen. Er stellte einen kleinen Flecken
auf dem Bauch des Mädchens fest, vermochte aber nicht zu sagen, ob er
natürlichen oder unnatürlichen Ursprungs war. Er entdeckte auch einen
Fleck am Kopf der Gallassin und einen auf dem Bauch des Bruders.*

Anna Catharina war im Begriff, ihrem Vetter Essen zu bringen, als der
Teufel dazwischentrat. Er stellte ihr just in diesem Moment ein anderes
Essen in Aussicht, eines, das sie ihre Alltagsaufgaben für eine Weile vergessen lassen würde. Andererseits sorgte er im gleichen Moment dafür,
daß sie nicht zu essen vermochte. Es ist bedeutsam, daß Anna Catharina
von allen möglichen vorstellbaren Teufelsattacken gerade das Symbol
einer verhinderten Mahlzeit in den Sinn kam, daß sie meinte, das Angebotene nicht zu sich nehmen zu können. Wie wir sehen werden, blok-
kierte der Fleck auf der Zunge jegliche Kommunikation, sowohl diejenige, die von ihr ausging, als auch diejenige, die an sie herangetragen
wurde. Erzeugt wurde er durch ein paar Tropfen roter Tinte, die an den
früheren Vorfall mit dem Blut aus ihrem Bauch erinnern. Anna Catharina
wurde, so scheint es, durch ihr eigenes Blut daran gehindert, über das
Idiom des Essens oder des oralen Diskurses Beziehungen herzustellen.
Es wäre hier auch die Vorstellung heranzuziehen, das Baby könne mit
Läusen vom Kopf der eigenen Mutter vergiftet werden. Das Bindeglied
zwischen dem Mädchen und seinem Bruder – eine blutsverwandtschaftliche Beziehung – liefert das Symbol des roten Flecks auf dem Bauch.
Eben dieser rote Fleck verbindet auch die Gallassin mit Anna Catharina
und ist die Folge der aggressiven Handlung der älteren Frau. Alle diese
Symbole handeln von beabsichtigter und unbeabsichtigter Gefährdung,
vom Problem des Zutritts zur weiteren sozialen Gruppe und von der
strukturellen Ambiguität von Verwandtschaftsbeziehungen.

*Der nächste Bericht, der gemeinsam vom Superintendenten und vom
Vogt verfaßt wurde, stammt vom 18. September. Anna Catharina sei
zum Schulmeister in Leonberg geschickt worden, um »Information« zu
erhalten. Er habe ihr den Katechismus und die »Syllabisation« bei-
gebracht, und sie sei im Begriff, lesen zu lernen. Zuvor habe sie nur das
Vaterunser und das Glaubensbekenntnis aufsagen können, und dies auch
nur auf ganz barbarische Weise. Seit sie Unterricht erhalte, sei sie weder
zum Tanz geholt noch vom bösen Feind angefochten worden. Es sei*

jedoch nicht zu verschweigen, daß seit den Nachrichten über die verführten Kinder in Calw bei der gemeinen Bürgerschaft, ja sogar bei den Honoratioren, ein großer Widerwille gegen das Mädchen aufgekommen sei.[11] Man wolle einen anderen Platz für es finden, wo es nicht mit den anderen Kindern reden könne. Es würde nicht länger in der Stadtschule geduldet werden. Die Autoren vertraten jedoch die Auffassung, daß sich die Obrigkeit nicht zum Nachteil des Mädchens nach dem gemeinen Pöbel richten solle. Der Schulmeister sei seiner überdrüssig und würde es nur zu gerne loswerden. Doch er könne selbst sehen, daß es, seit er ihm Unterricht gebe, nachts nicht mehr ausfuhr. Es sei unmöglich, das Mädchen in sein Heimatdorf Warmbronn zurückzuschicken. Es sei bereits früher von seinem verheirateten Bruder schlecht behandelt worden und deshalb davon gelaufen. Man müsse abwarten, bis es mehr gelernt haben und im Christentum und Gebet besser unterrichtet sein würde. Am 24. September reichten der Superintendent und der Untervogt einen weiteren Bericht ein. Der Schulmeister hätte sich bereit erklärt, das Mädchen zu behalten. Den meisten Mitgliedern des Gerichts und des Rats, darunter einige Bürgermeister, mißfalle das; sie würden daher den Superintendenten und den Untervogt anfeinden. Sie hätten öffentlich über mögliche Gegenmaßnahmen beraten und schickten seitdem ihre Kinder nicht mehr zur Schule. Der Heckenpfleger (»Heck'sche Stiftung Pfleger«), der zuständige Beamte für die Armenkasse, habe sich arrogant geweigert, dem Schulmeister das Kostgeld für das Mädchen auszuzahlen. Am 17. September meldete der Schulmeister, daß das Mädchen eine Katze auf den Rücken geschlagen habe. Das Tier sei seitdem lahm. Eine seiner Hennen habe laut zu gackern begonnen und sei verendet. Aus ihrem Schnabel sei eine Menge Schaum ausgetreten. Das Kind habe Ausflüchte gebraucht und behauptet, nichts getan zu haben. Seitdem seien zwei weitere Hennen tot umgefallen. Er, der Schulmeister, habe jeden Abend die Türen verriegelt, dreimal seien sie jedoch am Morgen geöffnet gewesen. Jedesmal, wenn er das Mädchen nachts gerufen habe, habe es geantwortet. Es dürfe nicht mit anderen Kindern zusammen sein und müsse allein an einem Tisch sitzen. Seine Frau habe Angst, über den Hof zu gehen, um das Essen vom Herd zu holen. Diese Angst rühre daher, weil das Kind Ausflüchte gebraucht habe.

Im Mittelpunkt des Streits, den der Superintendent und die Einwohner der Stadt um Anna Catharina führten, stand das »Wort«. Der Superintendent argumentierte, daß das Resultat des Unterrichts bereits deutlich zu erkennen sei. Seine einzelnen Argumentationsschritte sind aufschlußreich. Zu Beginn sagt er, sie lerne den Katechismus und die »Syllabisation«, d.h. der Schulmeister brachte ihr die Bedeutung der einzelnen Katechismusabschnitte und die Grundlagen des Lesens bei. Sie sei kurz davor, sagt er weiter, lesen zu können. Und *dann* kommt die Schlußfolgerung: früher habe sie das Vaterunser und den Katechismus nur »barbare« aufsagen können. Dieses Argument zielt darauf, daß das Erfassen von Bedeutung und die technische Fertigkeit des Lesenkönnens auf das Endergebnis hinwirken werden – auf die vorschriftsmäßige Rezitation. Lesenkönnen war eine Art Hilfswissenschaft für den oralen Diskurs. Der Superintendent setzte große Hoffnungen in den methodischen Unterricht: das Ende des »barbarischen« Diskurses würde der Macht des Teufels Grenzen setzen. Während sich die Hoffnung des Superintendenten auf die Einschränkung ihrer Kommunikation richtete, hielten die Stadtbewohner diese Maßnahme für verspätet. Sie fürchteten ihren spontanen Meinungsaustausch mit den anderen Kindern und sahen ihre ungehemmte Kommunikation als eine drohende Verführung. Man ließ sie im Schulzimmer alleine sitzen und unterband jeden Umgang mit anderen Kindern. Gleichwohl blieb die Angst der Eltern so groß, daß sie ihre Kinder fortan nicht mehr zur Schule schickten.

Am 26. September reichten der Bürgermeister und die Richter ein Gesuch ein, in dem sie den gesamten Fall noch einmal aufrollten. Sie hätten die Berichte des Vogts und des Superintendenten nicht lesen können, hätten aber festgestellt, daß das Mädchen zum Unterricht beim Schulmeister geschickt worden sei. Sie hätten gehofft, es werde nach Warmbronn zurückgeschickt, aber mittlerweile sei es bereits mehr als zehn Wochen in Leonberg. Es hätte etwas beten gelernt, viel mehr stünde jedoch nicht zu erwarten. Im Haus des Schulmeisters habe es eine Katze gestreichelt, die daraufhin lahm geworden sei. Die Hennen des Schulmeisters würden eingehen, und die Riegel an der Stubentür öffneten sich von selbst. Das Mädchen habe ein »schlimmes Gesicht«. Die Autoren erinnerten daran, was sich kurz zuvor in Calw zugetragen hatte; dort seien viele Kinder zur Hexerei verführt worden. Es sei nicht ausgeschlossen, daß der böse Feind sein Werkzeug hier zum gleichen Zweck gebrauche. Die Eltern litten »Herzleid, Leib- und Seelenangst«. Sie fürchteten das ewige Verderben für ihre Kinder und verlangten Anna Catharinas Entfernung. Sie seien besorgt, sie könne sich zu einem der anderen Kinder in der Schule gesellen. Eine böse Verführung könne »gleich« geschehen. Das Mädchen habe dem Schulmeister gesagt, daß der Teufel auf seiner Zunge sitze, so daß es häufig nicht schlucken könne. Sobald es etwas aus der Predigt aufsagen solle, könne es eine Zeitlang nicht sprechen.
Am 8. Oktober verfaßte der Schulmeister einen Bericht. Er schrieb, daß

*seine anfänglichen Hoffnungen verflogen seien. Das Mädchen sei zwei
weitere Male beim Hexenkonvent gewesen. Es sei von den Frauen aus
Gerlingen mitgenommen worden. In der Kirche oder beim Lesen und
Lernen sei der böse Geist auf seiner Zunge. Er und seine Frau hätten
zweimal darum ersucht, daß es entfernt werde, ihnen sei jedoch mit
einer Geldstrafe, bzw. Gefängnis gedroht worden. Die Leute fürchteten
sich, ihre Kinder zur Schule zu schicken, weil sie angesteckt werden
könnten. Fünf Hühner, auf die es gespuckt habe, seien eingegangen. Die
Katze, die es gestreichelt habe, sei lahm.*

Anna Catharina hatte die genau richtige Reaktion auf die Situation entwickelt. Sie unterstrich ebenfalls die Macht des Wortes, indem sie diesen Weg blockierte. Sie weigerte sich, den Erwartungen des Superintendenten und des Schulmeisters zu entsprechen. Solange ihre Äußerungen spontan und durch keine formalisierte Vortragsweise eingeschränkt
waren, blieb sie gefährlich. Keine der Gemeinden wollte sie behalten.
Das Bild, unter das sie subsumiert wurde, war das der Ansteckung und
Verführung. Und jedermann glaubte, daß dergleichen sich sehr schnell
ereignen könne. Es reichte schon, wenn das Mädchen mit anderen Kindern sprach. Sein Wort glich seinem Speichel, der den plötzlichen
Tod von Hühnern verursachen konnte.

*Am 9. Oktober verfaßte der Superintendent gemeinsam mit dem Vogt
den abschließenden Bericht. Das Kind sei von der Gallassin und deren
Sohn zweimal gewaltsam zum Hexentanz mitgenommen und übel geschlagen worden. Es habe Wein aus dem Keller des Gerlinger Schultheißen stehlen müssen. Das »grundböse Weib« des Schulmeisters habe das
Bett des Mädchens aus der Stube entfernt und im Spital aufgestellt, wo
es alleine schlafen müsse. Als die Frau mit ihrem Fortgehen gedroht
habe, hätten die beiden Beamten ihr einen Verweis erteilt, sie habe
jedoch wütend und mit bösen Reden dagegen aufbegehrt. Noch nicht
einmal die Drohung, sie ins Gefängnis zu bringen, habe sie zum Schweigen gebracht. Sie habe geschrien und sei türeschlagend davongerannt.
Als sie später zurückgekommen sei, habe sie gedroht, in Stuttgart Leute
ausfindig zu machen, die ihr helfen sollten, das Mädchen loszuwerden.
Sie, die Beamten, hätten die Geschichte des Mädchens geprüft und festgestellt, daß der Schultheiß von Gerlingen weder Wein noch Faß habe.
Er habe auch nie ein Faß in der angegebenen Größe besessen, und seine
Kellertür entspreche der beschriebenen in keiner Weise. Jegliches Fehlen
von Wein wäre bemerkt worden. In der Nacht, die das Mädchen ge-
nannt habe, sei alles gefroren gewesen, und es habe wohl kaum im
Nachthemd das Haus verlassen können. Nach ihrer Auffassung sei die*

Geschichte nicht das Produkt von Träumen oder illusiones diabolicae.
Einige der Leute, die das Mädchen beim Tanz gesehen haben will, seien
schon seit einiger Zeit tot. Sie wollten das Kind in die Obhut eines alten,
ehrlichen und frommen Ehepaars geben, das keine Kinder habe. Sie
könnten lesen und schreiben.
Am 4. November meldete der Untervogt, daß Anna Catharinas Vater
Elias Weissenbühler wieder in Warmbronn aufgetaucht sei. Er habe sein
dortiges Bürgerrecht vor Jahren aufgegeben und sei mit einer land-
fahrenden Schweizerin auf und davon gegangen. Seine Kinder habe er
zurückgelassen. Er sei katholisch und stamme ursprünglich aus Öster-
reich, sie sei Calvinistin. Er habe jetzt versuchen wollen, sein Haus
zu verkaufen (das nicht mehr als 30 fl. wert sei), sei aber ins Gefängnis
geworfen worden. Er habe angegeben, er wolle wieder zu seiner Frau
zurückgehen und seine Tochter mitnehmen. Er besitze keine bewegliche
Habe und sei schlecht gekleidet. Man wolle ihn gehen lassen, ihm jedoch
nicht gestatten, eines der Kinder mitzunehmen.
Am 13. November ging ein Schreiben der Einwohner von Warmbronn
ein, in denen sie sich weigerten, das Mädchen aufzunehmen. Beigefügt
war eine Liste aller Haushalte des Dorfs, die belegte, daß es keinen Platz
für es gab.

Im Mittelpunkt der Diskussion zwischen Anna Catharina Weissenbühler, dem Superintendenten und den verschiedenen Bewohnern von
Warmbronn, Gerlingen und Leonberg stand eine der entscheidenden
Fragen des 16. und 17. Jahrhunderts, nämlich die nach der Beschaffenheit, Macht und Reichweite des »Wortes«. Das Wort wurde vor allem als ein Paradigma unvermittelter Kommunikation aufgefaßt, ein
Punkt, der in der Reformationszeit zentrale Bedeutung gewonnen
hatte. Er war in verschiedener Hinsicht für jedes Verständnis von
Macht entscheidend und betraf die Grundlagen von Herrschaft. Wie
bei jeder metaphorischen Struktur, deren Form in beträchtlichem Maße
durch hegemonistische Mächte bestimmt wird, äußerte sich Widerstand
vor allem innerhalb ihres eigenen Rahmens. Eine Eigenbestimmung
war dadurch möglich, daß alternative Modelle der Wirklichkeit entworfen oder die vorhandenen Modelle den eigenen Zwecken nutzbar
gemacht werden konnten. Im vorliegenden Fall war die Auseinandersetzung frontal – sie benutzte das Wort – und zugleich indirekt,
da das Mädchen ein anderes, vermitteltes Verständnis von Kommunikation entwickelte.
Es wäre nicht sehr sinnvoll, den Vorstellungen einer Dreizehnjährigen,
die die Pubertätsprobleme eines normalen Kindes durchmacht und verzweifelt versucht, ihren Platz in der damals ganz besonders schwierigen

Erwachsenenwelt zu finden, zu viel Gewicht beizumessen. Ihre Situation wurde zusätzlich dadurch kompliziert, daß sie ihre Mutter verloren hatte, von ihrem Vater verlassen worden war und in die Hände einer Reihe von Verwandten geraten war, die sie unterstützten, bzw. ausbeuteten. Ihre Zeit gab ihr jedoch die äußerst wirksame Waffe der Hexerei an die Hand, die in ihrem Fall zunächst wohl nichts anderes war als ein kindliches Brüsten vor Gleichaltrigen, mit Hexen herumgefahren zu sein. Die Metaphern aus den Bereichen Magie/Hexerei, Nahrung/Essensaufnahme und Wort/Zunge greifen im Diskurs ineinander und ermöglichen eine jeweils andere »Lesart« des Kommunikationsprozesses. Jede dieser metaphorischen Strukturen kann als ein Idiom angesehen werden, da die jeweilige Struktur in ihrer Gesamtheit ihre eigenen Besonderheiten aufweist und eigenen, inneren, grammatischen Formen gehorcht. Gleichzeitig stellt jedes Idiom eine Möglichkeit dar, die Beziehungen zwischen Menschen und die zwischen Menschen und ihrer Umwelt zu begreifen; es verleiht dem Kommunikationsprozeß seine eigene Prägung. Wir werden unsere Analyse damit beginnen, daß wir zunächst die »Beziehungsidiome« Hexerei und Nahrung kurz betrachten, bevor wir uns auf das des Wortes konzentrieren. Alle drei Metaphern sind komplex und vieldimensional, und die Quellen vermitteln uns nur flüchtige Eindrücke der möglichen Reichhaltigkeit. Die Kommunikation erhält ihre spezifische Ausprägung in einem Prozeß, der in einer konkreten sozialen Welt der Verwandtschaft, Nachbarschaft und des Dorfes stattfindet, wobei jeder Handelnde sein eigenes partielles Situationsverständnis oder -mißverständnis beisteuert. Unser Problem besteht darin, das Argument des Subjekts von dem des Texts, in den es eingebunden ist, zu trennen – die doppelte Sichtweise eines jeden Historikers.

Das erste Idiom, nämlich Hexerei, ist dasjenige, um das es anscheinend bei dem ganzen Fall geht. Es umfaßt Aspekte der Nachbarschaft und Verwandtschaft, der Jugend und der Erwachsenenwelt, des Dorfs und des Individuums. Allgemein läßt sich ein Unterschied zwischen Verwandten und Nachbarn und – innerhalb der Verwandten – zwischen Blutsverwandten und affinalen Verwandten (jene, die durch Heirat verbunden sind) ziehen.[12] Der vorliegende Fall liefert eine Reihe von Hinweisen, daß Hexerei oder der Wunsch, eine Hexe zu werden, vererbt oder in blutsverwandtschaftlicher Linie weitergegeben werden konnte. Das heißt nicht, daß alle Verwandten dafür empfänglich gewesen wären, sondern nur, daß die Wahrscheinlichkeit, daß der notwendige, schlechte Einfluß oder die Verführung von einem Familienmitglied ausging, vergleichsweise groß war. Der gängige Satz, um diesen Sachverhalt auszudrücken, lautete: »Sie hat das nicht gekauft«, was bedeu-

tete, daß ein bestimmtes Merkmal nicht im Austausch mit Nichtverwandten erworben oder »erlernt«, sondern ererbt worden war.[13] Die
allgemeine Struktur dieser mythischen Vorstellung klingt noch in Erklärungen an, die man heutzutage in Württemberg für Trunksucht an-
führt; sie lauten ganz unterschiedlich.[14] Einmal heißt es, daß man
unter den Vorfahren eines Trinkers bei näherem Zusehen einen anderen
Säufer – vielleicht einen Onkel – in der Familie entdecken wird. Die
andere Erklärung – die von der gleichen Person vorgetragen wurde,
ohne daß ihr der Widerspruch aufgefallen wäre – besagt, daß Männer
häufig in Gasthäuser gehen und zu trinken beginnen, wenn ihre Frauen
kein gutes Essen kochen oder es nicht rechtzeitig fertigstellen. Hier
wird der affinale Aspekt in den Vordergrund gestellt und nicht das
Moment des Ererbten.

Es bestand also allgemein die Tendenz, Blutsverwandte als eine Einheit
zu sehen. Sowohl Anna Catharina wie auch ihr jüngerer Bruder wiesen
das Teufelsmal auf (allerdings gibt es keinen Hinweis, daß der Bruder
mit Gall Baums Frau in Kontakt gestanden hatte). Die Gallassin war
eine Hexe, und ihr Sohn war in ihre Fußstapfen getreten. Es fällt auf,
daß Gall Baum selbst an keiner Stelle mit Magie oder Hexerei in Verbindung gebracht wird. Es heißt vielmehr, daß der Sohn den Vater durch
sein Verfluchen und Fluchen – den beständigen Diskurs in jenem ge-
fährlichen magischen Bereich – bedrückte. Bei einem früheren Vorfall
in Gerlingen, in der die Gallassin eine Rolle gespielt hatte, soll eine
Tochter durch ihren Vater zur Hexerei verführt worden sein; die Mutter und Schwester des Vaters waren Jahre zuvor als Hexen verbrannt
worden.[15] Sofern man Gefahr von seiten der Verwandten fürchtete, war
es im allgemeinen Verdorbenheit / Verführung. Daneben bestand noch
die Möglichkeit der unbeabsichtigten Gefährdung, wie das Beispiel der
Mutter zeigt, deren Läuse für ihr Kind giftig sein sollten.

Im Gegensatz dazu stand von Nichtverwandten (oder affinalen Verwandten) Aggression / Verführung zu befürchten. Anna Catharina
wurde für den Tod der Hühner, die der Frau des Schulmeisters gehörten, verantwortlich gemacht. In dem erwähnten früheren Vorfall soll
das betreffende Mädchen die Erkrankung des Kalbs einer Nachbarin
verursacht haben.[16] Eine derartige Aggression wurde zum Teil dem
Neid zugeschrieben, den man Nachbarn unterstellte. So soll das Mädchen laut ausgerufen haben, wie schön das Kalb sei. Anna Catharinas
Angst vor Aggression drückt sich in ihrer Fixierung auf eine Nachbarin
aus, die offensichtlich im Mittelpunkt des dörflichen Machtspiels gestanden hatte und wahrscheinlich immer noch stand. Fünfundzwanzig
Jahre zuvor hatte diese Frau die öffentliche Meinung dahingehend
beeinflußt, daß das involvierte Mädchen aus dem Dorf ausgestoßen

wurde.[17] In Anna Catharinas Aggressionsphantasien gegenüber ihrem Schützling tauchen keine Verwandtschaftsbegriffe auf, was signifikant sein mag. Sie bezeichnete alle Leute, mit denen sie zu tun hatte und die sie als Verwandte ansah, als »Vettern« und »Basen«, tat das jedoch im Fall des Kindes nicht. Andererseits sprach sie hier nur von ihrer Versuchung und stellte die böse Absicht der nichtverwandten Gallassin und die Möglichkeit einer unbeabsichtigten Vergiftung durch die Kindesmutter heraus. Nachbarn wurden immer des Neides verdächtigt, und die Möglichkeit böser Absichten wurde durch die Gepflogenheit unterstrichen, gemeinsam mit einer sterbenden Nachbarin das Abendmahl einzunehmen. In einem Fall zum Beispiel betraten Nachbarn ein Haus zum ersten Mal, um den rituellen Beweis ihrer Unschuld zu erbringen.[18]

In der Literatur über Hexerei wird häufig darauf verwiesen, daß Hexen im allgemeinen marginale Personen waren, gewöhnlich alte, alleinstehende Frauen oder – wie im vorliegenden Fall – junge Mädchen.[19] Faßt man das Problem in dieser Weise, setzt man von vornherein voraus, daß es um Macht geht: es ist impliziert, daß die Schwachen in irgendeiner Weise von den Starken gefürchtet werden oder daß Menschen aufgrund verdrängter Schuldgefühle aggressiv gegenüber ihren Opfern werden. Es ist hier nicht der Ort, um dem Problem des Kampfes zwischen den Mächtigen und den Schwachen nachzugehen, es mag jedoch nützlich sein, einige Differenzierungen vorzunehmen und verschiedene Überlegungen vorzubringen. Wahrscheinlich stand Gall Baums Frau schon einige Zeit lang im Ruf, eine Hexe zu sein, was erklären würde, warum Anna Catharina gerade in ihr die Verführerin sah. Andererseits fand sich unter den Erwachsenen im Dorf niemand, der Anna Catharinas Behauptung beipflichtete. Es war klar, daß in einer Kontroverse zwischen der Gallassin und Anna Catharina letztere die Schwächere war und von Anfang an dazu bestimmt, den kürzeren zu ziehen. Überdies hatte sie weder in Gerlingen noch in Leonberg irgendeinen Status, war keine der »Unsrigen« und stand daher auch in keinerlei Weise unter dem Schutz der Gemeinschaft. In vielen Fällen handelten Dorfbewohner Hexereibeschuldigungen unter sich aus oder versuchten zusammen mit den örtlichen Beamten, die Auseinandersetzung wenigstens im lokalen Rahmen zu halten.[20] Man kann nicht sagen, daß die Hexen schwache marginale Personen wären, sondern nur, daß in einer Kontroverse, in der Magie eine Rolle spielt, die Mächtigen gewinnen. Protokolle von Hexereifällen machen z.B. häufig deutlich, daß die alte Frau, die schließlich vor Gericht gebracht wurde, ihr ganzes Leben lang eine Hexe gewesen war.[21] In den Zeugenaussagen der Nachbarn tauchen

Ereignisse auf, die in einem Zeitraum von mehr als vierzig Jahren stattgefunden haben. In all diesen Jahren hatte niemand den Versuch unternommen, sie vor Gericht zu bringen – oder vielleicht gelang keiner der
Versuche –, sondern man hatte gewartet, bis nichts mehr von ihr zu befürchten war oder bis sich das Machtgefüge verschoben hatte. Was Gall-
Baums Frau betrifft, so gehörte sie noch immer zu jener Gruppe im
Dorf, die den Ruf einer Person bestimmte, war sie nach wie vor eine
machtvolle Persönlichkeit, die für das junge Mädchen, das den Kampf
mit ihr unter so ungleichen Voraussetzungen angetreten hatte, nichts
als Verachtung zeigte.

Das Hexerei-Idiom ist eine Möglichkeit zur Bestimmung der Gemeinschaft. Es weist darauf hin, in welchem Bereich Neid, Aggression
und Furcht zugelassen waren. Die Nahrungsmetaphorik eröffnet eine
andere Betrachtungsmöglichkeit von Gemeinschaft, einen anderen Zugang zu den Beziehungen und zum Kommunikationsprozeß. Anders
als Kommunikationsbilder, in deren Zentrum das gesprochene Wort
steht, sind jene, die mit Nahrung zu tun haben, von Natur aus vermittelte. Das Kochen, Teilen, Anbieten und Einnehmen von Nahrung findet in einem mehr oder minder komplexen Kontext des Austausches
zwischen Menschen statt.[22] Eine solche Betrachtung von Gesellschaft
setzt unmittelbar mit den Beziehungen ein, d. h. sie nimmt weder ihren
Ausgang beim Individuum noch bei einer Sicht, die Gesellschaft auf
eine Anzahl von Bedürfnissen reduziert.

Menschen, die zusammen essen, bilden eine moralische Gemeinschaft,
die in ganz unterschiedlicher Weise strukturiert sein kann. Im ländlichen Württemberg war es beispielsweise allgemein Brauch, daß eine
junge unverheiratete Frau zum jährlichen Kirchweihfest einen Obst-
kuchen buk. Sie bot ihn verschiedenen jungen Burschen an, die ihr ge-
fielen. Diese nun mußten ihr Messer herausziehen und ein Stück damit
nehmen.[23] Einem verheirateten Mann war es unter keinen Umständen
gestattet, in ihren Kuchen zu stechen. Nahm ein verheirateter Mann
Essen von irgendeiner anderen Frau als seiner eigenen Ehefrau entgegen, konnte das bereits als Hinweis auf ein verbotenes sexuelles Verhältnis mit ihr interpretiert werden.[24] Essen und Essensrituale enthielten also Informationen über Beziehungen; sie waren Teil der Herausbildung körperschaftlicher Gruppen und wiesen auf soziale Grenzen
hin.

Gemeinsames Essen impliziert natürlich Vertrauen. Und genau hier
liegt häufig der kritische Punkt von sozialen Beziehungen, da Vertrauen
unter Umständen durch Verrat und Nahrung durch Gift entgolten
wird. Im ländlichen Württemberg war es nicht ungewöhnlich, daß ein
Mann seine Frau oder eine Frau ihren Mann verdächtigte, ihn oder sie

durch Magie vergiften zu wollen.[25] Tatsächlich ging es bei den Zauberei-beschuldigungen häufig um den Vorwurf der Vergiftungsabsicht, und Nachbarn, die sich Brotlaibe liehen, warfen in der Regel zuerst den Hühnern einige Krumen hin, bevor sie selbst davon aßen.[26] In der Gemeinschaft gibt es Gefahren, die gerade deshalb so gefährlich sind, weil man häufig nicht mit einem Angriff rechnet. Nahrung/Gift bieten sich daher als Metaphern für Gemeinsamkeit/Verrat in der Gemeinschaft an. Eben dieses Symbolpaar diente Anna Catharina dazu, ihre Ängste, aber mehr noch ihre marginale Stellung auszudrücken. Die Beziehungen zu ihrem verheirateten Bruder und verschiedenen »Vettern« und »Basen« entwickelten sich entweder zu solchen der Ausbeutung oder der Ablehnung – jedenfalls lief sie immer wieder fort. Die von ihr berichteten Mahlzeiten, an denen sie nie teilhatte, standen für das zentrale Problem in ihrem Leben: daß sie bisher noch kein Mitglied irgendeiner Gemeinschaft geworden war, und daß alle Annäherungen von ihrer Seite am Ende immer abgewiesen, die Beziehungen abgebrochen wurden, bis sie schließlich überhaupt nicht mehr essen konnte. Anders als das Hexerei-Idiom, das uns eine bestimmte Sicht der damaligen Gesellschaft ermöglicht und Anna Catharina als Mitwirkende in einem Diskurs über gesellschaftliche Macht zeigt, führt uns die Essens-Metapher zu einer persönlicheren Sicht von Anna Catharinas Situation bis hin zu ihrer subjektiven Erfahrung. Beide sind jedoch Teil eines komplexeren Ganzen. Mit der Wort-Metapher betreten wir die Welt der Hierarchie und Herrschaft und beginnen, einige der Verbindungen zwischen dem Dorf und dem Staat, zwischen der Kultur der lokalen Gemeinschaft und der des religiösen Establishments zu sehen.

Der spezielle Punkt im Zusammenhang mit dem »Wort« war das Thema des Unterrichts, der sich offenbar auf das mündliche Aufsagen von Gebeten konzentrierte und Anna Catharinas barbarische Rezitation (»Barbar« bedeutet Stotterer) beheben sollte. Es war wichtig, die Gebete buchstabengetreu zu beherrschen und den Katechismus aufsagen zu können. Beides galt als »Beten«. Was der Superintendent anstrebte, wird etwas klarer, wenn wir uns vor Augen führen, was Ausbildung in einer mündlichen Kultur bedeuten kann. Man muß von Anbeginn zwischen wörtlichem und inhaltlichem Memorieren unterscheiden; es geht um das Memorieren von Worten, nicht von Sachverhalten.[27]

Anders als bei der Ausbildung von Dichtern und Pfarrern wurden Anna Catharina keine Topoi (loci communes) vorgegeben, sondern ein Text, den sie zu lernen hatte. Wenn das Memorieren bestimmte Schemata oder Stoffe betrifft, kann der mündlich Vortragende Teil eines schöpferischen Prozesses sein: er erarbeitet den Stoff, stellt jedoch in seinen Variationen die eigenen Fähigkeiten unter Beweis.[28] Daß man Anna Catharina auf einen Text beschränkte, daß man erwartete, daß sie ihn buchstabengetreu wiederzugeben lernte, macht deutlich, daß man nicht daran dachte, sie sprechen oder an einem mündlichen Diskurs teilnehmen zu lassen. Sie sollte nicht selbst etwas hervorbringen, sondern nur empfangen.[29] Dadurch, daß er sie an den Text zu binden suchte, wollte der Superintendent sie von jeder spontanen Hervorbringung eigener Deutungen abbringen. Allgemeiner gefaßt geht es hier natürlich um die Bedeutung des Unterrichts für die Gesamtgesellschaft. Der Nachdruck auf einem wortgetreuen Memorieren von seiten des Staats und der Kirche stellte eine gravierende Beschneidung der Möglichkeiten einer Gemeinschaft dar, ihre eigenen Formen zu entwickeln. Das Fixieren eines Texts bedeutet eine Veränderung des »lebendigen« Worts, das Abtöten seiner Dynamik.[30] In gewissem Sinn wird die Alltagssprache dadurch zu etwas »Archaischem« gemacht, das Wort zu einem Objekt, das dann zu einer Form der Magie und allein durch Wiederholung ein mächtiges Instrument gegen den Teufel wird.

Es wurde darauf hingewiesen, daß Auswendiglernen als Hauptaspekt der Erziehung eine ununterbrochene Disziplinierung des Kindes durch die Erwachsenen impliziert.[31] Es bewirkt außerdem, daß die Formeln, mit denen die Gemeinschaft Dinge »organisiert« und der Reaktion auf Dinge eine feste Form gibt, ersetzt oder in Frage gestellt werden. Orale Erziehung und Auswendiglernen gehörten zu einem langfristigen Programm des Staates, um die ländliche Gesellschaft zu disziplinieren und ihre Kultur abhängig zu machen. Wir haben im ersten Kapitel gesehen, daß auch der Abendmahlsritus Teil dieses Disziplinierungsprozesses war. Das zweite Kapitel machte deutlich, in welchem Maße geistliche Verwalter an Fragen der Disziplin interessiert waren. Mit dem Programm des Angriffs auf die mündliche Kultur schufen sie zugleich eine Vermittlung zwischen Land und Stadt. Alle Mitwirkenden im Drama um Anna Catharina schrieben dem Wort eine bestimmte Kraft zu – die Einwohner der Stadt Leonberg, die es für ansteckend hielten, der Superintendent, der die Magie des festgelegten Worts ins Feld führte, und auch Anna Catharina selbst, die ihre Macht durch die Maßnahmen des Superintendenten nicht beschneiden lassen wollte. Immerhin versetzte sie eine ganze Stadt sowie zwei Dörfer in Furcht und Schrecken, und eine ganze Reihe von Erwachsenen verwandte viel Zeit darauf, ihrem Einfluß entgegenzuwirken.

Das »Wort« war ein Hauptaspekt der Reformation gewesen. Für Luther und Melanchthon konnte es ohne das Verkündigungswort und die Sakramente kein Wissen von Gott geben.[32] Selbst die Sakramente wurden im Zusammenhang mit dem Wort Gottes gesehen – eine Erlösung ohne das Wort gab es nicht und konnte es auch nicht geben. Beide Reformatoren und auch Brenz, der württembergische Reformator, betonten im Unterschied zum inneren Wort der Schwärmer und Sektenanhänger das äußere Wort.[33] In der württembergischen Kirchen-Ordnung von 1559 wurde öffentlich erklärt, es sei ein Irrtum zu glauben, daß Gott seine Gaben ohne das »Predigerampt des eusserlichen Worts« erteilen könne.[34] Alle Reformatoren betonten die Wichtigkeit des Predigtamts, insbesondere seinen Beitrag zur Organisation von Kultur. Wie Calvin schrieb: »Die Kirche wird nicht anders als durch die äußerliche Predigt erbaut«.[35] Er ging sogar so weit, vor der privaten Bibellektüre und der Meditation zu warnen: sie seien radikal individualisierende und isolierende Praktiken, die dem einzelnen gestatteten, sich der Disziplin des äußeren Worts zu entziehen und »das heilige Band der Einheit« zu zerbrechen.[36]

Die Reformatoren waren sich also der zentralen Bedeutung des gesprochenen Worts für die Gemeinschaft wohl bewußt. Sie erkannten, wie Walter Ong aufzeigt, daß die Laute die Menschen in einer anderen Weise vereinen als das geschriebene Wort, da das gesprochene Wort Kommunikation und Handlung zugleich ist.[37] Beim gesprochenen Wort fällt es schwer, sich an den Gedanken anderer zu beteiligen, ohne Verpflichtungen einzugehen. Eine solche Auffassung vom Wort und die gelebte Erfahrung in einer mündlichen Kultur bringen es mit sich, daß das Wort als etwas Mächtiges und Gefährliches angesehen wird. Daß die städtische Bevölkerung von Leonberg eine Ansteckung fürchtete, spricht dafür, daß das Wort als Handlung verstanden wurde.

Die Möglichkeiten, die das neue, in der Reformationszeit so intensiv erörterte Verständnis von der mündlichen Kultur barg, wurden auch von den weltlichen Beamten erkannt. In Württemberg ging die Gründung der protestantischen Kirche mit ihrem Predigtamt Hand in Hand mit der Einrichtung von Schulen, die die Grundlagen der Disziplinierung durch das gesprochene Wort legen sollten, und mit der Entwicklung eines staatlich gesteuerten, säkularen mündlichen Diskurses auf Dorfebene. 1559 wurde per Gesetz angeordnet, daß der Pfarrer jeden Sonntag im Anschluß an die Predigt die Zehn Gebote, das Apostolische Glaubensbekenntnis und das Vaterunser von der Kanzel herunter vorsprechen sollte und daß jedermann sie Wort für Wort zu wiederholen hatte, damit dadurch »eynerley Wort gewonnen werden«.[38] Gleichzeitig wurde die Verordnung für die Dorfschulen erlassen, in deren Mittelpunkt das Auswendiglernen des Katechismus stand. Es sollte vor allem gelernt werden, »die letsten Syllaben im Mund nit [zu]verschlagen«.[39] In diesen Jahren bürgerte es sich ein, den versammelten Bürgern aller Dörfer und Städte die Gesetzestexte und Verordnungen öffentlich vorzulesen.[40] Zur gleichen Zeit also, als das Wort als ein Grundelement von Gemeinschaft verstanden wurde, wurden neue Techniken entwickelt, um das Wort als Disziplinierungsmittel nutzbar zu machen und damit die Komponente der Herrschaft innerhalb der Gemeinschaft zu stärken. Ein Heer von Beamten, die alle im geschriebenen Wort ausgebildet waren, bekämpfte die mündliche Kultur; es wählte seinen Angriffspunkt mit großem Bedacht. Ein dreizehnjähriges Mädchen erkannte in einem klaren Augenblick, wo der Durchbruch geplant war, und verbarrikadierte seine Zunge.

4

Gotteslästerung, Ehebruch und Verfolgung:

Die Paranoia eines Pfarrers (1696–1710)

Und du solt fur dis Volck nicht bitten, und solt fur sie kein Klage noch Gebet furbringen, auch nicht sie vertreten fur mir, Denn ich wil dich nicht hören.

Jeremia 7, 16

Herr leite mich in deiner Gerechtigkeit,
umb meiner Feinde willen,
Richte deinen Weg fur mir her.
Denn in irem Munde ist nichts gewisses,
Ir inwendiges ist hertzeleid,
Ir rachen ist ein offens grab,
Mit iren zungen heuchlen sie.
Schüldige sie Gott,
das sie fallen von irem Furnemen,
Stosse sie aus umb irer grossen ubertretung willen,
Denn sie sind dir widerspenstig.

Psalm, 9–11

Wer eine Gruben macht, der wird drein fallen,
Und wer einen stein waltzet, auff den wird er komen.

Sprüche Salomos 26, 27

Die Geschichte, die wir in diesem Kapitel erzählen wollen, handelt von einem württembergischen Pfarrer des ausgehenden 17. Jahrhunderts, der von einer Pfarrei in die andere versetzt wurde und jedesmal in unlösbare Konflikte mit den weltlichen Obrigkeitsvertretern geriet.[1] Die Oberamtsakte über Georg Gottfrid Bregenzer begann im Jahre 1696 und endete 1710 mit seiner Entlassung vom Dienst und seiner »permanenten« Ausweisung aus Württemberg. Acht Jahre später gelang es ihm, eine Pfarrstelle im Dorf Truchtelfingen zu bekommen, doch nähere Einzelheiten über diese Anstellung sind nicht mehr auffindbar.[2] Seine Laufbahn veranschaulicht eine Reihe von Themen, die für die ländliche und kleinstädtische Gesellschaft zentral waren: die Beziehung zwischen Pfarrer und Staatsbeamten, die Beschaffenheit der Macht des Pfarrers, die Natur der politischen Metaphorik, die Begriffe Sünde,

Gotteslästerung, Feindschaft und Versöhnung. Vor allem aber geht mit den Aktivitäten und Konflikten um Bregenzer ein reiches Vokabular an Schimpfworten einher, deren metaphorische Struktur Hinweise auf die zentralen sozialen Kategorien jener Zeit bietet. Keine Analyse dieser Kategorien, die auf ein Verständnis ihrer Dynamik zielt, kann die Vorstellung der »Feindschaft« und die Kategorie »Ehebruch« außer acht lassen.

Die erste Erwähnung Bregenzers in den Akten findet sich in einem Bericht des Superintendenten von Heidenheim, dem ein Brief des obersten Beamten der Stadt Heubach (Einwohnerzahl 700–800) vom 12. Oktober 1696 beigefügt ist. Nach Angaben des Vogts hatte Pfarrer Bregenzer mehrere ungenehmigte und offenbar Ärgernis erregende Reisen unternommen. Er habe sich ohne Entschuldigung vierzehn Tage lang aus der Stadt entfernt und erst kürzlich den Tag mit einem katholischen Edelmann aus Leinzell verbracht. Bedenklicher sei die Tatsache, daß er in der Stadt herumgehe und verschiedene Leute verunglimpfe. Am vorangegangenen Freitag, dem monatlichen Buß- und Bettag, habe er zudem eine derart »obskure mit lauter Calumnien angefüllte Predigt« gehalten, daß alle Zuhörer darüber höchst verärgert gewesen seien. Er habe aus der Litanei den Text über die Vergebung und Bekehrung von Feinden, Verfolgern und Verleumdern gewählt und folgende Punkte herausgestellt: (1) Auch er habe Verfolgung durch die Gemeinde erfahren. (2) Er müsse das Thema diesmal notgedrungenerweise behandeln, weil es durch die Litanei vorgegeben sei. Er hoffe, es werde Früchte im Land hervorbringen. (3) Der Lehrer werde von dem »Wehrer« beleidigt. (4) Im Lehrstand gebe es »gaistliche Feinde«, im Wehrstand dagegen Verfolger, Lästerer und weltliche Feinde. (5) Es sei ein Mensch des anderen Wolf. (6) Die Verfolger und Lästerer der »Gaistlichen« sollten die Worte Christi bedenken: »Was ihr dem Geringsten der Meinen getan, das habt ihr mir getan.« (7) Er wolle Gott bitten, seinen Verfolgern, Lästerern und Feinden ihre Einfalt und Schwachheit zu vergeben. (8) Die Verfolger seien die weltlichen Obrigkeitspersonen, die gegen die Lehrer vorgingen. (9) Die Verfolger der Geistlichen würden verstoßen werden.[3]

Bregenzer hatte, zumindest nach Darstellung des Vogts, eine wichtige Unterscheidung im städtischen Machtapparat hervorgehoben, nämlich die zwischen geistlicher und weltlicher Macht. Er sprach den weltlichen Obrigkeitsvertretern aufgrund ihres weltlichen Status jegliche geistliche Macht ab und unterstrich die Kluft zwischen den beiden Seiten durch die Bilder, die er benutzte: Lehren/Wehren (oder Wort versus Gewalt), Mensch/Wolf, Verfolgter/Verfolger, Beleidigter/Beleidiger,

Verlästerter / Lästerer, geistlich / weltlich. Der weltlichen Macht ordnete er Waffengewalt und aggressives Verhalten zu und wandte alle diese Bilder insbesondere auf die weltlichen Obrigkeitsvertreter in Heubach an. Im Gegensatz zur Macht des Schwertes bringe die des Lehrers »Früchte hervor«, d. h. sie unterliegt nicht der menschlichen Verstandeskraft. Letztlich seien die beiden Welten ungleich: seine Feinde seien einfältig und schwach und bedürften der Vergebung. Die Beleidigung eines Vertreters der geistlichen Seite des Gegensatzpaars richte sich auch gegen Christus und werde entsprechend bestraft werden.

Die meisten Punkte in Bregenzers Predigt standen im Einklang mit der herkömmlichen lutherischen Unterscheidung von Geist und Schwert. Es ist jedoch faszinierend zu sehen, in welcher Weise die theologischen Unterscheidungen in konkrete Predigten eingefügt werden konnten und wie der Pfarrer in einem offenbar bestehenden Streit zwischen weltlicher und kirchlicher Obrigkeit aus seinem charismatischen Status Kraft bezog. Natürlich benutzte er sein Predigeramt konkret dazu, seine Widersacher vor der gesamten Einwohnerschaft der Stadt anzugreifen. Aber ein großer Teil seiner Botschaft scheint sich auf die Bestimmung sozialer, moralischer und spiritueller Dichotomien und die Darlegung der Gesetze ihres Zusammenhangs gerichtet zu haben. Eine der Predigten, die sich in Bregenzers Akte finden, wurde am zweiundzwanzigsten Sonntag nach Trinitatis gehalten.[4] Sie war für den Vortrag in der Kirche zu lang, weshalb mehrere Abschnitte ausgestrichen sind. In einem Vorwort weist Bregenzer jedoch ausdrücklich darauf hin, daß es der ungekürzte Text sei, der seine Ansichten wiedergebe. Offenbar hatte der Superintendent die Predigt mit Bregenzer erörtert, und letzterer hatte anschließend Randbemerkungen hinzugefügt, die der Ansicht seines Vorgesetzten widersprachen. Thema und Aufbau der Predigt folgen der Unterscheidung von geistlichem Stand und Obrigkeit, wobei die Vorrangstellung des ersteren herausgestellt wird. Die Beziehung zwischen Pfarrer und Gemeindemitglied – zwischen Beichtvater und Beichtkind – könne keine brüderliche sein. Sie bleibe eine zwischen Vater und Kind. Das schließt ein, daß in einer Beziehung zwischen Gleichgestellten – zwischen Brüdern – beide Seiten Versöhnung suchen können, wenn eine die andere beleidigt hat. Beleidigt aber ein Sohn seinen Vater, so ist es nicht Sache des Vaters, Versöhnung zu suchen. Es ist der Sohn, der Reue zeigen und die Echtheit seines Bedauerns unter Beweis stellen muß. Ohne Namen zu nennen, bringt Bregenzer in einer Reihe heftiger Attacken vor, daß der »Seelsorger« von Heubach unbarmherzig verfolgt werde und daß die ganze Gemeinde beim Anblick dieses Martyriums zu Gott seufze. Die Verfolger würden sich ihren eigenen Strick drehen, sich selbst vor das Jüngste Gericht bringen. In atemberaubenden Sprüngen argumentierte Bregenzer, daß Haß Mord gleichkomme und daß man laut Jeremia 7, 16 für jene, deren Hände voll Blut seien, zu beten aufhören könne. Öffentlich begangene Sünden müßten öffentlich bereut werden; für eine wirkliche Buße sei es notwendig, sich vor der Gemeinde zu entschuldigen. Den »Unbussfertigen« könne der Pfarrer so lange den Zugang zum Beichtstuhl und die Absolution verwehren, bis sie wahre Reue zeigten. Schließlich habe Christus der Geistlichkeit die Schlüssel zum Himmelreich gegeben und erwarte, daß sie davon Gebrauch mache. Versöhnung gehöre nicht zu den Aufgaben des Pfarrers – der Vater sei nicht verpflichtet, nach der Pfeife seines Sohnes oder seiner Tochter zu tanzen.

Beschwerden von seiten des Vogts Franz Ulssheimer veranlaßten den Superintendenten, das Verhalten des Pfarrers zu untersuchen. Er ermittelte folgendes: Bei einer Schützenmahlzeit habe sich der Pfarrer zusammen mit dem katholischen Edelmann aus Leinzell schimpflich benommen. Er habe 1. Korinther 15 »Von Gottes Gnaden bin ich, was ich bin« zitiert und gesagt, auch der Adlige sei von Gottes Gnaden, was er sei. Daraufhin hätten die beiden Bruderschaft miteinander getrunken, einander geduzt, und der Edelmann habe den Pfarrer »Pfaffenbruder« genannt. Der Adlige habe auf Bregenzers »gar wüste unflätige Gesundheit« getrunken. Es gäbe Beschwerden über Bregenzers Predigten und die von ihm gewählten Gleichnisse und »Typen«. Er übe seine Machtbefugnisse oft willkürlich aus. Nach Aussage des Vogts sei die Magd des Pfarrers wegen des Verdachts des wiederholten Ehebruchs der Stadt verwiesen worden. Bregenzer habe sie eigenmächtig zurückgeholt und wieder in Dienst genommen. Er behandele seine Frau wegen der Magd oft hart; einmal habe er sie im Beisein derselben auf dem Feld geschlagen. Am Ende einer seiner Predigten habe er sich von seiner Gemeinde verabschiedet: im Entwurf finde man die Worte: »Adieu, Valete«. Er habe die Stadt verlassen, ohne irgend jemandem über seine Absichten zu informieren; es gehe das Gerücht um, er sei zu den Papisten übergegangen. Er sei ein sehr schlimmer Haushalter, habe die Mitgift seiner Frau durchgebracht und Schulden aufgehäuft.[5]

Bürgermeister, Gericht und Rat forderten einen neuen Pfarrer. In der Zwischenzeit schrieb Bregenzer mehrere höchst verworrene Entschuldigungsbriefe und verlangte eine Untersuchung gegen den Vogt. Er weigerte sich von der Kanzel herab, auf dessen Versöhnungsangebot einzugehen. Für eine gewisse Zeit wurde ein Vikar eingesetzt, aber als sich sein Verhalten besserte, wurde dieser wieder abgezogen. Bregenzer beschränkte seine Aktivitäten nicht allein auf die Stadt, sondern suchte auch die umliegenden Dörfer auf und predigte dort gegen den Vogt. Nach Prüfung aller Tatbestände kam der Superintendent zu dem Schluß, der Pfarrer müsse nicht völlig bei Verstand sein.

In den Augen des Vogts und der Magistratsmitglieder der Stadt hatte sich Bregenzer der Vermengung wichtiger sozialer und politischer Kategorien schuldig gemacht. Die Stadt lag in einer Region, in der der Gegensatz zwischen Protestanten und Katholiken den weiteren Kontext bestimmte. Dieser Gegensatz war für eine Beurteilung der sozialen Differenzierung und für die Symbole der sozialen Kontrolle absolut grundlegend. Das Ausmaß eines Skandals wurde am Grad der Befriedigung gemessen, die er der anderen Seite brachte. Das skandalöse gemeinsame Mahl mit einem katholischen Adligen und der Verdacht, Bregenzer sei zu den Papisten übergelaufen, sprachen in den Augen der Magistratsmitglieder für Bregenzers Unfähigkeit, die Hauptkategorien klar zu unterscheiden, und belegten seine Inkompetenz. In seinem schimpflichen Verhalten bei der Schützenmahlzeit sei er so weit gegangen, das intimste Zeichen der Freundschaft, das vertrauliche »Du«, gegenüber dem katholischen Edelmann zu benutzen. Nachdem sie miteinander Bruderschaft getrunken hätten, habe der Adlige eine Verwandtschaftsmetapher gebraucht, indem er Bregenzer einen »Pfaffenbruder« genannt habe, und mit seinem anschließenden groben Toast auf den Pfarrer die Grenzen der sozialen Distanz noch weiter überschritten. Den vom Pfarrer verwendeten Metaphern der Feindschaft und Verfolgung hielt der Vogt also entgegen, er könne nicht klar unterscheiden, wer sein eigentlicher Feind sei und gebrauche die Verwandtschafts- und Freundschaftsmetaphern völlig unangemessen am falschen Ort. Er sei auch nicht in der Lage, die Regeln der »Freundschaft« einzuhalten: er erniedrige seine Frau im Beisein der Magd und lehne ein Versöhnungsangebot des Vogtes ab.

Diese Situation bestand ungefähr ein Jahr fort, bis sich die Beamten schließlich um einen neuen Pfarrer bemühten. Doch Bregenzer und zwei Deputierte verfaßten eine Eingabe, in der sie den Vogt der Bigamie beschuldigten. (Auf diesen für Bregenzer typischen Angriff werden wir später zurückkommen.) Nach einer seiner Predigten verlas Bregenzer die Namen all der Leute, denen er gedient hatte: die der Kranken, die er besucht, die der Kinder, die er getauft, und die der jungen Leute, die er konfirmiert hatte. Daraufhin verließen zwar alle Magistratsmitglieder die Kirche, doch die Bürgerschaft blieb und unterzeichnete ein Schriftstück zu seinen Gunsten. Der Vogt gab zu verstehen, daß es bei einem Verbleiben des Pfarrers im Ort zu einem Zusammenstoß zwischen dem Magistrat und den Bürgern kommen werde, der den Papisten der Umgebung Gelegenheit geben würde, das geistliche Amt und die evangelische Religion zu verlästern. Er solle entfernt werden, weil er das gemeine Volk verbotenerweise an sich ziehe.[6]

Im Mai 1698 wurde die gesamte Bürgerschaft einzeln zum Thema der Entlassung des Pfarrers befragt, die dem Magistrat zufolge jedermann wünschte. Nicht ein einziger Bürger wußte etwas von dieser Forderung oder konnte einen Grund für seine Entlassung vorbringen. Vielmehr hieß es übereinstimmend, daß Bregenzer sein Amt fleißig und unverdrossen erfülle. Seine Predigten seien alle zu ihrer Zufriedenheit; die Aufgabe, die Jugend im Katechismus zu unterweisen, führe er getreulich aus. Er besuche die Kranken, spare keinen Gang und erweise viele leibliche Guttaten. Niemand konnte sich erinnern, daß er sich jemals »närrisch, töricht oder übelständig« benommen habe. Einige hatten ihn nur ein einziges Mal – bei der Schützenmahlzeit – betrunken gesehen.[7]

Das Bild, das sich aus den Aussagen der Bürger ergibt, ist voller Widersprüche, ermöglicht jedoch einige wichtige Einblicke in die Dynamik dieser Kleinstadtgesellschaft. Vor allem den, daß der offene Konflikt zwischem dem Vogt, der von den meisten Magistratsmitgliedern unterstützt wurde, und dem Pfarrer das Empfinden keines einzigen Bürgers zu beeinträchtigen schien. Niemand äußerte sich dahingehend, daß die eine oder andere Seite mehr Nachsicht zeigen möge oder daß ein derartiger Konflikt störend oder beschämend sei. Es nahm auch niemand Anstoß am Verfolgungswahn des Pfarrers, seinen Feindvorstellungen oder daran, daß er die Predigt für seine eigenen Zwecke benutzte. All das macht deutlich, welch zentrale Stellung die Kategorie »Feindschaft« in dieser Gesellschaft einnahm und wie selbstverständlich es war, mit Leuten zu tun zu haben, die in einen Machtkampf verwickelt waren. Zu sagen, daß man verfolgt wurde, war nach allgemeinem Verständnis kein Anzeichen für eine klinische Paranoia. Damit, daß Bregenzer die konkrete Erfahrung von Aggression in den Kontext geistlicher Macht stellte, traf er das Richtige und erbaute seine Hörer. In einer seiner Predigten zog er den Wortlaut von Lukas 22, 24–27 heran, der vom Streit der Jünger darüber handelt, wer von ihnen für den Größten gehalten werden solle. Er nutzte Christi Antwort in seinem Sinne: Christus unterscheidet zwischen Mächtigen und Herrschenden und jenen, die »dienen«, wobei durchklingt, daß wirkliche – geistliche – Macht und schließlicher Lohn den letzteren vorbehalten sind. Bregenzer verlas auch die Worte des Jakobusbriefs 3, 15 von der Kanzel, die besagen, daß Neid und Zank »irdisch, menschlich und teuflisch« seien, und wandte sie auf seine Feinde an.[8]

Verschiedene Handlungen Bregenzers müssen auch im Kontext der

Beziehungen zwischen den beiden Körperschaften Gemeinde bzw. Bürgerschaft und Magistrat gesehen werden.[9] Die Stellung des Pfarrers war grundsätzlich ambivalent, da sie in einigen Aspekten der eines Magistratsmitglieds glich, der Pfarrer jedoch nicht dem Magistrat angehörte. Er war z.B. Mitglied des Kirchenkonvents, sprach also bei Urteilssprüchen über Bürger mit und erteilte Strafen. Er war auch ein Sprachrohr, das Ankündigungen, Verordnungen und »Suchmeldungen« des Staates weitergab. Andrerseits besaß er eine große geistliche Macht, da er nahezu täglich die Machtsymbole, die Beschaffenheit der Wirklichkeit und den relativen moralischen Wert, der dieser oder jener Handlung beizulegen war, öffentlich definieren konnte. Es ist bezeichnend, daß Bregenzer zur Aufrechterhaltung der Kirchenzucht und Moral viel mehr an Beichte und Abendmahl als am Kirchenkonvent interessiert war, in dem er die Macht mit mehreren Magistratsmitgliedern teilen mußte. Da er noch weniger als sie der Gemeinde angehörte, war er der Hauptvermittler zwischen ihr und der Welt der geistlichen Macht, analog zu den Magistratsherren, die die Mittelsmänner staatlicher Autorität waren. Obwohl er die staatlichen Obrigkeitsvertreter aus dem Bereich des Geistes ausschließen und diesen Ausschluß als Hauptinstrument seiner kritischen Aktivität einsetzen konnte, stand er andrerseits nie ganz außerhalb des »fleischlichen« Bereichs, wie der Streit selbst beweist. Denn nach über anderthalbjähriger Auseinandersetzung erklärte die Stadtobrigkeit (Bürgermeister, Gericht und Rat) den Untersuchungsbeamten, daß der ganze Streit auf einen Konflikt zwischen dem Pfarrer und dem Vogt über die Aufteilung des kleinen Zehnten (von Gartenerzeugnissen, Flachs, Hanf, Obst und manchmal Heu) zurückgehe.[10]

Wie sich herausstellte bestand die Meinungsverschiedenheit zwischen Pfarrer und Vogt seit Menschengedenken, d.h. sie gehörte bereits zum Alltag der Gemeinde, bevor Bregenzer die Pfarrei übernahm. Offenbar neu an der Situation war die Art und Weise, in der Bregenzer die Kanzel benutzte, um seinen Kampf weiterzuführen. Indem er die Gemeinde in den Streit einbezog, zerstörte er das Machtgleichgewicht in der Stadt. Die Magistratsmitglieder gerieten infolgedessen in Unruhe, da dieses Vorgehen ihre Position bedrohte und sie dazu zwang, in dieser Sache ihre neutrale Stellung zwischen dem Vogt und dem Pfarrer aufzugeben. Doch es ging nicht allein um Parteipolitik. Bregenzer führte mit seiner Art zu predigen und mit dem Inhalt seiner Botschaft Neuerungen ein, die für sich allein genommen bereits als Machtbestrebungen interpretiert wurden. Bregenzer erhob ganz bestimmte Anklagen gegen die früheren und gegen die amtierenden Vögte.[11] Er behauptete, daß Johann Conrad Burckh zu der Zeit, als er Beamter in Leonberg gewesen war, einen Knecht mit einer Geldstrafe belegt habe, weil er Sägespäne unter das Mehl gemischt hatte, und das Geld für sich selbst behalten habe. Die Überprüfung der Finanzakten ergab nichts dergleichen. Schwerwiegender war sein Vorwurf, der Vogt habe Städtern Geld zu dreißig Prozent Zinsen geliehen. Die meisten der angesprochenen Fälle hingen mit der schlechten Ernte und der Inflation des Jahres 1693 zusammen. In jenem Jahr hatte der Vogt Saatgut und die Hälfte der Bewirtschaftungskosten gegen den halben Ernteertrag vorgestreckt. All jene, die einen Gewinn erwirtschaftet hatten, schlugen sich auf die Seite des Vogts, doch jene, die in finanzielle Schwierigkeiten geraten waren, erhoben bittere Beschwerden, da er sie zwang, Zinsen auf das Darlehen zu zahlen und seine Amtsgewalt dazu benutzte, Leute einzusperren, in Bankrotterklärungen zu treiben oder ihr Land zu beschlagnahmen. Andere Anschuldigungen lauteten, er habe für Hafer an einquartierte Truppen einen überhöhten Preis genommen und einen Teil des Gewinns in die eigene Tasche gesteckt. Als der neue Vogt Ulssheimer sein Amt antrat, senkte er den Preis. Mehrere gegen Ulssheimer gerichtete Beschuldigungen waren offenbar nicht so gravierend. Er soll zum Beispiel eine Frau gezwungen haben, ihr gesamtes Eigentum zu verkaufen, doch da sie weit über siebzig und taub war, das Geld zudem treuhänderisch verwaltet wurde, schien nicht wirklich etwas gegen ihn vorzuliegen.

Die einzelnen Punkte der Auseinandersetzung machen deutlich, wie der Pfarrer zu einem Sprachrohr aller möglichen Beschwerden gegen die beiden obersten Beamten wurde. Sein eigener Streit um den Zehnten verflocht sich mit dem allgemeinen Klatsch, Mißtrauen und Übelwollen. Daß die Vögte ihre Stellung zu ihrem eigenen Vorteil nutzten und die Instrumente der Herrschaft systematisch und erfolgreich einsetzten, stand zweifelsfrei fest. Bregenzers Hauptvergehen bestand in ihren Augen darin, daß er die »Affection« der Bürger stahl – er demaskierte die Herrschaftsverhältnisse, indem er darauf hinwies, daß die Autorität auf der willkürlichen Ausübung von Gewalt beruhte und ihr Gerechtigkeitsanspruch durch ihr eigennütziges Interesse und die Verfolgung all jener, die sich ihr nicht beugen wollten, kompromittiert wurde. Pfarrer Bregenzer wurde offensichtlich aus seinem Amt in Heubach entlassen. Er tauchte als nächstes in Pflugfelden (im September 1699) auf, wurde aber bald in eine seltsame Affäre mit einem verräterischen Beamten verwickelt.[12] Danach war er für kurze Zeit Pfarrer in Mauren und kam schließlich – die Akten weisen eine vierjährige Lücke auf – in das Dorf Hattenhofen im Amt Göppingen.

Gleich nachdem Bregenzer Pfarrer in Hattenhofen geworden war, erzeugte sein bizarres Verhalten einen Skandal; die erste Untersuchung fand bereits im Oktober 1705 statt. Es war gemeldet worden, daß er sich in einem Wirtshaus in Göppingen unziemlich aufgeführt hatte. Einem der Berichte zufolge war er um 8 Uhr morgens eingetroffen, hatte nach dem Amtmann geschickt und nach dessen Eintreffen ein Pferd verlangt, um etwas erledigen zu können. Da es sich um eine private Angelegenheit handelte, hatte der Beamte das Ersuchen abgeschlagen, worauf ihn Bregenzer »heilloser Amtmann« und »Flegel« nannte und von »Hundspfötterei« sprach. Ein anderer Zeuge gab an, daß der Pfarrer nach zwei Stunden im Wirtshaus total betrunken gewesen sei. Er habe mit dem Baron von Closen Bruderschaft getrunken und gesagt, er sei ein »Hundspfötter« wie er selbst. Den Diener habe er wiederholt aufgefordert: »Narr, sauf brav«, der aber habe ihn immer wieder von sich gestoßen. Als der Esslinger Consul draußen seine Kutsche bestieg, habe Bregenzer gerufen: »Ihr Excellenz oder mein hochgeehrter Herr, ich mache gar große Facon von Ihnen«, worauf der Consul erwidert habe: »Und ich mache gar wenig Facon von Ihnen«. Bregenzer habe darauf das Fenster zugeknallt und verkündet, er werde hinausgehen und dem Hundspfötter die Meinung sagen. Er sei hinausgegangen und die Treppe hinuntergefallen.

Weiterhin wurde vorgebracht, daß er den Dienstboten närrische Aufgaben und Titel gegeben habe. Einen habe er »Schuh- und Stiefelputzer«, einen anderen »Cammerdiener und Beischläfer«, einen dritten »Sprachmeister« genannt. Anschließend habe er behauptet, sie sprächen alle Französisch, und nach mehr Rotwein verlangt. Weil sie angeblich schwache Mägen hätten, habe er ihnen Wein über Hände und Kopf gegossen und sie von oben bis unten damit eingerieben. Kurz darauf sei er tief eingeschlafen und erst am späten Nachmittag wieder aufgewacht; er habe »Guten Morgen« gesagt und es nicht gelten lassen, daß es bereits Abend war. Während der Mahlzeit, die er mit dem Gesinde einnahm, habe er eine Nudel, die aus der Schüssel eines Dienstmädchens gefallen war, mit der ganzen Hand aufgehoben und sich in den Mund gesteckt. Er habe auch mit allen fünf Fingern in ihre Schüssel gegriffen und sich bedient. Um Mitternacht habe er erneut Wein verlangt und behauptet, er mache eine Trinkkur. Schließlich habe man ihn in eine Kammer gebracht und eingeschlossen. Doch er sei ausgebrochen und habe geschrien, daß er, beim Donner, nicht unter Arrest bleiben würde. Am Morgen habe er den Wirt »Schwager« genannt, im Gegensatz zum Vortag, wo er ihn »groben Bayer« und »Sau« geschimpft habe. An jenem Tag habe er sein Hemd aufgeknöpft und allen eine Warze gezeigt. Angeblich deute sie darauf hin, daß er steinreich werden würde. Er habe alle angewiesen, ihn nicht »Pfarrer«, sondern einfach »Monsieur« zu nennen. Später habe er den Dienern zugeprostet, und sie hätten einander »Narren« geheißen.[13]

Zu Beginn des folgenden Jahres (1706) gab es erneut eine Untersuchung, diesmal wegen einer skandalösen Festivität im Pfarrhaus. Einer der Musikanten sagte aus, er und sein Bruder seien von der Magd ins Pfarrhaus gerufen worden, weil die Scribenten das Haus zusammenschlügen.[14] Bei ihrer Ankunft habe der Pfarrer ihnen aufgetragen, niemandem zu sagen, daß er sie habe rufen lassen. Er habe ihnen Wein angeboten und versichert, es sei keine Sünde, im Pfarrhaus zu sein. Hätten sie keine anderen Sünden, könnten sie direkt ins Himmelreich gehen. Dann habe man Musik gemacht und getanzt. Einmal hätten alle einen Kreis um Bregenzer gebildet, der mit einem Glas voll Nüssen in der Mitte gestanden und alle aufgefordert habe, Bruderschaft zu trinken. Dann habe er alle geduzt, die beiden Musikanten umarmt und geküßt und gesagt: »Geltet Ihr liebe Buba Ich bin ein braver Knecht, geltet wann ich auff der Canzel stehe und den Bauren die Meinung sag so bin ich auch ein braver Knecht.« Am frühen Nachmittag sei die Gesellschaft hinaus auf die Straße gegangen. Im Hof jenseits der Straße, wo grüne Nüsse in der Sonne getrocknet hätten, habe er abwechselnd – immer noch im Schlafrock – mit seiner Frau und mit seiner Schwägerin getanzt. Einmal habe er sich von zwei Passanten über die Mauer hieven lassen. Diese Personen sagten später aus, er habe sich ihnen mit einem Prügel in der Hand genähert, sie zum Trinken genötigt und anschließend ihre Gläser über die Mauer geworfen. Zurück im Pfarrhaus hätten die Scribenten allerlei Spiele gespielt und viele Teller zerschmissen. Gegen 11 Uhr nachts seien die Musikanten entlohnt worden und gegangen.

In seiner Verteidigung gab Bregenzer zu, den Scribenten Dilleny und einige Freunde eingeladen zu haben – den fürstlichen Stipendario Kerner, den Lagerbuchrenovator Fink, den Substituten Lutz und den jungen Kaufmann Lutz. Er habe mit ihnen allen Bruderschaft getrunken und ihnen Ämter zugeteilt – Kerner sollte sein Nachfolger und die anderen sollten Kammerräte und verschiedenartige Amtsleute werden. Er gab aber nicht zu, trockenen Mundes aus einem Glas voll Nüssen getrunken zu haben. Gefragt, ob er gesagt habe: »Bruderle, küss mir mein Weiblein«, gab er zur Antwort, er habe als gute Freunde ihre Köpfe mit dem seiner Frau zusammengebracht. Das sei durchwegs mit »theologischer Modestie« geschehen und bedeute nicht, daß er »seine ehrliche theologische Hausfrau als eine commune prostibulum prostituiert hätte«. So etwas hätte seine Frau nie geduldet, am allerwenigsten von seiten des Gotteslästerers Fink. Er halte Fink für nichts weiter als einen »Predigtamtsschinder«, der wahrscheinlich seinem Bruder, einem hohen Beamten, geschrieben und damit diese gewissenlose, hinterlistige Unter-

suchung veranlaßt habe. Auch wenn Fink seinen »Belz zum Kirschner getragen« habe, würde er Gott und der Herrschaft als ein Gotteslästerer übergeben werden. Er schließe sich den Sünden anderer Leute – ihrer Gotteslästerei – nicht an. Befragt, ob er getanzt habe und lustig gewesen sei, wunderte sich Bregenzer mit »theologischer Modestie«, daß solche profanen Geister ihn, Meister Bregenzer, für so profan wie sich selbst halten und ihn ihren gottlosen Naturen gleichstellen könnten. Die gottlosen, undankbaren Kuckucke erzählten die schlimmsten Dinge über ihn, diese gottlosen Sackpfeifen, Schalmeien und groben Spielleute, die im ganzen Amt für ihre Ausschweifungen und Greuel bekannt seien. Tatsächlich treffe auf sie zu, was im canon diabolus stehe: »Saltatio est circulus cujus centrum est diabolus«. Er habe vehement gegen diese Greuel protestiert.

Der Superintendent fragte, ob er »spanische Gravität« an den Tag gelegt habe, spielte also auf die Art an, in der der Pfarrer getanzt haben soll. Darauf Bregenzer: Er wisse nichts von spanischer Gravität; mit derlei spanischen Sünden, Greuln und Lastern müsse der heimliche Verleumder vertraut sein. Es sei zu erkennen, daß der Verleumder der Teufel sei, wie man den Löwen an den Klauen erkenne. Bregenzer verwies auf seine »theologische Gravität« und seine »untertänigste Modestie« als Garantie dafür, daß er seine Gäste für ehrliche Leute gehalten habe. Unter den Brüdern sei jedoch unheilvollerweise ein »Judas Bruder« zugegen gewesen, der nicht nur gegen das Predigtamt, sondern auch gegen Gott gelästert habe. Über solche Bösewichte werde rechtzeitig Gottes Gericht kommen; damit werde auch aller Welt in einem »formidablen Exempel« gezeigt werden, wie man Geistliche, Weltliche und Frauenzimmer ehrlich zu behandeln habe. Daß Bregenzer seiner Frau und deren Schwester erlaubt habe, mit den Scribenten zu tanzen, sei allein die Schuld der Verleumder. Was die Spielleute angehe, so habe er nichts davon gewußt, daß die Magd sie herbeigerufen habe; er habe sie auch nicht in die Stube gebeten. Sie seien eine Teufelskapelle und Tanzmeister. Die Gotteslästerer wendeten seine Worte lästerlich wider Gott. Sie seien Seelenmörder.

Er bestritt, nach Wein geschickt zu haben; im übrigen habe für die einundzwanzig Anwesenden nicht mehr als ein Maß (1,8 Liter) pro Person zur Verfügung gestanden. Er selbst habe nicht viel getrunken. In anderen Pfarrhäusern, wo der Pfarrer zu einem Teil in Wein entlohnt werde, gäbe es »Springen, Tanzen, Huren, Buben, Ehebruch, Kinderabtreiben und alle Greuelsünden«. Er sei erstaunt, daß seine leeren Fässer so viel Lärm erzeugten, während die Laster anderer vertuscht würden. Er sei durchaus bereit anzugeben, wie viele Hurenkinder und ehebrecherische Kinder – insgesamt mehr als dreißig uneheliche Kinder von Geistlichen – er dem Konsistorium gemeldet habe.

Daraufhin wurde er gefragt, ob er nicht die junge Tochter des Pfarrers von Übenhausen durch eine Täuschung zur Teilnahme an dem Fest veranlaßt habe. Es war gemeldet worden, daß er sie unter dem Vorwand, seine Frau läge im Sterben und wünsche sie an ihrem Totenbett, habe rufen lassen. Als sie eingetroffen sei, habe er zu den Scribenten gesagt: »Ihr Brüderlein lass euch mein Bässle recomendiert seyn und ihro nichts unehrliches widerfahren dann sie ist gar ein liebes mädlein«. Bregenzer gab an, die Aufforderung zu kommen sei ein Scherz der unverheirateten Schwester seiner Frau gewesen. Es sei seiner Frau dann nicht recht gewesen, daß ungezogene Gäste im Haus gewesen seien. Er habe die Masern gehabt – seine Seelenmörder seien krank an der Seele und er krank am Leib gewesen.

Allem Anschein nach war er mit dem Scribenten Fink heftig aneinander geraten. Dazu sagte er nur, daß er die Musikanten fünf oder sechsmal zum Gehen aufgefordert habe. Er habe Gott angefleht, ihm ein Zeichen zu schicken oder das Haus zu räumen. Er habe gewünscht, daß das Lästermaul zugrunde gehen möge. Daß Fink jetzt auf dem Sterbebett liege, sei zum Lobe Gottes.[15]

Einer der Teilnehmer, der Substitut Lutz, sagte aus, daß die jungen Männer alle an der Betstunde teilgenommen hätten.[16] Der Pfarrer habe einen von ihnen zum Mittagessen eingeladen und sei später ins Rathaus gekommen, um sie alle zu holen. Sie seien erst nach einigem Zögern mitgegangen. Dilleny habe gebratene Hühner aus dem Wirtshaus kommen lassen, und weil keine sauberen Teller vorhanden gewesen seien, habe sie der Pfarrer direkt auf den Tisch getan. Fink habe auf dem Cembalo gespielt, und sie hätten mit der Schwägerin des Pfarrers zu tanzen begonnen. Kurz darauf seien ungeachtet der schwachen Proteste des Pfarrers Spielleute geholt worden. Im Verlauf der Tanzerei sei Bregenzer wiederholt vom Stuhl aufgesprungen, habe sich eine Partnerin genommen und sei mit ihr herumgetanzt. Er sei jedoch immer wieder zu seinem Stuhl zurückgekehrt. Einmal sei er stillgestanden und habe unter dem Gelächter und Erstaunen der anderen seine Frau um sich herumtanzen lassen. Er habe alle dazu gebracht, aus einem Glas voll Nüssen Bruderschaft zu trinken. Lutz wußte nicht genau zu sagen, wie es zum Küssen gekommen war. Der Pfarrer habe gesagt: »Bruderle küss mir mein Weible.« Begrenzer habe seinen Kopf zu ihr hingeschoben, obwohl er habe sehen müssen, daß er – Lutz – keine Lust dazu gehabt habe. Sie sei krank gewesen und habe übel ausgesehen. Der Pfarrer habe mehreren Mädchen gesagt, seine Frau sei krank, und sie dadurch zum Kommen veranlaßt. Während des Festes habe der Pfarrer die Spielleute ziemlich vertraulich behandelt und mit ihnen zusammengesessen und getrunken.

Dilleny berichtete von dem Wortwechsel mit Fink. Dieser habe von der Passionspredigt eines Nachbarpfarrers erzählt, der darüber gesprochen habe, daß die Juden Christus nicht gewöhnlichen Speichel ins Angesicht gespien, sich vielmehr geräuspert und »grüne dicke butzen« gespuckt hätten.[17] Bregenzer habe Fink befohlen, sofort aufzuhören, da er das Verdienst Christi verspotte, das ihm nicht einmal auf dem Totenbett zuteil werden dürfte. Fink habe erwidert, der andere Pfarrer hätte keine Skrupel gehabt, das zu sagen. Daraufhin sei der Pfarrer überaus zornig geworden und habe ihm befohlen, das Haus zu verlassen. Fink habe gelacht und ihn aufgefordert, kein Narr zu sein, habe seinen Mantel genommen und sei gegangen.

Wenn Pfarrer Bregenzer betrunken war, verhielt er sich offenbar nach einem bestimmten Muster. Nicht daß das besonders häufig vorgekommen wäre, doch wenn er einmal betrunken war, dann führte er sich in besonders spektakulärer Weise auf. Es soll hier nicht darauf eingegangen werden, was Betrunkenheit ist und was sie enthüllt – auf die alte *in vino veritas*-Theorie oder die Ansicht, daß Alkohol Hemmungen abbaut, Beziehungen ohne einen künstlichen Zivilisationsanstrich herzustellen. Allem Anschein nach erzeugt Trinken keinerlei universales Verhalten, es tritt vielmehr im Kontext bestimmter Kulturen und Gesellschaften auf und folgt gewissen Konventionen.[18] In diesem Zusammenhang soll festgestellt werden, über was man sich erregte und was man anstößig fand, um etwas deutlicher erkennen zu können, was Pfarrer Bregenzer lächerlich machte, welche sozialen Beziehungen er hervorhob und – implizit – wie einige der Dynamiken der dörflichen Gesellschaft verliefen.

Ein häufig vorkommendes Kennzeichen seines Rauschzustands scheint die Negation der dörflichen Trennlinien gewesen zu sein, die dem förmlichen »Sie« und dem vertraulichen »Du« innewohnen. Sie ging mit Anstoßen und »Bruderschaft«-Trinken einher. In allen bisher angeführten Beispielen beinhaltete das das Überschreiten von Grenzen der gesellschaftlichen Hierarchie und des Alters, sei es gegenüber dem Edelmann aus Leinzell, dem Baron von Closen oder gegenüber den verschiedenen Scribenten und Notargehilfen aus dem Dorf. In allen Fällen wurden Verwandtschaftsbegriffe herangezogen, z.B. »Bruder«, »Vetter« oder »Schwager«. Einmal stellte er ganz explizit seinen klerikalen Status für eine Weile in Abrede, indem er als »Monsieur« angeredet zu werden wünschte. Ungeachtet des närrischen Charakters vieler seiner Handlungen ging es darum, die Mitwirkenden für den Augenblick einander gleichzustellen. Das Zuweisen alberner Ämter scheint Teil der Intention gewesen zu sein, Hierarchie durch Lächerlichmachen abzubauen. Weiterhin spielte er mit bestimmten Trennlinien zwischen den Geschlechtern und Anstandsregeln beim gemeinsamen Essen. Er nahm beispielsweise Speisen mit allen fünf Fingern auf, statt wohlerzogen drei Finger zu benutzen, aß direkt vom Tisch oder griff in die Schüssel einer anderen Person. Verschiedentlich vergeudete er in auffälliger Weise Nahrungsmittel oder Eigentum, etwa wenn er Wein über seine Trinkkumpane schüttete oder Gläser zerbrach. Er spielte unter Umständen auch auf die mögliche Ungehörigkeit der Situation an, etwa dadurch, daß er die jungen Männer ermahnte, die Mädchen ehrenhaft zu behandeln, Männer küßte und umarmte und jedermann aufforderte, seine Frau zu küssen. Ein weiteres Moment bei der Herstellung der Gleichheitsatmosphäre stellte der Gebrauch einer unfeinen Ausdrucksweise dar: die häufige Verwendung des Wortes »Narr« und von Ausdrücken wie »Hundspfötter« oder auch das Trinken auf die »unflätige Gesundheit« des anderen.

Wenn wir diese Momente als Verhandlungen auffassen, stellt sich die Frage, um was es dabei eigentlich geht. Es ist nützlich, obwohl vielleicht ein wenig banal, festzuhalten, daß derartige »Rituale« alltägliche Grenzziehungen und Hierarchien verkehren und eben dadurch, daß sie außergewöhnliche Ereignisse darstellen, dieselben bekräftigen. Dennoch sollten wir ihre Struktur genauer besehen. In allen Fällen bildete Pfarrer Bregenzer die Hauptfigur des Dramas. Die Kritik richtete sich nicht gegen die verschiedenen Adligen. Es war vielmehr Bregenzer selbst, der sich entweder in eine lächerliche Position brachte oder bestimmte Grenzen nicht einhielt, was von denen, die die Situation beurteilten, als unzulässig angesehen wurde. Er spielte beständig mit seiner Position als Geistlicher – etwa im Verlauf der skandalösen Festivität. So hieß er seine Gäste, nicht zu verbreiten, daß etwa er die Musikanten habe rufen lassen. Er hätte sie ja nicht hereinzulassen brauchen. Während man tanzte, saß er da und schaute wie von außen dem Treiben zu, sprang dann aber auf und machte mit, um sich kurz darauf wieder zurückzuziehen. Er tanzte in einem Stil – als »spanische Gravität« beschrieben –, der seine Stellung und sein Alter herausstreichen sollte, oder stand still, während seine Frau um ihn herumtanzte. Kurz, er spielte fortwährend mit seinem klerikalen Status, indem er ihn herauskehrte, entweder dadurch, daß er sich nicht seiner Position gemäß verhielt, oder seine Seele besonderen Gefahren aussetzte, etwa den Donner beschwor, ihn zu treffen, oder am Teufelstanz teilnahm. Er stellte sich in die Mitte des Tanzkreises und zitierte später einen Satz, demzufolge der Teufel diesen Platz einnahm.

Es wäre zu fragen, wie außergewöhnlich sein Benehmen wirklich war. In Heubach war er – nicht zu vergessen – in einen handfesten Kampf um das Recht auf den Zehnten verstrickt gewesen. Jenen, die sich über ihn beschwerten, ging es darum, ihm ein seltsames Betragen nachzuweisen. Doch viele Bewohner hatten nichts Außergewöhnliches an ihm wahrgenommen und gaben an, daß sie ihn in den sieben Jahren, in denen er dort Pfarrer gewesen war, nur einmal betrunken gesehen hätten. Wie noch zu zeigen sein wird, lebte er auch in Hattenhofen mit der Dorfobrigkeit im Konflikt. Womöglich war sein Benehmen in angetrunkenem Zustand, in den er im Verlauf von zwei Jahren zweimal verfiel, überhaupt nicht so außergewöhnlich, sondern Teil eines Rituals, in dem die soziale Distanz der Beteiligten und die besondere soziale Qualität der Geistlichkeit durch kokettes Verhalten oder zeitweise Außerkraftsetzung von Regeln hervorgehoben wurde. Vielleicht verhielt er sich unter solchen ritualisierten Bedingungen einfach nur extrem. Auf jeden Fall lieferte er seinen Feinden, die seine Exzesse erfolgreich gegen ihn benutzten, Munition.

Die Untersuchung förderte Bregenzers Verfolgungsideen zutage. Er brachte sich wiederholt in ganz spezifischer Weise mit Gott in Verbindung. In Analogie zu Christus – Fink war der Judas unter den »Brüdern« – verstand er sich als der Unschuldige, den direkten Angriffen seiner Feinde ausgesetzt, deren Bosheit vom Teufel kam. Bregenzer war überzeugt, man könne aus den Ereignissen um ihn her eine indirekte Mitteilung Gottes herauslesen – das Ereignis als Zeichen, lesbar für die Erleuchteten, die Spirituellen, jenen, die Gott zugehörten. Gegen Ende des Festes wartete er auf ein Zeichen von Gott, und Finks Krankheit verstand er als Hinweis darauf, daß Fink der Verräter im Kreis der Freunde und der Gotteslästerer war, dem eine fürchterliche Warnung zuteil wurde. Ein wichtiger Aspekt seiner Argumentation war die Unterscheidung zwischen spirituellem und klerikalem Stand. Es sei in seinem Fall unangebracht, das Urteil anderer Kleriker einzuholen, weil viele von ihnen eine ganze Reihe von Sünden – vom Tanzen bis hin zur Abtreibung – begangen hätten, Beweis dafür, daß es ihnen an »theologischer« Moral und an Einsicht fehlte. Bregenzers Weltsicht trägt Züge religiösen Schwärmertums, bestritt er doch mehr oder minder explizit die Bedeutung der Klerikergemeinschaft und betonte die direkte Beziehung zu Gott, die auf der erleuchteten Fähigkeit beruhte, die Zeichen zu erkennen. In Heubach benannten die Magistratsherren eben diesen Punkt: durch das Typologisieren und Interpretieren von Symbolen lasse er sich auf gefährliche Dinge ein.

Mit einer solchen Auffassung wetteiferte er um Macht. Er propagierte ein methodisches Vorgehen, das den Nicht-Spirituellen verwehrt war, ob das nun als Auseinandersetzung zwischen Klerus und Laienschaft oder zwischen wahren Christen und Heuchlern zu verstehen war. Da Bregenzer ungeachtet seiner Kritik an anderen Klerikern seinen klerikalen Status so sehr herausstellte, war er offenbar absolut zentral für ihn. In dieser Hinsicht hob er sich von anderen Pfarrern seiner Zeit keineswegs ab. Für Laien war es noch nicht möglich, der spirituellen Auslegung ihres Lebens ihre eigenen pietistischen Introspektionserfahrungen entgegenzuhalten. Die Macht der Kleriker rührte zum Teil daher, daß sie die Zeichen zu lesen und den Alltagserfahrungen im Dorfleben eine Bedeutung beizulegen vermochten. Sie versuchten, eine unangreifbare Methodologie zu schaffen, die sich klar von anderen Formen der Machtausübung unterschied. Sie konnten die Bedeutung eines Schriftworts auslegen und es in Beziehung zu den sozialen und politischen Ereignissen ihres Dorfes setzen oder die Ereignisse selbst als Mitteilungen Gottes lesen.[19] Vielleicht war das an Finks Herausforderung so gefährlich: der Laie wagte sich an den Bereich der Interpretation, die rechtens nur dem Klerus zustand. Es konnte aber auch so sein, daß Bregenzer das erwartete Zeichen Gottes darin sah, wie Fink das Thema der Schändung des Opfers Christi durch den spuckenden Juden behandelte und sich damit als Gotteslästerer entpuppte. Auf jeden Fall wies der Pfarrer ihn darauf hin, daß seine Erlösung gefährdet sei. Ganz eindeutig hatte sich Fink auf ein Gebiet begeben, das Bregenzer als das seinige ansah, und da letzterer – wie berichtet – nicht mehr betrunken war, machte er seine Autorität als Pfarrer und Interpret der Heiligen Schrift wie auch der Ereignisse in seinem Umkreis wieder geltend.

Im Verlauf der Untersuchung wurden verschiedene andere Klagen und Anschuldigungen gegen Pfarrer Bregenzer vorgebracht; viele haben mit Ehebruch, Unzucht und Heirat zu tun.[20] Der Anwalt Johannes Jaus aus Hattenhofen sagte aus, daß ihn der Pfarrer ungefähr ein Jahr zuvor nach dem Vespergottesdienst aus Langeweile ins Pfarrhaus eingeladen habe. Dort sei er der unverheirateten Magd Maria Maurrot begegnet, die damals schwanger gewesen sei. Da sie den Vater des Kindes nicht habe nennen wollen, habe Bregenzer ihr geraten zu sagen, er sei ein Soldat.

Johannes Rindt aus Hattenhofen berichtete, Bregenzer sei ein Jahr zuvor in Begleitung eines Barbiers in sein Wirtshaus gekommen. Der Pfarrer habe seine Tochter mit der Behauptung geneckt, der Barbier wolle sie heiraten. Darauf habe er Tinte und Papier genommen, einen Kontrakt aufgesetzt, ihre Hände ineinandergelegt und Brandwein darüber gegossen. Am Ende dieser scena ludicra habe er gesagt, sie seien nun halb verheiratet.

Die achtzehnjährige Anna Maria Gutschneider gab an, beim Flachsbrechen im Pfarrhaus geholfen zu haben. Bregenzer habe sie nach oben gerufen und ihr unter die Schürze gegriffen, sie habe sich jedoch seiner erwehrt und sei zurück an die Arbeit gegangen. Einige Tage später habe sie Nüsse ins Pfarrhaus gebracht, bei dieser Gelegenheit habe er wieder unter ihre Schürze gegriffen und seine Hände auf ihre Brüste gelegt. Als sie einige Tage darauf Briefe ablieferte, sei das gleiche passiert.

Die zwanzigjährige Christina Übelin, Tochter des Schultheißen, berichtete, der Pfarrer habe sie, als sie sich allein mit ihm in der Wohnstube befunden habe, beim Kragen gefaßt, ihre Brüste berührt und ihr unter den Rock bis zur Vagina gegriffen. Sie habe ihm entgegengehalten, daß sie Jungfrau sei und menstruiere, und sei davongelaufen. Ihre Mutter habe sie sogleich, ihren Vater dagegen erst eine Woche vor der Befragung informiert.

Die zwanzigjährige Barbara Holl brachte vor, daß der Pfarrer sie im letzten Herbst zu sich habe rufen lassen. Er habe ihr gesagt, er wisse zwei mögliche Heiratspartien für sie, einen Witwer mit fünf Kindern und einen alleinstehenden jungen Mann mit gutem Vermögen. Sie solle den jungen Mann heiraten. Unter dem Vorwand, daß seine Frau dort sei, habe er sie ins Schlafzimmer geschickt, sei ihr dann gefolgt und habe ihre Brüste berührt. Sie sei davongelaufen.

Zu Jaus' Anschuldigung verwies Bregenzer auf die Meldungen, die er in Sachen Maria Maurrot gemacht und in denen er geschrieben hatte, daß sie sich weigere, den Namen des Vaters zu nennen. Er hatte darin vermerkt, daß er Johannes Übelin für den Ehebrecher halte. Aus dem Schriftstück geht nicht hervor, wer Übelin war. Der Nachname ist mit dem des Schultheißen identisch, wahrscheinlich war er mit diesem verwandt – möglicherweise dessen verheirateter Sohn. Bezüglich der Scheinheirat gab Bregenzer an, es habe sich ganz einfach um einen Scherz gehandelt. Anna Maria Gutschneider sei von seinen Feinden zu ihrer Geschichte angestiftet worden. Sie würde ihn auch deshalb verleumden, weil er ihre betrunkene Mutter des Beichtstuhls verwiesen und eine ihrer Freundinnen in einem Hexenprotokoll genannt habe. Was die Tochter des Schultheißen anginge, so sei sie – wie dessen Söhne – schlecht erzogen worden und er habe wegen ihres schändlichen Benehmens häufig zu leiden gehabt. Doch wegen ihres ansehnlichen Vermögens habe er ihr viele vorteilhafte Heiratspartien vorgeschlagen, ungeachtet der Tatsache, daß sich ihr Vater dahingehend geäußert habe, daß der Kerl, der sie heirate, »beschissen« werde, weil sie zu nichts nutz sei. Bregenzer könne das »theologisch« bestätigen: sie sei ungelehrig, ignorant, gottlos und ungehorsam. Ihr Leib sei bereits *ex praematuro concubitu* gefüllt, und ihr gebühre der Hurenkranz aus Stroh zur Hochzeit. Er habe den Superintendenten ersucht, die Hochzeit zu verschieben, bis sie den Katechismus und den Morgen- und den Abendsegen aufsagen könne. Gott sei sein Richter, daß er ihr nie etwas Unehrenhaftes zugemutet habe. Er habe in Gegenwart seiner Frau und seiner Schwägerin ihre Köpfe zusammengestoßen und sie geküßt, aber ohne ernste Absichten. Barbara Holl sei die Enkelin seines Vorgängers, des Pfarrers Sartorius, und die Tochter des Bruders des Schultheißen und gehöre zu der Partei, die letzterer gegen ihn zusammengebracht habe. Dies alles rühre daher, weil der vorige Pfarrer Hexerei- und Zaubereivorkommnisse (darunter das Melken von Kühen durchs Maul und falsches Schmalzmachen) vertuscht habe, indem er sie in den Protokollen des Kirchenkonvents vermerkte anstatt sie korrekterweise dem Oberamt zu melden. Alle beteiligten Personen seien noch am Leben und ungestraft geblieben. Er habe die Protokolle des Kirchenkonvents an den Oberrat in Stuttgart geschickt, und seither seien die Betroffenen allesamt zu seinen Feinden geworden. Ihrer Meinung nach bringe er das Dorf in Verruf. Statt daß sich die Ehrlichen ehrlich verteidigten, fürchteten sie, daß andere Ungeheuerlichkeiten an den Tag kommen könnten. Alle Zeugen, die gegen ihn aussagten, gehörten zur »Freundschaft« des Schultheißen. Obwohl er, Bregenzer, nichts als gute Taten vollbracht habe, werde er von den höllischen Horden des Satans angegriffen. Wenn er Barbara Holl gegenüber böse Gedanken gehabt habe – sei es nun in der Wohnstube, in der Schlafkammer oder außerhalb gewesen –, so sollten alle Flüche und Strafen über ihn kommen. Er habe sie ganz gewiß nicht angefaßt oder ihr an die Brüste gegriffen, sondern ihr im Gegenteil eine Strafpredigt gehalten und ihr einen Eid abgenommen, sich ehrlich zu halten, »verhurte« junge Männer zu meiden und nicht zu sich schlüpfen zu lassen.

Bregenzer verfaßte ein Schriftstück mit dem Titel: »Protestando contra falsa praejudicia«, in dem er beklagte, daß der Schultheiß ihn um die Zuneigung der Leute gebracht habe, und das, obwohl der Schwiegervater seines Sohns ein Ehebrecher sei, der Sohn seines Bruders ein Ehebrecher sei, der Ehemann der Schwester seiner Frau ein Ehebrecher sei, die Mutter seiner Frau eine Ehebrecherin sei und die Mutter und die Schwester seiner Frau in den Hexenprotokollen aufgeführt seien. Was der Schultheiß sei, das wisse er nicht.

Das Gemisch aus Beschuldigungen und Gegenbeschuldigungen in allen diesen Aussagen dreht sich um Heirat, Allianz, Familie und Sexualität. Es zeigt sich, daß diese Themen zum politischen Alltagsleben des Dorfes gehören, aber auch zum politischen Symbolsystem, zur Art und

Weise, in der Feindschaft, Parteinahme und Handeln organisiert und ausgedrückt wurden. Mehrere der von den Zeugen vorgebrachten Geschichten handelten entweder von Heiratsverhandlungen oder beinhalteten sie als zentrales Element. Bregenzer war an solchen Abmachungen für die Tochter und die Nichte des Schultheißen beteiligt gewesen. Im nachhinein wurde sein plumper Scherz bei der Scheinheiratsszene als Punkt gegen ihn vorgebracht; das lächerliche Element verdankte sich seinem Spiel mit eben diesen zentralen Symbolen des Dorflebens. Wahrscheinlich hatten sich damals alle über den Scherz amüsiert, auch wenn er eine besorgniserregende Nuance enthielt. Doch als die Geschichte Gegenstand des Dorfdiskurses wurde, wurde sie Teil der zentralen Probleme der Allianzbildung, der Parteiunterhandlungen und der gegenseitigen politischen Verpflichtungen. Ein Element von Bregenzers Macht lag darin, daß er die sexuellen Übertretungen der Dorfbewohner im Kirchenkonvent publik machen konnte, in der Vorbereitung für das Abendmahl, in persönlicher Unterweisung, Heiratsverhandlungen, Klatsch und Nachrede, und genau darauf richtete sich der Angriff seiner Feinde. Auf seine Beschuldigungen, sie trieben Hexerei (sexuelle Vergehen mit dem Teufel), Ehebruch und Unzucht und verhielten sich unsittlich, reagierten sie mit der Beschuldigung, er sei geil, helfe dabei, Vaterschaften zu vertuschen, prostituiere seine Frau im Scherz und mische sich in Heiratsallianzen ein. Alle diese Vorwürfe müssen in ihrem jeweiligen Kontext gesehen werden – neben der Unordnung in den Geschlechterbeziehungen und den Vaterschafts- und Erbangelegenheiten werden noch weitere Formen der sozialen Unordnung angeführt. Als Bregenzer ins Dorf kam, wollte – so schrieb er in seiner Aussage – niemand glauben, was er über Ehebruch, über die großen Skandale in den Konventsprotokollen, über die Veruntreuung des Zehnten, über die Einnahmen des Schultheißen berichtete; tatsächlich hatte er damit gedroht, nicht eher wieder die Kanzel zu besteigen, bis ihm Gott ein Zeichen hinsichtlich der sodomitischen Greuel im Dorf gegeben habe.

Der Schultheiß Johann Jacob Übelin berichtete, daß er den Pfarrer und dessen Frau im Jahr zuvor an Kirchweih zum Essen eingeladen habe. Er und der Pfarrer hätten an einem Tisch gesessen, und letzterer habe das Thema der alten Konventsprotokolle aufgebracht und gesagt, daß der Pfarrer von Rosswälden sie gefälscht hätte. Er, Übelin, habe darüber nicht sprechen wollen und gemeint, der Superintendent und der Vogt hätten die Einzelheiten wahrscheinlich nach Stuttgart gemeldet. Sie alle müßten den »Befehl« abwarten. Er habe den Pfarrer beschuldigt, verdächtige Punkte herauszugreifen und sie direkt nach Stuttgart zu melden. Der Pfarrer habe das bestritten und den Schultheißen einen Schelm geheißen; auch der Anwalt Jaus sei ein solcher. Er habe die Ehre der Umsitzenden angegriffen und wiederholt ausgerufen, »der Donner soll ihn erschlagen und der Teufel soll ihn holen«, er werde den Superintendenten, den Vogt und den Schultheißen in der Kanzlei verklagen. Übelins verheirateter Sohn habe sich eingeschaltet und vorgeschlagen, die alten Dinge ruhen zu lassen und lieber miteinander zu essen und zu trinken, worauf ihn der Pfarrer angebrüllt habe: »Du Hund, du Bernheuter (= Bärenhäuter), du Rozaff, du Loippmaul (= Luppelmaul), dich solle man aufs Maul schlagen dass die Zähne in den Hals hinunterführen«. Er habe mit der Faust gedroht, darauf einen Stuhl ergriffen und ihn gegen die Tür geschmissen, so daß er in Stücke fiel. Am nächsten Tag habe er, der Schultheiß, einen vollen Raum im Wirtshaus betreten. Er sei von Tisch zu Tisch gegangen, habe aus den Gläsern der Gäste getrunken und sie wieder füllen lassen. Als er an Bregenzer vorbeigekommen sei, habe er wortlos den Hut gezogen. Daraufhin habe Bregenzer den Messner zu ihm geschickt, der ihn aufgefordert habe, dem Pfarrer Wein einschenken zu lassen, er habe jedoch abgelehnt. Es sei Brauch, daß die bereits Anwesenden den später Hinzukommenden ein Glas Wein anböten. Daraufhin sei der Pfarrer an seinen Tisch gekommen und habe verlangt, daß sie sich zutrinken und mit den Gläsern anstoßen sollten. Als er das nicht habe tun wollen, habe Bregenzer die Gläser so heftig zusammengestoßen, daß das seine brach und Hose und Jacke des Schultheißen von oben bis unten übergossen worden seien. Der Pfarrer habe sich ein neues Glas bringen lassen, sich durchgezwängt und neben ihn hingesetzt. Dann habe er versucht, ihn zu küssen, doch er habe ihn mit den Worten abgewehrt, daß er sich nicht küssen lasse – nicht von Weibern und schon gar nicht von Männern. Bregenzer habe ein Messer ergriffen und ihn aufgefordert, es ihm in die Brust zu stoßen, wenn er mit ihm nicht zufrieden sei, andernfalls werde er es ihm in die Brust stoßen. Er habe erwidert, daß sie nicht so miteinander stünden, daß sie sich massakrieren müßten. Darauf habe sich Bregenzer erhoben und eine Frau zum Tanzen genötigt. Als seine Ehefrau hereinkam, habe er sich auf einen Stuhl in der Mitte des Raums gesetzt, ihr einen Hut aufgesetzt und sie um sich herum hüpfen lassen. Später habe er einen Stuhl ergriffen, ihn auf dem Boden aufgeschlagen und verkündet: »Ein Schelm sagt dass ich tanz, der Stuhl tanzt und meine Frau.« Er sei wiederholt umhergetanzt, zur Entrüstung der Anwesenden. Schließlich habe er mit den Worten, er fühle sich nicht wohl und müsse den Teufel hinuntertrinken, ein Glas Branntwein geleert.[21]

Die fünf aufgerufenen Zeugen gaben allesamt an, daß sie über dem allgemeinen Pfeifen und Johlen kein Wort hätten verstehen können. Bregenzer bestritt entweder, geflucht zu haben, oder versuchte, seine Worte anders zu interpretieren. Er habe mit dem Schultheißen keineswegs anstoßen wollen, das Glas sei vielmehr von sich aus ominöserweise (»Deo teste« = Gott sei mein Zeuge) zerbrochen; jedermann habe sich gewundert, wieso der Boden so einfach habe herausfallen können. Er habe bei sich gedacht, daß der Boden Gott zur Ehre herausgefallen sei; damit sei der Schultheiß öffentlich als das, was er immer heimlich war – nämlich sein Feind – bloßgestellt worden. Zum Küssen sagte er, daß der Schultheiß die Frau des Pfarrers von Rosswälden sehr wohl zu küssen beliebe. Wegen der Messergeschichte nannte er den Schultheißen »Mörder« und »Seelenmörder« und forderte, daß er einen körperlichen Eid ablegen müsse. Was den Tanz angehe, so habe er alle wegen ihres groben Umherspringens kritisiert und ihnen gezeigt, wie man geziemend tanzen solle.

Pfarrer Bregenzer verfaßte ein Schriftstück, bestehend aus einem kurzen Gleichnis, auf das eine Diatribe gegen seine »neunundvierzig Verfolger« folgt. Einst habe es drei Bürgermeister gegeben, die die Geistlichen und Seelsorger tief beleidigten, doch Gott habe sie gestraft. Der erste wurde im Rausch erstochen, ohne die Möglichkeit zu haben, noch »miserere mei deus« zu sagen. Der zweite wurde blind, taub und stumm und konnte nicht mehr lesen, hören oder sprechen. Der dritte wurde verrückt, rasend wie ein Hund und war fürderhin außerstande, Gottes Wort zu erfassen. Alle drei hätten die Strafe Gottes verdient. Es gebe keine gefährlichere Wunde als die, die man nicht spüre. Die erste seiner neunundvierzig Verfolger sei die Hebamme, die ihn – wie allgemein bekannt – zu töten versucht habe. Anstifter sei der Satan, der »uralte Kindermörder«, gewesen. Während seiner Studentenjahre habe es zwei weitere Verfolger, Pistor und Sigel, gegeben – Pistor sei Husar geworden, und Sigel habe die Frau des Schuhmachers Birenmann zum Ehebruch verführt. Er sei schließlich zum Katholizismus übergetreten und abtrünnig geworden. Andere seien ebenfalls abtrünnig geworden. Der Superintendent in Heidenheim sei ein Ehebrecher. In Grönbach, seiner ersten Pfarrei, sei der Heiligenpfleger von einem tollwütigen Hund gebissen und seine Familie ins Elend gestürzt worden. In Heubach sei der Heiligenpfleger mit 206 fl. davongelaufen, und eine ganze Reihe anderer Personen habe Getreide gestohlen. Ein Mann habe wegen Sodomie des Landes verwiesen werden müssen, und beide Vögte hätten die Gicht bekommen.[22]

Im Herbst 1705 war Bregenzer in Göppingen offenbar wieder in betrunkenem Zustand auf offener Straße gesehen worden, und zwar in Gesellschaft des Scribenten Löhr und des Buchbinders Frank, zweien seiner früheren Schüler.[23] Nach Franks Aussage sei der Pfarrer bereits mit Löhr zusammen gewesen, als er das Wirtshaus betrat, und habe sich nicht »theologisch« benommen. Ein katholischer Bauer an einem Nebentisch habe über ihn gelacht. Am späten Nachmittag habe Bregenzer den Barbier umarmt und geküßt. Ein anderer Zeuge gab an, Bregenzer sei dem Barbier ein zweites Mal begegnet und habe ihn noch ein Mal geküßt; außerdem habe er mit seinem Hund gespielt und so getan, als verstünde das Tier Französisch. Eine Schar johlender Kinder sei ihm auf der Straße hinterhergelaufen. Am Brunnen angelangt habe er auf dem Boden einen Kreis um den Barbier gezogen und ihm gesagt, der Teufel werde ihn holen, falls er aus ihm auszubrechen versuche. Zu all dem sagte Bregenzer nur, daß Frank ein Buchbinder und kein Buchleser sei. Er gehöre zu den »neunundneunzig«. In Anspielung auf Löhrs Namen nannte er diesen »leer von Verstand«. Alle seine Widersacher seien »leer an Ehr und Lehr, und gutem Gewissen«, »leer an Gottes Ehr, leer an ihrer Seeligkeit, blind und verstockt wie sein Vorgänger Sartorius« (sein Amtsvorgänger in Hattenhofen), »leer an der Lehr, aber voll Fluchs«.

Im Mai des vorangegangenen Jahres hatte Bregenzer zusammen mit einem Kürschner und dessen Frau ein Wirtshaus in Oberbergheim besucht. Eine Magd hatte gesehen, wie der Pfarrer die Frau mehrere Male küßte. Laut Bregenzer sei das, wenn überhaupt, sicher in »Charitas« geschehen, da sie eine Verwandte von ihm sei. Beim Weggehen soll er sich nahe zu ihr hingebeugt und scherzend gesagt haben: sein Leben lang habe er gehört, daß Frauen mit roten Haaren einen sehr weißen Leib hätten, und es sei nur schade, daß sie Klumpfüße habe. Darauf habe die Frau erwidert, daß sie nicht allein mit ihm übers Feld gehen möchte, worauf er behauptet habe, sie wolle bloß ihre Füße nicht zeigen. Die betreffende Frau konnte sich nicht erinnern, von Bregenzer geküßt worden zu sein; ganz gewiß sei nichts Ungebührliches vorgefallen. Er habe zu ihr gesagt: »Die rothärete Leute haben gemeiniglich weise Leiber wann sie nur keine krummer Fuess im Arsch stecken hätt.« Laut Bregenzer sei der Kuß, den er seiner »Base« gegeben habe, von der Art gewesen, wie er ihn ohne Scheu auch der Frau des Hofoberpredigers geben würde. Er habe sich über rote Haare ausgelassen und ironisch über krumme Füße geredet, aber nicht gesagt, daß ihre krummen Füße im Arsch steckten.[24]

Bregenzer neigte dazu, alle Seiten seiner geistlichen Macht ins Spiel zu bringen. Er durchsetzte seine Rede mit Wendungen wie »Gott sei mein Zeuge«, »Gott erhalte uns«, und las die Zeichen als direkte Offenbarungen Gottes. Er konnte zeigen, daß alle seine Feinde in der einen oder anderen Weise des Teufels waren. Er konnte Gott auffordern, sich seine Verfolger vorzunehmen; Rache erfolgte, wie das Gleichnis deutlich macht, in Form eines Angriffs auf ihr Vermögen, die Wahrheit zu sagen oder zu hören, wobei der plötzliche Tod eine Reue im letzten Moment unmöglich macht. Er forderte sie auf, einen leiblichen Eid zu schwören, der ihre Seele unmittelbar gefährden mußte, und er selbst bezeichnete seine Angreifer als »Seelenmörder«. Doch gleichzeitig spielte er mit der dunkleren, gefährlicheren Seite seiner Macht. Er forderte häufig den Donner auf, ihn zu erschlagen, oder den Teufel, ihn zu holen; letzteren trank er sogar mit einem Schluck Branntwein hinunter. In Handlungen wie der, einen Kreis um seinen Kumpan zu ziehen und ihm mit dem Teufel zu drohen, sollte er ihn verlassen, spielte er mit dem Unbehagen in der Kultur und gab zu verstehen, daß all jene, die zum geistlichen Machtbereich gehörten, stärkere Kräfte besaßen, als ihnen gemeinhin zuerkannt wurden. Und auch in der Scherzbeziehung zu seiner »Base« wurde auf Magie und Hexerei angespielt. Man glaubte allgemein, daß zwischen roten Haaren und Hexerei ein Zusammenhang bestand, und daß eines der physischen Hauptmerkmale des Teufels sein Klumpfuß sei.

Zu Beginn seiner Pfarrzeit in Hattenhofen übersandte Bregenzer dem Pfarrer in Göppingen ein Schreiben, ein Curriculum vitae. *Es enthielt einen kurzen Lebenslauf. Er war am 28. März 1656 in Göppingen, wo sein Vater Petrus Pfarrer gewesen war, zur Welt gekommen. Seine Mutter, eine Tochter des Pfarrers von Besigheim, besaß 4000 fl. Im Jahre 1665 ging er nach Canstatt und besuchte die dortige Lateinschule. In dieser Zeit starb seine Mutter, und sein Vater verheiratete sich ein zweites Mal. Seiner Stiefmutter sei es gelungen, sein mütterliches Erbe an sich zu bringen und es ihren Kindern zukommen zu lassen – als Aussteuer für seine Stiefschwester und als Lehrgeld für seinen Stiefbruder. Er habe für sein Studium ein Stipendium in Höhe von 50 fl. erhalten, doch das Kapital sei fast vollständig von seiner Stiefmutter aufgebraucht worden. Mit dem Rest habe sie für seine Stiefschwester einen Weingarten gekauft, der von einem Wolkenbruch davongewaschen worden sei – ein Zeichen der Rache Gottes. Niemand habe ihm zu seinem Recht verholfen.*
1670 kam er ins Kloster Hirsau; ein Jahr später nahm er sein Studium in Tübingen auf. 1681, als er Praeceptor in Neuenstadt war, habe seine Stiefmutter ihn immer noch um sein Stipendium betrogen. 1683 habe er

geheiratet und damit den Superintendenten verärgert, der ihn mit der
Tochter der Schwester seiner Frau habe verheiraten wollen. Infolgedes-
sen sei er fortan vom Superintendenten verfolgt worden. Ihm zum Trotz
habe er sich woanders beworben und sei zunächst nach Cannstatt (1683)
gegangen, im Jahr darauf nach Waiblingen und im folgenden Jahr nach
Dornstetten. 1689 sei er Pfarrer in Grünbach im Amt Wildberg gewor-
den. Anschließend, von 1691 bis 1698, habe er in Heubach amtiert. Für
mehr als ein Jahr habe er keine Besoldung erhalten, sich jedoch ener-
gisch zur Wehr gesetzt und viele Delikte ans Licht gebracht. Ein Jahr
lang (1698/99) sei er in Pflugfelden gewesen, dann aber wegen des
Ehebrechers und Verräters Stock entlassen worden. Er und seine Anhän-
ger in Heubach und Pflugfelden hätten um Stocks Tod gebetet, und weil
Gott ihr Gebet erhört habe, habe er dem Konsistorium Almosen für die
Armen geschickt. 1704 habe er eine Stelle in Hattenhofen erhalten, die
er wahrscheinlich ebenfalls verlieren werde.[25]

Der Superintendent in Göppingen reichte einen zusammenfassenden
Bericht ein, dem alle Zeugenaussagen beigefügt waren.[26] Seit Bregenzer
in Hattenhofen sei, habe er sich in der Öffentlichkeit *(rei publicae)* händelsüchtig und ungestüm aufgeführt. Er habe Schulden aufgehäuft und
seine finanziellen Angelegenheiten schlecht geführt. Er behandele
jedermann als Widersacher und höllische Verleumder. Er selbst habe
vorausgesehen, daß man ihn aus dem Amt entlassen werde. Er habe
dem Stadtknecht von Göppingen mitgeteilt, er wolle allen Stadt- und
Amtsvorstehern von Göppingen so zusetzen, daß noch alle Kinder und
Kindeskinder künftig von ihm sprechen würden.
Ende Februar 1706 erließ der Oberrat das Urteil.[27] Bregenzer sei häufig
völlig betrunken. Er sei händelsüchtig und nenne Leute »Hund« und
»Schelm«. Er habe mit Scribenten und Bauernknechten Bruderschaft
getrunken, geschrieen, gejohlt, geschmäht und sei in Tumulte verwik-
kelt gewesen. Er sei gewalttätig geworden, die Treppe hinuntergefallen
und habe geflucht. Er habe junge Frauen geküßt, ihre Brüste berührt
und ihnen unter die Röcke gegriffen. Er sei von den Knechten »Narr«
und »Saumag« genannt worden. Manchmal sei er nicht recht bei Verstand. Er habe den Scribenten seine Frau und deren Schwester zum
Küssen angeboten. Er habe sich mit Spielleuten im Pfarrhaus gemein
gemacht. Er habe Männer geküßt und wiederholt närrisch getanzt. Er
habe die Konventsprotokolle »Schelmbuch« und Leute »Hexen«,
»Ehebrecher« und »Hurer« geheißen. Er habe Leute aus dem Beichtstuhl gewiesen. Man solle ihn nicht ins Gefängnis stecken, weil er kein
Geld für eine solche Strafe habe, sondern des Landes verweisen. 1710
reichte Bregenzer ein Gesuch ein, erneut Pfarrer in Heubach zu werden

– der neue Pfarrer war inzwischen gestorben –, es wurde jedoch abgewiesen.[28] Den Akten zufolge erhielt er – von 1712 bis 1718 – eine weitere Pfarrei in Württemberg, in Truchtelfingen.

Die Geschichte des Georg Bregenzer enthält eine Vielzahl von Fingerzeigen auf eine Reihe von Problemen. Jeder Leser wird auf seine Weise auf diesen recht komplizierten, schwierigen und zornigen Mann reagieren, doch vermutlich werden am Ende die meisten die Partei der Magistratsmitglieder ergreifen. Sie waren vernünftiger, mäßiger, den Realitäten des praktischen Lebens stärker verhaftet. Auch wenn sie ihren Vorteil suchten und ihren eigenen Interessen folgten, entsprachen sie mehr oder minder den Sitten ihrer Zeit. Bregenzer war ein zu großer Querkopf, um den Historiker des Volkswiderstands recht befriedigen zu können – er stellte niemals die Autoritätsstrukturen in Frage, führte nie eine Revolte an oder organisierte irgendeinen erkennbaren Protest. Gleichwohl erweckt seine Neigung zum Extremen, seine Unfähigkeit, dann aufzuhören, wenn es für ihn geraten gewesen wäre, und sein unverhohlenes Verlangen nach Spektakel Sympathie.

Für den Historiker, der sich mit der Volkskultur beschäftigt, ist es immer schwierig, die Bedeutung einzuschätzen, die einer Laufbahn von der Art Bregenzers beizumessen ist. Er war kein Volksprediger, der zu den Massen sprach oder Traktate verfaßte, die zu Tausenden unter den Gläubigen verteilt wurden. Er war nur ein Pfarrer für ein paar Dörfer und Städte, die alle nicht mehr als 600 oder 700 Einwohner zählten. Er mag eine Zeitlang eine gewisse regionale Berühmtheit erlangt haben, doch mehr als nur interessanten Stoff für Klatschereien und skandalöses Material für gute Geschichten gab das nicht her. Es führt auch nicht viel weiter, wenn man sich fragt, ob Bregenzer wirklich repräsentativ war. Wenn einige Zeitgenossen ihn für verrückt hielten und ich in der Überschrift zu diesem Kapitel das Wort »Paranoia« gewählt habe, erfahren wir daraus nicht, welche Aspekte seines Verhaltens die Wirklichkeit verzerrten. Er mag Leute gerade dann ganz besonders beunruhigt haben, wenn er die wohlfundierten Macht- und Autoritätsstrukturen am weitestgehenden enthüllte. Dennoch scheint es zu weit hergeholt, Bregenzer vor allem als Entmystifizierer zu begreifen. Vielleicht können wir am meisten von ihm erfahren, wenn wir die Metaphern zu verstehen trachten, mit denen er die Wirklichkeit zu erfassen suchte. Seine eigentümliche Logik arbeitete mit Elementen, die auch seine Gesellschaft benutzte, und wie entstellt auch immer sein Blick gewesen sein mochte, er richtete sich doch immer auf die gleichen Dinge wie der seiner Mitmenschen.

Bregenzers Lebensgeschichte enthält neben anderem einige Hinweise auf das Problem der Herausbildung politischen Bewußtseins: das Bewußtsein gemeinsamer Interessen, die Vorstellung praktischer Durchführung, die Erfahrung gemeinsamen Handelns. Ganz einfach ausgedrückt geht es darum, wie Menschen die Dinge, die ihnen widerfahren, erklären und welche besonderen Kräftekonstellationen sie am Werk sehen. Zunächst ist festzustellen, daß Bregenzer sein Schicksal nie innerhalb seiner eigenen Persönlichkeit, seiner moralischen Eigenschaften oder seines Charakters zu erforschen suchte. Spirituelle Introspektion, wie sie den Protestantismus des 18. und 19. Jahrhunderts kennzeichnete, gehörte weder zu Bregenzers religiöser Praxis noch zu der seiner Pfarrkinder.[29] Derartige Vorgehensweisen »privatisieren« das persönliche Geschick radikal und machen es schwierig, sich einen Zusammenhang zwischen Strukturen – seien es nun ökonomische, soziale oder politische – und der Person vorzustellen.[30] Der Kampf spielt sich im Innern ab, die weltlichen Erfolge und Mißerfolge sind radikal an die relative Fähigkeit eines Subjekts gebunden, seinen Charakter zu erkennen und Schritte zu unternehmen, all das zu entfernen, was seiner Erleuchtung, Verbesserung und Heiligung im Wege steht.

Bregenzer liefert ein Beispiel für die Vorstellung, daß die Erklärung außerhalb der Person liegt. Es geht nicht um die Logik von Alltagsereignissen, um die gewöhnliche Abfolge von Ursache und Wirkung, sondern um grundsätzliche Drehpunkte und allgemeine Trends, für die eine Bedeutung außerhalb des einzelnen und seiner moralischen Eigenschaften gesucht wurde. Auch in diesem Fall bestand kein Interesse an der allgemeinen Struktur ökonomischer Tatsachen oder am Wandel. Ebensowenig verwandte Bregenzer viel Energie darauf, die Bedingungen von Herrschaft als einem Ausbeutungssystem zu erklären. Vielmehr war das Individuum in einem Netz von Verwandtschaftsbeziehungen und in einer Welt widerstreitender Parteien eingefangen, die weitgehend der Dynamik interfamilialer Rivalitäten folgte. In seiner kurzen Autobiographie zeigte Bregenzer größtes Interesse am inneren Funktionieren seiner eigenen Familie, wobei Erbangelegenheiten den entscheidenden Angelpunkt bildeten. Wie weiter nicht erstaunlich war die Stiefmutter die spezifische Partei, von der Aggression zu befürchten stand; sie stellte eine Bedrohung für die Mitgift dar, die seine leibliche Mutter in die Ehe eingebracht hatte. Von Anbeginn an war Bregenzer in erster Linie an der Verteilung der Rechte interessiert, die sich aus den Regeln der Heiratsallianz und der Erbfolge ergaben.

Die Autobiographie verweist jedoch nicht nur auf die inneren Spannungen und Konflikte, sondern auch auf die andere Seite von Familie und Allianz: die Bildung von Interessengruppen und koordinierten Verwandtschaftsnetzen. Die Wurzel des Konflikts mit dem Superintendenten lag in Bregenzers Weigerung, dem Wunsch des Vorgesetzten zu entsprechen und eine von dessen Verwandten zu heiraten. Da er nicht Mitglied jenes Netzes wurde, mußte er folgerichtig mit Aggression, mühseligem Ringen um knappe Ressourcen und »Verfolgung« rechnen. In Bregenzers Weltsicht stand Familiengruppe gegen Familiengruppe; trat etwas ein, über das sie in eine Auseinandersetzung gerieten, wurden sie zu »Feinden«. Nichts war selbstverständlicher als die Erwartung, von der anderen Seite verfolgt zu werden. In Hattenhofen stellte er fest, daß der Schultheiß verschiedene Verwandte (seine »Freundschaft«) – darunter einige, die sich durch sein eifervolles Aufspüren von Hexerei und dergleichen bedroht fühlten – dazu angestachelt hatte, gemeinsam seine Macht im Dorf zu brechen. In der einen oder anderen Weise war Bregenzers Denken ganz entscheidend durch Kräftespiele innerhalb der Familie, interfamiliale Streitigkeiten und Parteigängertum geprägt. Was dem einzelnen widerfuhr, hing vom unausgesetzten Kampf zwischen den jeweiligen Bestrebungen und Personen ab. Gott spielte selbstverständlich dabei eine Rolle, war aber nie unabhängig, niemals wirklich Herr seines Willens, stand niemals außerhalb der Geschichte unmittelbarer persönlicher Konfrontationen im Dorf.

Bregenzers zentrale politische Metapher war der Vorwurf des »Ehebruchs«, der im Grunde den Vorwurf der illegitimen Vaterschaft und falschen Allianz beinhaltete. Das persönliche Engagement für diese Vorstellung läßt sich auf Ereignisse in seiner Biographie zurückführen: auf den Verlust seines Erbes und auf die Entscheidung, eine angebotene Heiratsverbindung zurückzuweisen. Gleichwohl ist sie nicht nur eine Sache von Bregenzers Psyche: die Gegenangriffe der Hattenhofer Magistratsclique enthalten Vorwürfe, die auf das gleiche hinauslaufen – Ehebruch, Mésalliance und ungeordnete Vaterschaftsverhältnisse. Die Luft scheint mit Sexualität förmlich geladen. Wieso nun, muß man sich fragen, erlangte die Metapher einen so zentralen Stellenwert? Nach allem, was wir aus der mittlerweile beträchtlichen Literatur über uneheliche Geburten wissen, gab es zu jener Zeit wenig voreheliche Geschlechtsbeziehungen, die zur Schwangerschaft führten, auch wenn Bregenzers Beispiele das nahelegen.[31] Es ist wohl kaum anzunehmen, daß die Zurückhaltung vor der Heirat einer Flut ungehemmter sexueller Betätigung nach der Heirat wich. Welche Formen die Sexualität auch immer angenommen haben mag, es bleibt die Frage, warum Ehebruch im 16. und 17. Jahrhundert von so zentraler Bedeutung gewesen sein soll und einen solch großen symbolischen Wert annahm. Später, im 18. Jahrhundert, für das ein tatsächliches Anwachsen vorehelicher Sexualbeziehungen und unehelicher Geburten nachzuweisen ist und die Rede von einer Zunahme des außerehelichen Geschlechtsverkehrs vielleicht berechtigt sein mag, verlor das Schimpfwort »Ehebrecher« all seine Schärfe. Der Schlüssel zum symbolischen Wert des Begriffes »Ehebrecher« liegt im Interesse an der Familienpolitik, in der Auffassung, daß die Person von der Familie, zu der sie gehörte, nicht zu trennen war. Genau an diesem Punkt trat aber auch der Staat der frühen Neuzeit in das Leben seiner Untertanen.[32] Ein großer Teil der damaligen Gesetzgebung und Gesetzeskodifizierung befaßte sich mit Erbangelegenheiten und der Art des Familienvermögens oder der »Ehegütergemeinschaft«. Beinahe sämtliche Gesetzessammlungen für die französischen Provinzen, die fast ausschließlich mit dem Problem des Familieneigentums und seiner Übertragung befaßt waren, erschienen in der zweiten Hälfte des 16. Jahrhunderts.[33] Zur gleichen Zeit fand auch in Deutschland die Einebnung regionaler Unterschiede, die Kodifizierung und beständige Überarbeitung des Familienrechts statt.[34] Das in jedem württembergischen Pfarramt und Dorf vorhandene reiche Dokumentenmaterial, das sich auf Eheschließungen, Geburten und Todesfälle, Eheinventare, Erbschaftsteilungen und Landverkäufe bezieht und bis ins 16. Jahrhundert zurückreicht, bezeugt das intensive Interesse des Staates am Familieneigentum. Aus der Sicht des Staates ging es um zahlungskräftige Bauernhöfe und klare und eindeutige Regelungen, wer für die Steuer verantwortlich war. Seine rationale Hand langte ins Zentrum des Familieninteresses.

»Ehebrecher« als ein politisches Symbol bezog seine Schärfe aus dem Eindringen des Staats in die Familie, der intensiven Rivalität der verflochtenen Verwandtschaftsnetze und der Ausrichtung des individuellen Interesses auf die Dynamik des Familienlebens. Freund und Feind bildeten die Parameter, mit denen man lebte; ein »Freund« war der Familie gleichgestellt, ein »Feind« dagegen Gegenstand allen nur erdenklichen Abscheus.

In Bregenzers Auffassung von der Dynamik der Gesellschaft als Totalität rivalisierender Gruppen und individueller Beförderungsstrategien scheint es keinen Platz für Selbstkritik gegeben zu haben. Genauso wie bei Machtkämpfen, die mit Hexerei- und Zaubereibeschuldigungen operieren und bei denen es gemeinhin möglich ist, die Hexe oder den Zauberer zu benennen, der Hexe oder dem Zauberer es hingegen unmöglich ist, sich zu der ihr oder ihm zugesprochenen Macht zu bekennen,[35] konnte Bregenzer seine Verfolger und Feinde ausmachen, sich selbst aber nicht als ein solcher begreifen. Aggression ist eine Eigenschaft der Person, die Rechte wegzunehmen oder den Ruf zu zerstören versucht; die Vorstellung von der eigenen Aktivität als Gegenstück zu der, die man anderen unterstellte, kannte Bregenzer nicht. Indem er sich mit Gott verbündete, wurde die Grenze zwischen Beten und Verfluchen aufgehoben. Selbst wenn er sich von Feinden umzingelt sah, hätte er ja um Schutz beten können, ohne Gott bestimmte Einzelheiten und Namen zu nennen. Schon das Mittel, den Feind mit Namen zu nennen, ist eine Art Beschwörung, das Anrufen des Gerichts Gottes jedoch kommt einem Verdammungsversuch gleich. Im praktischen Leben umgab sich Bregenzer wie so mancher Bauer mit starken Mächten, um die Angriffe der Neider und Böswilligen abzuwehren. Der Alltag zwang zu einem beständigen Kampf um den guten Ruf, um Achtung und um materielles Wohlergehen. Aus Furcht vor den unrechtmäßigen und schändlichen Angriffen, den die Widersacher im Verein mit starken Mächten führen mochten, sicherte man seine eigene Position in der Öffentlichkeit dadurch, daß man die Schuldigen demaskierte, ihr Verhalten eindeutig benannte, sich durch Fluchen in Gefahr brachte und die Kraft des anderen untergrub, indem man ihn Gott »empfahl«.

Genauso wie das Geschick einer Person mit der Familienpolitik und weniger mit inneren persönlichen Eigenschaften zusammengebracht wurde, suchte man nicht nach inneren Zeichen, sondern interpretierte äußere Zeichen. Es gab keine direkte Mitteilung von seiten Gottes, keine innere Erleuchtung – darin war Bregenzer ein durch und durch orthodoxer Lutheraner. Die Zeichen fanden sich in der äußeren Welt, in einer Krankheit, einem Sturm, einem zerbrochenen Glas, in Ehebruch oder Gicht. Die Vorstellung, daß die äußere Welt in dieser Hinsicht bedeutsam sei, zeigt eine wichtige Veränderung an. Die Offenbarung Gottes war nicht mehr allein an das Wort Gottes gebunden, wie man zur Zeit der Reformation geglaubt hatte. Für die frühen Reformatoren war der Diskurs über das Wort Gottes vor allem ein Akt der Gemeinschaft – ob es sich nun um die Gruppe handelte, die für sein Studium und seine Lehre verantwortlich war, oder um jene, die versammelt waren, um es zu hören. Sie glaubten an das, was Gott in denen bewirkte, die das Wort hörten und an den Sakramenten – die ihrerseits zum Wort gerechnet wurden – teilnahmen, d.h. an die Bildung einer *communio sanctorum*. Wenn jedoch die Welt bedeutungsvoll wird, gewinnt das Wort eine Bedeutung anderer Art. Bregenzer stellte ausgefallene typologische Beziehungen zur Bibel her, die einige Zuhörer beunruhigten; das war Teil seiner Methode, Bedeutung aus den Ereignissen um ihn her herauszulesen. Ein Beispiel ist die Predigt, die er aus Anlaß des Schützenfestes in Heubach hielt.[36] Er fand Korrespondenzen zwischen der Dreifaltigkeit und den drei Schritten, die ein Schütze nach jedem Schuß zu tun hatte. Er sah auch eine Analogie zwischen dem Lamm Gottes und dem Schützenpreis, einem in rote Seide gehüllten Hammel. Der ganze Wettbewerb um die Feststellung des Besten wurde als Entsprechung zur Auseinandersetzung zwischen den Jüngern gesehen, wer der Größte unter ihnen sei. Christus sei der »Oberschützen-meister«. Genauso wie die Schützen sich zum Essen und Trinken zusammensetzten und ihre Fertigkeit beurteilten, gebe es im Himmel Geselligkeit und Urteil über die zwölf Stämme Israel.

Um den Kontext zu verstehen, in dem sich diese Art des Denkens ent-wickelte, müssen wir einige der theologischen Strömungen des 17. Jahr-hunderts beachten. Bregenzer war ein äußerst orthodoxer Lutheraner, befaßte sich jedoch wie viele Theologen und Pfarrer seiner Zeit mit dem Problem des Verhältnisses von rechtem Glauben und christlichem Le-ben. Einer der Männer, die er am meisten bewunderte, war Johann Arndt, dessen volkstümliches Traktat *Vom wahren Christenthum* weite Verbreitung fand, der aber von vielen orthodoxen Geistlichen als »schwärmerisch« eingestuft wurde.[37] Sowohl Arndt wie Bregenzer stellten Reue und Buße in den Mittelpunkt ihrer Theologie und ver-suchten, eine Auffassung vom lebendigen Wort zu entwickeln, das – im Unterschied zum toten Buchstaben – die richtige innere Veränderung bewirken sollte. Sie waren insofern noch immer orthodoxe Lutheraner, als sie glaubten, daß Gnade das Werk Gottes und daß die menschliche Natur von der Sünde vollkommen verdorben sei. Gottes Gnade war notwendig, um die Sünder zu innerer Buße zu bewegen. Arndt schrieb gegen die Unbußfertigen, die Christus zwar mit dem Mund bekennen, die aber ein unchristliches Leben führten.[38] Es genüge nicht, an Chri-stus zu glauben, man müsse auch aus allerinnerstem Herzen bußfertig sein.[39] Bregenzer vermerkte in seiner *Apologia*, daß der größte Fehler des Christentums im Vergleich zu anderen Religionen der gewesen sei, daß die meisten Lehrer nach dem äußeren Buchstaben und äußeren Menschen gelehrt hätten, aber keine Einsicht in die Gnade und den Kampf zwischen Geist und Fleisch vermittelt hätten. Er sei ein »Seelen-arzt«, kein »Suppenprediger«, und sehe es als seine Aufgabe an, seine Pfarrkinder vor dem Höllenfeuer zu warnen.

Die Auffassung vom toten Buchstaben und von der lebendigen Aneig-nung des Wortes im Glauben und Geist stand sowohl für Bregenzer wie für Arndt im Mittelpunkt.[40] Wahrer Glaube sei aufs engste mit Buße und Umkehr verbunden.[41] Man müsse »der Sünde absterben«, um als ein Christ gelten zu können, und das sei etwas, was nicht häufig vorkomme.[42] Bregenzer argumentierte, daß die meisten Prediger, die von Versöhnung sprächen, das mit unversöhnlichem Herzen täten. Er erkannte nur jenen, die gute Werke taten und tugendsam lebten, den wahren Glauben zu. In seinen Augen war es nicht richtig, diejenigen, die sich mit ihren Nachbarn nicht versöhnt hatten, zum Abendmahl zuzulassen.[43] Eines der Schriftstücke in Bregenzers Akten enthält verschiedene Exzerpte, die er bei der Lektüre des Theologen Josua Stegmann angefertigt hatte.⁴⁴ Stegmann hatte die Pfarrer aufgefordert, darüber nachzudenken, wie sie ihren Hörern die lebendige Kraft des Glaubens näher bringen könnten. Eine Predigt solle nicht trösten, sondern Reue erwecken. Sie solle mehr »Blitz und Donner als Lufft und Wasser« enthalten. Vor allem aber sollten die Pfarrkinder vor dem Gang zum Abendmahl an ihre Sünden erinnert werden, weil das Brot des Lebens ohne Reue und Buße von ihrer Seite zum Brot des Todes für sie werde.

Eng verknüpft mit der Auffassung vom Wort als etwas Innerem und eher mit dem Handeln, als nur mit dem Glauben Verbundenem war eine Veränderung der Hermeneutik. Arndt sprach davon, daß alle äußerlichen Dinge in der Heiligen Schrift in den Menschen durch den Geist und den Glauben geschehen sollen. Die Auseinandersetzung zwischen Kain und Abel zum Beispiel sei etwas, das man in sich selbst finde: der Kampf des alten Menschen gegen den neuen, des Fleisches gegen den Geist. Die Sintflut müsse im Christen stattfinden und die Verderbtheit des Fleisches herausschwemmen. So wie Abraham gegen fünf Könige gekämpft habe, kämpfe der Christ gegen die fünf Könige in sich – gegen das Fleisch, die Welt, den Tod, den Teufel und die Sünde. Gott habe die gesamte Bibel auf dem Geist und dem Glauben gegründet und alles müsse auf geistige Weise im Christen geschehen.⁴⁵ Arndt unterwarf nicht nur die Bibel, sondern auch die Natur einer »geistigen« Interpretation. Er legte zum Beispiel in einem langen Abschnitt über die Beschaffenheit des Meeres eine Reihe spiritueller Bedeutungen dar, die nicht einfach nur als Analogien zu verstehen seien, sondern der geistigen Struktur der Natur selbst angehörten. Die Welt und das Leben seien wie ein ungestümes Meer. So wie der Ozean niemals ruhig sei, sei auch das Leben des Christen häufigen Stürmen ausgesetzt. Wie das süße Wasser ins Meer fließe und salzig und unbekömmlich werde, so flössen alle süßen Dinge des Lebens in den Ozean der Enttäuschung. Das Meer behalte Körper niemals bei sich, und die Welt werde uns am Ende auswerfen. So tief wie der Ozean sei auch unsere Erbärmlichkeit.⁴⁶

Dieser Umgang mit der Schrift und der Natur geht mit einer Interpretationsmethode einher, die als Typologie bezeichnet wird. Allerdings handelt es sich um eine Form, die sowohl von der in der Bibel verwendeten wie der in der Reformationszeit gebräuchlichen eingeschränkteren Art abweicht.⁴⁷ Grundsätzlich wird so vorgegangen, daß man zwischen zwei unterschiedlichen Fakten oder Ereignissen Entsprechungen sieht und eines der beiden so behandelt, als nehme es das andere voraus oder verkörpere sein innerstes Wesen. Es ist mehr als eine bloße Analogie, da die Bedeutung des Prototypos tatsächlich und prophetisch im ursprünglichen Ereignis oder in der ursprünglichen Person vorliegen soll. Im Neuen Testament zum Beispiel wird auf eine ganze Reihe von

Typen aus dem Alten Testament Bezug genommen. Die Taufe wird in Korrespondenz zur Sintflut verstanden – so wie damals acht Seelen durchs Wasser hindurch gerettet wurden, so rettet jetzt das Wasser den Christen (1. Petrus 3, 21–22). Adam wird als ein Typus Christi gesehen – so wie Sünde und Tod durch einen Menschen in die Welt kamen, wurden sie durch einen Menschen aufgehoben (Römer 5, 12–17). Oder »wie Mose in der Wüste die Schlange erhöht hat, so muß des Menschen Sohn erhöht werden« (Johannes 3, 14). Im allgemeinen liefert die Struktur der Geschichte den Zusammenhang, mit dem die Typologie arbeitet. Sie unterscheidet sich von der Allegorese, die einen tieferen Sinn in der Erzählung selbst zu finden sucht, oder vom Weissagungsbeweis, der eher unter dem Gedanken der Vollendung als dem der Wiederholung steht.[48] Es wäre an dieser Stelle sehr viel zur Geschichte der Bibelinterpretation und der homiletischen Vorgehensweisen zu sagen, wir sollten uns jedoch für unsere Zwecke auf einige wichtige Punkte beschränken. Für Luther lag die wichtigste Bedeutung der Schrift in ihrem buchstäblichen Sinn; nach seiner Auffassung sollte die Bedeutung der gesamten Weissagungen in der Bibel strikt in diesem Literalsinn verstanden werden; darüberhinaus sollten alle prophetischen Bedeutungen in Bezug zu den im Zentrum stehenden Ereignissen der Fleischwerdung, des Opfers und der Auferstehung Christi gesehen werden.[49] Arndt und Bregenzer lösten sich von der objektiven Interpretation im Rahmen der Bibel und wandten sich einer weitausholenden Suche nach Korrespondenzen zwischen der Schrift und dem Leben und zwischen der Natur – die nach der Schrift ausgelegt wurde – und dem Leben zu. Eine solche »Text«-Interpretation ging radikal individualisierend vor, weil der Text nicht länger in sich abgeschlossen war. Sie griff entweder über ihn hinaus und bezog die Welt ein oder nach innen und entwickelte symbolische Bedeutungen, die unmittelbar mit den Tagesereignissen verbunden waren. Diese Metaphernexplosion zerstört Gemeinschaft und stellt sie zugleich auf einer anderen Ebene wieder her. Die Frage nach der Bedeutung wird Gegenstand einer radikalen Auseinandersetzung zwischen verschiedenen Parteien; die Gemeinschaft des Wortes wandelt sich und stützt sich von nun an auf konkurrierende Interpretationsmuster äußerer Zeichen. Andrerseits führt eine aufgesplitterte symbolische Struktur durch die Festigung von Parteien zu einer stärkeren Integration rivalisierender Gruppen.

Bregenzer liefert uns ein konkretes Beispiel für die Art und Weise, in der christliche Texte, Alltagsleben, widerstreitende Auffassungen von der Person und unterschiedliche Interpretationen der Herrschaftsstrukturen miteinander vermittelt wurden. Er bietet einen Einblick in den Prozeß, Erklärungen für das persönliche und kollektive Geschick in den internen Rivalitäten der Stadt und des Dorfes zu suchen. So lange man die Kräfte, denen man ausgesetzt war, personalisierte, eigneten sich »Neid und Haß« besser für das Denken als Mängel im eigenen Charakter oder abstrakte ökonomische Kräfte. Die Konzentration auf die bösen Absichten von Nachbarn oder Verwandten konnte den Blick weglenken vom System der äußeren Herrschaft, von der Notwendigkeit, den Zehnten zu entrichten, von der Organisation des monetären Markts oder von den Abgaben für den Militärapparat.

Eine weitere Dimension in Bregenzers Denken hatte mit der Dichotomie zwischen dem Spirituellen und dem Weltlichen, dem jeweiligen relativen Wert beider und der Art ihres Zusammenhangs zu tun. In gewisser Hinsicht entbehrten diejenigen, die dem spirituellen Bereich angehörten, jeder direkten Macht im Rahmen der weltlichen Ordnung. Spirituelle Feinde mochten einander im Bereich des Spirituellen angreifen, doch die Hauptangriffe auf das Spirituelle kamen von weltlicher Seite. Zum Teil rührte das vom aggressiven Verhalten des Teufels gegen die Kinder Gottes her, der in Bregenzers Fall ganz besonders früh tätig geworden war. Das Problem lag bei den Mitteln des Gegenangriffs. Der Spirituelle konnte nichts anderes tun, als die Bösen bloßzustellen, auf ihre Sünden hinzuweisen, Widersacher, die ihren Haß im Geheimen nährten, öffentlich bekannt zu machen. Keines dieser Mittel wurde als eine praktische Maßnahme angesehen – als ein Gegenangriff auf der politischen und sozialen Bühne. Die sogenannten Formen der Bloßstellung wurden formell als Mittel begriffen, um ein Sündenbewußtsein zu schaffen und Bußfertigkeit hervorzubringen. Die tatsächliche Rache und Bestrafung der Übeltäter blieb jedoch Gott vorbehalten, der die Gebete der Gottesfürchtigen erhörte und Stürme, Gicht und Tod sandte. Bregenzers fundamentale Verzweiflung über die irdische Gerechtigkeit zeigt sich in seiner Äußerung, daß niemand ihm geholfen habe, sein Recht zu erlangen. Trotz seiner orthodoxen Auffassung bewegten sich die meisten seiner Ausführungen zum Thema spirituell/weltlich auf der Ebene von Klerus und Magistrat; es gab keine allgemeine Wertschätzung oder Anerkennung einer Gemeinschaft der Heiligen. In gewisser Hinsicht war sein Kampf einer zwischen zwei Ständen innerhalb des allgemeinen Herrschaftsapparates; die Dorfgemeinde bildete dabei nur ein Anhängsel an die eine oder andere Seite. Gleichwohl stellte seine Art des Denkens ein weiteres Glied in der Übermittlung der Vorstellung von einer Kluft zwischen den beiden Bereichen dar, die mit einer entsprechenden negativen Bewertung der Welt des »Fleisches« einherging. Die Fähigkeit, die Zeichen zu beurteilen und zu lesen, verblieb bei den Angehörigen des spirituellen Bereichs, doch die Entfremdung vom anderen Bereich war mehr oder minder total. Die Werte des einen waren dem anderen nicht übermittelbar, die Hoffnung auf eine korrektive Kooperation war nicht möglich. Die Pietisten sahen Herrschaft als willkürlich, grausam, unbesonnen und verschwenderisch – als an und für sich ohne jede Legitimität, außer der, daß Gott sie tolerierte. Eines Tages würde alles in Ordnung kommen, doch bis dahin konnte man die Hand Gottes im Tod des einen oder anderen Herrschers, in der Krankheit des einen oder anderen Vogts, Amtmanns oder Schultheißen, in militärischen Niederlagen, Seuchen oder Mißernten erkennen. Die pietistische Weise der Textauslegung und -lektüre bildete das Gegenstück zur Auffassung der Pietisten, gegenüber der politischen Autorität machtlos zu sein. Sie ist ein Widerhall ihrer Verzweiflung.

Eine Weltsicht muß natürlich keineswegs konsistent sein. Es hängt viel von der Ebene ab, auf der man sich bewegt. Im allgemeinen ist es möglich, die Probleme der Zeit als das Resultat einer korrupten Beamtenschaft, illegitimer Gewalt oder eines verschwenderischen höfischen Lebens zu sehen und gleichzeitig das persönliche Geschick oder Versagen mit dem Haß von Feinden zu erklären, deren Angriffe vielerlei Formen annehmen und von Betrug und Verleumdung bis hin zu Hexerei und Zauberei reichen können. Bei einem solchen Umgang mit der Wirklichkeit wird eine Solidarisierung mit anderen nur in dem Maße angestrebt, wie dadurch Außenstehende ausgegrenzt werden können. Ein praktischer Aktionsplan jedoch, der von einem Zusammenhang zwischen Ereignissen des dörflichen Alltagslebens und umfassenderen politischen und sozialen Strukturen ausgeht, bleibt illusorisch.

5

Gute Haushaltung und schlechtes Gewissen:

Ein ländlicher Tatort (1733–43)

> Die brüder Simeon und Leui,
> Ire Schwerter sind mordische woffen.
> Meine Seele kome nicht in iren Rat,
> und meine Ehre sey nicht in irer Kirchen,
> Denn in irem zorn haben sie den Man erwürget,
> und in irem mutwillen, haben sie den Ochsen verderbet.
> Verflucht sey ir zorn, das er so hefftig ist,
> und ir grim das er so störrig ist.
>
> 1. Mose 49, 5–7

> Der Herr ist ein eiueriger Gott, und ein Recher,
> Ja ein Recher ist der Herr, und zornig,
> Der Herr ist ein Recher wider seine Widersacher,
> und der es seinen Feinden nicht vergessen wird.
> Der Herr ist Gedültig und von grosser Krafft,
> fur welchem niemand unschuldig ist.
>
> Nahum 1, 2–3

Mitwirkende

Vogt Wippermann – träger oberster Beamter von Kirchheim unter Teck; vertuschte den Fall.

Der Superintendent – unterstützte die weltlichen Beamten.

Friedrich Wilhelm Breuninger – Pfarrer, Alchimist und Wüstling; Opfer eines Verbrechens?

Jacob Ochsenwadel – Schultheiß, Mitglied eines Komplotts?

Hans Jerg Weber – Bürgermeister, brach das Schweigen.

Hans Jerg Drohmann – brutal, erfolgreich, fleißig; ein Mörder?

Michael Drohmann – sein Bruder und Komplize, ein Sabbatschänder.

Hans Jerg Bauer – Trinker, Spieler, Bibelkundiger und Mann mit Gewissen; brachte die Anklage auf.

Matthes Plessing – Gotteslästerer und Gerüchteschmied; in *collusio* mit Hans Jerg Bauer.

Jacob Bauer – Falschmünzer und Exsträfling, Kumpan von Plessing und Hans Jerg Bauer.

Pfarrer Mauchard – inszenierte den Angriff gegen die Drohmann-Partei; fürchtete, das nächste Opfer zu werden.

Georgii, Vogt von Urach – leitete die Ermittlung und Strafverfolgung, suchte Rache.

Jung Hans Jerg Lutz, – wohlhabender Bürger; ein Mittelsmann zwischen Geschwätz und Anklage.

Hans Jerg Geiger – »Freund« von Hans Jerg Drohmann; sagte zu seiner Schwester, sie möge »hinfahren«.

Dorothea Geiger – seine Frau; zerstörte wegen eines Testaments die Familiensolidarität.

Alt Hans Jerg Mayer – half bei der Niederschrift des Testaments.

Hans Jerg Mayer, Senninger – hatte nichts gehört.

Johannes Schnell – von seinem Schwiegersohn Hans Jerg Drohmann, mit dem er immer gut auskam, blutig geschlagen.

Adam Geiger – Gastwirt; sein verstorbener Neffe Hans Jerg Geiger hatte die Drohmanns beschuldigt.

Friederich Drohmann – führte die Familienaffairen fort.

Michel Authaler – Butterhändler; begegnete unterwegs Hans Jerg Drohmann.

Hans Jerg Renz – litt an Gedächtnisschwund.

Ursula Renz – dem Alkohol nicht abhold, Feindin von Ochsenwadel; erleichterte ihr Gewissen.

Michael Bauer – ein abergläubischer Schwätzer, sparsam und ehrlich; begegnete Michael Drohmann nahe dem Schauplatz des Verbrechens.

Frau Renz – Organistin; Objekt christlicher Liebe.

Schultheiß Greiner – half beim Vertuschen.

Dieses Kapitel handelt von den Ermittlungen, die die Ermordung eines Dorfpfarrers nach sich zog.[1] Ihre Betrachtung verschafft uns die Möglichkeit, die politische Struktur des Dorfes im zweiten Viertel des 18. Jahrhunderts aus der Nähe zu besehen und einige Einblicke in den Zusammenhang von lokalem Leben und übergreifenden staatlichen Institutionen zu erhalten. Da die Liste der Mitwirkenden bei spektakulären dörflichen Ereignissen vom 16. bis zum 19. Jahrhundert fast immer die gleiche ist, d.h. Dorfschultheiß, Bürgermeister, Richter, Pfarrer, Bauern, Weinhändler, Handwerker, Tagelöhner, Beamte des Amtes – Vogt, Superintendent – oder Repräsentanten der zentralen Herrschaft –

Kommissare, herzögliche Ratgeber oder Konventsmitglieder – umfaßt, besteht die Gefahr, einen Fall oder einen Zeitraum vorschnell zu verallgemeinern. Bei der Frage nach den Motiven und Machtverhältnissen gerät man leicht in Versuchung, einen Konflikt auf die allereinfachste Formel zu bringen und von Bedürfnissen, Machtinteressen und Widersprüchen in der Gesellschaftsstruktur zu sprechen. Soll ein Begriff wie der der Herrschaft jedoch analytischen Wert besitzen, muß er auch auf Fragen der Zeit und der historischen Disziplin des Kontexts befriedigende Antworten bereitstellen können.

Bereits ein kurzer Blick auf die herrschaftlichen Beamten, die am häufigsten erscheinen – Vogt und Schultheiß, Superintendent und Pfarrer –, zeigt uns, daß sich ihre Beziehungen zueinander beständig änderten. Ein Vogt zum Beispiel, der lange im Amt war, mochte sich an den Umgang mit einem bestimmten Schultheißen gewöhnt haben; ein Personalwechsel konnte den relativen Erfolg, den direkte Beschwerden von Dorfbewohnern beim Vogt haben konnten, entscheidend beeinflussen. In einer Zeit, in der es der offiziellen Ideologie um den guten Haushalter oder um die Führung eines tragfähigen bäuerlichen Unternehmens ging, blieben der Reichtum des Schultheißen und die Einschätzung anderer Dorfbewohner nach ihrem Besitz oder ihren Arbeitsgewohnheiten nicht ohne spürbare Auswirkung auf seine Einschätzung. Zu bestimmten Zeiten kann es eine Veränderung der Ideologie und damit einhergehend der politischen Auseinandersetzung geben, ohne daß es zu einem sozialen Wandel kommt, oder es können wichtige Veränderungen in der Zusammensetzung der Gesellschaft eintreten, die subtile oder auch weniger subtile Veränderungen der symbolischen Sprache erforderlich machen. Ein Wandel der theologischen Mode oder der Denkweisen kann wichtige Veränderungen bei den Menschen, die für eine Botschaft empfänglich sind, bewirken; die Botschaft ihrerseits wird in einem besonderen sozialen Kontext aufgenommen und zu einem Element dieses Kontexts werden. Mit der Veränderung des Kontexts verändert sich also auch das Verhältnis des Pfarrers zu seiner Zuhörerschaft und damit auch zu den Autoritäten, mit denen er übereinstimmt oder in Widerstreit liegt. Weiterhin können die verschiedenen Beamten und Beamtengruppen in einer Sache übereinstimmen und in einer anderen unterschiedlicher Auffassung sein.

Bisweilen führt die Untersuchung der politischen Beziehungen innerhalb von Eliten auf die Frage der Persönlichkeit einzelner und auf die der herrschenden Mode. Ein bestimmter Pfarrer mag sich in ganz besonderer Weise mit einem Thema befassen oder eine Zeit kann ganz bestimmte Brennpunkte des Interesses aufweisen. Wichtig ist die Reaktion der Zuhörerschaft, und eines der Probleme besteht darin, zu erkennen, in welcher Weise die Besonderheiten zu einem fortdauernden Prozeß gehören, denn das Verschwinden eines Themas kann damit zusammenhängen, daß sich die Sprache, in der von ihm gesprochen wird, verändert hat, daß es aus dem öffentlichen Diskurs ausgeschieden wurde oder daß es für ein anderes Problem stand und ein anderes Symbol an seine Stelle getreten ist. Ein lokaler Pfarrer mag zum Beispiel oberflächliche Mißstände angreifen, ihre Wurzeln hingegen unangetastet lassen. Einmal kann sich das Hauptinteresse der seelsorgerischen Tätigkeit auf das Verhalten, ein anderes Mal auf das Leiden richten. Bereits die Fähigkeit, bestimmte Zusammenhänge herzustellen, ist erlernt und verändert sich im Laufe der Zeit ganz entscheidend.

All diese Fragen werden von den Quellen aufgeworfen, besonders dann, wenn sich der Historiker bemüht, dem Kontext Rechnung zu tragen, zu verstehen, wie Ereignisse, Sachverhalte und Auseinandersetzungen erfahren wurden, und die Dialektik zwischen äußerer Wirklichkeit und den Vorstellungen, die den Menschen zur Erfassung dieser Wirklichkeit zur Verfügung standen, in die Betrachtung einbeziehen will. Sie stellen sich auch dann, wenn man die Geschichte als fortdauernden, sich verändernden Prozeß zu sehen versucht. Auf welche Weise zum Beispiel eine Gesellschaft die Person »verortet«, welche Koordinaten sie der Gemeinschaft zuweist, variiert nach Familienstruktur, sozialer Klasse und kulturellem Diskurs. Die Themen, die wir in diesem Kapitel aufgreifen wollen, gehören in diesen Zusammenhang. Wir wollen einen vergleichsweise unauffälligen Unterschied in der Rede vom Gewissen aufzeigen und einer Eigentümlichkeit bei der Klassifizierung von Verwandten nachgehen. Wir wollen zeigen, in welcher Weise Veränderungen in der Sozialstruktur des Dorfes diesen Vorstellungen entsprachen und wie letztere Teil einer konkreten sozialen Lernerfahrung waren.

Am 9. Juli 1733 meldeten der Vogt und der Superintendent, die beiden obersten Beamten der Stadt Kirchheim unter Teck, dem Herzog von Württemberg, daß der Pfarrer der Gemeinde Zell unter Aichelberg »nach gehaltenem Disputationis convivio« in der Amtsstadt Kirchheim plötzlich gestorben sei.[2] Er habe offenbar bei einem Bach unweit seines Dorfs eine Rast eingelegt und sei wie verschiedentlich schon früher infolge der Hitze ohnmächtig geworden. Er sei in den Bach gefallen, wo er am nächsten Morgen tot aufgefunden worden sei. Die Beamten wollten wissen, ob sie eine reguläre Autopsie vornehmen lassen sollten und erbaten umgehende Antwort, da die Leiche bei den sommerlichen Temperaturen schnell verwese.

Der Meldung waren einige Angaben über den Toten angefügt. Es handelte sich um Friederich Wilhelm Breuninger, der seit fast acht Jahren in Zell Pfarrer gewesen war. Der Zweiundvierzigjährige hinterließ vier Söhne und drei Töchter, eine schwangere Witwe und einen Berg Schulden. Die vier Weiler umfassende Pfarrgemeinde zählte 757 Einwohner. In einer Schlußbemerkung hieß es, der Pfarrer habe mit der Gemeinde im Streit gelegen. Einzelheiten wurden nicht angeführt. Nach Darstellung der Beamten hatte sich Breuninger unwohl befunden. Seine Probleme mit den Dorfbewohnern wurden in diesem Schriftstück nicht direkt mit seinem Tod in Verbindung gebracht.

Zehn Jahre später schickte der gleiche Vogt dem Herzog einen zweiten Bericht in dieser Angelegenheit.[3] *Bei seinem jährlichen Ruggericht im Dorf habe der neunundvierzigjährige Schultheiß Jacob Ochsenwadel gemeldet, verschiedene Personen hätten ihm mitgeteilt, Pfarrer Breuninger sei ermordet worden. Einer der Informanten sei Hans Jerg Weber, der Bürgermeister von Pliensbach, gewesen. Im Laufe der gleichen Gerichtssitzung hätten zwei Brüder, Hans Jerg und Michael Drohmann aus dem Weiler Aichelberg, Klage erhoben, daß von verschiedenen »liederlich und boshafften Leuthen ein gottlos Geschwätz und Plauderey ausgebraitet worden« sei, wonach die beiden Brüder den Pfarrer ermordet haben sollen. Mehrere Leute hätten gesagt, die Brüder müßten »Beweis oder hinlängliche Satisfaction begehren«, wenn sie unschuldig wären.*

Der von den Brüdern Drohmann verwendete Ausdruck »Geschwätz« bezeichnete all jene im Dorf kursierenden Informationen, die man, solange sie bloßes »Geschwätz« blieben, nicht ernst zu nehmen brauchte. Man konnte auch eine noch abschätzigere Variante des Ausdrucks wählen und von »Weibergeschwätz« sprechen. Die Berichte machen deutlich, daß das Geschwätz schon lange Zeit im Umlauf gewesen war. Irgend etwas war vorgefallen und hatte verschiedene Leute dazu veranlaßt, am gleichen Tag Dinge zu melden, die schon geraume Zeit bekannt waren oder seit einer Weile von den Dorfbewohnern erörtert worden waren. Einmal war in dieser Sache sogar ein Brief von der Kanzel verlesen worden, hatte jedoch damals zu keiner offiziellen Meldung geführt. Einer der Ankläger hatte versucht, die Sache aus dem Bereich des bloßen Geschwätzes herauszuführen, in dem er vorbrachte, die Gebrüder Drohmann müßten alle, die sie beschuldigten, wegen Verleumdung vor Gericht bringen. Ein solcher Schritt war das im Dorf übliche Verfahren, und jeder, der für eine Kränkung seiner Ehre keine »Satisfaction« vor Gericht verlangte, galt als schuldig.[4] Im Kampf um die Macht war es an der Tagesordnung, in verhüllter Form auf irgendwelche Vergehen anzuspielen – oder sie auch direkt anzusprechen, wenn sich der Ankläger seiner Sache sicher genug war. Der Beschuldigte mußte die verbale Kränkung entweder hinnehmen oder verlangen, daß der Gegner seine Beschuldigung offen vorbrachte. Sobald diese (vor Zeugen) ausgesprochen war, zog die beleidigte Partei vor Gericht und forderte, daß die andere Seite den Beweis für ihre Beschuldigung erbrachte oder Wiedergutmachung leistete, was meist in Form einer Geldbuße und einer Entschuldigung geschah. Selbst wenn die beleidigte Partei ein bestimmtes Vergehen begangen hatte, oblag es der anderen Seite, ausreichend Beweise dafür beizubringen. Jemand, der zur Zielscheibe eines Geschwätzes geworden war, brauchte nur eine Person ausfindig zu machen, die nachweislich eine unerwiesene Behauptung aufgestellt hatte. Diese Person mußte entweder ihre Quelle vor Gericht offenlegen oder die erforderlichen Beweise liefern oder aber Satisfaktion leisten.[5] Der Ausdruck »Geschwätz« jedoch eröffnete eine Art Zwischenbereich, da niemand an etwas so Trivialem Anstoß zu nehmen brauchte. In diesem Sinne setzten die Drohmanns das Wort ein. Es war für sie nicht notwendig gewesen, wegen des Geschwätzes vor Gericht Satisfaktion zu suchen, das heißt, es war für sie nach den Regeln der öffentlichen Meinung nicht notwendig gewesen. Doch das Problem bestand darin, ob es sich nur um Geschwätz oder aber um etwas Ernsthafteres handelte. Einer der Dorfbewohner hatte sie mit dem Hinweis herausgefordert, sie müßten Genugtuung verlangen. In seiner Aussage vor dem Vogt vertrat er auch die Auffassung, daß es sich hier um Dorf*wissen* handele, was sich zeigen werde, sobald die Gemeindemitglieder der Reihe nach gehört werden würden. Doch nach Meinung des Vogts handelte es sich bei all dem um »liederliche Plauderei«, die von gottlosen, bösen Leuten in Umlauf gesetzt worden sei.

Dem Bericht angefügt sind zwei Dokumente, die einige der Punkte verdeutlichen helfen. Das eine enthält die Meldung des Dorfschultheißen an das Vogtruggericht, in der er das allgemeine Gerede als »Geschrey« bezeichnet.[6] Dieser Begriff ist unbedingt von »Geschwätz« zu unterscheiden. Sobald das im Dorf kursierende Gerede mehr als nur allgemeines Geschwätz war und zu »Geschrey« wurde, wurde es zu einer Sache, die ein Einschreiten notwendig machte. In diesem Fall konnte der Schultheiß nicht umhin, den übergeordneten Stellen Meldung zu erstatten. Wodurch das Geschwätz in seinen Augen zu »Geschrey« wurde, war die Tatsache, daß ihm die Sache vom Bürgermeister eines Weilers und von einem vermögenden Landbesitzer eines anderen Weilers gemeldet worden war. Die Drohmanns hingegen benutzten auch weiterhin das Wort Geschwätz und machten geltend, daß die Urheber des Geredes unbekannt seien.

Das zweite Dokument führt die verschiedenen Akteure auf. Es bot den Beamten die Möglichkeit, ihren »Vermögensstand« zu vermerken und Hinweise auf ihre Person einzuflechten. Haupturheber des Geschwätzes war danach ein Bürger aus Aichelberg namens Hans Jerg Bauer. Er wird als »schlechter Haushalter« eingestuft, der in stark angetrunkenem Zustand einmal eine Kuh verspielt habe. Er vernachlässige seine Haushaltung und lasse seine Güter verderben. Die zweite zentrale Figur bei der Verbreitung des »Geschreys« sei Matthes Plessing, ein Schmied, der fünfzehn Jahre zuvor als »übel Häuser« ins Gefängnis gesteckt worden sei. Ein weiterer Gerüchteverbreiter sei der Wagner Jacob Bauer, der mit einem Falschmünzer zu tun gehabt und drei Jahre im Gefängnis zugebracht habe. Daraufhin habe er Bankrott gemacht. Er sei ein schlechter Haushalter und habe kein Vermögen. Soweit die Personen der einen Seite. Auf sie folgen jene, die Gegenstand des Geschwätzes waren. Hans Jerg Drohmann aus Aichelberg kann außer der Tatsache, daß er manchmal Umgang mit Hans Jerg Bauer hatte, nichts Negatives nachgesagt werden. Er sei ein guter Haushalter – bisweilen »frech mit dem Rat« – und besäße ein ansehnliches Vermögen. Sein Bruder Michael, der sogar noch vermögender war, sei nie wegen ungebührlichen Verhaltens aufgefallen oder straffällig geworden.

Damit hatten die Beamten – der Schultheiß, der Vogt und die örtlichen Richter – die beiden Parteien in diesem Fall umrissen. Die eine umfaßte Knastbrüder, Spieler, Trinker, Falschmünzer, Bankrotteure und schlechte Haushalter. Diese Leute hatten aus Feindseligkeit, Gottlosigkeit, Zerrüttetheit und vielleicht auch Mißgunst das Geschwätz in Umlauf gebracht. Weder ihre Tätigkeit noch ihr Charakter bedurften eines weiteren Kommentars. Ihr Geschwätz war Teil einer unterschwelligen Auseinandersetzung im Dorf und allen bekannt gewesen, doch bislang nicht in den öffentlichen Bereich gedrungen, nicht Gegenstand offizieller Meldungen geworden. Obwohl etwas geschehen war, wodurch die Sache zu einer öffentlichen Dorfangelegenheit geworden war, schienen alle Beamten darin einig gewesen zu sein, daß sie mit einer Bestrafung der Urheber der Gerüchte enden würde. Schließlich setzte sich die andere Seite aus vermögenden, fleißigen Dorfbewohnern zusammen. Der eine hatte zwar gelegentlich eine lose Zunge, doch der andere war gesittet und friedliebend.

»Haus« und »Haushalter« lieferten zu jener Zeit wichtige Kategorien, mit deren Hilfe soziale Unterschiede ausgedrückt werden konnten.[7] In den Berichten und Aussagen zu diesem Fall ist durchwegs festzustellen, daß der Vogt, der Superintendent sowie viele der Dorfbeamten und vermögenderen Bürger den Charakter der verschiedenen Beteiligten danach beurteilten, wie sie ihre »Haushaltungen« führten. Mit der positiven Bewertung aggressiver Züge, die zur Aufrechterhaltung oder Vergrößerung eines Anwesens nötig waren, ließ sich die Tatsache verdecken, daß sie höchstwahrscheinlich mit Reichtum zusammengingen. Anders gesagt, »guter Haushalter« und »schlechter Haushalter« waren Codeworte für das Herrschaftssystem. Sie enthielten von vornherein strategische Hinweise für den Umgang mit den Leuten, die mit Hilfe der sprachlichen Unterscheidungen unterschiedlich kategorisiert wurden. Die Ideologie des Haushalts war ein zentrales Verbindungsglied zwischen dem Staat und der inneren Dynamik des dörflichen Lebens. Eine der primären Voraussetzungen für die Existenz und das reibungslose Funktionieren des Staats war ein System ertragreicher landwirtschaftlicher Betriebe als Besteuerungsobjekt. Um die Mitte des 18. Jahrhunderts wurde diese Notwendigkeit in der Kategorie des »Hauses« gefaßt. Dieses Faktum kennzeichnete die besonders engen Verbindungen zwischen dem Vogt und dem Schultheißen und erklärt das Vorgehen des Schultheißen, der diese Werte so häufig in den Mittelpunkt seiner Inszenierung stellte. Die Drohmanns, und nicht Bauer und Plessing, waren die tragenden Elemente des Staates.

Als der Vogt seinen Bericht einreichte, hatte sich Pfarrer Mauchard, Breuningers Nachfolger, entschlossen, seine Version der Vorgänge zu melden.[8] Sein Bericht hebt damit an, daß nach »fast allgemeinem Bruit« die Brüder Drohmann die Tat begangen hätten. Nicht nur das, auch der Schultheiß, ein »hertzens Freund« der beiden, sei in die Sache verwickelt. Der Vogt habe bei der Untersuchung größte Nachlässigkeit gezeigt und sei von Anfang an ganz eindeutig »parteiisch« gewesen. Er selbst bedürfe des Schutzes, weil diese Menschen ans Blutvergießen gewöhnt seien. Tatsächlich habe der Schultheiß verlauten lassen, daß es ihm wie dem vorigen Pfarrer ergehen werde. Pfarrer Mauchard war daran gelegen, deutlich zu machen, daß es keinen Hinweis darauf gab, daß der letzte Pfarrer eines natürlichen Todes gestorben war. Der Bach, in den er gefallen sei, habe so wenig Wasser geführt, daß darin niemand hätte ertrinken können. Er habe eine große Beule auf der Stirn gehabt, die nicht von einem Stein oder einem Sturz herrühren konnte. Es sei kein Wasser in seiner Nase oder in seinem Mund gewesen, und an seinen Schuhen habe sich weder Wasser noch Schlamm befunden. Der Vogt habe ihm, Mauchard, zwar einmal gesagt, daß der Mund des Pfarrers voll Schlamm gewesen sei, doch Breuningers Frau habe das bestritten.

Mauchard schrieb außerdem, daß, als der Leichnam auf dem Tisch im Schulhaus gelegen habe, das Hemd des Pfarrers plötzlich angehoben worden sei, so daß zum Ärgernis und zur Bestürzung aller anwesenden

Frauen sein nacktes Gesäß zu sehen gewesen sei. In der allgemeinen Verwirrung habe der Vogt bekanntgegeben, daß der Pfarrer nicht »todgeschlagen« worden sei. Ein zufällig anwesender Chirurg aus Weilheim habe auf Verschiedenes hingewiesen, doch der Vogt habe ihm befohlen, den Mund zu halten; die Sache ginge ihn nichts an. Daraufhin habe niemand es gewagt, irgendwelche anderen Anzeichen eines Verbrechens zur Sprache zu bringen. Kurz, es seien viele Regelwidrigkeiten vorgefallen, und der Vogt habe eine zentrale Rolle bei ihrer Vertuschung gespielt. Während der Leichenschau habe er mit den anderen Beamten lateinisch gesprochen und den Arzt angewiesen, sich nicht mit einer Autopsie aufzuhalten. Vor allem sei die große Beule über dem Auge nicht untersucht worden.

Pfarrer Mauchard verdächtigte den Vogt, Hans Jerg Bauer – den Urheber des »Geschreys« – in seinem Bericht in schwarzen Farben gezeichnet zu haben. Als er, Mauchard, zum ersten Mal vermutet habe, daß Bauer etwas wisse, habe er streng mit ihm geredet und ihm Gottes Wort vorgehalten. Es sei deutlich sichtbar gewesen, wie sehr Bauers Herz dabei geschlagen habe. Trotzdem habe er aus Angst vor dem Vogt, dem Schultheißen und den beiden Drohmanns – alles brutale und gewaltsame Leute, die immer alles durchsetzten und gewannen – nicht geantwortet. Am gleichen Tag, an dem er mit ihm gesprochen hatte, habe Bauer am Abendmahl teilgenommen. Dabei sei Bauers Gewissen noch mehr aufgeweckt worden, so daß er beschlossen habe, die Wahrheit zu offenbaren. Da er nicht den Mut gehabt habe, persönlich zu kommen, habe er einen Brief geschrieben und ihn unter der Tür des Pfarrhauses hindurchgeschoben. Was Bauers allgemeinen Lebenswandel beträfe, so könne man nicht sagen, daß er verstockt sei oder einen »Habitus in Bossheit und Lastern« habe. Immer, wenn er mit Bauer gesprochen habe, habe dieser mit Tränen in den Augen sein Unrecht gebeichtet. Während der vergangenen zehn Jahre habe Bauer nur sechsmal vor dem Kirchenkonvent gestanden – wegen Spielens, Trunkenheit und Ehekonflikten. Danach wandte sich Mauchard den Gebrüdern Drohmann zu. Sie seien »frech, brutal und blutdürstig in Worten und Werken«. Einmal habe Michael Drohmann, der Schäfer, ein ganzes Wochenende – auch den Sonntag – mit Trinken und Spielen zugebracht. Er habe »durch böse Buben grosse Dinge angezettelt und beinahe etliche Personen ermordet«. Hans Jerg Drohmann stehe ebenfalls im Ruf der Gewalttätigkeit. Er habe einmal seinem Schwiegervater aufgelauert, um ihn zu töten, und ein anderes Mal habe er ihn derart geschlagen, daß dieser blutüberströmt gewesen sei.[9]

In seinem Bericht vermerkte der Vogt einige Einzelheiten zu dem Gerücht, wonach Drohmann seinem Schwiegervater aufgelauert und damals zugegeben haben soll, den Pfarrer getötet zu haben.[10] Weiter heißt es darin, daß Plessing, der sich anfangs ganz sicher gewesen sei, daß dieser Vorfall stattgefunden hatte, später angegeben habe, er sei durch Pfarrer Mauchard daran erinnert worden. Bauer und Plessing hätten widersprüchliche Angaben zu dem Punkt gemacht, wer wem als erster gesagt hatte, daß die Drohmanns Breuninger umgebracht hätten. Außerdem wird darauf hingewiesen, daß sich Michael Drohmann viele Jahre zuvor beim Vogtamt darüber beschwert hatte, daß Plessing das Gerücht verbreite, er habe den Pfarrer getötet. Plessing sei damals zu fünf Wochen Arbeit im Gefängnis verurteilt worden, weil seine Behauptung für völlig grundlos befunden worden war. Außerdem, heißt es, sei darauf hinzuweisen, daß Plessing ein zwielichtiger Charakter sei. Vor sechzehn oder siebzehn Jahren sei er wegen Gotteslästerung und schändlichen Mißbrauchs des Kirchenlieds »Komm heyliger Geist«, das er zu einem Wortspiel auf den Namen eines Mitbürgers – Adam Heylig – benutzt habe, im Gefängnis gewesen. Einen Hinweis auf diesen Vorfall konnte der Vogt nicht in seinen Akten finden, er vermerkte aber, daß Plessing die Sache zugegeben habe. Plessing sei ein boshafter, nichtsnutziger Mensch. Wegen seines gottlosen und betrunkenen Lebenswandels habe er 1732 zehn Wochen Zuchthaus in Stuttgart erhalten.

Im Laufe des Verhörs wies der Vogt Plessing, Hans Jerg Bauer und Jacob Bauer eine Reihe von Widersprüchen nach. Er bezeichnete sie allesamt als »liederliche Aushäuser« und »Herumläufer«. Plessings Kumpel Jacob Bauer habe Geldfälscherei betrieben und sei einem peinlichen Verhör unterzogen worden. Offenbar herrsche zwischen ihnen ein betrügerisches Einverständnis; ihre Beschuldigungen gründeten auf »Feindschaft«. Da der Vogt und der Pfarrer gegensätzliche Stellungen bezogen hatten und angesichts der vielen Widersprüche, ordnete der Herzog eine neue Untersuchung an und ernannte den Vogt von Urach, Georgii, zum Kommissar. Er sollte die Zeugen hören und darüber einen Bericht anfertigen. Georgiis Bericht beginnt mit der Feststellung, daß alle darin übereinstimmten, daß Pfarrer Breuninger dort, wo man ihn gefunden hatte, unmöglich habe ertrinken können.[11] Sein Hut, Spazierstock und Schnupftuch seien säuberlich am Ufer niedergelegt gewesen. Sein Kopf habe über dem Auge und hinter dem Ohr Prellungen aufgewiesen. Aufgrund dieser Anzeichen eines Verbrechens beschloß Georgii, alle vorhandenen Zeugen zu befragen, um der Sache auf den Grund zu kommen. Er forderte jeden Zeugen auf, zu Beginn seiner Aussage anzugeben, ob er oder sie mit dem Schultheißen, Plessing, Bauer oder den Brüdern Drohmann verwandt sei. Die jeweiligen Antworten werden für uns aufschlußreich sein.

Als erster Zeuge sagte Hans Jerg Weber aus. Er war Bürgermeister und Gastwirt in Pliensbach, einem der zur Gemeinde gehörenden Weiler. Seine Frau und die Mutter der Drohmanns waren Geschwisterkinder. Er war derjenige, der den Schultheißen informiert und damit die Meldung an den Vogt erzwungen hatte. Er sagte, daß er die Gerüchte für begründet gehalten habe, da Drohmann nie eine Klage angestrengt hätte. Hans Jerg Drohmann habe ihm gesagt, er hätte deswegen nie geklagt, weil er nicht gewußt habe, wo er das hätte tun sollen. Was den Charakter der Drohmanns beträfe, so seien sie beide »brutal mit dem Maul«, er wisse aber nichts von handgreiflichen Auseinandersetzungen.

Der nächste Zeuge war der dreiunddreißigjährige Hans Jerg Lutz jr., ein wohlhabender Landbesitzer. Er war mit keiner der Hauptpersonen verwandt. Er gab an, von Plessing und Dorothea Geiger, der Frau von Hans Jerg Geiger, gehört zu haben, daß Hans Jerg Drohmann den Pfarrer getötet habe. Dorothea sei eine Schwägerin von Hans Jerg Drohmann. Drohmanns Frau habe auf dem Sterbebett ein Testament zugunsten der Kinder ihrer Geschwister machen wollen, weil sie nicht gewußt habe, was die Zukunft bringen werde, da ihr Mann den Pfarrer getötet habe. Jedenfalls habe er das von Dorothea Geiger gehört. Vorher sei ihm das »allgemeine Geschwätz« zu Ohren gekommen und er habe angenommen, daß Michael Drohmann der Täter sei, weil er keine Klage angestrengt habe. Das »Geschwätzwerk« sei schon lange herumgegangen.

Matthes Plessing, ein etwa fünfundvierzigjähriger Schmied, gab zu Protokoll, daß sein Großvater und der Großvater des Schultheißen Geschwister gewesen seien. Seine Frau sei Hans Jerg Bauers Geschwisterkind. Er gehöre weder zur Freundschaft noch zur Verwandtschaft der Drohmanns. Gleich nachdem der Pfarrer gefunden worden sei, sei über seinen Tod »raissoniert« worden, weil er nach Meinung des damals anwesenden Barbiers nicht ertrunken, sondern erwürgt oder erschlagen worden sei. Er sei nicht der Urheber der Gerüchte, sondern habe – wie andere auch – nur das wiederholt, was er gehört habe. Er habe von seiner Schwägerin gehört, daß die beiden Drohmanns die Tat begangen hätten, und dies weitererzählt, worauf eines Tages die Musketiere hinter ihm her gewesen seien. Er sei davongelaufen und ein dreiviertel Jahr weggeblieben, schließlich aber nach Kirchheim zurückgekehrt, wo er bestraft worden sei. Seine Schwägerin habe abgestritten, ihm je etwas Derartiges erzählt zu haben, aber er habe ohnehin nicht alles berichtet, weil er es für Weibergeschwätz gehalten habe. Er berichtete außerdem

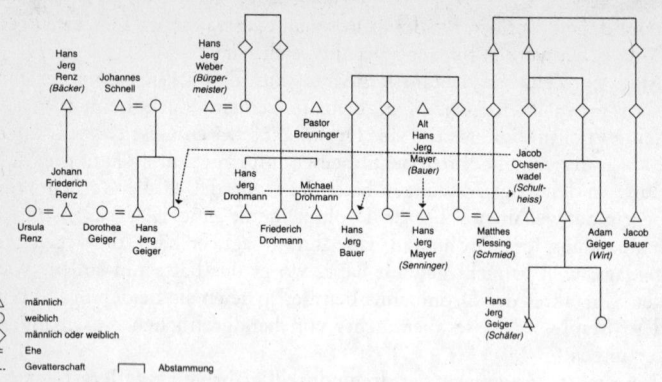

Abb. IV: Genealogische Verbindungen zwischen den Zeugen im Mordfall
Breuninger

von einem Vorfall in Boll, wo Hans Jerg Drohmann und dessen Schwiegervater zusammen in einer Schenke getrunken hätten. Nach einiger
Zeit hätten sie angefangen, einander anzuspucken. Drohmann habe den
Raum verlassen und – wie er von einem Augenzeugen erfahren habe –
draußen vor der Schenke mit einem Stock auf seinen Schwiegervater
gewartet. Nach einer Weile sei er wieder hereingekommen und habe
gefragt, wo der »Saumag« sei. Schließlich habe er seinen Schwiegervater
in einem Hinterzimmer eingesperrt.
Während Plessing noch befragt wurde, stürzte ein Dorfbewohner her-
ein und meldete, er habe gehört, die Drohmanns wollten das Dorf niederbrennen. Jacob Geiger, auf den diese Meldung zurückging, erklärte
auf Befragen, daß er nichts weiter gesagt habe, als daß sie das tun könnten. Er habe nichts gesagt, er hätte es von ihnen selbst.
Der nächste Zeuge war Hans Jerg Geiger. Hans Jerg Drohmanns ver-
storbene Frau sei seine Schwester gewesen. Er habe eine Menge über
die Angelegenheit gehört, sich aber nicht weiter darum gekümmert. Als
»Freund« habe er die »Rede« nicht weitergetragen. Als »näher Freund«
habe er sich nicht mit der Sache befaßt. Er gab jedoch an, daß ihm und
den Kindern seiner anderen Schwester durch das kürzlich abgefaßte
Testament seiner verstorbenen Schwester erheblicher Schaden zugefügt

worden sei. Er könne nicht verhehlen, daß sein Schwager ein »frecher Mann« sei, und wäre er sieben Jahre zuvor nicht zugegen gewesen, hätte es zwischen Drohmann und Geigers Stiefvater Johannes Schnell einen Totschlag gegeben. Nach dem Testament befragt, erwiderte Geiger, er sei bereits dafür bestraft worden, daß er seinen Worten freien Lauf gelassen habe, als er von seiner Enterbung erfuhr. Er hatte zu seiner Schwester gesagt, »sie solle nur hinfahren«.

Darauf wurde seine Frau, die einundvierzigjährige Dorothea Geiger, befragt. Dabei stellte sich heraus, daß sie es gewesen war, die die von Bauer und Plessing stammenden Informationen Lutz, Weber und anderen weitererzählt hatte, die sie dann dem Schultheißen gemeldet hatten. Das sei geschehen, kurz nachdem ihre Schwägerin (»Geschweyh«) im Beisein des Schultheißen ihr Testament gemacht habe. Ihre Schwägerin habe alles deren Mann vermacht und damit ihren Mann und ihre Kinder enterbt. Sie sei zum Krankenbett vorgedrungen und habe Drohmann dort gesagt, es werde herauskommen, daß er den Pfarrer getötet habe, wenn das Vermögen an ihn überginge, worauf der Schultheiß sie hinausgeworfen habe.

Alt Hans Jerg Mayer, Bauer und Gerichtsverwandter in Aichelberg, um die fünfzig, sagte aus, daß er nicht in der Gemeinde geboren und mit keinem der in Frage stehenden Personen in irgendeiner Weise verwandt sei. Er sei vom Schultheißen als Zeuge für die Abfassung des Testaments gerufen worden. Er habe Drohmanns Frau gefragt, wie sie es haben wolle, und sie habe gewünscht, das alles zur lebenslänglichen Nutznießung an ihren Mann gehen solle. Erst nach seinem Tod sollten die anderen Verwandten bedacht werden. Der Schultheiß habe alles aufgeschrieben, und die drei Zeugen hätten das Dokument unterzeichnet, aber keiner von ihnen sei bereit gewesen, es nach Kirchheim zu bringen. Deshalb sei der Schultheiß nach Kirchheim gegangen und habe einen Substituten geholt, der ein anderes Testament angefertigt habe. Er wisse nicht, was mit dem vom Schultheißen verfaßten Dokument geschehen sei. Er halte die Drohmanns für »brutal mit ihren Mäulern«, ansonsten jedoch seien sie Männer, die »brav schaffen und hausten« und die deshalb auch beide ein ziemliches Vermögen besäßen.

Als nächster Zeuge wurde der vierunddreißigjährige Hans Jerg Mayer, Senninger, gehört (nicht verwandt mit Alt Hans Jerg Mayer, obwohl dieser sein Gevatter war). Seine Frau war Geschwisterkind mit Hans Jerg Bauer. Er war ebenfalls bei der Testamentabfassung zugegen gewesen. Er gab zu, zu Bauer gesagt zu haben, daß seiner Meinung nach die Drohmanns »durchgehen« würden, wenn eine Anzeige erstattet und die Sache ans Licht gebracht würde. Damit habe er nur gemeint, daß es sie das Leben kosten werde, sollten sie die Tat begangen haben.

Auf die Frage, wie er auf so etwas komme, ob er etwas Derartiges von Hans Jerg Drohmann selbst gehört habe (sie lebten unter einem Dach), antwortete er nur, daß ihre Wohnungen so getrennt voneinander lägen, daß man aus der jeweils anderen nichts hören könne.

Dann wurde Hans Jerg Bauer befragt. Er und Matthes Plessings Frau waren Geschwisterkinder. Hans Jerg Drohmann war sein Gevatter. Er gab an, daß er Angst vor dem Schultheißen und dem Vogt gehabt habe. Der Schultheiß habe ihn mit den Worten gedroht: »Wart ich will dich lernen dein Maul halten, ich will dir den Pfaffen entlaiben«. Jetzt habe er keine Angst mehr, weil er sein »Gewissen geräumt« habe.

Vier oder fünf Jahre zuvor sei er mit Drohmann in einen anderen Weiler zum Trinken gegangen, wo sie Drohmanns Schwiegervater Johannes Schnell getroffen hätten. Nachdem sie wieder gegangen waren, habe Drohmann ihn dazu zu überreden versucht, gemeinsam mit Knüppeln dem Schwiegervater aufzulauern, um den »Hund« totzuschlagen. Er sollte dann in einen Teich geworfen werden, damit die Leute glauben sollten, er sei ertrunken. Er, Bauer, habe gesagt: »Nein, Gevattersmann, ... ihr hebet mir meine Kinder aus der tauf und soltet mich von dergleichen Sach abwarnen.« Er habe Furcht vor der Ewigkeit gehabt und darauf hingewiesen, daß sie nur kurze Zeit auf Erden zu leben hätten. Drohmann solle auch daran denken, daß jedermann sage, er und sein Bruder hätten den Pfarrer umgebracht. Darauf habe Drohmann geantwortet, daß nichts dabei sei, wenn sie den Hund totgeschlagen hätten, es sei keine Sünde. Auf dem Heimweg habe ihn Drohmann gefragt, ob er denn meine, sein Bruder Michael wäre ohne die Hilfe des Schultheißen Schafmeister geworden. Sie, die Drohmanns, und der Schultheiß hätten einen Bund miteinander geschlossen: keiner dürfe etwas gegen den anderen sagen, auch in Ewigkeit nicht. Solange Bauer mit Drohmann zusammen sei, habe er nichts zu befürchten. Bauer wies darauf hin, daß es zwischen Drohmann und Schnell häufig Händel um das mütterliche Erbe von Drohmanns Frau gegeben habe.

Der Kommissar versuchte daraufhin, Motive für eine Ermordung des Pfarrers ausfindig zu machen. Bauer sagte aus, daß die Drohmanns Feinde des Pfarrers gewesen waren. Als Hans Jerg Drohmann noch ledig gewesen sei, habe man ihn im Bett der Pfarrmagd gefunden; er sei deswegen vom Abendmahl ausgeschlossen worden. Er wußte auch zu berichten, daß Michael Drohmann bei der Beichte wegen Fluchens zurechtgewiesen worden war. Als Hans Jerg Drohmann wegen einer anderen Sache erneut vom Abendmahl ausgeschlossen gewesen sei, habe er dem Pfarrer zur Aussöhnung eine Flasche Wein geschickt. Anschließend habe er die Geschichte im ganzen Dorf erzählt.

Der siebenundfünfzigjährige Jacob Bauer, Wagner aus Aichelberg, gab an, mit Hans Jerg Bauer »zu dritten Kind« verwandt zu sein. Als der Pfarrer starb, sei er (unschuldig) wegen Falschmünzerei im Gefängnis gewesen. Wie er davon Nachricht erhalten habe? Selbst die Vögel hätten es gepfiffen, so groß sei der Lärm gewesen. Im Gefängnis hätten alle Wachen davon geredet, daß die Drohmanns den Pfarrer ermordet hätten. Daß die Drohmanns das zugegeben hätten, habe er zuerst von einem Soldaten dort gehört.

Der einundsechzigjährige Adam Geiger, Gastwirt in Eckwälden, berichtete folgendes. Er und der Schultheiß seien Geschwisterkinder. Sein verstorbener Neffe (Sohn seines Bruders), der Schäfer Hans Jerg Geiger, habe eine Auseinandersetzung mit Michael Drohmann gehabt. Der junge Geiger habe erfahren, daß seine Schwester von Michael Drohmanns anderem Bruder, Friederich, geschwängert worden war. Darüber seien sie in Streit miteinander geraten und bei dieser Gelegenheit habe er Drohmann des Mordes am Pfarrer beschuldigt.

Michel Authaler aus Zell, sechsundsechzig, gab an, daß er mit keiner der Hauptpersonen verwandt sei. Er sei erst seit zehn Jahren in Zell wohnhaft und habe zuvor in Ohmden gelebt, von wo er die Umgebung bereiste, um Butter zu kaufen. Er sei an dem Abend, an dem der Pfarrer ermordet worden sei, in Zell gewesen und habe von dort mit einer Ladung Butter auf dem Rücken den Heimweg angetreten, als die Leute gerade Licht in den Häusern entzündet hätten. Etwa zwanzig Schritt vom Dorf entfernt sei er Hans Jerg Drohmann begegnet, der ihm gesagt habe, er komme aus dem Remstal, wo er Wein geholt habe. Nachdem sie sich gute Nacht gewünscht hätten, habe sich Drohmann in Richtung Dorf aufgemacht. Drohmann habe den Wagen auf der Straße verlassen und den kürzeren Fußweg gewählt, wo sie zusammengetroffen seien. Der Weg gehe direkt von der Straße ab. Er, Authaler, habe den Wagen oben weiterfahren hören. Seit dieser Begegnung habe er bis zum letzten Vogtruggericht nie wieder mit Drohmann geredet. Nachdem er sich von Drohmann verabschiedet habe, habe er seinen Weg fortgesetzt. Auf halber Strecke zwischen Zell und Ohmden habe er Pfarrer Breuninger getroffen. Das sei bei der Bodenwiese gewesen, eine Ackerlänge von dem Bach entfernt, in dem der Pfarrer dann aufgefunden worden sei. Nach Authalers Ansicht habe Drohmann den Pfarrer an der Stelle, wo er gestorben sei, auf keinen Fall treffen können. Er habe auch auf keinen Fall wissen können, daß der Pfarrer dort entlangkommen werde.

Der Kommissar hatte Alt Hans Jerg Renz befragen wollen, der zusammen mit Drohmann im Remstal gewesen war und der den Wagen ins Dorf gebracht hatte, nachdem sich Drohmann von ihm getrennt und die Abkürzung genommen hatte. Unglücklicherweise starb er, als der Kommissar eintraf. Renz war bei seinem Tod weit über siebzig Jahre

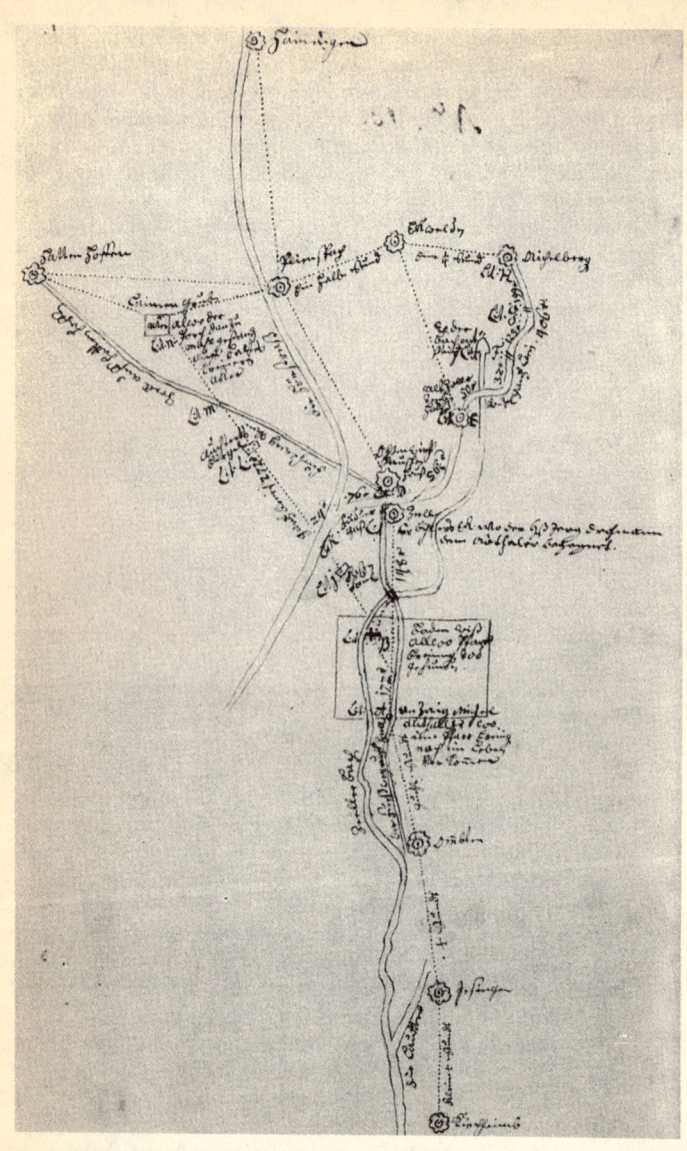

Abb. V: Der Schauplatz von Pfarrer Breuningers Tod
(Württembergisches Hauptstaatsarchiv Stuttgart, A 214 Bü 476)

alt und senil gewesen. Als er jedoch noch Herr seiner Sinne war, hatte Jacob Geiger eine Aussage (»Urkund«) Renzens niedergeschrieben und sie Pfarrer Mauchard übergeben. Darin hieß es, daß Hans Jerg Drohmann an jenem Abend nicht zu ihm nach Hause gekommen und von da aus nach Aichelberg heimgekehrt sei. Er sei vom Vogt dazu überredet worden, etwas Derartiges auszusagen. Als alter Mann ließe ihn das Gedächtnis öfters einmal im Stich.

Einer der Hauptzeugen war Ursula Renz, die Schwiegertochter des Bäckers. Sie sei am Morgen jenes Tages, an dem der Weintransport stattgefunden habe, im Pfarrhaus gewesen. Der Pfarrer habe sie gebeten, für ihn einen halben Gulden von ihrem Schwiegervater zu borgen. Sie habe ihm gesagt, daß er bereits weggefahren sei, und ihm das Kleingeld gegeben, das sie bei sich hatte. An jenem Abend seien ihr Schwiegervater und ihr Mann mit Drohmanns Wagen zurückgekehrt. Man habe Drohmann zum Abendessen erwartet, er sei aber nicht gekommen. Später habe ihr Mann den Wagen und Drohmanns Ochsen in den anderen Weiler gebracht. In der Zeit, für die Drohmann kein Alibi habe, sei der Pfarrer ermordet worden. Hans Jerg Drohmann habe sie gebeten auszusagen, daß er bei ihnen zu Abend gegessen habe. Nachdem Ursula Renz ihr »Gewissen geräumt« hatte, war sie bereit, ihre Aussage zu beeiden.

Johannes Schnell, fünfundsechzig, war Hans Jerg Drohmanns Stiefschwiegervater. Er gab an, Drohmann habe immer einen größeren Anteil am Erbe haben wollen, daß sie aber miteinander ausgekommen seien. Es habe nie eine tatsächliche Bedrohung von seiten Drohmanns gegeben. Etwa acht oder neun Jahre zuvor seien sie über das Erbe in Streit geraten, und Hans Jerg Drohmann habe sich einer so üblen Ausdrucksweise bedient, daß er seinen Stock habe erheben müssen. Daraufhin habe ihn Drohmann gepackt und hart geschlagen. Der Vorfall sei vor das Vogtamt gekommen und Hans Jerg Drohmann zu einer Geldbuße in Höhe von 52 fl. verurteilt worden.

Breuningers Frau sagte, daß sie eine der ersten bei der Unglücksstelle gewesen sei. Sie habe die Leute angefleht, ihr zu helfen, den Leichnam herauszuheben, aber niemand habe sich ihrer erbarmt. Michael Drohmann habe oben vom Bachufer her mit Hohn und Spott in der Stimme gerufen: »Jetzt da hab ihrs. Er hab uns immerdar verdammt, und Teufelskinder geheissen. Jetzt da habt ihrs.«

Michael Drohmann, dreiundvierzig, gab zu Protokoll, daß er entfernt mit dem Schultheißen verwandt sei, aber nicht wisse, wie. Hier unterbrach Pfarrer Mauchard und meldete, daß es neue Beweise von Michael Bauer aus Zell gäbe. Bauer habe gesagt, daß er an dem Abend, an dem der Pfarrer gestorben sei, einen Steinwurf entfernt von der Bodenwiese

Gras für das Vieh geschnitten habe. Er habe Michael Drohmann auf der Straße nach Ohmden gehen sehen, unweit der Stelle, an der der Pfarrer gefunden worden sei. Drohmann sei nähergekommen und habe ihn gefragt, ob er noch lange da bleiben werde. Weiterhin habe er sich erkundigt, ob der Pfarrer schon vorbeigekommen sei. Er habe dann die Richtung eingeschlagen, aus der der Pfarrer kommen mußte. In diesem Augenblick hätten sie zwei Ackerlängen weiter Authaler gesehen. Drohmann habe auf die Last, die Authaler auf dem Rücken trug, angespielt und gesagt, er trage den Teufel heraus. Nach Bauers Auffassung sei Authaler kein besonders glaubwürdiger Zeuge. Bauer habe weiterhin gesagt, daß er ungefähr zwei Jahre zuvor mit dem Schultheißen einen Streit um eine Wiese gehabt habe. Sie hätten zur Beilegung der Angelegenheit nach Kirchheim gehen müssen. Als Bauer anschließend ins Wirtshaus gegangen sei, habe er dort den Schultheißen zusammen mit Michael Drohmann angetroffen. Er habe sich aus dem Staube und schnell auf den Heimweg gemacht. Als er gerade hinter einer Mauer im Dorf seine Notdurft verrrichtete, seien die beiden vorübergekommen. Der Schultheiß habe gesagt, daß er sich darauf verlassen habe, Drohmann werde ihm beistehen und Michael Bauer »brav abbutzen«. Doch Drohmann habe entgegnet, daß er das – »Potz Donner« – nicht habe machen können, da er Bauer »auf der Wiese« begegnet sei. Der Schultheiß habe ihn davor gewarnt, das zuzugeben, und ihm versichert, er werde ihm helfen, so lange er könne.

Eines der Dokumente, die der Kommissar seinem Bericht beifügte, war die neuangefertigte Abschrift eines früheren Berichts über Breuninger, der 1733 vom Vogt und dem Superintendenten verfaßt worden war.[12] Darin heißt es, daß der Pfarrer nicht habe abstreiten können, intensive theoretische Chemie- und Alchemiestudien durchgeführt und viel Zeit auf die Beschäftigung mit Bergwerksfragen und Erzen verwandt zu haben. Er habe eine große Summe Geld vertan und wenig dabei gewonnen. Man warf ihm vor, Umgang mit dem umherziehenden Falschmünzer Rauschenberger, der des Landes verwiesen worden war, gehabt zu haben. Tatsächlich hatte sich Rauschenberger für einige Zeit in Breuningers Haus aufgehalten. Breuninger war der Trunkenheit beschuldigt und außerdem verdächtigt worden, mit Frau Renz, der Organistin, ein Verhältnis zu haben. Doch Breuninger habe die Beschuldigungen zurückgewiesen und von christlicher Liebe gesprochen.

In einem Gutachten der Juristischen Fakultät Tübingen wird das gesamte Zeugenmaterial durchgegangen und auf die mögliche Schuld der Drohmanns hin überprüft.[13] Zu Beginn heißt es, daß Friedrich Wilhelm Breuninger 1725 Pfarrer in Zell geworden sei. Von Anfang an sei er wegen unnötiger Experimente, Vernachlässigung des Gottesdienstes,

Trunkenheit und unziemlichen Umgangs mit Frauen mit der Gemeinde in Konflikt geraten. Es sei deshalb eine Untersuchungskommission eingesetzt worden und man habe damit gerechnet, daß Breuninger in eine andere Gemeinde versetzt werde. Doch da sei die Meldung eingetroffen, er sei an einem Schlaganfall verstorben. Nach der Beisetzung habe das Volk zu munkeln begonnen, daß die beiden Drohmanns ihn für den damaligen Schultheißen (Greiner) ermordet hätten, der einer der führenden Männer in der Kommission gegen den Pfarrer gewesen war. Nach Überprüfung der Exhumierungsbefunde kam man zu dem Schluß, daß der Pfarrer wahrscheinlich nicht durch eigene Hand zu Tode gekommen sei. Obwohl ihm weder seine Gemeinde noch sonst irgendwer Achtung entgegengebracht habe und er infolge seiner schlechten Haushaltsführung und teuren Experimente ziemlich verarmt gewesen sei, gebe es keinen Hinweis darauf, daß er Selbstmord begangen haben könnte. Daran anschließend befaßt sich das Schriftstück mit dem Leumund der einzelnen Zeugen. Plessing scheine zwar kein falscher Zeuge zu sein, habe jedoch andererseits für seinen gottlosen und dem Trunk verfallenen Lebenswandel bereits früher vor Gericht gestanden. Einmal habe er seine Schwiegereltern und seine Frau aus dem Haus gejagt. Er habe sich auch für längere Zeit von seinem Wohnort entfernt, um sich einer Gefängnisstrafe zu entziehen. Der junge Geiger und seine Frau seien als Feinde der Drohmanns einzustufen, ihre Aussagen daher nicht zu gebrauchen. Sie seien für ihre harten Worte am Krankenbett von Drohmanns Frau zu einer Geldstrafe verurteilt worden. Hans Jerg Bauer stehe im Ruf eines Säufers, Spielers und schlechten Haushalters; es gebe allerdings einige Leute, die ihn für nicht so schlimm hielten. Nichts deute jedoch darauf hin, daß er ein Lügner sei. Auch seine Kenntnis des Wort Gottes sei keineswegs gering. Ursula Renz sei eine »Übelhauserin«, die dem Trunk ergeben sei. Sie sei verschiedene Male zu Zuchthausstrafen verurteilt worden. Sie habe bestritten, je etwas wirklich Schlimmes begangen zu haben und behauptet, von ihrem Feind, dem Schultheiß Ochsenwadel, hintergangen worden zu sein. Obwohl kein Mißtrauen bezüglich ihrer Wahrhaftigkeit herrsche, könne sie aufgrund ihres Geschlechts nicht als Zeugin in einer Kriminalsache aufgerufen werden. Gegen Michael Bauer wurde angeführt, daß er nicht richtig bei Verstand sei. Er sei ein Lügner und Windbeutel und trage ein Amulett gegen den Teufel (»Teufelsbanner«). Einmal habe er seinen Schwager und seine Nachbarin Rosina Ochsenwadel der Hexerei beschuldigt. Andererseits sei er arbeitsam, sparsam, aufrichtig und redlich. Er habe sich nie vor dem dörflichen Kirchenkonvent zu verantworten gehabt, und nur seine Feinde würden ihn »Narr und Simpel« nennen. Dennoch sei er kein allzu verläßlicher

Zeuge. Jacob Bauer sei ein Geldfälscher und habe im Zuchthaus gesessen. Es sei problematisch, sich auf seine Aussage zu stützen, und ohne dieselbe sei es schwierig, den Drohmanns etwas nachzuweisen. Beide Drohmanns seien »frech in Worten« und neigten im betrunkenen Zustand zu brutalem Verhalten, rauften und schlügen sich. Niemand habe gerne etwas mit ihnen zu schaffen, da sie von Natur aus gewalttätig seien.

Anschließend wurde das Belastungsmaterial gegen die Drohmanns überprüft. Man hielt es für zweifelhaft, daß der einmalige Ausschluß vom Abendmahl ein hinreichendes Motiv für die Brüder abgegeben hätte, sich am Pfarrer zu rächen. Die Juristische Fakultät stimmte nicht mit dem staatlichen Ankläger, dem Kommissar Georgii, überein, der die eigentliche Untersuchung geleitet und für die Brüder die Todesstrafe gefordert hatte.[14] Trotz der Anzeichen, die für eine Ermordung des Pfarrers sprächen, gebe es keinen Beweis, daß die beiden Brüder die Tat begangen hätten.

Schließlich wurden die Brüder vor das Stadtgericht in Urach gebracht und nach einem Prozeß auf freien Fuß gesetzt und ihrem eigenen Gewissen überlassen.[15] Man hatte ihnen eindringlich vorgehalten, daß die körperliche Freiheit nicht gleichbedeutend mit der »innerlichen Freiheit von Gewissen« sei.

Das vorgeführte Material umfaßt drei allgemeine Bereiche, auf die wir eingehen können. Es bietet uns in erster Linie einen Einblick in die Praxis von Herrschaft und Macht, zweitens in die Dynamik von Familienbeziehungen und drittens in den Zusammenhang von Gewissen und Herrschaft.

Aufgrund der vorgelegten Indizien können wir nicht entscheiden, ob Pfarrer Breuninger eines natürlichen Todes gestorben ist oder nicht. Dagegen läßt sich aus dem Vorgehen des Schultheißen (Greiner), des Superintendenten und des Vogts ziemlich eindeutig schließen, daß keine der Amtspersonen den Vorfall aufklären wollte. Sie ließen keine Autopsie vornehmen, und der Superintendent vertuschte das, indem er beim Herzog anfragte, ob er eine solche Maßnahme für notwendig halte, und dabei von einem Schlaganfall als Todesursache sprach. Trotzdem waren von Anfang an viele Leute davon überzeugt, daß Breuninger von irgend jemandem aus dem Dorf getötet worden war. Es gab die Anzeichen an dem Leichnam und die Anordnung der persönlichen Habseligkeiten am Bachufer.

Das dramatische Geschehen an der Unglücksstelle wirkte sich auf die Art der späteren Verdächtigungen und auf die Stellung aus, die die verschiedenen Personen gegenüber dem im Dorf kursierenden

»Geschwätz« einnahmen. Obwohl der Pfarrer im Dorf keineswegs isoliert gewesen war – man denke daran, daß Ursula Renz am Morgen vor seinem Tod im Pfarrhaus gewesen war und daß er geplant hatte, von ihrem Schwiegervater Geld zu borgen –, fand sich niemand, der der Witwe half, den Leichnam aus dem Bachbett zu heben. Die Dramatik der Szene, die durch die Schreie der Frau noch unterstrichen wurde, war vielen zu Herzen gegangen, doch die Gegenwart des Schultheißen, des Hauptgegners des Pfarrers, und Michael Drohmanns, der inmitten der Menschenansammlung am Ufer höhnte, hinderte sie daran, sich aus der Menge zu lösen und zu helfen – zumal sich das Machtgleichgewicht eindeutig zugunsten der Feinde des Pfarrers verschoben hatte.

Wir können bei dieser Gelegenheit einige der Personen ausmachen, die zu der dem Pfarrer feindlichen Gruppe zählten. Schultheiß Greiner stand an der Spitze derjenigen, die seine Versetzung aus der Gemeinde betrieben hatten; er hatte in diesem Zusammenhang eng mit dem Vogt Wippermann und dem Superintendenten in Kirchheim zusammengearbeitet. Alle Handlungen Ochsenwadels, seines Nachfolgers im Amt und zu jener Zeit Bürgermeister, lassen vermuten, daß er ebenfalls ein Mitglied dieser Partei war. Das Verhalten Michael Drohmanns an der Unglücksstelle und der symbolische Akt der Exkommunikation seines Bruders legen den Schluß nahe, daß auch die Drohmanns als einflußreiche Landbesitzer, vermögende Bürger und enge Verbündete der Dorfbeamten zu jener Gruppe gehörten. Hans Jerg Drohmann war der Gevatter von Ochsenwadel, und in den Augen aller galten die Brüder als Personen, die von den Beamten gewünschte schmutzige Arbeit ausführten. Ihr Ruf, gewalttätig zu sein, und ihre Integration in die Machtstruktur reichten aus, um den Verdacht auf sie zu lenken. Niemand vermochte ein zureichendes persönliches Motiv der Drohmanns für eine solche Tat nennen, und alles, was die Dorfbewohner in dieser Hinsicht vorbringen konnten, war eine Zurechtweisung Michael Drohmanns wegen Fluchens und der mehrmalige Ausschluß Hans Jerg Drohmanns vom Abendmahl, weil er mit der Pfarrmagd geschlafen hatte. Die diesbezüglichen Aussagen waren vage und widersprüchlich; es bleibt unklar, ob der Ausschluß nur vor seiner Verheiratung stattgefunden und ob er für ein oder zwei Abendmahlsversammlungen oder für einen längeren Zeitpunkt gegolten hatte. Was den Verdacht aufkommen ließ, war die Tatsache, daß der Pfarrer gestorben war, die Überzeugung, daß jemand ihn ermordet hatte, und das Fehlen eines Kontexts, der es ermöglicht hätte, das Vorgefallene abweichend vom Feindschafts-Freundschaftsmuster zu erklären, das die Beziehungen im Dorf strukturierte.

Die andere »Partei« läßt sich weniger deutlich ausmachen. Breuninger war der Gevatter von Ursula Renz und unterhielt offenbar gute Beziehungen zu Ursulas Schwiegervater, dem alten Hans Jerg Renz, einem Bäcker. Doch Renz hatte just am Todestag des Pfarrers mit Hans Jerg Drohmann zusammengearbeitet, als sie alle miteinander zum Weinkaufen ins Remstal gefahren waren. Es gab also offenbar eine mehr oder minder dauerhafte, auf Patenschaft beruhende Verbindung zwischen dem Pfarrer und den Renzens. Andererseits lassen sich bestimmte Bruchlinien im Dorf im anhaltenden Konflikt zwischen Ochsenwadel und Ursula Renz über die Form ihrer Haushaltsführung und ihre Trinkgewohnheiten wiederfinden. Sie betrachtete ihn als »Feind«. Das heißt, was er als rein administrative Maßnahme ansah, stellte sie in den Freund-Feind-Kontext. Sie brachte auch die belastendsten Dinge gegen Hans Jerg Drohmann vor, die ihr zum Teil erst kurz vor der Befragung durch den Kommissar wieder eingefallen waren.

Was den Kreis jener betrifft, die Aussagen machten und an der Verbreitung der Gerüchte maßgeblich beteiligt waren, so lassen sich einige dieser Leute aufgrund des merkwürdigen Sachverhalts der Geldfälscherei mit dem Pfarrer in Verbindung bringen. Um was es sich dabei genau handelte, geht aus den Quellen nicht hervor. Eine der Beschwerden gegen Breuninger betraf seine Freundschaft mit dem Geldfälscher Rauschenberger. Offenbar glaubte man auch, daß seine alchimistischen Versuche mit dem Herstellen von Falschgeld zusammenhingen. Jacob Bauer, in dessen Haus Hans Jerg Bauer und Plessing den belastenden Brief geschrieben hatten, war ebenfalls mit Rauschenberg liiert gewesen und hatte wegen diesbezüglicher verdächtiger Aktivitäten drei Jahre im Zuchthaus verbracht. Keine dieser Tatsachen erbringt irgendwelche Motive; sie weisen jedoch auf mögliche Frontenbildungen hin. Indem Vogt Wippermann behauptete, sie hätten in betrügerischem Einverständnis gehandelt, schrieb er ihnen eine gemeinsame Position zu, und indem er Feindschaft als Motiv ihres Handelns vermutete, unterstellte er ihnen ein gemeinsames Interesse.

Das Material enthält keine klaren Hinweise auf die widerstreitenden Gruppen und Personen im Dorf, zeigt jedoch deren Vorhandensein an. Als Konfliktgründe werden Feindschaft, Verwandtschaft und Furcht genannt, wobei letztere aus dem Netz der sozialen Beziehungen und der Androhung von Gewalt und Rache erwuchs. Obwohl es im Dorf sicher auch Auseinandersetzungen und Konkurrenzbeziehungen zwischen Familien und landbesitzenden Gruppen gab, deren Stellung ungefähr gleich war, scheint doch der eigentliche Gegensatz im Dorf der zwischen den vermögenden, in die Machtstruktur integrierten Landbesitzern einerseits und einer Gruppe von Handwerkern, Kleinbauern und Landarbeitern andererseits gewesen zu sein. Was die

Gruppe der Landbesitzer zusammenhielt, waren nicht so sehr unmittelbare blutsverwandtschaftliche Bindungen (von den Beziehungen zwischen nahen Familienmitgliedern – etwa zwischen Brüdern oder Vätern und Söhnen – einmal abgesehen), als vielmehr Heiratsbeziehungen und fiktive Verwandtschaft (Patenschaft). In den beiden gegensätzlichen Gruppierungen gab es viele Leute, die durch Blutsbande miteinander verbunden waren und die auch wußten, in welcher Weise sie miteinander verwandt waren, doch dieses Faktum bewirkte für sich allein noch keinen Zusammenhalt.

Ein immer wieder auftauchendes Merkmal in den Beziehungen zwischen den beiden Gruppen ist Gewalt, sei es in Form tatsächlicher Gewaltanwendung oder aber deren Androhung. Wichtig ist hier, wie die Beziehungen aufgefaßt und die einzelnen Akteure eingeschätzt wurden. Beständig wiederkehrende Ausdrücke zur Kennzeichnung der Drohmanns waren »brutal« und »Gewalt«. Über Michael Drohmann kursierten Geschichten, denen zufolge er einmal mehrere Tage lang betrunken gewesen sein soll und mit anderen Plänen zur Ermordung etlicher Personen »angezettelt« habe. Auch das, was man sich von Hans Jerg Drohmann erzählte – daß er einen Mann gegen den Kopf getreten oder seinen Schwiegervater zusammengeschlagen habe –, scheint seine Neigung zu physischer Gewalttätigkeit anzuzeigen. Der Pfarrer bezeichnete beide Drohmanns als frech, brutal und blutdürstig; als Beispiele führte er Michael Drohmanns Trinkgelage und Hans Jerg Drohmanns Behandlung seines Schwiegervaters an. Prüft man jedoch die angeführten Geschichten genauer, so zeigt sich, daß es nur wenige tatsächliche Gewaltakte gegeben hatte; sie lagen weit auseinander und waren aus einem langen Zeitraum zusammengetragen worden. Häufiger tauchte der Ausdruck »brutal« im Zusammenhang mit Hans Jerg Drohmanns Redeweise auf.[16] In seinem ersten Bericht gab der Vogt zu, daß Hans Jerg Drohmann bisweilen »frech mit dem Rat« sei. Hans Jerg Weber bezeichnete die beiden Brüder als »brutal mit dem Maul«, aber nicht händelsüchtig. Alt Hans Jerg Mayer verwendete den gleichen Ausdruck, »brutal mit ihren Mäulern«, erklärte aber gleichzeitig, daß beide hart arbeiteten. Michael Bauer nannte Michael Drohmann einen »gottlosen Mann«. Faßt man alle Bewertungen zusammen, so scheint es, daß die beiden Drohmanns gerne einmal tranken und stritten, daß das aber nur für diejenigen, die mit ihnen tranken und stritten, gefährlich werden konnte. Die einzigen anderen Personen, die je physisch gefährdet waren, waren nahe Verwandte. Dennoch bleibt der Eindruck bestehen, daß die Drohmanns der Gewalt fähig waren – sogar vor einem Niederbrennen des Dorfes nicht zurückschreckten –, und genau dies ist auch das Bild, das sie von sich selbst vermittelten. Sie demonstrierten die Macht des Wortes – das *brutal* sein konnte, was bei ihren Dorfgenossen den Eindruck einer unberechenbaren Gewalttätigkeit hervorrief. Der direkte Zusammenhang zwischen »brutalem Maul« einerseits und großem Besitz und erfolgreicher Wirtschaftsführung andererseits, den verschiedene Personen bei ihrer Beurteilung herausstellten, ist exakt das entscheidende Verbindungselement, das ihre beiden Handlungsweisen – ihre Selbstdarstellung als mächtige Personen und die erfolgreiche Bewirtschaftung ihres Besitzes – kennzeichnet. Der Vogt, der Schultheiß und die beiden Drohmanns waren, wie es der Pfarrer ausdrückte, allesamt brutale und gewaltsame Leute, die immer alles durchtrieben und gewannen. Damit wird deutlich, daß eine grundlegende Bestimmung für das Verhältnis zwischen den beiden Hauptgruppierungen im Dorf Furcht war. Sie war in offener oder unterschwelliger Form immer vorhanden. Das bedeutete jedoch nicht, daß nicht auch andere integrative Bindungen möglich gewesen wären. Man denke etwa an die gevatterschaftliche Verbindung zwischen Drohmann und Hans Jerg Bauer, der dann zum Hauptinitiator der umlaufenden Gerüchte wurde, oder an die Beziehung zwischen Hans Jerg Drohmann und der Familie Renz. Vater und Sohn Renz fuhren zusammen mit Drohmann auf dessen Wagen, vor den Drohmanns Zugtiere gespannt waren. Als Gegenleistung wurde von ihnen ein Abendessen erwartet – zu dem Drohmann nicht erschien. Der Sohn brachte den Wagen für Drohmann nach Hause, wußte jedoch, daß er von Drohmanns Frau, die »niemand nichts« gab, kein Glas Wein erhalten würde. Es wird deutlich, daß es sich hier – genauso wie im Fall der Patenschaftsbeziehung mit Bauer – um eine Beziehung zwischen Patron und Klient handelte: um genau ausgewogene reziproke Handlungen, gegenseitige Hilfs- und Dienstleistungen, die soziale Unterschiede und Rangordnungen zum Ausdruck bringen.

Hans Jerg Drohmanns Spiel mit seiner Gefährlichkeit und dem Eindruck, den er von der Machtverteilung im Dorf vermittelte – der Zusammenschluß von Amtsträgern und großen Landbesitzern –, gehörte zur Alltagspraxis der Machtausübung. Es wurde auch vom Schultheißen gespielt. Es läßt sich nicht feststellen, ob es Drohmann mit dem Erschlagen oder Verprügeln seines Schwiegervaters in Eckwälden wirklich ernst war. Auf jeden Fall beeindruckte er Bauer damit vermutlich mehr als beabsichtigt. Indem er eine Verantwortung für Breuningers Tod suggerierte, aber nicht tatsächlich zugab, trug er selbst dazu bei, seinen Ruf als gewalttätiger Mensch zu verstärken. Daß er das Gerücht als bloßes »Geschwätz« bezeichnete und nichts unternahm, bewirkte, daß sein Ruf als blutdürstiger Mann erhalten blieb. In gleicher Manier ließ Schultheiß Ochsenwadel den Lehrer glauben, daß auch Pfarrer

Mauchard Opfer einer Gewalttat werden könnte. Als Bauer allmählich unter Mauchards Einfluß kam, drohte ihm der Schultheiß, und zwar in Drohmanns unmittelbarer Gegenwart. Die Geschichte, die Hans Jerg Drohmann dem leichtgläubigen Bauer über den Bund zwischen dem Schultheißen und den Drohmanns erzählte, war bestimmt durch die Art und Weise, in der Bauer die Machtstruktur wahrnahm. Das Zusammenspiel zwischen den Mächtigen war so eng, daß sie für die andere Seite einen Bund geschlossen zu haben schienen – wie auch umgekehrt die Unzufriedenheit der Beherrschten in den Augen der Mächtigen wie eine »collusio« aussah. Auch die Beschreibung, die Michael Bauer vom Schultheißen und Michael Drohmann lieferte, entsprach dem allgemeinen Bild. Bauer sah sich unter dem Druck des Schultheißen und fürchtete Drohmann als dessen Handlanger.

All das weist darauf hin, daß das Dorf in zwei lockere Parteien aufgespalten war, die durch den Besitz, bzw. Nichtbesitz von Land charakterisiert waren. Die jeweilige Bedeutung dieser Aufspaltung in Württemberg war von Ort zu Ort und zu verschiedenen Zeiten unterschiedlich, spielte jedoch seit der Mitte des 18. Jahrhunderts eine immer zentralere Rolle. Die Untersuchung eines Dorfes unweit von Zell hat ergeben, daß die Handwerker zu Beginn des 18. Jahrhunderts zu den wohlhabendsten Dorfmitgliedern gehören konnten und im Dorfrat und Gericht vertreten waren. Gelegentlich stellten sie auch den Bürgermeister und den Schultheißen.[17] Am Ende des Jahrhunderts waren sie nahezu vollständig aus diesen Ämtern herausgedrängt worden und gehörten nur noch vereinzelt dem obersten Viertel der Wohlhabenden an. Im Verlauf des 18. Jahrhunderts hatte ein Prozeß der gesellschaftlichen Differenzierung stattgefunden, in dem sich der Kampf um die Bodenressourcen verschärft und das Dorf in zwei allgemeine Parteien aufgespalten hatte, deren unterscheidende Merkmale Reichtum und Beruf waren. In diesem Prozeß wurden Gewalt und die Androhung von Gewalt zu einem wesentlichen Bestandteil des sozialen Prozesses. Zell scheint demnach eine typische Entwicklung aufzuweisen, sowohl hinsichtlich der sozialen Differenzierung wie auch hinsichtlich der Tatsache, daß die sozialen Beziehungen zunehmend durch »Brutalität« und Furcht gekennzeichnet waren. Doch selbst dann noch hatten die Dorfbewohner ihren »Ursprungsmythos« und konnten einander auf einer Abstammungskarte lokalisieren. Sie gingen dafür auf eine Gruppe gleichgestellter Ahnen – Brüder und Schwestern – zurück, von denen die ungleichen Lebenden abstammten. Diese Ableitung stellte ein Koordinatensystem bereit, auf dem soziale Beziehungen eingetragen werden konnten, doch das Gefühl, »einer Familie« anzugehören, dürfte die Härte des Prozesses, die Vettern und Basen ersten und zweiten Grades radikal voneinander trennten, nur noch verschärft haben. Es bietet sich an, die Familienbeziehungen im Dorf unter diesem Aspekt der Konzeptualisierung von Familie zu untersuchen.

In den zehn Jahren, in denen das Gerücht im Dorf kursierte, hatte niemand mit Erfolg eine Untersuchung in die Wege geleitet. Plessing war von Michael Drohmann angeklagt und vom Vogt Wippermann in Kirchheim verurteilt worden. Es ging damals jedoch nicht um die Frage, ob Drohmann einen Mord verübt hatte, sondern um Plessings Informationsquelle. Aus der Tatsache, daß der Verwandte, der ihn informiert hatte, noch nicht einmal vorgeladen wurde, geht hervor, daß der Vogt die Angelegenheit als Verleumdung behandelte. Darüber hinaus war all die Jahre hindurch nichts passiert, was Sache einer gerichtlichen Verfolgung gewesen wäre. All jene, die etwas wußten, wurden als Säufer oder liederliche Personen hingestellt und die Gerüchte als allgemeines Geschwätz abgetan. Nicht einmal die öffentliche Verlesung von Bauers Brief von der Kanzel hatte zu einer Untersuchung geführt. Obwohl der Schultheiß seiner Meldepflicht gegenüber dem Vogt nachgekommen war, hatte letzterer befunden, daß es ohne persönliche Kenntnis des Briefinhalts nichts weiterzumelden gebe. Infolgedessen blieb das Ganze lokal – oder sogar regional – bekanntes Wissen, aber nichts, dem je von offizieller Seite nachgegangen worden wäre. Die Geschlossenheit der offiziellen Reaktion geriet erst dann ins Wanken, als sich ein Riß in der dominanten Gruppe des Dorfs auftat – als ein Familienstreit ausbrach. In diesem Augenblick wurde das »Geschwätz« zum »Geschrey«.

Sieht man vom allgemeinen Kontext der Feindschaft und Gewalt einmal ab, so stammten die einzigen konkreten Angaben über die Drohmanns von Hans Jerg Bauer. Er wiederum berichtete sie Plessing. Beide erzählten sie dann im Verlauf einer relativ langen Zeit verschiedenen anderen Personen, darunter auch Hans Jerg und Dorothea Geiger. Zum Ausbruch gebracht wurde das Ganze offenbar schließlich durch einen Familiendisput zwischen den Geigers und Hans Jerg Drohmann über eine Erbschaftsfrage. Er zerstörte die einige Haltung der landbesitzenden Bauern gegenüber dem »Geschwätz« und veranlaßte die Familie, es zum »Geschrey« oder allgemein bekannten Wissen werden zu lassen. Sofort nachdem sie den Kampf gegen ihren Schwager Drohmann verloren hatte, informierte Dorothea Geiger Hans Jerg Mayer, ein Mitglied des Gerichts. Außerdem benutzte sie Hans Jerg Lutz als Verbindungskanal zum Bürgermeister Weber. Sobald die Informationen innerhalb dieser Zirkel kursierten, blieb Ochsenwadel und den Brüdern Drohmann keine andere Wahl, als die Sache vor das Vogtruggericht zu bringen.

Da innerfamiliäre Kräftespiele eine so zentrale Rolle im Dorf spielten, scheint es angebracht, sie etwas genauer zu betrachten. Ein zentraler Drehpunkt der familialen Beziehungen waren Fragen der Erbschaft. Hier konnten Spannungen ein solches Ausmaß erreichen, daß Schwiegervater und Schwiegersohn in einem Wirtshaus zusammensitzen und sich anspucken konnten oder daß der Schwiegersohn seinen Schwiegervater angreifen und zusammenschlagen mochte. Diese Beziehung zwischen Hans Jerg Drohmann und dem alten Johannes Schnell war natürlich extrem, sie zeigt aber deutlich einen der größten Spannungspunkte in den Familienbeziehungen. Ganz offensichtlich zogen sich die Diskussionen und Auseinandersetzungen zwischen den beiden Männern über einen sehr langen Zeitraum hin und eskalierten gelegentlich zu gewalttätigen Ausbrüchen oder extremem Verhalten. Johannes Schnell hatte sich als Hans Jerg Drohmanns Stiefschwiegervater bezeichnet. Die Tatsache, daß Hans Jerg Geiger nur sieben Jahre jünger als sein »Vater« war, läßt vermuten, daß Drohmanns Frau und der junge Geiger Vollgeschwister waren und daß Johannes Schnell der Stiefvater beider war. Daß Drohmann sowohl um das väterliche wie um das mütterliche Erbe seiner Frau stritt, weist darauf hin, daß sowohl ihr Vater wie ihre Mutter gestorben waren. Die vorherrschende Erbform in jenem Teil Deutschlands war die des vollteilbaren Erbes, das heißt, Männer und Frauen erbten Land zu gleichen Teilen.[18] Außerdem hatten Frauen uneingeschränkte testamentarische Rechte. Das Vermögen beider Ehepartner wurde vom Ehemann verwaltet, doch es gab eine ganze Reihe komplexer Institutionen, die die Frau vor der Veräußerung ihres Vermögens oder vor Schuldenbelastung schützten. Inwieweit dieser Apparat wirksam war, steht hier nicht zur Diskussion, es soll vielmehr die Tatsache hervorgehoben werden, daß in Erbangelegenheiten beide Ehepartner die gleiche Rolle spielten. Das »Ehegut« wurde für die Dauer der Ehe als eine Einheit angesehen. Verstarb ein Ehegatte, wurde eine Bestandsaufnahme des gesamten Vermögens beider Ehepartner gemacht, wobei die einzelnen Erbrechte getrennt erfaßt wurden. Der überlebende Partner behielt, was er oder sie in die Ehe eingebracht hatte, erhielt einen Anteil aus dem Nachlaß des Verstorbenen und partizipierte am Gewinn oder Verlust der Ehegemeinschaft. Eine solche Regelung wirft verschiedene Probleme auf. Bei einer Wiederverheiratung konnte der überlebende Partner nur den ihm gehörenden Erbteil in die nächste Ehe einbringen und zu seinem Anteil am neuen Ehegut machen. Dadurch wurden die Kinder aus zwei Ehen voneinander abgegrenzt, was dazu führte, daß sie später häufig radikal verschiedene soziale Positionen innehatten. Die Kinder aus beiden Ehen hatten jedoch Anspruch auf einen gleichen Anteil an der Hinterlassenschaft des gemeinsamen Elternteils. Was nun den Zeitpunkt anging, an dem sie ihr Erbe erhielten, so lag er beim überlebenden Elternteil, der lebenslange Nutzungsrechte am Vermögen des verstorbenen Ehegatten behielt, auch wenn es auf dem Papier bereits den überlebenden Kindern zugeteilt worden war. Schließlich gab es noch das Problem der Ehen, aus denen keine Kinder hervorgegangen waren. Lag kein Testament vor, wurde das Erbe zwischen dem überlebenden Ehegatten und den kollateralen Erben aufgeteilt, er hatte jedoch kein Nutznießungsrecht an deren Eigentum.

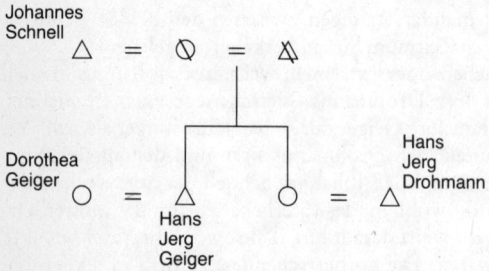

Abb. VI: Genealogische Verbindungen zwischen den Geigers und den Drohmanns

Drohmann führte zwei von einander unabhängige Auseinandersetzungen mit seinem Stiefschwiegervater. Die erste betraf das väterliche Erbe seiner Frau. Wahrscheinlich war zu jenem Zeitpunkt Drohmanns Schwiegermutter noch am Leben und nahm die Nutzungsrechte am Erbe ihres verstorbenen Mannes in Anspruch. Geiger, ihr neuer Ehemann, verwaltete ihr Vermögen und hatte den Nießbrauch. Drohmann ging es nun darum, das seiner Frau zustehende Erbe zu erhalten oder mehr als das zu erhalten, was ihr bereits mit der Mitgift übertragen worden war. Die zweite Auseinandersetzung drehte sich um das mütterliche Erbe seiner Frau, das bereits teilweise an sie gegangen war, teilweise jedoch offenbar von Geiger zur Nutznießung weiterbehalten worden war. Der Streit zwischen Hans Jerg Geiger und Drohmann war deshalb entstanden, weil die Drohmanns keine Kinder hatten und die Geigers daher Anspruch auf einen Teil des Erbes hatten, solange Drohmanns Frau nicht per Testament anderweitig über ihr Vermögen verfügte. Drohmann und der Schultheiß hatten die todkranke Frau unter extremen Druck gesetzt und ihre Schwägerin, deren Anwesenheit offenbar nur mit ihrem Interesse an dem Erbe begründet war, des Hauses verwiesen. Sobald sie die Zustimmung der Frau erhalten hatten, zogen sie Gerichtsmitglieder als Zeugen für ihren letzten Willen hinzu. Doch keiner dieser Männer war bereit, ihn zur Registrierung nach Kirchheim zu bringen.

Abstammung und Eigentumsübertragung waren entscheidende gesellschaftliche Sachverhalte, bildeten sie doch die Hauptschienen der sozialen Differenzierung. Obwohl es zu jener Zeit in jedem Dorf bereits einen Grundstücksmarkt gab und immer mehr Land – in immer kleineren Parzellierungen – durch Kauf und Verkauf den Besitzer wechselte, war es doch noch immer so, daß sehr viel mehr Land im Zuge der Erbfolge und nicht durch Verkauf an jemand anderen überging.[19] Den Ehe-, Abstammungs- und Erbangelegenheiten galt also das gleiche brennende Interesse, das andere Gesellschaften Löhnen, Berufsmöglichkeiten, Zinssätzen und der Geldentwertung entgegenbringen. Es gab zwei Möglichkeiten, Verwandtschaft anzuzeigen: man konnte entweder von »Freundschaft« oder von »Verwandtschaft« sprechen. Obwohl die Ausdrücke bisweilen synonym gebraucht wurden, bezog sich »Freundschaft« gewöhnlich auf affinale und »Verwandtschaft« auf konsanguinale Beziehungen. Gaben die Dorfbewohner eine »Verwandtschaft« an, taten sie das auf ganz spezielle Weise. Statt von einer Person als »Vetter«, als »Vetter zweiten Grades« oder dergleichen zu sprechen, gingen sie die Abstammungslinien bis zu einem Geschwisterpaar zurück und verbanden dieses dann wieder mit der lebenden Generation, so als ob sie die Linien der Eigentumsübertragung hätten nachzeichnen wollen. So gab zum Beispiel Plessing an, daß sein Großvater und der Großvater des Schultheißen Geschwister gewesen waren. Oder wie Hans Jerg Weber sich ausdrückte: seine Frau und die Mutter der Drohmanns waren Geschwisterkinder. Anders gesagt, wenn man Blutsverwandte näher bestimmte, zeichnete man zugleich auch immer die Linien der Eigentumsübertragung im Erbgang nach und machte damit den Zusammenhang zwischen bestehender sozialer Struktur und der Art und Weise deutlich, in der Vermögen über die Generationen weitergegeben worden war. Die Feststellung eines verwandtschaftlichen Zusammenhangs beinhaltete offenbar keinen Hinweis auf eine moralische Beziehung mit gegenseitigen Ansprüchen. Sie war vor allem eine Aussage über das Schicksal.

Die andere Koordinate des Verwandtschaftssystems bildeten jene Beziehungen, die durch Heirat zustande gekommen waren. Verwandtschaftsverhältnisse dieser Art wurden nicht im einzelnen nachgezeichnet, sondern mit Hilfe spezifischer Bezeichnungen angezeigt. So war etwa Hans Jerg Drohmanns Frau Dorothea Geigers *Geschweyh* und Hans Jerg Drohmann Hans Jerg Geigers *Schwager*, Johannes Schnell war sein *Stiefschweher* und Ursula Renz Hans Jerg Renzens *Söhnerin*.

»Freundschaftliche«, das heißt affinale Beziehungen wurden in größerem Maße kommentiert und mit einer »moralischen« Bedeutung belegt, eben weil sie aushandelbar waren. Hans Jerg Geiger nannte als Grund dafür, warum er keinerlei »Rede« weitergetragen habe, daß Drohmann sein »Freund« sei. Enge Schwiegerverwandte taten so etwas nicht. Daß Geiger hier das Wort »Rede« benutzt, läßt allerdings vermuten, daß für ihn die Gerüchte Dorf*wissen* und nicht bloßes Geschwätz waren. Es sollte auch darauf hingewiesen werden, daß die Kette der Schwiegerverwandten häufig den miteinander verbundenen Kreis gleichrangiger Eigentümer bildete, deren Klassen- und Familieninteressen im gleichen Feld lagen und die ihre gemeinsamen Interessen im dörflichen Machtkampf durch verwandtschaftliche Ausdrucksformen verschleiern konnten. Geiger war ungeachtet der massiven Auseinandersetzungen über Vermögensfragen mit Drohmann als einem »Freund« solidarisch. Geiger war sogar so weit gegangen, seiner Schwester zu sagen, sie möge »hinfahren«, sollte sie auf der Abfassung eines Testaments beharren. Schließlich sollte auch die Ambivalenz von Familienbeziehungen nicht vergessen werden. Konflikt und Solidarität gehören zusammen. Der alte Schnell und Drohmann hatten sich gegenseitig verflucht, einander angespuckt, blutig geschlagen, und Drohmann hatte gedroht, Schnell umzubringen. Trotzdem sagte Schnell aus, daß er immer mit Drohmann ausgekommen sei, und stellte die Schlägerei als eine geringfügige Unstimmigkeit hin (eine Geldstrafe in Höhe von 50 fl. wurde gemeinhin nur für eine sehr schwere Körperverletzung verhängt).

Das Bild der politischen Zustände im Dorf, das hier vorgestellt wurde, orientierte sich an zwei Achsen. Die eine bestand aus den Verbindungen zwischen engen Familienangehörigen und dem Netz der Personen, die durch Heirat verbunden waren, wobei es vor allem um den Zugang zu Besitz, weiterhin wahrscheinlich aber auch um die Verwaltung und Kontrolle von Arbeitspotential ging. Die andere Achse hatte mit der wechselnden Position lose organisierter, nicht notwendig direkt koordinierter Gruppierungen zu tun, deren Merkmale Landbesitz, Beruf und die Fähigkeit zu arbeiten und zu verwalten waren; diese Gruppierungen waren von einem Netz blutsverwandtschaftlicher Beziehungen durchzogen, die eine mehr oder minder große integrative Rolle gespielt haben mögen. Jedenfalls bietet das hier untersuchte Material wenig Anhaltspunkte dafür, daß es viele konsanguinal begründete moralische Anforderungen oder Verpflichtungen gegeben hätte, die auch auf Blutsverwandte entfernteren Grades zutrafen. Tatsächlich wurde das Wort »Feind« häufiger für Blutsverwandte als für Schwiegerverwandte benutzt. Die Freund/Feind-Achse fiel also zumindest potentiell mit der Achse Schwiegerverwandte/Blutsverwandte zusammen. Wodurch auch immer die Beziehungen zwischen gleichrangigen Schwiegerverwandten charakterisiert waren – Konflikte waren, wie wir gesehen haben, Teil dieser Beziehungen und durch Eigentum vermittelt –, das entscheidende Wort in der Herrschaftsstruktur zwischen den landbesitzenden Bauern und den marginalen Landbesitzern, Handwerkern und Taglöhnern war »Furcht«. Eine Analyse dieser Gefühlsregung bietet uns Gelegenheit, uns mit der Theologie und politischen Ökonomie des »Gewissens« zu befassen.

Untersucht man die Rolle, die das »Gewissen« im dörflichen Diskurs spielt, und die Zeitpunkte, zu denen es angeführt wurde, kommt man nicht umhin, es als Teil der alltäglichen Machtausübung wahrzunehmen. Hans Jerg Drohmann kam nur einmal auf sein Gewissen zu sprechen, der Schultheiß, die landbesitzenden Bauern oder die Gerichtsmitglieder erwähnten es kein einziges Mal. Sie äußerten sich als Personen in geachteten und geehrten Positionen; »Gewissen« war kein Wort, dessen sie sich häufig bedienten. Selbst Drohmanns einmalige Verwendung des Ausdrucks unterschied sich von den anderen Anwendungsformen: für ihn war es ein Zustand. Er hatte ein gutes Gewissen, das heißt, er war sich keiner Missetat bewußt (und wahrscheinlich hatte er den Ausdruck nicht von sich aus gewählt, sondern nur auf die Frage geantwortet, ob sein Gewissen in Ordnung sei).

Den wohlhabenderen Dorfbewohnern läßt sich Hans Jerg Bauer gegenüberstellen, dessen Gewissen verschiedentlich als »aufgeweckt« oder »geräumt« bezeichnet wird. Auch Ursula Renz hatte ihr Gewissen »geräumt«. Für sie beide war die Beziehung zwischen Person und Gewissen eine aktive; wann sie aktiv wurde, hing von besonderen Gegebenheiten ab. Bauer kam der Gedanke, das, was Drohmann ihm erzählt hatte, in einem Brief festzuhalten, zum ersten Mal beim Abendmahl. Sein Gewissen, so sagte er, sei damals aufgeweckt worden. Er verstand das Abendmahl als ein Ordal, und seine Vorstellung ergibt nur dann einen Sinn, wenn man die Furcht in Rechnung stellt, die er im Verlauf dieses Ordals empfand. Der Vorfall macht deutlich, daß Gewissen noch immer im Sinne der Reformation verstanden wurde. Es war etwas, das Urteilsfähigkeit und nachträgliche Einsicht ermöglichte, im nachhinein wirksam wurde. Um einen Kontrollmechanismus im Dienste eines »Über-Ichs« handelte es sich dabei jedoch nicht.[20] Bauer mußte seine Furcht vor dem Vogt, dem Schultheißen und den Drohmanns beständig gegen die Rolle abwägen, die das Gewissen beim Niederkämpfen dieser Furcht spielte. Man mußte, so hatte er selbst zu Drohmann gesagt, das irdische Leben und das ewige Leben in Einklang miteinander bringen. Die »strengen« Worte, die der Pfarrer an Bauer und Plessing richtete, zielten darauf, der weltlichen Furcht die Furcht vor dem Jenseits und die Hoffnung auf ein ewiges Leben entgegenzuhalten. Er schätzte die Menschen danach ein, in welchem Maße sie der Furcht vor dem Wort Gottes fähig waren, ob sie Reue empfinden und ihre Furcht durch äußere Anzeichen – wie Tränen und Zittern – zum Ausdruck bringen konnten. Das Gewissen war der Punkt, um den sich die Stellung des Pfarrers im Dorf drehte; es war in der dörflichen Furchtökonomie verankert. Der Pfarrer brandmarkte als »gottlos« all jene Gemeindemitglieder, die immun gegen die Aufforderung zur Reue schienen, für die Furcht nicht zu den Erfahrungen des politischen Dorfalltags gehörte. Im Gegensatz dazu waren für den Vogt diejenigen »gottlos«, die sich liederlich verhielten, sündigten oder keine guten Haushalter waren. Es ging darum, ob die Gottlosen oder jene, die keine »Reue« zeigten, die »Sünder« waren. Die Botschaften beider Pfarrer lassen erkennen, daß ihre Machtbasis vorwiegend aus dem ärmeren Teil des Dorfes bestand. Michael Drohmann brachte den Haß seiner Klasse gegen Breuninger zum Ausdruck, als er an der Unglücksstelle höhnte: »Er hat (...) uns Teufelskinder geheissen.« Ihr Kampf betraf zum Teil die religiösen Sanktionen für die Dorfpolitik. Weswegen hätte Hans Jerg Drohmann vom Abendmahl ausgeschlossen werden sollen, wenn nicht dafür, daß er keine wirkliche Reue zeigte? Die Bezeugung von Reue hätte für Drohmann bedeutet, die typische Haltung der Beherrschten im Dorf einnehmen zu müssen. Es bestand also eine Art Dialektik zwischen dem Pfarrer und seiner Machtbasis. Reue, Furcht und Gewissen waren im dörflichen Sozialleben verankert und Teil seines politischen und theologischen Diskurses. Der Gegensatz von Beherrschten und Herrschenden, der zu jener Zeit die Geschichte des Dorfes bestimmte, zeigt sich deutlich in den Spannungen, die zwischen den beiden Pfarrern einerseits und dem Schultheißen und dem Vogt andererseits herrschten.

Dem »Gewissen« kam also eine besondere Bedeutung im Kontext der dörflichen Herrschaftsausübung zu. Daneben gab es aber auch unter den gelehrten Theologen und Staatsbeamten einen Diskurs über das Gewissen. Aufgrund der Beweislage sprach der Staat die beiden Drohmanns zwar frei, »befreite« sie jedoch nicht von ihrem Gewissen. Bei ihrem letzten Erscheinen vor Gericht mußten sie einer Predigt des Superintendenten Lang zuhören, die nach der Länge des Protokolls zu urteilen weit über eine Stunde gedauert haben muß.[21] Das Urteil, so sagte Lang, bedeute, daß man sie weder für schuldig noch für unschuldig habe befinden können. Man lasse sie frei und überstelle sie dem Gewissen und dem Urteil Gottes. Langs Aufgabe war es zu erklären, was Gewissen meinte.

Er legte dar, daß ihr Gewissen in dieser Sache entweder »böß« oder

»gut« sei. Es sei gut, wenn sie nichts mit dem Mord zu tun hatten, und böse, wenn sie ihn begangen oder davon gewußt oder der hohen Obrigkeit die Unwahrheit gesagt hätten. Es kam ihm in dieser Darlegung darauf an, sie ungeachtet irgendeines besonderen psychologischen Zustands auf eine Position festzulegen und das Gewissen über den Staat an Gott festzubinden. Für Lang hingen Gewissen und eine bestimmte Beziehung zur Obrigkeit zusammen. Ein böses Gewissen könne nie wieder gut werden und bliebe in alle Ewigkeit böse, wenn keine öffentliche Widerrufung stattfinde. Zur Veranschaulichung zog er das Bild von den sich aufeinandertürmenden Sünden heran: zu dem ursprünglichen Verbrechen trete das Anlügen der Obrigkeit, das ein gutes Gewissen ausschließe (Mord konnte letztlich vergeben werden, das Anlügen des Staates aber nicht). Durch ein solches Handeln beleidige man die Ehre der Beamten, die ihr Amt im Namen Gottes verwalteten. Bei all dem handelte es sich um eine Auslegung der orthodoxen lutherischen Position zur Stellung der Beamten als Repräsentanten der göttlichen Gerechtigkeit. Interessant ist die Art und Weise, in der dieser Komplex von der Frage des Gewissens her entwickelt wurde und in der Staatsbeamte das Gewissen im Kontext der Herrschaftspraxis einsetzten. Individuelle Verantwortung und öffentliches Bekenntnis waren die zentralen theologischen Konzepte zur Untermauerung der staatlichen Macht. Lang verwies auf David, der Gott seine Sünden bekannte, weil es über ihm weder einen höheren Herrn noch eine Obrigkeit gab. Diese Form der privaten Buße sei jedoch denen, die einer allgemeinen Obrigkeit unterstanden, verwehrt. Gebete könnten nichts bewirken, da sie, um von Gott angenommen werden zu können, einen Gnadenstand voraussetzten. Um diesen Stand zu erlangen, sei wahre Buße vonnöten, und diese wiederum erfordere ein öffentliches Bekenntnis. Man könne auch nicht hoffen, durch ein innerliches Bekenntnis und Abendmahl zu einer Versöhnung mit Gott zu gelangen, da ein solches Bekenntnis zurückgewiesen werden würde, wenn man seine Sünden vor den Beamten bestritt. Eine Vergebung auf diesem Wege sei unmöglich.

Langs feierliche Ansprache zielte darauf, den Brüdern Drohmann jede subjektive Handlungsmöglichkeit abzusprechen. Es ging nicht darum, wie sie selbst empfanden, ob sie sich gerechtfertigt oder versöhnt, bestärkt oder gezüchtigt glaubten. Es war nicht gut, abzuwarten – die Reue bis zur Beichte auf dem Sterbebett zu verschieben. Gewissen war das klare und eindeutige Wissen, ein Vergehen begangen zu haben. Es war kein Mechanismus, der der Selbstkontrolle oder Selbstbestimmung diente. Gewissen war noch immer an die Gnade und noch nicht an die Tugend gebunden, auch wenn nicht auszuschließen ist, daß der besondere Kontext, in dem Lang seine Predigt hielt, bewirkt hatte, daß er das Gewissen derart in den Vordergrund stellte. Er erwähnte kurz, daß niemals zu sündigen die beste Buße sei, aber er vertrat diese Ansicht nicht wirklich vollen Herzens. Im Mittelpunkt seines Denkens stand die Verbindung von Staat und Gnade, öffentlicher Bekundung und privatem Gewissen, ewigem Leben und den Pflichten des Untertanen.

Auf der Ebene des gelehrten Diskurses wurde das Gewissen als Teil der Herrschaftspraxis gesehen, wobei die Theologie der Gnade den Knotenpunkt bildete, in dem sich obrigkeitliche und göttliche Forderungen trafen. Im dörflichen Diskurs drehte sich Gewissen um Furcht. Hier ging es weniger um Gnade als vielmehr um ein Gegengewicht gegen Macht. Das Gewissen ermöglichte es dem einzelnen, einen Raum für sich selbst zu schaffen, der unabhängig war von der Machtstruktur im Dorf mit ihren mehr oder minder engen Verbindungen zwischen Landbesitzenden, lokalen Repräsentanten der Herrschaft und höheren Beamten der Krone. Auch in diesem Diskurs wurde das Gewissen mit der öffentlichen Sphäre verknüpft, die hier aber nicht in erster Linie durch formale Amtsträger repräsentiert wurde, sondern durch das allgemeine Wissen im Dorf, *fama*, »Geschrey«, »Bruit« und »Rede«. Es stellte ein Instrument bereit, mit dessen Hilfe bloßes Geschwätz zu öffentlichem Geschrei wurde und Menschen ohne Besitz, Ansehen und »Ehre« ihre persönlichen Forderungen an die Öffentlichkeit bringen konnten.

6

Die Sünden des Glaubens:

Ein dörfliches Rezept gegen Viehseuchen (1796)

Denn des Leibs leben ist im blut, und ich habs euch zum Altar gegeben, das ewre Seelen damit versünet werden. Denn das blut ist die Versünung furs leben.

3. Mose, 17, 11

Beutelsbach, Zwiefalten, Napoleon,
wie reimt sich das zusammen?
In Beutelsbach begrabt man den Farren,
in Zwiefalten sind die Narren,
und Napoleon hat einen – sparsamen Geist.
So reimt sich das zusammen.[1]

Die Beutelsbacher werden »Hommelhenker« genannt.[2]

Als im Dorf Beutelsbach im württembergischen Amt Schorndorf 1796 eine Viehseuche ausbrach, beschlossen seine Einwohner, ihr ein Opfer darzubringen.[3] Sie begruben den Gemeindefarren bei lebendigem Leibe an der Kreuzung außerhalb des Dorfes, von wo aus es nach Endersbach ging. Gerüchte kamen auf, daß Aberglauben im Spiel gewesen und das Tier grausam behandelt worden sei. Sie erreichten schließlich auch die Behörden in Stuttgart, die bald darauf einen Sonderbeauftragten in Person des Kanzleiadvokaten und Amtsschreibers Bolley aus Waiblingen ins Dorf sandten, der den Fall aufklären sollte. Er nahm in der Zeit zwischen dem 24. Oktober und dem 5. November die Aussagen etlicher Dorfbewohner auf und reichte anschließend einen Bericht samt einer 209seitigen Zusammenfassung der Zeugenberichte ein.[4] Widerstreitende Aussagen, unerwartete Erinnerungslücken, Ausreden und Ausflüchte machten es dem beauftragten Kommisar unmöglich, der »Wahrheit« der Sache auf den Grund zu kommen, die für ihn darin bestand, den beteiligten Akteuren eine eindeutige Verantwortung nachzuweisen zu können. Was für den Kanzleiadvokaten Bolley ein Problem darstellte, ist für uns jedoch besonders aufschlußreich, da die vielschichtigen Zeugenaussagen eine ganze Reihe von Einblicken in die dörflichen Entscheidungsprozesse und in das tatsächliche Wirken der Volkskultur zulassen. Die beste Vorgehensweise ist wohl die, daß wir die von Bolley festgehaltenen Aussagen einfach wiedergeben und verfolgen, wie die Geschichte allmählich Gestalt annimmt, um dann seine Version der Ereignisse näher zu betrachten.

Der erste Zeuge war der siebenundzwanzigjährige Leutnant Johann Friedrich Reinhard, zur fraglichen Zeit Substitut im Dorfrathaus. Laut Reinhard fand das Begräbnis auf Drängen der Bürger statt, die gehört hatten, daß das gleiche Mittel hundert Jahre zuvor zur Beendigung einer Viehseuche in Neckarrems geführt haben soll. Die Tat habe sich am 4. September in Beutelsbach zugetragen und sei von drei Männern ausgeführt worden: dem Kuhhirten Hans Jerg Becker, Hans Jerg Knauer und Friedrich Ritter. Sie hätten zwar zu dritt eineinhalb Maß (etwas mehr als zwei Liter) Wein getrunken gehabt, seien aber keineswegs betrunken gewesen. Der Schultheiß habe angeordnet, den Bullen zu der Grube zu bringen, ihm dort eine Kugel durch den Kopf zu schießen und ihn dann zu verscharren. Er selbst sei nicht zugegen gewesen, habe aber gehört, daß zweihundert Leute dem Ereignis beigewohnt hätten und daß der Farre offenbar nicht erschossen worden sei. Es seien drei Anläufe nötig gewesen, um den Farren unter die Erde zu bringen. Da ihm das Tier leid getan habe, habe er nicht näher nachfragen mögen und nur wissen wollen, warum man das Ganze gemacht habe. Vom Kuhhirten, dem Schultheißen und dem Bürgermeister habe er die Geschichte von der Viehseuche in Neckarrems erfahren, die sich hundert Jahre zuvor zugetragen hatte. Außerdem habe der Kuhhirte (Becker) einige Tage zuvor gemeldet, daß der Farre ebenfalls von der Seuche angesteckt worden sei. Man habe allgemein das Begraben in dieser Form für nötig gehalten, damit sich »seine zauberische Kraft äußern könne«. Der Leutnant meinte, darauf hinweisen zu müssen, daß niemand je daran gedacht habe, eine kranke Kuh lebendig zu vergraben. Tatsächlich habe die Landesregierung angeordnet, daß kranke Kühe erschlagen und mit Haut und Haaren begraben werden müßten.

Der nächste Zeuge war der sechzehnjährige Abraham Mayer, Sohn des Pfarrers von Steinberg und Inzipient bei der Gerichtsschreiberei. Er sagte aus, daß die drei Männer ins Rathaus gekommen seien, um sich Wein zu holen. Der Kuhhirte sei etwas später erschienen und habe einen Strick zum Binden des Farren mitgenommen. Bei dieser Gelegenheit habe er Leutnant Reinhard mitgeteilt, daß der Schultheiß die Erschießung des Bullen angeordnet habe. Das Tier sei krank. Weiter sei über die Sache nicht geredet worden. Vier Tage später habe er vom Feldschütz Knauer gehört, daß der Kuhhirte Becker draußen im Torweg dem Schultheißen begegnet sei, der die Anordnung, das Tier vor dem Begraben zu töten, zurückgenommen habe.

Ein weiterer Zeuge, der fünfzigjährige Christoph Barchet, war

Abb. VII: Begräbnis und Denkmal in Beutelsbach
(Württembergische Landesstelle für Volkskunde, Stuttgart)

Mitglied des Gerichts. Er gab an, nicht im Dorf gewesen zu sein, als die Angelegenheit im Rat erörtert worden war. Er habe es vorgezogen, der Abstimmung fernzubleiben. Er wisse wohl, daß man von ihm als in der Physik und Philosophie bewandertem Chirurg erwarte, jeder Form von Aberglauben entgegenzutreten. Tatsächlich sei er gerade über diesen Punkt mit dem Schultheißen im Rat aneinandergeraten. Ungefähr acht Tage vor dem Eintreffen eines Regierungsrats aus Stuttgart, der Instruktionen für den Umgang mit der Seuche erteilt habe, sei der Dorfschütz zu einem blinden Schäfer in der Nähe von Kirchheim geschickt worden, um dessen Hilfe für die Heilung des Viehs zu erbitten.[5] Er, Barchet, habe gemeint, der Schäfer könne von keinem großen Nutzen sein, wenn er nicht persönlich ins Dorf komme, worauf der Dorfschütz erwidert habe, daß der Schäfer bereits anderen Leuten geholfen habe, obwohl er nicht anwesend gewesen sei – »so habe man nichts mehr zu besorgen«. Der Chirurg habe die Anwendung sympathetischer Mittel für nutzlos und die Auffassung, sie könnten etwas bewirken, für reinen Aberglauben gehalten. Doch der Schultheiß habe darauf in ziemlich beleidigender Weise erwidert, daß Barchet auch nicht alles wisse. Eines der anwesenden Ratsmitglieder habe von einem französischen Arzt berichtet, der in Endersbach angeordnet haben soll, einen Farren, der eine kranke Kuh besprungen hatte, zu begraben, worauf der Schultheiß spöttisch bemerkt habe: »Das glaubt der Barchet schon!« Obwohl Barchet das Dorf verlassen und die Angelegenheit nicht weiter mitdiskutiert hatte, glaubte er zu wissen, daß der Ratsbeschluß am Sonntag nach dem Frühgottesdienst gefaßt worden war. Es sei üblich, daß der Schultheiß die Ratsmitglieder während des Gottesdienstes zu einer anschließenden Versammlung lud, wenn es etwas zu besprechen galt.

Das Ratsmitglied Johannes Schwegler, dreiundvierzig, ebenfalls Chirurg im Dorf, sagte aus, daß bereits über hundert Tiere der Seuche erlegen seien. In der Ratsversammlung am Sonntag nach dem Gottesdienst habe der Schultheiß ihnen allen mitgeteilt, daß der Farre erkrankt sei. Weiterhin habe er berichtet, daß verschiedene Dörfer im Unterland die Erfahrung gemacht hätten, daß sich die Seuche »ersticken« ließe, wenn man einen Farren unter einer Kreuzung begrabe. Ob man das in Beutelsbach ebenfalls versuchen wolle? Einige seien der Ansicht gewesen, daß das wenig nutzen werde, aber ein Versuch auch nichts schaden könne. Ein Beschluß sei jedenfalls nicht gefaßt worden. Er könne sich nicht mehr daran erinnern, wer im Rat für die Maßnahme und wer dagegen gewesen sei. Außerdem habe er nie davon gehört, daß man einen *lebenden* Farren habe begraben wollen, und immer angenommen, daß das Tier zuerst getötet werden würde. Möglicherweise habe er etwas versäumt, da er als Mitglied des Rats nicht an allen Sitzungen des Gerichts teilnehme. Er sei auch bei der Exekution des Farren nicht zugegen gewesen. Als Bolley große Zweifel an seiner Aussage anmeldete, fügte Schwegler hinzu, daß damals bereits alle seine vier Kühe tot gewesen seien und ihm nichts mehr hätte helfen können, »wohl aber habe er bey sich selbst gedacht, daß dieses Mittel nicht viel nützen werde«. Er mußte zugeben, daß das offizielle Schreiben gegen Aberglauben im Fall einer Viehseuche in der Kirche verlesen worden war, bevor man den Farren begraben hatte.

Zur Klärung verschiedener Punkte wurde der Chirurg Barchet erneut gehört. Ihm zufolge war in einer der Gerichts- und Ratssitzungen vom Begraben eines lebenden Tiers die Rede gewesen. Ob die Bürgerschaft das Begräbnis verlangt habe, könne er nicht sagen, ebensowenig, wer diese Idee als erster aufgebracht habe. Am Tag des Ereignisses habe er Leute mit Bütten voll Erde für das Begräbnis an seinem Haus vorbeigehen sehen, könne sich aber an keine bestimmte Person erinnern. Er habe auch gehört, daß zwei Ratsmitglieder dabeigewesen sein sollen, wisse aber nicht, um wen es sich handelte.

Der Schulmeister Matheus Eberhard Hammer gab an, zufällig auf einem Feld in der Nähe der Kreuzung gewesen zu sein. Er habe Lärm gehört und eine Menschenmenge gesehen, aber als er hinzugekommen sei, um zu sehen, was da vor sich ging, sei der Farre bereits unter der Erde gewesen. Vorher sei ihm von dem dummen Streich kein einziges Wort zu Ohren gekommen. Außer an die drei Männer, die die Tat begangen hätten, könne er sich an niemanden der damals Anwesenden erinnern. Es sei gegen die Tat gewesen. Es habe die Meinung geherrscht, daß die Seuche nach diesem Opfer aufhören werde. Er äußerte außerdem die Ansicht, daß der Begräbnisplatz an keiner wirklichen Kreuzung liege. Einer der vier Wege sei nur ein Pfad, der sich in den Feldern verlöre. Er habe später erfahren, daß der Schultheiß von verschiedenen Bürgern zu der Sache aufgefordert worden sei.

Der Gerichtsschreiber August Ludwig Billfinger war zur Zeit des Ereignisses nicht im Dorf. Es sei, so sagte er, das allgemeine Gerücht herumgegangen, daß ein derartiges Begräbnis ein Heilmittel für die Viehseuche sei.

Johannes Kuhnle, siebenunddreißig, Schwiegersohn des ältesten Richters Bernhard Koch, war beim Begräbnis zugegen gewesen. Er führte aus, wie gefährlich es gewesen wäre, einen Farren auf freiem Feld zu töten. Obwohl einige ihre Axt mitgebracht hätten, habe man es für zu gefährlich gehalten, sie zu gebrauchen. Zum Glück sei der Farre zufällig in die Grube gerutscht – andernfalls wäre er ganz bestimmt getötet worden.

Michael Ellwangen, fünfundvierzig, gab zu Protokoll, daß er auf seinem Feld gearbeitet habe, auf den Lärm hin jedoch zum Tatort gegangen sei. Bei seinem Eintreffen sei der Bulle bereits begraben gewesen. Er sei in die Grube gerutscht. Da es nichts Besonderes zu sehen gegeben habe – nur ein großes Getümmel von Frauen und Kindern –, sei er wieder davongegangen. Er habe nie etwas über das Begraben eines lebendigen Farren gehört, müsse dazu aber anmerken, daß er nie auf derlei »Sagen« achte.

Der Müller und Richter Augustin Raff, der bereits acht Tiere verloren hatte, sagte aus, daß er gegen den Beschluß gewesen sei, den Farren zu begraben. Für ihn sei die Seuche ein Gericht Gottes, dem man nicht entgehen könne. Auch er konnte sich nicht mehr erinnern, wie die einzelnen abgestimmt hatten. Die meisten hätten sich dafür ausgesprochen. Man habe nicht darüber entschieden, unter welcher Kreuzung der Farre begraben werden sollte, und es sei auch nicht ausdrücklich davon die Rede gewesen, daß er lebendig begraben werden sollte. Es habe geheißen, die »sympathetischen Mittel« würden wirken, wenn der Farre zuvor eine kranke Kuh besprungen habe. Zur Zeit des Ratsbeschlusses sei der Bulle noch nicht krank gewesen. Raff ließ einfließen, daß er es nicht gutheiße, daß die Magistratsmitglieder sonntags zusammengerufen würden, was im Dorf viel zu häufig geschehe.

Friedrich Koch, der Sohn des Heiligenpflegers und ebenfalls Richter, sagte, er sei hinzugekommen, als der Farre bereits in der Grube gewesen sei. Da er von sich aus hineingefallen sei, habe man ihn nicht töten können. Er habe nie davon gehört, daß ein solches Begräbnis eine Viehseuche abwenden könne.

Leonhard Vollmar, sechsundfünfzig, einer der Metzger des Dorfes, war mitgegangen, um das Tier zu töten, und dementsprechend von Anfang an anwesend. Es sei in der Tat so gewesen, daß der Farre in die Grube gerutscht sei. Da er sich aber darin aufgerichtet hätte, habe man ihn wieder herausgeholt. Er wisse nicht, was danach geschehen sei, weil er weggegangen sei. Da man ihn nicht aufgefordert habe, das Tier zu töten, habe es keinen Grund für seine weitere Anwesenheit gegeben.

An diesem Punkt begab sich der Kommissar an die Begräbnisstelle und stellte fest, daß sie tatsächlich an einer Kreuzung lag. Anschließend fuhr er mit der Befragung verschiedener Personen fort, von denen einige zur Tatzeit an der Kreuzung vorbeigekommen waren. Sie wußten ihm jedoch nichts über den Vorfall zu berichten.

Wendel Gaupp, siebenundsiebzig, eines der ältesten Gerichtsmitglieder, sagte aus, er sei zur fraglichen Zeit draußen auf dem Feld gewesen. Er habe sehen wollen, was vor sich ging; es seien jedoch so viele Menschen dagewesen, daß er nicht bis zur Grube habe gelangen können. Er habe von der Sache mit dem lebendigen Farren gehört und daran geglaubt. Der Schultheiß habe bestimmt in guter Absicht gehandelt, und viele Leute würden es ihm übelgenommen haben, wenn er das Begräbnis nicht durchgeführt hätte. Es hätte dann geheißen: »So sey es mit den Thelisten (Philister); sie glauben eben nichts.« Gaupp konnte keine bestimmte Person nennen, die das Begräbnis gefordert habe. Es sei vielmehr eine »Sage im Dorf« gewesen.

Eine ganze Reihe weiterer Dorfbewohner wurden als Zeugen vernommen. Jüngst Jacob Vollmar hatte Kartoffeln von seinem Acker geholt. Bolley glaubte ihm nicht, als er sagte, daß ihn die Sache nicht interessiert habe und er deshalb nicht nachsehen gegangen sei. Er sei eben nicht so neugierig wie andere Leute, war die Antwort. Auch die übrigen Aussagen enthielten widersprüchliche Angaben darüber, wer teilgenommen und wer was gesehen hatte. Michael Ellwangen meinte, »es sey eine harte Zumutung an einen einzelnen Bürger die Wahrheit der Sache zu sagen«. Man riskiere, die Fenster eingeworfen zu bekommen, und niemand werde etwas dafür bezahlen.

Dann kam Bolley zu den Männern, die die Tat ausgeführt hatten. Der Kuhhirte Hans Jerg Becker, zweiunddreißig, war nach seinen eigenen Worten der »Pflegevater« des Farren gewesen. Er habe ihn begraben, um der Viehseuche ein Ende zu bereiten. Der Vorschlag dazu stamme von David Langenbach, der als Maurergesell in Schwetzingen gearbeitet habe. Dort sei eine Schweineseuche dadurch zum Ende gekommen, daß man ein Schwein unter einer Kreuzung begraben habe. Da der Beutelsbacher Farre erkrankt war, habe ihm der Dorfschütz befohlen, ihn zu einer Kreuzung zu bringen und zu begraben. Was ihn selbst betreffe, so habe er nicht zusehen wollen. Auf jeden Fall sei es nie darum gegangen, den Bullen lebendig zu begraben. Nachdem Becker die einzelnen Schritte des Begräbnisses genau geschildert hatte, wies er noch einmal darauf hin, daß es unmöglich gewesen sei, den Farren zu töten. Als er zum dritten Mal in die Grube gefallen sei, habe er sich das Genick gebrochen. Bolley vermerkte im Anschluß an diese Aussage, daß sie voller Widersprüche stecke und daß, obwohl Langenbachs Geschichte vom Lebendigbegraben eines Schweins handele, Becker es jetzt so darzustellen versuche, als habe es auf gar keinen Fall eine Anordnung gegeben, den Farren lebendig zu begraben. Auch der ebenfalls beteiligte Hans Jerg Knauer, fünfzig, bestritt, daß es irgendeine Anordnung gegeben habe, den Farren lebend zu begraben. Der Maurer Friedrich Ritter, vierundvierzig, brachte gleichfalls die Geschichte von der Schweineseuche vor. Der Beutelsbacher Farre sei krank gewesen. Nach seiner Ansicht habe sich das Tier beim Sturz in die Grube das Genick gebrochen.

Wendel Gaupp und Heinrich Breuning, dessen erste Aussage hier nicht angeführt wurde, wurden erneut gehört. Gaupp zufolge kursierte das »Gerücht«, daß der Farre lebendig begraben werden müsse. Das sei natürlich auch der Grund gewesen, warum er hingegangen sei und zugesehen habe. Hätte der Aberglaube nicht die Oberhand gewonnen, wäre der Farre vor dem Begraben getötet worden. Auch Breuning gab an, daß es von Anfang an darum gegangen sei, den Farren lebendig zu begraben, weil man nur auf diese Weise die Seuche beenden zu können glaubte. Das sei die »allgemeine Stimme« gewesen.

Darauf rief Bolley mehrere Zeugen gleichzeitig zu sich und zwang sie, in Gegenwart derer, die eine von ihnen abweichende Version vertraten, ihre Aussage zu wiederholen – eine sogenannte »Confrontation«. Friedrich Ritter erklärte schließlich, er habe angeboten, seine Flinte zu holen, als der Farre an der Grube angelangt sei, aber alle hätten gesagt, er müsse lebendig begraben werden. Diejenigen, die gekommen waren, um den Bullen zu töten, seien fortgeschickt worden. Später widersprach er sich und gab zu, daß es von Anfang an nur um ein Lebendigbegraben gegangen sei. Er habe den Befehl von Knauer erhalten. Bolley setzte nun Knauer unter allen erdenklichen Druck, um von ihm den Namen desjenigen zu erfahren, der ihm wiederum den Befehl erteilt hatte. Doch Knauer antwortete so wirr, daß sich daraus kein Sinn ergab.

David Langenbach, der die Geschichte von dem begrabenen Schwein verbreitet hatte, bestritt, in diesem Zusammenhang je von einem lebendigen Schwein gesprochen zu haben. Überhaupt habe er die Geschichte erst nach dem Vorfall mit dem Farren erzählt. Der fünfundsiebzigjährige Richter Friedrich Birkenmaier, der infolge seines hohen Alters nur noch selten zur Kirche ging, konnte sich an keine Ratsversammlung erinnern, schien aber etwas über das Begraben eines Bullen gehört zu haben. Koch, der älteste Gerichtsverwandte, war krank und konnte nicht aussagen. Der sechsundachtzigjährige Richter Alt Hans Jerg Breuning war sich sicher, daß der Vorschlag, ein lebendes Tier zu begraben, im Rat erörtert worden war. Er sei der Ansicht gewesen, daß das nicht viel erbringen würde, habe aber, da er selbst kein Vieh besaß, die Sache nicht weiter verfolgt. In der Diskussion habe sich der Schultheiß auf den Kleemeister in Neckarrems als Informationsquelle bezogen. Der Schultheiß habe selbst nicht viel von dem Vorschlag gehalten, da aber der Farre krank gewesen und die Verordnung erlassen worden war, ihn mit Haut und Haaren zu vergraben, sei er zu einem Versuch bereit gewesen, um sich keinen Vorwürfen von seiten der Gemeinde auszusetzen. Breuning vermochte nicht zu sagen, was dann beschlossen worden war. Einige hätten für ein Begräbnis plädiert, um die Bürger zufriedenzustellen; andere hätten es für wirkungslos gehalten. Jacob Becker ein weiterer Gerichtsverwandter, war ebenfalls bei der Ratsversammlung zugegen gewesen, konnte sich aber nicht mehr daran erinnern, was verhandelt worden war. Wahrscheinlich hätten einige Bürger das Begräbnis gefordert, andere sich dagegen ausgesprochen.

Hans Jerg Knauer wurde noch einmal befragt, wer ihm die Anordnung, den Farren lebendig zu begraben, gegeben habe. Schließlich nannte er den Kuhhirten Becker. Er habe das deshalb nicht früher erwähnt, weil es ihm eben erst eingefallen sei. Nach zahlreichen Gegenüberstellungen und Dementi gab Becker dann zu, daß die Anordnung an Knauer von ihm stammte; er habe sie auf eigene Faust gegeben. Wäre das ganze wirklich so schlimm gewesen, wären der Pfarrer und der Vikar aus Schnaidt nicht dabeigewesen. Außerdem hätten verschiedene andere Dörfer und Städte, zum Beispiel Neckarrems, Schorndorf und Weiler, das gleiche getan. Abschließend fügte er grob hinzu, daß der Farre ihm gehört habe und er mit seinem Eigentum tun könne, was er wolle.

Der Vikar Jäger aus Schnaidt gab an, zufällig mit seinem Schwager, dem Pfarrer Bilfinger, des Wegs gekommen und auf den Schauplatz des Geschehens gestoßen zu sein. Der Farre sei da schon drei Fuß hoch mit Erde bedeckt gewesen. Er habe ein paar passende Worte gesprochen und sei traurig davongegangen. Pfarrer Bilfinger sagte aus, er habe die Leute gefragt, ob sie glaubten, daß die an einem Tier verübte Grausamkeit ihnen helfen werde. Der Schulmeister habe ihm beigepflichtet, doch die meisten hätten ihm »auf trotzige Art« bedeutet, daß ihn das nichts anginge.

Philipp Lenz, ein anderer Richter, bestritt, daß man im Zusammenhang mit dem Begräbnisort von einer Abwendung der Seuche gesprochen habe. Wie hätte dieses Mittel denn helfen können, da die Seuche doch ein von Gott gesandtes Unglück sei, das man nicht abwenden könne? Im Rathaus sei derlei Aberglauben nicht zur Sprache gekommen.

Nach der Vernehmung verschiedener anderer Zeugen rief Bolley den Schultheißen Johannes Schuh auf, von dem nach seiner festen Überzeugung die Anordnung, den Farren lebendig zu begraben, ausgegangen war. Schuh sagte aus, daß alle zugestimmt hätten, den Bullen nach dem Gesetz mit Haut und Haaren unter die Erde zu bringen. Einige Richter hätten verschiedentlich bei Gerichts- und Ratsversammlungen Geschichten über das Begraben von Tieren an Kreuzwegen vorgebracht. Er habe darauf erwidert, daß er von der Idee nichts halte und keine Prise Tabak darauf geben würde. Doch der Bulle habe der Gemeinde gehört, die mit ihm habe machen können, was sie wollte. Während der Seuche habe er die Erlasse des Fürsten – oft gegen die Überzeugung und den Willen der Bürger – gewissenhaft befolgt. Den Magistratsmitgliedern sei es gleich gewesen, ob man den Farren hier oder dort begrub. »In der Noth mache man eben Misstreiche.« Einige der Rats- und Gerichtsmitglieder hätten die ganze Sache als Aberglauben abgetan. Während der Beratung sei kein Protokoll geführt worden, es sei auch kein wirklicher Beschluß gefaßt worden. Es schien allen gleichgültig, wo der Farre begraben wurde, und überhaupt habe man nie an ein Lebendigbegraben gedacht. Der Schultheiß gab zu verstehen, daß einige Leute verschiedentlich falsche Angaben gemacht hätten, weil sie nicht gewußt hätten, wie sie sich erinnern sollten.

Konkrete Personen, die das Begraben des Farren gefordert hatten, konnte der Schultheiß nicht nennen. Unter den gemeinen Bürgern, so sagte er weiter, herrsche ein starker Aberglaube. Er habe sich in großer Verlegenheit befunden, weil sich die Unglücksfälle so sehr gehäuft hätten und alle Leute schier verzweifelt gewesen seien. Man habe viele Beispiele angeführt, wo dieses Mittel angeblich gewirkt hatte: Schwetzingen, Hebsack, Neckarrems, Schorndorf. Es sei einfach schon deshalb unmöglich gewesen, das Begräbnis nicht stattfinden zu lassen, weil das Tier bereits erkrankt gewesen sei. Man habe keineswegs irgend etwas »aufgeopfert« und niemand habe je an ein Lebendigbegraben gedacht. Das wäre zu grausam gewesen. Er habe das Begräbnis als ein Mittel zur Ausrottung des Aberglaubens, bzw. zur Verhinderung eines neuen Ausbruchs einsetzen wollen. Er würde die ganze Sache auch nicht erwähnt haben, wenn sie nicht von verschiedenen Personen in der Ratsversammlung angesprochen worden wäre. Wer die Idee aufgebracht habe, könne er nicht mehr sagen. Seine Beteuerung, er selbst sei auf keinen Fall abergläubisch, brachte Bolley darauf, ihn nach seinem Wortwechsel mit dem Chirurgen Barchet über den blinden Schäfer zu fragen. Er erinnerte sich, gesagt zu haben, daß Barchet nicht alles wisse, wußte aber nicht mehr, was der Dorfschütz vor ihm gesagt und ihn zu dieser Äußerung veranlaßt hatte. Der Ruf des Schäfers als Vieharzt sei sehr groß, aber er habe damals noch nicht gewußt, welche Mittel er anwende. Ja, man mache bisweilen Fehler, es bestehe jedoch ein Unterschied zwischen »Bosheitssünden« und Fehlern, zu denen man durch eine so große Not getrieben werde.

Nachdem Bolley alle Zeugen gehört hatte, verfaßte er am 7. November einen abschließenden Bericht. Er wies zu Beginn auf die Schwierigkeiten hin, denen man begegne, wenn man die Wahrheit einer Begebenheit erforschen wolle, deren Folgen ein ganzes Dorf betreffen, besonders dann, wenn die Zeugen allesamt aus eben diesem Dorf stammen. Er habe nur wenige Leute gefunden, die fähig seien, die Wahrheit zu sagen.

Die erste Schlußfolgerung, zu der der Kommissar gelangte, lautete, daß der Bulle tatsächlich lebendig begraben worden war. Zweitens seien zwei Männer zur Stelle gewesen, die Befehl hatten, ihn zu begraben: Friedrich Ritter und Hans Jerg Knauer. Die Aussage des Kuhhirten Becker, er habe den Farren nur bis zur Grube bringen sollen, sei glaubhaft. Tatsächlich bedrücke ihn das traurige Schicksal des Tieres. Widersprüchlich seien die Angaben darüber, ob Knauer die ganze Zeit hindurch zugegen gewesen war oder nicht. Offenbar hatte er Becker während der Anhörungen dazu gebracht, seine Aussage zu ändern. Bolley vermutete einen tieferen Grund hinter Knauers konstanter Weigerung, über seinen Aufenthaltsort Auskunft zu geben. Ohne die Unterstützung durch andere Personen wäre es den drei Männern wahrscheinlich nicht möglich gewesen, die Tat auszuführen. Die verläßlichsten Aussagen wiesen darauf hin, daß mindestens fünfzehn weitere Männer dabei geholfen hatten, den Farrren in die Grube zu schaffen. Obwohl verschiedene der Genannten das bestritten, verfolgte Bolley diesen Punkt nicht weiter, da es sich seiner Meinung nach in den meisten Fällen um bloßes »Beispringen« gehandelt habe.

Bolley stieß bei den Beutelsbachern wiederholt auf die Auffassung, daß sie nach Gutdünken über die Beseitigung ihres Farren befinden könnten: Sie seien niemandem Rechenschaft darüber schuldig. Diese Einstellung, so Bolley, rühre jedoch zum Teil von der großen »Publicität« her, die der Vorfall erhalten habe, und den beständigen Neckereien, denen die Dorfbewohner seitdem ausgesetzt seien. Ihr Verhalten sei durch die Haltung Außenstehender beeinflußt, die jetzt so täten, als lebten die Beutelsbacher im Reich der Finsternis, die aber zum Zeitpunkt der Tat ein ganz anderes Interesse gehabt haben mochten. Die Behandlung von seiten des aufgeklärteren und »witzigeren« Teils der Nation habe bei den Leuten von Beutelsbach Beschämung und Erbitterung hervorgerufen. Das habe ihn selbst der Gefahr persönlicher Beleidigungen ausgesetzt und ihn dazu genötigt, vorsichtig und klug vorzugehen (und den Dorfbewohnern mit dem Militär zu drohen). Diese Stimmung im Dorf lasse es nicht ratsam erscheinen, die Zahl derer, die in schuldhafter Weise beim Begräbnis mitgewirkt hatten, zu hoch anzusetzen.

Bolleys dritter Punkt befaßte sich damit, ob der Farre vorsätzlich begraben worden war. Etwas anderes sei kaum vorstellbar. Am Ende habe er zu gewissen Punkten Geständnisse erhalten können. Das Problem bestehe jedoch darin, daß die von ihm befragten Personen in beständigem Kontakt miteinander stünden. Die Fakten sähen folgendermaßen aus: der Farre sei vom Kuhhirten zur Grube getrieben worden; dort habe man ihm die Beine gefesselt und ihn dann von der anderen Seite der Grube her in das Loch gezerrt; unglücklicherweise sei er beim ersten Mal in der Grube zum Stehen gekommen, weshalb man einen Weg habe graben müssen, um ihn wieder herauszuholen; beim zweiten Mal sei er auf den Rücken gefallen, doch sofort auf die Füße gesprungen; beim dritten Mal sei er wiederum auf den Rücken gefallen, diesmal aber sogleich mit Steinen und Erde überschüttet und so am Aufstehen gehindert worden. Der Aussage von Johannes Kuhnle, wonach der Farre in die Grube gerutscht sei, glaubte Bolley nicht. Er wies darauf hin, daß Kuhnle der Schwiegersohn des ältesten Richters sei. Dessen anderer Schwiegersohn, Michael Ellwangen, habe gesagt, daß es eine harte Zumutung an einen einzelnen Bürger sei, die Wahrheit zu sagen. Ohnehin hätten Ritter und Knauer am Ende zugegeben, daß es von Anfang an beabsichtigt gewesen sei, den Farren lebendig zu begraben.

Der vierte Punkt des Berichts betraf die Tatgründe. Alle auch diejenigen, die gegen das Begraben des Bullen gewesen seien, hätten darauf hingewiesen, daß er krank gewesen sei, doch keiner hätte Auskunft darüber gegeben, wie krank. Jedenfalls sei das Tier nicht, wie der Kuhhirte ausgesagt hatte, bereits seit vierzehn Tagen krank gewesen. Immerhin habe es die Kraft besessen, wieder aus der Grube herauszukommen, und wäre es wirklich so krank gewesen, hätte es nicht so gefährlich sein können, es zu töten. Es scheine festzustehen, daß der Farre nicht wegen einer Krankheit begraben worden war. Weiterhin bestehe kein Zweifel, daß er unter einer Kreuzung begraben worden war. Das Ganze sei geschehen, um der Seuche ein Ende zu bereiten, und niemand hätte etwas dagegen zu sagen gewagt.

Das besondere Interesse des Beauftragten galt dem fünften Punkt, nämlich der Frage, wie und von wem der Befehl erteilt worden war. Die Angelegenheit sei in der Gerichtsversammlung vom Sonntag, den 4 September, behandelt worden. Damals habe der Schultheiß bekannt gegeben, daß der Farre krank sei, und an Äußerungen aus vorangegangenen Versammlungen angeknüpft. Aus keiner der Aussagen gehe hervor, wer als erster die Idee aufgebracht hatte. Der Schultheiß habe vorgeschlagen, den Farren an der Kreuzung zu begraben, nach eigener Aussage habe er jedoch in der Versammlung deutlich zu verstehen gegeben, daß er an keinerlei Heilwirkung glaube. Mehrere Personen hätten diesen Teil seiner Aussage bestätigt, die meisten könnten sich jedoch nicht mehr daran erinnern. Es scheine unmöglich, festzustellen, wer für und wer gegen den Vorschlag gewesen sei. Die meisten hätten offenbar der Frage des Begräbnisses gleichgültig gegenübergestanden und keinen Einspruch erhoben. Eine formelle Abstimmung oder einen Beschluß habe es nicht gegeben. Einzig Alt Hans Jerg Breuning habe ausgesagt, daß es in den Erörterungen von Anfang an um ein Lebendigbegraben gegangen sei. Bolley konzentrierte sich dann auf die Ereignisse unmittelbar vor dem Begräbnis und die damals erteilten Befehle. Nach Aussage des Kuhhirten Becker habe es überhaupt keinen Befehl gegeben. Bolley merkte hier an, daß Becker im Haus des Schultheißen wohne. Es stehe fest, daß nur er ins Rathaus gekommen war, um einen Strick zu holen, und daß nur ihm befohlen worden sei, den Farren zu erschießen. Andererseits würden der Bürgermeister, der Heiligenpfleger und der Schultheiß übereinstimmend behaupten, nicht Becker, sondern Knauer sei gekommen. Die Frage, ob Knauer die ganze Zeit hindurch bei der Grube gewesen sei, sei daher mit jener verknüpft, ob er zurückkehrte, um einen neuen Befehl einzuholen. Wenn er nicht die ganze Zeit hindurch dort gewesen sei, könne das Ganze als Unfall oder als ad hoc vorgebrachte Forderung der anwesenden Bürger erscheinen. Da Knauer aber schließlich zugegeben habe, daß es beabsichtigt gewesen sei, den Farren lebendig zu begraben, falle die gesamte »Dichtung« in sich zusammen. Trotzdem halte Knauer noch immer daran fest, daß er keinen Befehl erhalten habe. Die Aussage des Scribenten Mayer über einen

Befehl im Toreingang stimme mit der Tatsache überein, daß mehr als zweihundert Bürger draußen an der Grube gehört hatten, daß Knauer von einem Befehl sprach. Es sei nicht vorstellbar, daß Knauer und Ritter die Tat ohne einen Befehl dazu ausgeführt haben würden. Dennoch bestreite Knauer, einen solchen erhalten zu haben.

Viele Leute hätten dem Schauspiel beigewohnt, weil der Farre lebendig begraben werden sollte; der Aberglaube beziehe sich nämlich auf das Begraben eines *lebendigen* Tieres. Da der Schultheiß das Begräbnis angeordnet habe, liege es, so Bolley, nahe, daß er auch Anordnungen erteilt hatte, wie im einzelnen zu verfahren sei. Da der ganze Vorgang mehr als eine Stunde gedauert habe und verschiedene Ratsmitglieder zugegen gewesen seien, gebe es nur den einen Schluß, daß das Lebendigbegraben mit Genehmigung des Schultheißen, des Gerichts und des Rats stattfand. Die Frage des Befehls bleibe dennoch voller Widersprüche. Zum Beispiel seien viele Leute mit Bütten voll Erde und Steinen zur Stelle gewesen, um den Bullen sofort damit überhäufen zu können. Demgegenüber hätten alle Richter behauptet, nie zuvor von der Notwendigkeit gehört zu haben, das Tier lebendig zu begraben. Einer von ihnen habe gemeint, ein großer Zulauf von Menschen sei nichts Ungewöhnliches; so etwas komme jeden Tag vor.

Der Schultheiß habe gesagt, daß das Begräbnis unter der Kreuzung »mit Heftigkeit« von der Bürgerschaft verlangt worden sei und daß er dergleichen nie vorgeschlagen haben würde, wenn er nicht die Hoffnung verloren hätte. Er sei von ihren »Zumutungen« in die Enge getrieben worden. Andererseits könne er aber niemanden namentlich nennen, der diese Forderung an ihn herangetragen hätte. Keiner der Gemeindedeputierten, so Bolley weiter, sei zu der Entscheidung hinzugezogen worden, es habe auch keine Bürgerschaftsversammlung stattgefunden. Heinrich Breuning sei der Meinung, daß die Tat nie stattgefunden haben würde, wenn die Bürgerschaft gefragt worden wäre. Offenbar hätten viele Bürger nie etwas von der Angelegenheit gehört; die meisten hätten sich auch in keiner Weise dafür interessiert. Einige hätten sich über diesen Ausbruch des Aberglaubens »unter öffentlicher Auctorität« geärgert. Dennoch sei davon auszugehen, daß viele Leute für einen Versuch waren und sich etwas davon versprachen. Und es müsse einen großen Teil der Dorfbevölkerung gegeben haben, der die Sache nicht mißbilligte.

Kanzleiadvokat Bolley wies als nächstes darauf hin, daß selbst unter den »Gebildeten« der Aberglaube weit verbreitet sei und daß der gemeine Mann einen äußerst krassen Begriff von der Religion habe. Er zeige wenig Empfänglichkeit für reinere Vorstellungen. Ein Beweis für den Aberglauben beider Schichten sei der Glaube an die magische Kraft einer Kirche des Remstals. Was den »niedren Stand« angehe, so sei hier der Hang zum

Übernatürlichen und Außerordentlichen groß. Man höre auf Geheimnis-krämer, Marktschreier und Quacksalber und kümmere sich wenig um die Verbindung zwischen Ursache und Wirkung.

Da die Dorfbewohner ihren Farren verloren glaubten, hätten sie gedacht, sein gräßlicher Tod könne ihre Kühe retten. Sie hätten in ihrer Verwunde-rung über die Gründlichkeit der Untersuchung oft gesagt, daß es sich ja doch nur um ein Tier gehandelt habe. Die »Gesinnungen« der meisten seien durch den Vorfall wahrscheinlich nicht verletzt worden. Hier ver-merkte Bolley, daß er viel mit Bauern zu tun habe und das wisse. Er könne nicht sagen, ob ihre Wünsche dem Schultheißen in irgendeiner Form kundgetan worden waren oder ob sie ihn dazu gebracht hatten, den ersten Schritt zu tun. Vielleicht habe auch nur eine stillschweigende Überein-stimmung zwischen den Dorfbewohnern und dem Schultheißen bestan-den und die Not die Entscheidung herbeigeführt. Bolley schloß mit der Bemerkung, daß es zu einer Reihe ernsthafter Zwischenfälle kommen könne, wenn die »Neckereyen« der Nachbarn nicht aufhörten.

Nachdem der Oberrat den Fall gründlich geprüft hatte, wurde der wider-strebende Bolley am Ende des Jahres noch einmal nach Beutelsbach ent-sandt, um die Untersuchung weiterzuführen.[6] Diesmal konzentrierte er sich auf das, was sich im Zusammenhang mit dem angeblichen Befehl kurz vor dem Begräbnis im einzelnen zugetragen hatte. Als er Knauer befragte, antwortete dieser auf grobe Weise, unterbrach die Befragung wiederholt, um hinauszugehen und sich draußen mit anderen Leuten abzusprechen und änderte seine Aussage dauernd. Bolleys besonderes Interesse galt auch dem Strick, der aus dem Rathaus geholt worden war, weil er annahm, man habe ihn nur deswegen benötigt, um den Farren lebendig in die Grube zu zerren. Schließlich rief er noch einmal den Schultheißen auf und ermahnte ihn streng, die Wahrheit zu sagen, worauf jener erwiderte, er habe von Jugend an gelernt, die Wahrheit zu sagen, und er werde sie auch weiterhin sagen. Bolley hielt dem Schultheißen vor, daß alle Zeugen aus-gesagt hätten, Knauer habe den Befehl an der Grube erlassen, nachdem er von seinem Gang zum Rathaus zurückgekehrt sei. Sie hätten auch dar-auf hingewiesen, daß der Wildschütz Böhm mit einer Flinte anwesend ge-wesen sei und das Tier erschossen hätte, wenn man ihn dazu aufgefordert hätte. Es gebe keinen anderen Schluß als den, daß er, der Schultheiß, den Befehl erteilt habe, den Farren lebend zu begraben. Doch der Schultheiß blieb dabei, daß er befohlen habe, den Farren zu töten, und fing an, den Heiligenpfleger Koch und das Ratsmitglied Josef Breuning, die beide am Begräbnis teilgenommen hatten, zu beschuldigen. Seine Aussage war durch nichts zu erschüttern.

Dagegen scheint die Solidarität der Dorfbewohner einigermaßen erschüt-tert worden zu sein. Es ereigneten sich verschiedene seltsame Dinge. Der

Kuhhirte hatte offenbar unter anderem gesagt, daß die Sache ganz anders verlaufen wäre, wenn Koch und Breuning nicht an der Begräbnisstelle gewesen wären. Kochs Sohn hatte in betrunkenem Zustand einen »Schein« unterzeichnet, der denjenigen, die die Tat begangen hatten, eine Entschädigung versprach, wenn sie vertuschten, wer die Befehle erteilt hatte. Als der junge Koch später aussagte, er sei zu betrunken gewesen, um zu wissen, was er tat, begann Becker zu fürchten, zum Sündenbock gemacht zu werden. Der Schultheiß wiederholte im weiteren Verlauf des Verhörs seine Beschuldigungen gegen Koch. Er wies auch darauf hin, daß verschiedene Zeugen nicht vertrauenswürdig seien. Friedrich Ritter zum Beispiel sei ein »Spitzbube«, der wegen Weindiebstahls im Gefängnis gesessen habe. Schließlich trat der Heiligenpfleger Koch vor und sagte, er sei nicht der einzige, der in diese Begebenheit verwickelt sei. »Man solle einem ehrlichen Mann auch etwas glauben.« Der gesamte Magistrat stehe dahinter. Er kam einige Tage später noch einmal zu Bolley und teilte ihm mit, daß der Schultheiß ihn vierzehn Tage vor dem Begräbnis nach Endersbach geschickt habe, um einen französischen Vieharzt zu konsultieren, der das Begraben eines lebenden Farren gegen die Seuche empfahl. Er habe dort aber keinen derartigen Vieharzt angetroffen und vom Endersbacher Schultheißen erfahren, daß das alles leeres Geschwätz sei. Nach seiner Rückkehr habe er den meisten Magistratsmitgliedern gesagt, daß das Tier erschossen werden müsse.

Am 10. Dezember verfaßte Bolley einen zweiten Bericht. Ritter, so heißt es darin, habe ihm mitgeteilt, er habe, als ihm der Schultheiß gesagt habe, *wo* er die Grube ausheben solle, sogleich gewußt, daß der Farre lebend begraben werden sollte. Bolley hielt den Schultheißen für einen »etwas schwärmerischen Mann«. Koch scheine ein braver und vernünftiger Mensch, zeige allerdings einen Hang zum Aberglauben. Sowohl Ritter wie Koch hielten den Schultheißen für einen Spitzbuben, andere hingegen für »einen verschmitzten Mann«.

Im Januar des darauffolgenden Jahres begab sich Bolley erneut nach Beutelsbach, diesmal, um die vermuteten Haupttäter zur Ablegung eines Eides zu zwingen.[7] Dem feierlichen Akt ging eine Predigt zum Thema Meineid voraus. Der Schultheiß, der Heiligenpfleger, Knauer, Becker und Ritter wurden allesamt mehrere Male darauf hingewiesen, wie gering der Gewinn aus einem Meineid im Vergleich zu seinen schrecklichen Folgen sei. Als das nichts erbrachte, zwang man sie zu einem körperlichen Eid. Der Schultheiß schwor, ein Lebendbegräbnis nie befohlen oder beabsichtigt zu haben. Er schwor, Knauer aufgetragen zu haben, das Tier zu töten. Die übrigen Eide lauteten ähnlich. Knauer schwor, niemals einen Befehl empfangen oder weitergegeben zu haben. Er habe das »Geschwätz« als reine »Sage« wiederholt, wisse aber dessen Urheber nicht. Becker schwor, keinen Befehl von den Magistratsmitgliedern erhalten zu haben. Er habe jedoch geglaubt, daß Knauer den Befehl auf eigene Faust erlassen habe. Ritter schwor, daß der Befehl von Anfang bis Ende von Knauer stamme. Er hätte den Farren erschossen, wenn man ihn gelassen hätte.

Mit diesen Eiden scheint die Sache ein Ende gefunden zu haben; zumindest finden sich in den Berichten keine Hinweise darauf, daß die Männer in irgendeiner Weise bestraft worden wären. Spätere Vermerke deuten darauf hin, daß alle diejenigen, die tatsächlich an der »Execution« teilgenommen hatten, mit Geldstrafen belegt worden waren. Im Jahre 1801 jedoch flammte die ganze Angelegenheit erneut auf: verschiedene Beschuldigungen wurden erhoben, Aussagen geändert und Versuche unternommen, den Schultheißen abzusetzen. Es begann im Juli, als der vormalige Kuhhirte Hans Jerg Becker zu sechs Tagen Brot und Wasser im Turm von Schorndorf verurteilt wurde.[8] Er war mit gezogenem Degen in ein Nachbarhaus eingedrungen und hatte dort verschiedene »Excesse« verübt. Nach Verbüßung der Strafe nahm er die Gelegenheit wahr, dem Oberamtmann, vor dem er zu erscheinen hatte, zu sagen, daß er vier Jahre zuvor einen Meineid geschworen hätte. Seitdem habe er keine Ruhe mehr gehabt. Damals habe er unter Eid ausgesagt, daß die gesamte Bürgerschaft von Beutelsbach das Begräbnis eines lebenden Bullen gefordert habe, tatsächlich aber sei es nur auf den Befehl des Schultheißen hin geschehen. Ritter und Knauer hätten ebenfalls Meineide geschworen.

In den folgenden Wochen bildete sich im Dorf eine Partei heraus, die Beschuldigungen gegen den Schultheiß vorzubringen versuchte. Heinrich Geywitz und Jacob Vollmar stellten den Antrag, den Fall erneut aufzunehmen und ein oder zwei Gemeindedeputierte als Mitglieder im Untersuchungsausschuß zuzulassen.[9] In einer Bittschrift vom 5. September heißt es, der größte Teil der Bürgerschaft bitte die Behörden zur Rettung ihrer Ehre um die öffentliche Bestrafung der Schuldigen in der »famosen Farrenbegrabungsgeschichte«. Der Farre sei als ein Opfer an die Seuche lebend begraben worden. Dieses »Werk des Aberglaubens« sei ausschließlich vom aufgeklärten Dorfmagistrat durchgeführt worden und habe keine andere Wirkung hervorgebracht als die, das Dorf Beutelsbach für lange Zeit zum Gespött in und außerhalb von Württemberg zu machen. Man habe erfahren müssen, daß der Magistrat bei der ersten Untersuchung dieses Werk des Aberglaubens und der Torheit der gesamten Bürgerschaft anzulasten gesucht habe und daß Knauer, Becker und Ritter sogar dazu verleitet worden seien zu beschwören, die »famose Handlung« sei der Wille der gesamten Bürgerschaft gewesen. Becker sagte jetzt, er sei vom Schultheißen verleitet worden, und zwar unter dem Vorwand, daß es nur ein Tier sei, über das er schwören müsse. Mehr als fünf Jahre lang habe man geduldig auf eine Bestrafung des Schultheißen und des Magistrats gewartet, sie aber seien noch immer in Amt und Würden. Um an Ehre zu retten, was noch zu retten sei, und die Verantwortlichen einer Strafe zuzuführen, bitte man um eine Befragung der gesamten Bürgerschaft.

Die Untersuchung, die diese Bittschrift sogleich auslöste, galt jedoch den Motiven der beiden Antragssteller.[10] Offenbar hatten sie sich nicht an den vorgeschriebenen Amtsweg gehalten, demzufolge die Petition den zentralen Behörden in Stuttgart von den Beamten des Oberamts hätte vorgelegt werden müssen. Ungeschickterweise hatten sie sie direkt nach Stuttgart gesandt und – als man sie danach fragte – vorgebracht, sie hätten die Vorschriften nicht gekannt. Man wies sie darauf hin, daß die Verordnung in Sachen Bittschriften allen Bürgern des Dorfes bekannt gemacht worden sei. Darauf konnten sie nur vorbringen, daß sie zum Zeitpunkt der Bekanntmachung dieses Befehls keine Petition gehabt und nicht weiter darauf geachtet hätten. Als man ihnen daraufhin klarmachte, daß sie alle derartigen Verordnungen genau zur Kenntnis nehmen müßten und daß diese wiederholt publik gemacht worden seien, führten Vollmar und Geywitz an, sie seien schon lange nicht mehr in der Kirche gewesen und hätten wahrscheinlich deshalb von der Verordnung nichts erfahren. Vollmar übergab eine Liste mit den Namen von 129 Bürgern, die die Bittschrift unterschrieben hatten, nachdem Becker aus Schorndorf zurückgekehrt war und verbreitet hatte, daß die ganze Gemeinde zu einer Geldstrafe in Höhe von 1 600 fl. verurteilt werden würde.[11]

Kanzleiadvokat Bolley traf Ende September im Dorf ein und nahm erneut Aussagen auf.[12] Der ehemalige Kuhhirte Becker erzählte jetzt, Ritter habe am Sonntag vor dem Begräbnis vom Schultheißen den Auftrag erhalten, eine Kreuzung ausfindig zu machen, wo man den Farren lebend begraben könne. Nachdem er eine Stelle gefunden hatte, die niemand bemerken würde, habe der Schultheiß befohlen, das Ganze spät am Abend zu erledigen. Er, Becker, habe jedoch seine Mithilfe verweigert, und einer der Richter habe dem Schultheißen die Sache ausgeredet. Am nächsten Morgen habe er den Farren gerade zu den anderen kranken Tieren, die getötet werden sollten, tun wollen, da sei der Dorfschütz gekommen und habe ihm befohlen, nichts eigenmächtig zu unternehmen. Der Farre müsse lebend unter einer Kreuzung vergraben werden. Knauer und Ritter, die die Grube ausheben sollten, hätten noch einen Schluck Wein in Beckers Stube getrunken, die im Haus des Schultheißen gelegen war. Er sei zum Schultheißen gerufen worden und habe von diesem den Befehl erhalten, den Farren zur Grube zu führen, ihn zu fesseln und lebendig in die Grube zu stoßen. Er sei jedoch nur bereit gewesen, den Farren hinauszubringen. Als er ohne Seil bei der

Grube angekommen sei, sei er mit dem Heiligenpfleger Koch in einen Streit geraten, Koch habe darauf den Dorfschützen losgeschickt, um eines zu holen. Als der Farre zum zweiten Mal in die Grube stürzte, habe Leonhard Vollmar ihn erschießen wollen, aber Friedrich Koch und Johannes Breuning, die gerade aus dem Rat gekommen seien, hätten ihn davon abgehalten. Nachdem jedoch auch dieser Versuch fehlgeschlagen sei, hätten alle Anwesenden die Erschießung des Tieres verlangt, um sein Leiden zu beenden. Knauer sei daraufhin zum Schultheißen geeilt, um neue Befehle einzuholen, doch während seiner Abwesenheit hätten die anwesenden Richter auf einem Lebendbegräbnis beharrt. Als Knauer wieder eingetroffen sei, sei es bereits durchgeführt gewesen. Er sei ohnehin mit dem Befehl zurückgekehrt, den Farren lebendig zu begraben. Der Schultheiß habe angeordnet, ihn mit den Füßen zum Himmel und dem Kopf in Richtung des Dorfs Stetten zu begraben.

Becker brachte weiterhin vor, daß bei der letzten Befragung alle Leute vom Dorfschützen instruiert worden seien, wie sie auszusagen hatten. Vor dem Schwören habe der Schultheiß sie alle aufgefordert, standhaft zu bleiben. Man werde ihnen nur mit einem Eid drohen, sie wegen eines Tieres jedoch niemals zu einem Eid zwingen. Auf jeden Fall habe der Schultheiß versprochen, alle Beteiligten vollkommen zu entschädigen. Ihm, Becker, habe er mit dem Hinauswurf aus seinem Haus gedroht, falls er abspringen sollte. Die ihm dann auferlegte Geldstrafe in Höhe von acht Reichstalern habe der Schultheiß ihm nicht gezahlt. Als Bolley Becker vorhielt, er mache seine Aussage nur aus Haß und Rachsucht gegen den Schultheißen, beharrte dieser darauf, daß ihn seit seinem Meineid die Unruhe plage. Zum Nachteil von Becker hielt Ritter an seiner früheren Aussage fest: der Schultheiß habe die Tötung des Tieres befohlen. Knauer brachte vor, er sei zu gewissenhaft, als daß man ihn wegen eines Vorurteils zu einem Meineid verleiten könne.

Bolleys persönliche Meinung ging dahin, daß die ganze Angelegenheit voller Widersprüche stecke und niemand zuverlässig erscheine. In seinem Bericht vermerkte er, daß Becker seine Strafe selbst habe zahlen müssen. Außerdem habe ihn der Schultheiß aus dem Haus geworfen, ihm seine Anstellung als Kuhhirte entzogen und ihn vor nicht allzu langer Zeit wegen irgendeines Vergehens zu einer Geldstrafe verurteilt. Man könne Becker auch schon deshalb nicht trauen, weil er bereits einen Meineid geschworen habe. Er handle offensichtlich aus Rache und Feindseligkeit gegen den Schultheißen. Würde man sich entscheiden, die Untersuchung auszuweiten und alle Dorfbewohner zu befragen, hätte man damit wenig gewonnen, da es nicht darum gehe, ob der Farren lebendig begraben worden sei, sondern darum, wer den Befehl

dazu erteilt habe. Keiner derjenigen, die die Partei gegen den Schultheißen anführten, sei selbst Augenzeuge gewesen. In einer ihrer Bittschriften hätten sie geschrieben, daß Breuning einen Meineid abgelegt habe.
Tatsächlich aber habe er überhaupt keinen Eid abgelegt. Da Breunings
Sohn Beckers Posten als Kuhhirte bekommen habe, scheine es sich hier
nur mehr um ganz gewöhnliche Streitigkeiten um persönliche Vorteile
zu handeln.

Das letzte Schriftstück zu diesem Fall ist ein kurzer Bericht des Oberamts an den Kurfürsten.[13] Darin wird Bolley für seine ausgezeichnete
Untersuchungsarbeit gelobt. Es wird (wie bereits von Bolley) darauf
hingewiesen, daß Becker niemals geschworen habe, die gesamte Bürgerschaft habe ein Lebendbegräbnis gefordert. Diese gewichtige Unstimmigkeit mache seine Anzeige gegen den Schultheißen und gegen den
Magistrat höchst verdächtig. Was den Schultheißen betreffe, so spreche
die Stimmigkeit seiner Aussagen während der gesamten Untersuchung
für ihn – wenn nicht für seine Aufrichtigkeit, dann für »seine Klugheit
und Feinheit«.

Der besondere Charakter dieser Untersuchung und die Beschränkung
der Fragen auf ganz bestimmte Sachverhalte machen es nicht einfach,
Teile dieses Materials mit dem in den vorangegangenen Kapiteln vorgelegten zu vergleichen. Der Diskurs zwischen dem Kommissar und den
Dorfbewohnern trägt Züge, die für das 18. Jahrhundert kennzeichnend
sind: der Gegensatz von Aufklärung einerseits und Aberglaube und
Unwissenheit andrerseits. Gewisse Themen, die die Dorfbewohner
im 17. Jahrhundert beschäftigt hatten, scheinen verschwunden zu sein,
besonders das der Buße. Obwohl einige der Dorfbewohner die Seuche
für eine Heimsuchung Gottes hielten, hatte offenbar keiner von ihnen
zu Reue und allgemeiner Buße aufgerufen, um die Folgen der Sünde
abzuwehren. Ein Pietist schien sich mit der Tatsache, daß Gottes
Rache unerbittlich ist, abgefunden zu haben, ein anderer dagegen vermutete, daß man Gott umgehen und auf andere Weise zum Ziel gelangen könne. Das wäre jedoch ein noch größeres Vergehen gewesen. Die
frühere Metapher der Buße enthielt eine implizite Tauschbeziehung.
Obwohl die Lutheraner immer mit der ursprünglichen Auffassung Luthers zu kämpfen hatten, wonach es den Menschen unmöglich sei, ihre
Erlösung zu verdienen, führte die Vorstellung der Buße – selbst wenn
sie reine Rezeptivität meinte – eine mehr oder minder implizite Reziprozität ein. Das beherrschende Thema in der Geschichte vom begrabenen Farren ist das Opfer, das auf den ersten Blick schließlich doch ein
eindeutiges Element des Tauschs einzuführen scheint, obwohl in diesem Fall eines, das außerhalb der christlichen Tradition stand.

Um das Wesen der Opfermetapher verstehen zu können, ist es nötig, die Symbolik des Begräbnisses genauer zu betrachten. Zunächst einmal fand es an einer Kreuzung außerhalb des Dorfes statt. Die Seuche war von außerhalb gekommen, und der Begräbnisort lag an einem offenen Weg, einer Kreuzung, die allgemeine Kommunikation konnotiert. Niemand kam es in den Sinn, den Farren unter der Kreuzung in der Mitte des Dorfes zu begraben. Der gewählte Ort bot sich vielmehr gerade deswegen an, weil er außerhalb lag. So gesehen war er keine Metapher für Tauschbeziehungen, sondern eine Abriegelung gegen jegliche Transaktion. Ebensowenig symbolisierten die Kategorien des Opfers einen Tausch: sie bezogen sich nicht auf verschiedene Arten, sondern auf ein und dieselbe – ein Schwein für Schweine, ein Bulle für Kühe. Im scharfen Gegensatz zur jüdisch-christlichen Tradition beinhaltete das Opfer kein Blutvergießen.[14] Im Mittelpunkt des dramatischen Geschehens während des Begräbnisses stand die Frage von Ersticken oder Blutvergießen. Niemand durfte den Farren mit Hilfe eines Gewehrs, eines Beils oder eines Knüppels opfern. Das heißt, die Art des Opfers unterschied sich von der christlichen Vorstellung exakt durch seine Unblutigkeit und damit auch durch das Fehlen eines Tauschs: »Ohne Blutvergießen geschieht keine Vergebung« (Brief an die Hebräer 5, 22).

Indem die Dorfbewohner die Beziehungen zur Außenwelt nicht nach dem Muster des Austauschs faßten, brachten sie die Willkür und Unvorhersehbarkeit einiger der Beziehungen zum Ausdruck, die zwischen dem Dorf und der es umgebenden Welt bestanden. Weiterhin wurde das Begraben eines lebenden Tiers als ein Opfer an die Seuche und nicht an Gott aufgefaßt. Von Gott war nur ein einziges Mal die Rede, und zwar als es hieß, daß sein Gericht unvermeidlich sei – man könne Gott nicht besänftigen. Daß der Beutelsbacher Pfarrer während der gesamten Untersuchung kein einziges Mal in Erscheinung trat, mag vielleicht ein Hinweis darauf sein, daß man allerseits davon ausging, daß die Angelegenheit nicht in seinen Zuständigkeitsbereich fiel.[15] Wie dem auch sei, das Opfer galt der Seuche und wurde von vielen Leuten ausdrücklich mit Grausamkeit und Schrecken in Verbindung gebracht. Tatsächlich kommunizierte das Dorf mit dem von außen Kommenden, der Seuche, nach dem Muster eines zugefügten Schmerzes, eines Opfers, einer destruktiven Handlung – durch die Vermittlung des Farren. Der Schnaiter Pfarrer stellte die richtige Frage, als er von den Dorfbewohnern wissen wollte, ob sie glaubten, eine an einem Tier verübte Brutalität werde ihnen helfen. Sie erschien ihnen angemessen, weil die Beziehungen zu Personen, die von außerhalb kamen – dem Rekrutierer, dem Quartiermeister, dem Steuereinnehmer, dem Jäger, dem Rentier, dem Schuldeneintreiber –, häufig dem Modell eines derartigen Opfers folgten.

Ein weiterer Aspekt der Farren-Metapher ergibt sich aus dem Vergleich mit der Geschichte von den Sauen, die zur Beendigung einer Schweineseuche geopfert wurden. In jener Geschichte hielt man es für hinreichend, für weibliche Tiere ein weibliches Tier zu opfern. Aber in Beutelsbach erwog niemand die Möglichkeit, zur Rettung der Kühe eine Kuh zu verwenden – es mußte der Farre sein. Die Bedeutung des Farren rührt daher, daß er in einer ganz anderen Weise als ein Eber die Gesamtheit des Dorfes repräsentierte. Im 18. Jahrhundert war es äußerst ungewöhnlich, daß ein Dorf einen eigenen Eber besaß, wohingegen fast jedes Dorf einen eigenen Farren hielt.[16] Bei der Umwandlung der einen Geschichte in die andere wurde daher die Gestalt des Farren als Repräsentant des Dorfes hervorgehoben.

Ein zentrales Moment, das im Verlauf der verschiedenen Zeugenaussagen zutage tritt, ist die Vorstellung vom kollektiven Charakter des Dorfes. Man sprach nie vom Dorf als solchem, sondern von der »Gemeinde« und von der »Bürgerschaft«, wobei häufig eine korporative Gruppe gemeint war, manchmal aber auch einfach die Gesamtheit der Menschen, die zufällig innerhalb der Grenzen von Beutelsbach wohnten. Die korporative Bedeutung der Ausdrücke war vor allem dann impliziert, wenn von der Gesamtheit der Bürger in Abgrenzung vom Schultheißen oder vom Magistrat die Rede war. Obwohl die Beamten zumindest mit partieller Zustimmung der Dorfbewohner gewählt wurden, waren sie nicht die »Repräsentanten« des Dorfes. Diese Funktion lag bei den *ad hoc* bestimmten Deputierten, die gelegentlich in dieser oder jener Angelegenheit gehört wurden. Es gab den Willen der Gemeinde und den Willen des Magistrats – beides eigenständige Korporationen. Die Verbindungen zwischen den beiden sind komplex, lassen sich jedoch anhand unseres Dokumentenmaterials in einigen Punkten herausarbeiten. Das Grundmuster läßt sich vielleicht am besten dadurch veranschaulichen, daß man es mit Korporationen wie »Dechant und Domkapitulare«, »Abt und Klostergemeinschaft« vergleicht. Nach seiner Wahl versieht die leitende Person ihr Amt, ohne an die Meinungen der ihr Unterstellten direkt gebunden zu sein; besser gesagt, sie verfügt über Herrschaftsvorrechte, die sie ausüben kann und ausüben wird. Im vorliegenden Fall jedoch verwies der Schultheiß wiederholt auf den Druck von seiten der Bürgerschaft, und die Art und Weise, in der er von der Beziehung sprach, liefert einen Hinweis auf die Beschaffenheit der Gemeinde, zumindest was ihre interne Leitung und die Dynamik zwischen Schultheiß und Gemeinde betrifft. Verschiedene Leute gaben zu verstehen, daß die Dorfbewohner es dem Schultheißen verübelt haben würden, wenn er die Tat unterlassen hätte. Schultheiß Schuh sagte selbst, daß er vor dem Begräbnis entgegen der Auffassung und dem Willen der Bürger gehandelt habe. Er habe sich angesichts der sich häufenden Unglücksfälle in großer Verlegenheit befunden. Tatsächlich fühlte er sich in die Enge getrieben. Die Frage ist, inwiefern er glaubte, sich vor der Gemeinde verantworten zu müssen. Da er sein Amt auf Lebenszeit innehatte, wird man sich bei der Suche nach Sanktionen gegen ihn nicht mit Entlassungsdrohungen begnügen können.

Tatsächlich hing die vom Schultheißen ausgeübte Herrschaft von einigen wichtigen Momenten des Konsenses ab. Schließlich war er wie die meisten leitenden Beamten des Dorfes ein Bewohner des Dorfes, ein Landbesitzer, Bauer und Familienmitglied. Seine Stellung war mit all jenen Beziehungen verknüpft, die die Dorfbewohner als Nachbarn und Verwandte verbanden. Wichtiger noch: der Erfolg seines Amtes hing in hohem Maße davon ab, ob er die Leute dazu bringen konnte, ihm zu folgen. Wenn er einer mächtigen Gruppe Forderungen abschlug, die sie für rechtmäßig hielt, konnte das dazu führen, daß ein Dorf vollkommen unregierbar wurde. Ein kurzes Beispiel muß genügen.

Normalerweise lag das Recht auf den Zehnten, der vormals der Kirche zustand, beim württembergischen Fürsten oder Staat.[17] Im 18. Jahrhundert wurde die Einziehung des Zehnten gewöhnlich an einen oder mehrere Bieter versteigert, und zwar auf folgende Weise. Vor der Ernte gab es eine Versteigerung, zu der sich die potentiellen Bieter einfanden, die den zu erwartenden Umfang der Ernte geschätzt hatten. Sie boten eine Summe für den gesamten Zehnten, wobei sie auf einen Gewinn aus der Spanne zwischen gebotener Summe und tatsächlich eingesammeltem Erntegut spekulierten. Um einen Gewinn zu realisieren, war die Kooperation vieler Leute notwendig, egal ob es einen oder mehrere Bieter gab, ob sich die gebotene Summe auf die anstehende Ernte oder aber auf die Ernten der nächsten zwei oder drei Jahre bezog. Die Garben mußten inspiziert, das Getreide mußte eingebracht, gelagert, gedroschen und abgeliefert werden. Jeder Schritt erforderte den Einsatz von Verwaltungs-, Überwachungs- und körperlicher Arbeit. Natürlich war es für jeden, der dann den Zuschlag erhielt, von Vorteil, wenn die Summe so niedrig wie möglich gehalten wurde. Das wurde durch eine vorausgehende Absprache mit dem Schultheißen sichergestellt, der verschiedenen interessierten Gruppen jeweils die Gelegenheit bot, die niedrige Summe zu bieten. Obwohl eine öffentliche Versteigerung stattfand, an der unter Umständen höhere Beamte als Beobachter teilnahmen, und über die – genau nach Vorschrift verlaufende – Prozedur Protokoll geführt wurde, wurde die zentrale Regierung übervorteilt. Selbstverständlich gehörten derartige Listen zum Alltag eines Dorfes und konnten nur dann Aussicht auf Erfolg haben, wenn im stillschweigenden Einverständnis gehandelt wurde, was wiederum einen Sinn für gegenseitigen Vorteil und gerechte Verteilung voraussetzt. Keine der vorhandenen Parteien konnte von wichtigen Einnahmequellen ausgeschlossen werden, jedenfalls keine, die »zählte«. Der Punkt, auf den es hier ankommt, ist nicht so sehr die Tatsache, daß allgemein bekannte Tatbestände im Dorf nach außen getragen werden konnten, um dem Schultheißen zu schaden, obwohl dörfliche Magistratsmitglieder häufig aus solchen Gründen ihr Amt verloren. Wichtiger ist der Hinweis darauf, in welcher Weise der Schultheiß den verschiedenen Parteien Rechnung tragen mußte und in welcher Weise seine Geschicklichkeit sich auf sein Ansehen und seine Macht auswirkte. Ein Schlüsselbegriff des dörflichen Wortschatzes war »parteiisch«, der im Interesse an einem komplexen Futterkrippensystem wurzelte.

Doch der Schultheiß trug nicht nur den verschiedenen Parteien, sondern auch verschiedenen Quellen der Macht Rechnung – der säkularen und der sakralen. Kraft seines Amtes kam ihm säkulare Autorität zu. Er war der Vertreter des württembergischen Staates und dessen direktestes Verbindungsglied zu den Untertanen. Er war der obrigkeitliche Beamte, mit dem die Dorfbewohner im alltäglichen Leben umzugehen hatten. Andererseits hatte er beträchtliche Machtbefugnisse im religiösen Bereich. Er nahm immer an den Sitzungen des Kirchenkonvents teil, das unter anderem Fluchen, Sabbatentheiligung und alle möglichen unmoralischen Handlungen bestrafte. Er hatte den ehrenvollsten Platz in der Kirche, konnte einmal im Jahr anläßlich der Visitation des Superintendenten sein Urteil über den Pfarrer abgeben und war im Positiven wie im Negativen eine zentrale Gestalt der Meinungsbildung in bezug auf den Pfarrer, die Volksfrömmigkeit und die Dorfmoral. Aber all das betrifft in erster Linie die formale Seite. Im informellen Bereich hing seine Autorität und seine Macht davon ab, in welcher Weise er mit den dörflichen Vorstellungen vom Heiligen und Übernatürlichen verknüpft wurde.

Die Art und Weise, in der Schultheiß Schuh beide Seiten seiner Macht einsetzte, gibt einen Einblick in das Funktionieren des Systems. Einerseits hatte er offenbar seine »wirklichen« Glaubensanschauungen im dunkeln gehalten. Niemand wußte genau, ob er nun tatsächlich an die Wirksamkeit des Farrenbegräbnisses glaubte oder nicht, ob er ein »Schwärmer« oder ein aufgeklärter Mann war, ob er seinen eigenen Überzeugungen oder denen des Dorfes folgte. Es scheint, daß man ihn nirgends festlegen konnte. Sein Sieg stand fest, was immer sich ereignen mochte. Ein Aufhören der Seuche mußte eine Verstärkung der nicht säkularen Seite seiner Macht zur Folge haben, unter Umständen die Betonung des charismatischen Aspekts seiner offiziellen Person. Beim Fortdauern der Seuche konnte er andererseits immer sagen, daß er nie wirklich an die Magie geglaubt habe. Er habe einfach nur sein Bestes für einen abergläubischen Haufen Leute getan. Bei all dem war selbstverständlich nicht an eine Einmischung von außen gedacht. Was zuvor eine Macht- und Autoritätsfrage war, wurde jetzt zu einer des Glaubens. Kanzleiadvokat Bolley vermerkte, daß die Dorfbewohner – im Gegensatz zu ihm – nicht gewohnt seien, die Verbindung zwischen Ursache und Wirkung und zwischen Glauben und Handeln zu bedenken. Seine Unfähigkeit, die Situation zu verstehen, rührt genau daher: er suchte nach einem Zusammenhang von Glauben und Handeln, wo es in Wirklichkeit um die relative Machtstellung des Schultheißen und anderer Mitglieder der Gemeinschaft ging.

Vielleicht können wir die Situation ein wenig besser verstehen, wenn wir unsere Aufmerksamkeit dem »Wissen« zuwenden, wie es in der Gemeinschaft verarbeitet wurde. Der Form nach handelte es sich immer um allgemein verbreitete Vorstellungen und Meinungen, um »Sage«, »Gerücht«, »Stimme«. Wissen in diesem Sinne ist soziales Wissen, entstanden in der beständigen Diskussion zwischen Nachbarn, Freunden und Familienangehörigen. Es ist auf gar keinen Fall eine bestimmte »Wahrheit«, eine kohärente Geschichte, die nur eine Fassung kennt, sondern vielmehr eine permanente Fortentwicklung eines bestimmten Themas, ein Abwägen der Wahrscheinlichkeiten, eine stetig sich verändernde Beurteilung. Seine besondere Beschaffenheit macht es zu einer Grundlage des *praktischen Handelns.* Es ist Teil der verschiedenen Strategien, die dazu führen, daß die Handlungen von Dorfangehörigen allen Beteiligten kohärent und verständlich sind. Selbstverständlich gab es auch Raum für individuelle Interpretationen, geheime Eigeninteressen, Kenntnisse, Dummheit und Konservatismus. Beurteilungen sind immer erst nach dem Eintreten eines Ereignisses möglich und vom Erfolg einer Handlung beeinflußt. Sie hingen davon ab, ob eine Person geehrt, mächtig oder angesehen daraus hervorging. Man konnte es auch vorziehen, in materieller Hinsicht den kürzeren zu ziehen, dafür aber andere – symbolische oder soziale – Formen des Kapitals zu gewinnen. Die Verbindung zwischen »Sage« – als sozialem Wissen – und Handeln, sowie zwischen diesen beiden und Erfolg sollte deutlich machen, daß diese Art Wissen immer mit Macht verbunden ist und als »Diskurs« nicht aus einem abgeschlossenen Ideenganzen besteht. Ebensowenig kann die Sage der Glaube eines ganzen Dorfes sein, wie Bolley bisweilen offenbar annimmt. Viele Leute beachteten die Gerüchte überhaupt nicht, und selbst diejenigen, die daran glaubten, verhielten sich ganz verschieden und schenkten ihnen in unterschiedlichem Maße Glauben. Die Struktur des Wissens im Dorf bot die Grundlage für viele verschiedene Arten des Handelns. Was den Schultheißen angeht, so gab er seinen »Kommentar« zu einer aktuellen Diskussion ab. Man mußte glauben, er handele aufgrund der »Sage«, denn nur so konnte sein Handeln eine politische Bedeutung innerhalb des Dorfes haben. Nach Aussage von Gaupp konnte er es sich nicht leisten, sich völlig von den Verhältnissen im Dorf zu distanzieren – ein Fremder, »Philister«, »Ungläubiger« zu werden. Als seine Erfolglosigkeit offenbar wurde – als nämlich das Dorf zur Zielscheibe des Spotts der gesamten Gegend wurde und einer äußerst lästigen Untersuchung unterzogen wurde –, versuchte man, ihm den Schutz der »Sage« zu entziehen. Einige Leute wiesen darauf hin, daß weder ein Gemeindedeputierter konsultiert noch eine Versammlung der Bürgerschaft einberufen worden sei, und versuchten damit anzudeuten, daß der Schultheiß noch nicht einmal Teil der Dorfkultur war, was einfach nicht stimmte. Diejenigen, die 1801 eine neuerliche Untersuchung gegen den Schultheißen beantragten, schlossen ihn aus dem Dorfdiskurs aus, indem sie ihn ironisch als »aufgeklärt« bezeichneten. Noch bezeichnender ist, daß sie das »Werk des Aberglaubens« mit seiner Wirkung verknüpften – dem Gespött, dem das Dorf danach ausgesetzt war. Das heißt, der Begräbnisakt wurde in den Augen der Dorfbewohner im nachhinein zu einem abergläubischen, weil er verheerende Folgen zeitigte. Da ein derartiges Ergebnis nicht dem »Willen« der gesamten Bürgerschaft entspringen konnte, konnte es nicht stimmen, daß die Bürgerschaft abergläubisch war. Selbst Schultheiß Schuh konnte nie irgendeine Person namentlich nennen, die die Vorstellung vertrat, die er den Dorfbewohnern nachsagte. Obwohl das wahrscheinlich teilweise daher rührt, daß er nie etwas Derartiges einem Außenstehenden eröffnet hätte, liegt der eigentliche Grund darin, daß die Vorstellung von niemandem als *Glaubens*vorstellung vertreten wurde. Praktisches Wissen äußert sich etwa so: »Es heißt...«, »Ich habe gehört...«, »Wahrscheinlich stimmt es nicht, aber...«. Es ist eine Grundlage des Handelns, nicht der Abstraktion, und entsteht aus dem kollektiven Abwägen von Wahrscheinlichkeiten und »trial and error«-Verfahren.

Der Gegensatz zwischen der »Sage« im Dorf und dem rationalen Wissen des Bürokraten oder Journalisten, Theologen oder Akademikers ist also ziemlich groß. Vorstellungen, von denen man leidenschaftslos zurückzutreten vermag und die man wie einen geschriebenen Text analysieren kann, kommen in der Welt des Dorfes nicht vor. Mit diesem Gegensatz vor Augen können wir verstehen, warum der Chirurg Barchet, der aufgrund seiner Position als Philosoph, Mediziner und »Physiker« eine Vorstellung von Wissen besaß, das nicht der Bearbeitung durch die »Sage« unterliegt, das Dorf verlassen mußte, als die Sache erörtert wurde. Der Schultheiß erprobte seine Macht gegenüber Barchet, indem er ihm die Sanktion des Dorfdiskurses absprach. Als er sagte, der Chirurg wisse nicht alles, zielte er darauf ab, daß sich dessen Art Wissen nicht auf alle Fälle erstreckte. Er bestritt damit nicht die Gültigkeit und Nützlichkeit rationalen Wissens, sondern die Möglichkeit, daß das Rationale seine eigenen Bedingungen beurteilen könne: auch sein Wert wurde nach den Wirkungen bestimmt, die es zeitigte, nach seiner Nützlichkeit hinsichtlich des praktischen Handelns.

Sowohl der Kanzleiadvokat Bolley als auch der Chirurg Barchet vertraten ein Modell der Kommunikation, das auf nachprüfbaren Fakten, klaren Vorstellungen und einem direkten Zugang zur Wahrheit gründete. Für die Dorfbewohner war die Wahrheit etwas Instrumentales; der besondere Charakter der Vorstellungen war nicht so wichtig. Ob der Farre zuerst eine kranke Kuh bestiegen hatte oder selbst krank – oder tot – war, die Genauigkeit des Details war weniger drängend als die Notwendigkeit zu handeln. In gewisser Hinsicht gab es eine Wahrheit für gewöhnliche Zeiten und eine für die Augenblicke der Verzweiflung, ein Sachverhalt, auf den der Schultheiß wiederholt hinwies. Eine vergleichbare klare Unterscheidung ist auch zwischen impliziter und expliziter Wahrheit möglich, wodurch sich eines von Bolleys Hauptproblemen besser verstehen läßt. Wenn der Schultheiß auf der Grundlage einer dorfinternen Glaubenstruktur handelte, dann gab es keinen »Tatbestand«, der zu ermitteln gewesen wäre. Die Suche nach einem expliziten Befehl konnte nicht zur Lokalisierung eines »corpus delicti« führen. Kommunikation nach dem Muster der »Sage« ist implizit; sie gleicht in ihrer Struktur eher der Metapher als dem Aussagesatz.

Daß es dem Kommissar nicht gelang, das Dorf zu ergründen, rührt zum Teil daher, daß das Dorfwissen nicht explizit gemacht werden konnte. Andererseits verweigerten ihm die Dorfbewohner systematisch den Zugang zu dem, was sie wußten, weil sie nicht wußten, was er damit anfangen würde. Sie waren überrascht über die Gründlichkeit der Untersuchung, die schließlich »nur ein Tier« betraf. Auch wenn die Dorfbewohner sich berechtigt fühlten, ein Tier für menschliche Zwecke zu benutzen, wußten sie, daß sie zu keiner besonderen Grausamkeit neigten. Dem Kuhhirten Becker tat das Tier leid; er wurde auch immer als sein »Pflegevater« bezeichnet. Viele Leute, die bei der Grube zugegen waren, wollten aufhören, als sie den Farren tatsächlich leiden sahen. Dennoch zögerten sie zu Recht, ihre Werte einer Überprüfung von außen zugänglich zu machen.[18] Es gab eine Unmenge von Lügen, um die Angelegenheit zu verwirren, obwohl wahrscheinlich niemand eine konzertierte Aktion geplant hatte, auch wenn eine Reihe von Zeugenaussagen aufeinander abgestimmt waren. Die Verwirrung der Außenwelt gehörte zu einer tiefverwurzelten Gewohnheit, die aus der Erfahrung mit Herrschaft herrührte. Da es für die Dorfbewohner kein Wissen geben konnte, das nicht mit Macht verbunden war, wäre es töricht gewesen, Menschen in Herrschaftspositionen etwas an die Hand zu geben, womit sie Herrschaft über sie ausüben konnten. Außerdem war es unklar und nicht abzusehen, in welcher Weise Wissen, das Fremden mitgeteilt wurde, die Machtsituation innerhalb des Dorfes verändern würde. Als schließlich das Machtgleichgewicht zerstört worden war, brach ein heftiger Kampf aus. Die Partei, die den Schultheißen angriff, konnte es nicht fassen, wieso er trotz seines offensichtlichen Mißerfolgs bei der Verbindung von »Sage« und Handlung dennoch einen Zuwachs an Macht und Ansehen erfahren hatte. Sobald sich Außenstehende in Dorfangelegenheiten einmischten, schlug die Situation ins Absurde um.

Die Reformation und die Moralphilosophen der Aufklärung legten die Betonung auf den rechten Glauben. Die Rechtfertigung hing vom Glauben ab, der ihr unabhängig von der jeweiligen Position ein verstandesmäßiges Element verlieh. In dem Moment, in dem die Moralphilosophen reformerisch tätig wurden, gingen sie gegen alle groben religiösen Glaubensvorstellungen und gegen jede Form von ungebildetem Gewissen oder entstellender Unwissenheit vor. Mochte man auch noch so optimistisch sein, es war dennoch zunächst einmal notwendig, diese Dinge anzugreifen, bevor positive Handlungen auf seiten der Masse der Bevölkerung folgen konnten. Die württembergische Dorfbevölkerung hingegen war welterfahrener oder erkannte vielleicht hinter der Maske der Reformideen die Realitäten der sozialen Disziplin und Herrschaft. Sie sahen Glauben eher als eine Art Matrix, aus der sich verschiedene Formen des Handelns ergeben konnten. Das rührte daher, weil praktisches Handeln der Situation entsprang; es war Teil einer Strategie, die auf die Erhaltung oder Verbesserung der eigenen Stellung im Netz der sozialen Beziehungen zielte. Eine Geschichte, eine Theorie, eine kohärente Ideenstruktur konnte im dörflichen Diskurs gestaltet und umgestaltet werden, ohne daß man ihnen unbedingt in besonderer Weise beistimmen mußte. Gemeindeangehörige konnten die Dorfmeinung zu einer bestimmten Sache beschreiben, ohne daß damit eine Glaubenshaltung oder eine Bereitschaft ausgedrückt worden wäre, aufgrund dieser Meinung eine bestimmte Handlung vorzunehmen. Was man meinte und was man tat, war nicht in jener eindeutigen Weise miteinander verknüpft, wie es eine simplifizierende Hermeneutik erwarten würde. Tatsächlich hielt man »Glaubensfehler« für höchst zweitrangig und grenzte sie sorgfältig von »Sünden der Bosheit« ab, die vor allem zurückliegende Handlungen betrafen, deren Folgen sichtbar geworden waren und die eine Veränderung der Beziehungen bewirkt hatten.

Schlußbetrachung

Eines der zentralen Themen der vorliegenden Untersuchung bildet der von der zweiten Hälfte des 16. bis zum Ende des 18. Jahrhunderts zwischen staatlichen Beamten und ländlichen Dorfbewohnern geführte Dialog über die Natur des Individuums. Ich habe zu zeigen versucht, in welcher Weise der Historiker Schlüsse über die Art des Dorfdiskurses zu diesem Gegenstand ziehen kann, bin mir jedoch wohl bewußt, wie dünn einige der Ergebnisse meiner »dichten« Beschreibung sind. Es bedarf noch beträchtlicher Arbeit, um all die Fragen, die in diesem Buch aufgeworfen wurden, beantworten zu können. Woran mir liegt, ist vor allem der Hinweis auf die Reichhaltigkeit und Vielfalt der Quellen, die uns für die Untersuchung der deutschen Volkskultur der frühen Neuzeit zur Verfügung stehen. In den folgenden Ausführungen werde ich auf einige Momente des Zusammenhangs von Herrschaft und Herausbildung bestimmter Personvorstellungen eingehen, wobei ich mich vor allem auf das bereits vorgelegte Material stützen möchte. Die angesprochenen Sachverhalte sind sehr viel komplexer, als sie hier behandelt werden können, es empfiehlt sich jedoch, weiterreichende Schlußfolgerungen erst dann zu ziehen, wenn mehr Vorarbeiten darüber vorliegen, wie die Dorfbewohner ihre Vorstellungen tatsächlich formulierten, wie sie sich tatsächlich verhielten und miteinander umgingen. Ich möchte mich hier nicht des längeren mit den Büchern, Traktaten und Flugschriften befassen, die die dörfliche und kleinstädtische Bevölkerung besaß und wahrscheinlich auch las, weil nach wie vor ungeklärt ist, wie sie verstanden wurden und in welcher Weise die Vorstellungen von geistlichen Verwaltern, Verfassern von Erbauungsliteratur, Predigern und Volkssängern tatsächlich in den dörflichen Diskurs Eingang fanden. Jeder, der einmal einige Gottesdienste besucht hat, weiß, wie schwierig es ist, aus der Botschaft des Pfarrers Rückschlüsse auf das soziale Leben der Gemeinde ziehen zu wollen. Doch auch dann, wenn wir uns direkt den verschiedenen Schichten des Volkes zuwenden, müssen wir sehr sorgfältig darauf achten, welche Inhalte die jeweils im Dorf vorgetragene Botschaft enthielt. Wie wir gesehen haben, übermittelten die Pfarrer Schertlin, Bregenzer, Breuninger und Mauchard Vorstellungen, die sich nicht aus ihren theologischen Ausbildungsinhalten oder ihren Bibliotheken ableiten lassen.

Mitunter empfiehlt es sich, angesichts großer, komplexer Sachverhalte erheblich zu vereinfachen, um die Fragestellungen zuspitzen und bestimmte Aspekte hervorheben zu können. In unserem Zusammenhang zeigten sich bei der Befassung mit Beamten des Herzogtums Württemberg zwei generelle, grundlegende Aspekte, die sich ohne allzu große Entstellung als der »fiskalische« und der »sakrale« Aspekt bezeichnen lassen. Ich möchte damit sagen, daß es zwei allgemeine Quellen der staatlichen Ideologie in der frühen Neuzeit gab und daß sie beide in unterschiedlichen Erfordernissen des Staates wurzelten. Herrschaft beschränkte sich nicht allein auf ein mehr oder minder gutfunktionierendes Ausbeutungssystem, sondern beinhaltete auch ein hohes Maß seelsorgerischer Tätigkeit. Die Entwicklung der Ideologie war in keinem der beiden Bereiche krude oder einfach. Im Rahmen der Herrschaft wurden viele Bedürfnisse der Dorfbewohner befriedigt, und die Machthierarchie in der Gemeinde hing in komplexer Weise mit den Herrschaftsstrukturen zusammen. Von oben her gesehen stellten die beiden Aspekte staatlicher Macht getrennte, wenn auch miteinander verwandte Hierarchien dar. Manchmal hatten die Beamten die gleiche Botschaft und manchmal waren sie sich uneinig. Wir haben im zweiten Kapitel gesehen, daß der Pfarrer des Orts als unerbittlicher Kritiker der Besteuerungspraxis und verschiedener Formen der Korruption der Beamten auftrat. Zwischen ihm und dem Schultheißen bestand ein alter Streit über das Wesen der weltlichen Macht. Im fünften Kapitel schien der Konflikt zwischen den beiden Quellen der Ideologiebildung und zwischen den beiden Gruppen von Beamten fast den Charakter eines Klassenkonflikts angenommen zu haben. Auf jeden Fall ging es beiden Seiten der Herrschaftshierarchie letztlich um die Wohlgeordnetheit des Staates – wie auch, zumindest implizit, um sein finanzielles Wohl – und um die geistig-moralische Beschaffenheit der Untertanen. Die genaue Wechselbeziehung zwischen der Staatskirche und dem sakralisierten Staat ist einer näheren Untersuchung wert; wir werden einige Aspekte dieser Interaktion auf Dorfebene im Zusammenhang mit der Ideologie des Individuums benennen.

Die fiskalischen Erfordernisse des Staates der frühen Neuzeit waren zum einen durch Veränderungen in der Art und in der Organisation der Kriegsführung und zum anderen durch das Problem der Aufrechterhaltung der inneren Sicherheit bedingt. Fritz Redlich hat eine gründliche Untersuchung der neuen militärischen Situation Mitteleuropas im 16. Jahrhundert vorgelegt und gezeigt, auf welche Weise kapitalistische Finanzinstitutionen innerhalb einer feudalen Ausbeutungsstruktur die Bedingungen für das Auftauchen des »Militärunternehmers« schufen.[1] Die Konkurrenzsituation, die durch den Umlauf von immer mehr Geld verschärft wurde, erzeugte schließlich eine radikale Transformation der Staatspolitik. Entweder mußte der Unternehmer zum Staat werden

(Wallenstein) oder der Staat mußte sein eigenes militärisches Organisations- und Rekrutierungssystem etablieren und rationalisieren. Das große Beispiel für das Problem der inneren Sicherheit in Mitteleuropa war der Bauernkrieg von 1525, der sich deshalb so weit ausbreiten und so lange dauern konnte, weil sich die meisten deutschen Fürsten in den italienischen Kriegen verausgabt hatten.[2] Ein kurzer Blick in die Korrespondenz zwischen den Fürsten zeigt, daß ihre Hauptsorge der Frage galt, woher ausreichende Geldmittel zu beschaffen waren, um Hauptleute und deren Mietlinge zu bezahlen, die die Revolte unterdrücken sollten. In größeren Territorien muß man die zentrifugale Tendenz innerhalb der transformierten Militärorganisation, »Bastardfeudalismus« und die neuen, durch Geldpatronage geschmiedeten Machtgebilde heranziehen, um zu erklären, warum sich die Fürsten und Monarchen genötigt sahen, eine unabhängige Beamtenschaft mit Eigentumsrecht an den Ämtern zu schaffen.[3] Mit der Ausdehnung des staatlichen Kompetenzbereichs auf die Einrichtung eines stehenden Heeres in der Mitte des 17. Jahrhunderts wurde eine weitere Expansion sowohl des bürokratischen Kontrollapparats als auch der Geldressourcen zu dessen Finanzierung notwendig. Gleichzeitig wandte sich der Staat einer systematischen Ausbeutung seiner Bürger in Form der Rekrutierung für das Militär zu. Der Prozeß der Geldmittelbeschaffung für die neue Kriegsführung rief zu Beginn häufig den Widerstand der Untertanen gegen neue willkürliche Arten der Besteuerung und der feudalen Rentenerhebungen hervor. Eine zweite Periode intensiven Konflikts ereignete sich während der Depression im 17. Jahrhunderts mit ihrer umfassenden Neugestaltung der militärischen Macht und ihrer extensiven und teuren Kriegsführung. Die langfristigen ökonomischen Veränderungen, die durch die militärische Organisation, Bürokratisierung und Besteuerung hervorgerufen wurden, waren beträchtlich, doch der Punkt, um den es uns in diesem Zusammenhang geht, ist die Entwicklung der Ideologie, die aus der Neugestaltung der feudalen Verhältnisse herrührte.

Der ideologische Eingriff, dessen Verständnis für jede Untersuchung des Personenbilds in der frühen Neuzeit so wichtig ist, hing eng mit der Art und Weise zusammen, in der der Finanzstaat das Individuum erfaßte. Wir müssen uns verdeutlichen, daß bis zur Revolution der freien Berufsgruppen im 19. Jahrhundert, die von den Bürokraten im Gesundheitswesen angeführt wurde, viele Menschengruppen nicht unter die Autorität des Staates fielen. Auf kleine Kinder zum Beispiel erstreckte sich der Schutz der Gerichte außer im Falle eines Mordes so gut wie überhaupt nicht. In 8000 Gerichtsprotokollen eines Dorfes aus der Zeit zwischen 1730 und 1870 findet sich kein einziger Fall von Kindesmißhandlung durch die Eltern, der offiziell angezeigt worden wäre, und es gibt nur ganz wenige Fälle, in denen Eltern gegen Nachbarn vorgegangen waren, weil diese ihre Kinder gestraft hatten.[4] Nicht jedes Verhalten und nicht jede Person fiel unter die Jurisdiktion der staatlichen Autorität. Der neuartige Zugriff des Staates auf die Untertanen erwuchs aus der Logik einer Ideologie, die in der einen oder anderen Weise auf seinem Bedarf an Geldmitteln beruhte.[5] Für das 16. Jahrhundert bedeutete das die Klärung der steuerpflichtigen Einheiten, die Bestimmung der jeweiligen Rechte an verschiedenen Formen des Eigentums, die genauere Festlegung der Verantwortlichkeiten der dörflichen Hierarchien gegenüber äußeren Autoritäten und die immer sorgfältigere Aufzeichnung der Eigentumsübertragungen. Tatsächlich gehören umfassende Katasteraufnahmen und Kodifikationen des Erbrechts zu den wichtigsten Innovationen des 16. Jahrhunderts. Dabei ging es nicht in erster Linie darum, vorhandene Regeln radikal zu verändern, sondern darum, sie schriftlich zu fixieren. Dadurch hatte man ein Mittel an der Hand, festzustellen, ob irgendein Feld der Aufmerksamkeit des Staates entgangen war, ob ein Stück unbebautes Land besser genutzt werden könnte oder ob die unterschiedliche Ertragsfähigkeit verschiedener Landstücke entsprechend größere Expropriationsmöglichkeiten bot. Die Maßnahmen im 16. Jahrhundert bilden nur den Anfang; der Prozeß der Neuerfassung, Neubewertung und Optimierung der Landnutzung erstreckte sich über die beiden folgenden Jahrhunderte.

In Württemberg wurden die ersten Katastermaßnahmen gegen Ende des 15. Jahrhunderts unternommen, etwa zur gleichen Zeit, als sich die Krise in der staatlichen Finanzierung des Militärs zum ersten Mal bemerkbar machte. Anhand einer groben Einschätzung des unbeweglichen Eigentums wurden in den verschiedenen Jahrzehnten bis zur Mitte des 16. Jahrhunderts Steuerlisten angelegt, doch erst um die Jahrhundertwende ging man daran, auf der Grundlage von zwei Lagerbuchreformen und einer immer genaueren Zuordnung von Land zu den einzelnen Dorfbewohnern detaillierte Steuerbücher zu erstellen, die nicht die zu entrichtenden Steuersummen, sondern die Taxierung des Eigentums enthielten, aufgrund deren die jeweiligen Steuern berechnet werden konnten. Wir müssen hier nicht im einzelnen auf die zunehmend genauere und umfassendere Buchführung eingehen, die durch die langen, um 1550 einsetzenden Ehe- und Nachlaßinventare oder die Verkaufs- und Unterpfandbücher belegt wird, die bis weit ins 17. Jahrhundert zurückreichen. Mit ihrer Hilfe konnte ein Bauer, der sich übernommen hatte, auf wirksame Weise einem Vormund unterstellt werden. Sein Land konnte auch öffentlich versteigert werden, bevor seine Gläubiger Schaden erlitten oder der Staat Steuern verlor. Das gesamte Ausmaß der Implikationen dieses Systems zeigte sich erst im 18. Jahrhundert, als diese beständig revidierte Form des feudalen Eigentums und der Exploitation Deformationen aufzuweisen begann. Weitergehende Rationalisierungsmaßnahmen waren erst wieder mit der liberalen Gesetzgebungswelle im 19. Jahrhundert möglich, als das Individuum in seiner Totalität entdeckt und – natürlich auf seine eigenen Kosten – von den Restriktionen in Form von Zehnten, Feudalrenten und Flurzwang befreit wurde. Doch das führt über unser vorliegendes Problem hinaus. Allgemein läßt sich sagen, daß der Zugang des Finanzstaats zum Dorf im 16. Jahrhundert vor allem über Fragen des Rechts am Eigentum verlief, während er sich im 18. Jahrhundert, als die Eigentumsrechte bereits klar definiert waren, mehr auf die Steigerung der Produktion / Expropriation konzentrierte. Es soll jedoch nicht vergessen werden, daß Innovationen, die aus der Logik des Finanzstaats erwuchsen, auf breiter Front stattfanden und nicht nur die Erhöhung der Steuern betrafen. Widerstand in Form von Steuerrevolten und ähnlichem mochte sich daher bisweilen gegen die gesamte Front richten, beschränkte sich jedoch meistens auf einen Teilbereich und umfaßte nur einige Teile der Bevölkerung.

Die Verschiedenartigkeit der Ideologie läßt sich anhand von zwei Beispielen illustrieren, die zeigen, wie Staatsbeamte Zutritt zum Dorfleben erhielten und wie unterschiedliche Interessen an der Bevölkerung in unterschiedlicher Weise mit der Ideologie verbunden waren. In Württemberg wandten die fürstlichen Beamten in der zweiten Hälfte des 16. Jahrhunderts ihre Aufmerksamkeit dem Problem der Waldkontrolle zu.[6] In einigen Fällen ging es darum, die Rechte des Dorfes und die Rechte der Krone, bzw. herzöglicher Institutionen festzulegen und Dorfbewohnern den Zugang zu bestimmten Wäldern, die sie »traditionell« genutzt hatten, zu verwehren, da der Herzog sie für seine eigenen Zwecke auszubeuten begann. Häufiger jedoch richteten sich die Maßnahmen gegen die Erschöpfung der Waldressourcen, die unter anderem durch den Bevölkerungsdruck hervorgerufen worden war. Sie fingen an, einschränkende Regelungen zu treffen, die sich auf dorfeigenes Waldland erstreckten. Da die Beamten sehr wohl erkannten, in welchem Maße die bäuerlichen Produzenten für die Beschaffung von Bau- und Brennholz, Futter etc. vom Wald abhingen, versuchten sie, ein gesundes Gleichgewicht in der Haushaltsökonomie aufrechtzuerhalten, um die Existenz der Bauern als potente Renten- und Steuerzahler nicht zu beeinträchtigen. Renten wurden zwar nur selten auf Produkte des Waldes erhoben, doch das Wohlergehen eines bäuerlichen Betriebs hing von der Gesamtheit der Ressourcen ab, und das Interesse des Staates zielte auf eine klare Definition der Rechte bezüglich der Nutzung des vielfältigen und komplexen Waldlandes. Zur gleichen Zeit, als der Staat begann, in diesen Bereich vorzustoßen, entstanden – teils wegen des Vorstoßes selbst, teils parallel dazu – Konflikte zwischen landbesitzenden Bauern und Landarbeitern, größeren Bauern und Kleinbauern oder Reichen und Armen über den Zugang zum Dorfwald. Sie stritten um das Recht, Bucheckern und Eicheln zu sammeln, Gänse, Ziegen, Schweine und Schafe zu weiden, Gras und Brennholz zu entnehmen und Holz zum Bau und zur Reparatur von Häusern, Scheunen und Ställen und zur Ausbesserung von Zäunen zu schlagen. Hier schritt dann der Staat als Vermittler ein und klärte die Frage der Rechte an gemeindeeigenen Ressourcen, indem er die Eigentumsverhältnisse genauer bestimmte. Im 18. Jahrhundert waren Staatsbeamte viel enger am Prozeß der Optimierung der Ressourcen selbst beteiligt; sie agierten als Organisatoren beim Pflanzen, Baumwechsel und ähnlichem. Dieses Beispiel macht deutlich, in welcher Weise sich der Staat mit allgemeinen Aspekten der bäuerlichen Produktion und mit der Klärung der Rechte an den Dorfressourcen befaßte. Im Brennpunkt seines Interesses stand zwar der bäuerliche Hof als ein Besteuerungsobjekt, daneben bewirkte er jedoch auch soziale Veränderungen und übernahm im Interessenstreit von Dorfbewohnern schiedsrichterliche Funktionen. Eine der Begleiterscheinungen war, daß der bäuerliche Betrieb, Hof oder Haushalt eine zentrale Stellung in der Ideologie einnahm. Es entspann sich ein Diskurs, der die Pflichten, Schuldigkeiten, Ansprüche und Rechte dieser Produktionseinheit zum Thema hatte. Im Laufe der Zeit verlagerte sich das Schwergewicht dieses Diskurses, bis schließlich erfolgreiche Bewirtschaftung und Produktion im Vordergrund standen.

Das zweite Beispiel ist die Spinnstube, eine grundlegende Institution des Dorfes, die Gegenstand zahlreicher Verordnungen und wiederholter Stellungnahmen von seiten staatlicher Beamten war. Es handelte sich um einen Ort, an dem sich die unverheirateten Frauen an Winterabenden versammelten und Arbeit und Freizeitvergnügen miteinander verbanden. Naturgemäß hegte die unverheiratete männliche Dorfbevölkerung ein lebhaftes Interesse an diesen Versammlungen. Wie Hans Medick gezeigt hat, richteten sich die unzähligen Verordnungen des 16. und 17. Jahrhunderts, die der Unmoral bei diesen Zusammenkünften Einhalt zu gebieten trachteten, vor allem gegen die starke Jugendkultur.[7] Die Hauptabsicht war es, zu verhindern, daß junge Leute sich selbst ihre Heiratspartner wählten, und dafür zu sorgen, daß Heiratsallianzen nach Maßgabe der Besitzverhältnisse eingegangen wurden. Durch seine Parteinahme für die Eltern und seine Einmischung in die Spinnstubenaktivitäten schaltete sich der Staat in Fragen der Eigentumsübertragung, Erbschaft, Allianz und des damit verbundenen Zugangs zu Ressourcen ein. Im Gegensatz dazu traten im 18. Jahrhundert ökonomische Aspekte der Spinnstuben in den Vordergrund. Aufklärungsautoren sorgten dafür, daß ein Wettbewerb unter den jungen Frauen in der Spinnstube um die größte Ehre einsetzte, der die Arbeit ankurbelte und einen natürlichen Selektionsprozeß in Richtung auf die Zusammenführung produktiver Partner in Gang setzte. Auch dieses Beispiel macht deutlich, daß sich der Staat bei seiner ersten Fühlungnahme auf den Punkt der Rechte und Pflichten konzentrierte, die mit Institutionen zur Regelung der Eigentumsverteilung zusammenhingen. Das Thema Unmoral wurde eindeutig dem Komplex der Familienverpflichtungen zugeordnet. In einem weitgefaßten Sinn wurde auch hier der Haushalt zu einem Thema gemacht und die Autorität des Hausvaters an ihrer schwächsten Stelle verstärkt, nämlich dort, wo das Problem des Übergangs von einer Generation zur nächsten auftauchte, wo die Frage der Übertragung von Eigentum anstand. Im 18. Jahrhundert begannen die staatlichen Verwaltungsbeamten die Möglichkeit zu erkennen, im Interesse einer gesteigerten Produktivität und ertragreicheren Steuerbasis selbst die Rolle der Eltern zu übernehmen.

Der Finanzstaat setzte zunächst einen Diskurs über das Haus und den Haushalter in Gang – ein logischer Schritt im Rahmen der Bemühung, den bäuerlichen Betrieb auf eine rentable ökonomische Grundlage zu stellen. Eine beständige Flut von Verordnungen, die – sei es in der Kirche oder anläßlich von Bürgerversammlungen, die zu diesem Zweck einberufen wurden – in jedem Dorf und in jeder Stadt verlesen werden mußten, verbreiteten die Ideologie vom Haus mit seinem Hausvater. Sie verboten aufwendige Hochzeiten, große Ausgaben bei Taufen, dörfliche Tanzveranstaltungen, all jene Einrichtungen der bäuerlichen Kultur, die zwischen den Dorfbewohnern horizontale Austauschbeziehungen herstellten, die in Konkurrenz zu den vertikalen Austauschbeziehungen mit dem Staat treten konnten. Der massive Angriff auf die bäuerliche Kultur zielte darauf, ein Bild vom Individuum als einem produktiven Mitglied eines Haushalts zu schaffen und viele der Bindungen, die die Bewohner eines Hauses mit ihren Nachbarn verknüpften, zu durchschneiden.

Bei der Konstruktion des Individuums in der frühen Neuzeit spielten auch die Beamten des sakralen Staats eine zentrale Rolle. Vielleicht ist es zu kühn, aus der langen und komplexen Geschichte einzelne Entwicklungen herauszugreifen, doch scheint es vor dem 16. Jahrhundert zwei entscheidende Wendepunkte gegeben zu haben, mit deren Hilfe sich unsere Thematik besser verdeutlichen läßt. Offenbar war die große Entdeckung der Karolingerzeit die, daß Menschen Grundbedürfnisse haben.[8] Zumindest bildete sie einen zentralen Teil des damaligen Ver-

ständnisses der Kirchenreform. Illich hat dargelegt, daß die geistlichen
Verwalter jener Zeit die Auffassung vertraten, daß bestimmte allgemeine
Bedürfnisse der Menschen nur mit Hilfe professioneller Agenten befriedigt werden konnten, was im Grunde die Schaffung einer von ihren
Diensten abhängigen Bevölkerung bedeutete. Das zweite Stadium fiel
mit der Renaissance zusammen, als die Lehre von der individuellen Seele
ihre letzte Ausformung erhielt. Die seelsorgerische Tätigkeit arbeitete
mit einer Vorstellung von der Seele, derzufolge sie eine ihr inhärente Beschaffenheit haben sollte und untermauerte dieses Konzept mit einer
Reihe von Gegenbildern, die eine radikale Neuerung in der Lehre von
der Person implizierten. An die Stelle von Verbrechen, die nach ihrem
Schweregrad zu bestrafen waren, traten jetzt Individuen mit monströsen
Eigenschaften. Der Häretiker, die Hexe und der Homosexuelle wurden
zum ersten Mal als von Grund auf anders aufgefaßt, als nicht zum Leib
Christi gehörig.[9] Die Entwicklung der Vorstellungen und die damit ein-
hergehenden Bedeutungsverschiebungen lassen sich am Beispiel des
Ausdrucks *bugger* (englisch) bzw. *bougre* (französisch) zeigen.[10] Im
9. Jh. bezeichnete er zunächst »andere« bulgarische Christen, dann die
gnostische Sekte der Bogomilen, danach die albigensischen Ketzer und
schließlich Menschen, die als geschlechtliche Wesen von Natur aus »anders« waren. Die Begriffsverwirrung ist noch im Württemberg des
16. Jahrhunderts zu finden, wo Dorfbewohner Sodomie als »Ketzerei«
bezeichneten.[11]
In der Geschichte der aufkommenden Vorstellung vom Individuum
gibt es drei Aspekte, die in diesem Zusammenhang hervorgehoben werden sollten. (1) Die Ideologie entstand im Rahmen der professionellen
Seelsorge. (2) Das komplexe Vorstellungsgefüge wurde durch Bilder
von durchgängig »normalen« und »anormalen« Wesen vermittelt. (3)
Der Berührungspunkt zwischen den Beamten des sakralen Staates und
dem neudefinierten Individuum war das Haus. Illich faßt die verschiedenen Verbindungen in seinen Ausführungen zum Kreuzzug gegen die
Albigenser im 14. Jahrhundert zusammen:

*»Das Ziel des Kreuzzugs gegen die Ketzer des Languedoc im 14. Jahr-
hundert war das Netz der Haushalte um Albi, die attraktive, lokal
geprägte heterodoxe Glaubensanschauungen vertraten. Die Haushalte
der »Katharer« wurden als ansteckende Krebsgeschwüre im Leib der
Kirche angesehen. Die Inquisition drang in den Haushalt ein, um festzustellen, ob sich das Gift aus einem verwandten domus über die verwandtschaftlichen Kanäle ausgebreitet hatte. Bis zu dieser Zeit waren
die Mitglieder eines Haushalts zur Kirche gekommen; jetzt bewegte
sich die Kirche in umgekehrter Richtung und überschritt die Schwelle*

des Hauses. Das vom Durchschnitt abweichende Individuum wurde
Gegenstand inquisitorischer Diagnose und Behandlung. Innerhalb des
ketzerischen Haushalts witterte der Theologe den »bougre«, die Person,
die nach Ketzerei roch. In diesem Zusammenhang wurde das Wort
bougre [»Sodomit«] in zweifach neuer Weise gebraucht; es meinte nicht
so sehr bloßes kriminelles Verhalten als vielmehr eine entstellte Natur,
nicht so sehr die sündige Lust der Natur außerhalb der von Gott gesetz-
ten Grenzen als vielmehr eine Monstrosität.« [12]

Die Reformation erbte natürlich die Vorstellungen, die die spätmit-
telalterliche Kirche entwickelt hatte. Tatsächlich ist es nicht zu weit hergeholt, wenn man die Reformation als eine Revolution in der Seelsorge
versteht. Soweit das der Fall war, waren die neuen Auffassungen vom
Individuum von immensem Nutzen, sobald der erste Enthusiasmus des
erneuerten Glaubens einem langfristigen Disziplinierungsprogramm
wich. Wir haben gesehen, daß sich die Sorge um die Seelen in Württemberg in der zweiten Hälfte des 16. Jahrhunderts auf die regelmäßig wiederkehrende Feier des Abendmahls konzentrierte.[13] Doch die Dorfbewohner versuchten, sich die Institution wieder anzueignen und sie
ihren eigenen Zwecken nutzbar zu machen, indem sie die Einfügung
des Individuums in die verschiedenen Gemeindebeziehungen hervor-
hoben. Sie verstanden das Abendmahl als einen Dienst, den sie zur
jeweils rechten Zeit in Anspruch nehmen würden, was den Absichten
der Beamten genau entgegengesetzt war, die die Teilnahme als obligato-
risch ansahen und die Institution als ein Mittel gebrauchten, ihr Programm der sozialen und moralischen Zucht in die Tat umzusetzen,
ohne auch den geringsten Zweifel daran zu hegen, daß die Objekte ihrer
Sorge die angebotenen Dienste benötigten.

Die Frage, mit der sich viele Geistliche zu Beginn des 17. Jahrhunderts
befaßten, war die nach der Beziehung zwischen äußerem Verhalten und
innerem Glauben. Man meinte, daß die Reformation zwar die wahre
Lehre gebracht habe, daß aber auch eine Reformation des Charakters
notwendig sei, und viele vertraten die Auffassung, daß ein wahrer
Christ an seinem Lebenswandel zu erkennen sein müßte. Eine nähere
Untersuchung der theologischen Schriften der geistlichen Verwalter
zeigt, daß es eine Verbindung zwischen dem Problem des »sakralen
Staates« und dem des »Finanzstaates« gab. Johann Valentin Andreä
kann als ein Beispiel dienen.[14] Sein zentraler Punkt war die authentische
religiöse Erfahrung, die zwei voneinander unterschiedene Seiten hatte
– richtiger Glaube und rechtes Verhalten –, da er die allzu moralische
religiöse Person, die nicht der richtigen Lehre folgte, für einen Heuchler hielt.[15] Der richtige Glaube konnte nur durch ein bußfertiges Herz
und ein sittlich gutes Leben im Alltag bewiesen werden.[16] Nach seiner

Auffassung war die Reinheit der Religion mit der Reformation durchgesetzt worden; die Aufgabe seines Jahrhunderts bestehe nun darin, die Reinheit des Lebens durchzusetzen.[17] Seine Lösung war ein Zuchtprogramm, das ebenfalls das Abendmahl enthielt, darüber hinaus aber auch ein Sittengericht umfaßte, das dem Kartenspielen, Fluchen, dem Singen unzüchtiger Lieder, Ehestreitigkeiten und dem Ungehorsam der Kinder Einhalt gebieten sollte.[18] Alle diese Delikte beeinträchtigten in seinen Augen ein richtiges Leben, in dessen Mittelpunkt der häusliche Bereich stand. Zur gleichen Zeit also, als die Erfordernisse des staatlichen Finanzwesens eine Ideologie des Hauses und des guten Hausvaters begünstigten, wurde dieser Punkt auch von der Kirche zu einem zentralen Thema erhoben. Das Individuum wurde von Andreä als eines begriffen, das seine religiösen Bestrebungen nur in der Erfüllung seiner Haushaltspflichten verwirklichte; der gutfunktionierende Haushalt wiederum trug zum Wohl des Staates bei. Die Vermittlung der Beziehungen zwischen Individuum, Haus und Staat oblag dem wachen christlichen Gewissen, das von ihm als ein Mittel der Sittenzucht verstanden wurde.[19]

Das Programm, das die Beamten im 17. und 18. Jahrhundert beschäftigte, machte das wohlgeordnete Haus den Erfordernissen des Staats nutzbar. Dennoch gab es immer Spannungen zwischen den beiden Seiten der staatlichen Aktivität, was die Frage der Legitimität anging. Wie wir im Fall Keil und des mit ihm eng verbundenen Pfarrers sahen, konnte die Religion Ausgangspunkt einer Kritik an den Aktivitäten des Finanzstaates sein.[20] Oder das Streben nach authentischer religiöser Erfahrung konnte mit der offiziellen Ideologie des Hauses in Konflikt geraten, wie das Beispiel der Pfarrer zeigte, die die Gebrüder Drohmann verdammten, obwohl sie der Definition des guten christlichen Haushalters im Sinne der weltlichen Beamten entsprachen.[21] Tatsächlich waren die Beziehungen zwischen den beiden Eliten durch die Komplexität der Fragen, sich überschneidende Interessen sowie gemeinsame und unterschiedliche Sichtweisen der Wirklichkeit gekennzeichnet. Die Frage hat in unserem Zusammenhang mit einigen der Formen zu tun, in der die Vorstellung von der Person innerhalb der beiden Stränge staatlicher Ideologiebildung entwickelt wurde, und mit dem Prozeß, in dessen Verlauf die Vorstellung – oder besser Vorstellungen – eingeführt wurden. Uns werden nur flüchtige Einblicke in einzelne Momente sehr viel komplexerer Diskussionen geboten, und es ist häufig äußerst schwierig, die Implikationen der gewählten Bilder, Worte und Metaphern zu sehen, mit deren Hilfe Menschen ihre Intentionen anderen erklärten oder verdeckten. Um was es offenbar in vielen Fällen ging, war eine immer deutlichere und immer präzisere Vorstellung vom Individuum als einem integrierten Ganzen, das sich von der Matrix sozialer Beziehungen ablösen und im Hinblick auf eine Reihe besonderer Bedürfnisse bestimmen läßt. In der Elitekultur wurden die Fragen oft im Zusammenhang mit der Idee der Freiheit erörtert, wobei jede Generation einen anderen Ansatz wählte. Disziplin und Gewissen waren jedoch Vorstellungen, die in keiner Diskussion fehlten. Inwieweit Dorfbewohner einige Elemente des geistlichen und säkularen Diskurses akzeptierten, ist schwer zu beurteilen, doch wir können das Material der vorausgegangenen Kapitel heranziehen und auf Hinweise durchsehen. Wir werden feststellen, daß sich die Dorfbewohner im allgemeinen in irgendeiner Weise der Vorstellung vom einzigartigen, integrierten, mehr oder weniger konsistenten Individuum widersetzten.

Es fällt schwer, sich von jener Vorstellung vom Individuum zu lösen, mit der wir aufgewachsen sind. Geertz bemerkt dazu:

»Die abendländische Vorstellung von der Person als einem fest umrissenen, einzigartigen, mehr oder weniger integrierten motivationalen und kognitiven Universum, einem dynamischen Zentrum des Bewußtseins, Fühlens, Urteilens und Handelns, das als unterscheidbares Ganzes organisiert ist und sich sowohl von anderen solchen Ganzheiten als auch von einem sozialen und natürlichen Hintergrund abhebt, erweist sich, wie richtig sie uns auch scheinen mag, im Kontext der anderen Weltkulturen als eine recht sonderbare Idee.«[22]

Es ist vielleicht zu pointiert, dies als die »abendländische« Vorstellung der Person zu bezeichnen und die enormen geschichtlichen Veränderungen und Entwicklungen außer acht zu lassen. Es darf auch nicht übersehen werden, daß die von Geertz beschriebene Vorstellung ein stark normatives Element enthält und eine Möglichkeit darstellt, »Pathologisches« auszusondern und Macht auszuüben. Es trifft auf gar keinen Fall zu, daß alle Teile der »abendländischen« Bevölkerung jene Erfahrung teilt, die idealiter als Norm behauptet wird. Dennoch mag uns Geertz' knappe Zusammenfassung als Kriterium in unserer Diskussion dienen, mit dessen Hilfe wir die Sichtweisen der herrschenden Mächte und der Beherrschten einander gegenüberstellen können.

Was das 16. Jahrhundert anbelangt, so hatten wir es mit Situationen zu tun, in denen das Individuum unter dem Gesichtspunkt einer Dichotomie von Innen und Außen begriffen wurde. Die Dorfbewohner sprachen von schwankenden Gefühlseindrücken als Zuständen des Herzens. Es handelte sich dabei aber nicht um eine Reihe von Gefühlszuständen, die von einem dynamischen Bewußtseinszentrum ausgingen, sondern um Gefühle, die äußere Bedingungen widerspiegelten.

Wenn man dem Angriff einer Person ausgesetzt war, die Hexerei betrieb, oder in eine Auseinandersetzung mit Obrigkeitsvertretern verstrickt war oder mit einem Nachbarn oder Verwandten in einem Rechtsstreit lag, dann hatte man ein unruhiges Herz. Im Gegensatz dazu vertraten die Geistlichen die Auffassung, daß man Äußeres und Inneres trennen könne und daß die subjektive Erfahrung über eine begrenzte, kontrollierbare Anzahl von Emotionen verfüge. Man könne bereits vor der Erlangung von Gerechtigkeit Vergebung üben und das Herz trotz einer bestehenden Konfliktsituation beruhigen. Diese Auffassung weicht grundlegend von einem Verständnis ab, das innere psychologische Zustände als untrennbare Bestandteile der *sozialen* Erfahrung sieht.

Die Beamten vermochten Versöhnung als einen subjektiven Akt aufzufassen, der unabhängig von jeder tatsächlichen Konfliktsituation stattfinden konnte. Im Dialog mit Hans Weiss verstellte sich der Superintendent, als er Weiss empfahl, sich mit seinen Nachbarn zu versöhnen. Damit ordnete er die verschiedenen Akteure des Dramas auf einer horizontalen Ebene an.[23] Doch indem Weiss sich weigerte, die Sache als ein Problem zwischen Nachbarn zu sehen, verwies er sogleich auf das Moment der Macht. Die Leute, mit denen er im Konflikt lag, waren nicht seine »Nachbarn«, sondern jene, die Macht über ihn hatten. Für ihn bedeutete ein Rückzug in die Subjektivität eine Kapitulation vor den Forderungen der Hierarchie. Tatsächlich finden sich in allen Dokumenten zum Thema Abendmahl Hinweise darauf, daß Gerechtigkeit als etwas begriffen wurde, das der geistlichen Vorstellung von der Person zuwiderlief. Versöhnung war eine Sache, die auf eine Wiederherstellung geordneter sozialer Beziehungen folgte, nicht eine, die ihr vorausging.

Seit dem Beginn des 17. Jahrhunderts erfuhr das ideologische Konstrukt der Person eine bedeutsame Überarbeitung. Die Aufspaltung in subjektives Leben und objektives Verhalten wurde neu überdacht, und allmählich tauchten programmatische Elemente auf, darunter die Vorstellung einer konsistenten Persönlichkeitsstruktur. Geistliche Verwalter wie Andreä und Arndt neigten dazu, die Praktik periodischer Versöhnung niedrig einzuschätzen, da ihr Interesse vor allem den Bedingungen für die Schaffung eines geregelten Verhaltens galt. Tatsächlich waren sie der Auffassung, daß es keinen entscheidenden Unterschied zwischen der Art, wie eine Person handelte, und ihrem inneren spirituellen Zustand gebe. Damit einher ging ein Verständnis vom Individuum, demzufolge es von der Gemeinschaft, zu der es gehörte, geschieden sein konnte. Christ zu sein bedeutete nach Andreä, daß man Verachtung von seiten seiner Mitmenschen zum Lohn bekam.[24] Wer wirklich in seiner Gemeinschaft verwurzelt war, war in Sünden verstrickt. In dieser Konstruktion wurde die Person dann als positiv aufgefaßt, wenn sie den Erfordernissen des Hauses, des Staats und der Kirche entsprach, womit Andreä implizit ein Individuum meinte, das bereit war, sich von wesentlichen Bindungen an seine Gemeinschaft zu lösen.

Keil glaubte, daß die Forderungen des Staates für die Gemeinschaft schädlich seien, und konstruierte die Person dementsprechend nach einem zweifachen Modell.[25] Einerseits weigerte er sich zu glauben, daß die Folgen individuellen Handelns nur das Individuum selbst trafen. Die Person war von ihren Mitmenschen nicht trennbar und eine Sünde, die sie beging, konnte verheerende Folgen für ihre Nachbarn haben. Andererseits wies er nach, daß die Aktivitäten des Staates zu individualistischen Verhaltensweisen führen konnten – Spielen und Wucher etwa seien durch das Beispiel höherer Beamte in Umlauf gebracht worden. Die Art, in der er seine Vision aufbaute, beinhaltete implizit einen Gegenangriff auf ein Disziplinierungsprogramm. Das Hauptproblem war in seinen Augen die Ausbeutung, und die Aktivitäten des Staates sah er als eine Negierung von Gerechtigkeit.

Die geistliche Sicht der Person als Individuum wurde im 17. Jahrhundert durch zwei Grundvorstellungen vermittelt: der des Christen und der der Hexe. Beide Modelle wurden als gemeinschaftsfeindliche verstanden und waren im Grunde spiegelbildlich angelegt. Beide führten ein neues Verständnis von der Person in die dörfliche Gesellschaft ein. Es ist schwierig, die Geschichte der populären Hexenvorstellungen im einzelnen zu verfolgen, da für eine ausgewogene Beurteilung nicht genügend genaue Textanalysen vorliegen. Offenbar war es aber so, daß die Vorstellung von der Hexe als einer konsistenten, bösen Person zuerst in der Elitekultur entwickelt wurde.[26] Wie weit sie in den dörflichen Diskurs Eingang fand, ist unklar. Wir können jedoch in Anna Catharina Weissenbühlers Behauptung, man könne es Gall Baums Frau am bösen Gesicht ablesen, daß sie eine Hexe sei, die Tendenz erkennen, ebenfalls eine Konsistenz zwischem Äußerem und Innerem herzustellen.[27] Vielleicht liefert dies eine Erklärung dafür, wieso Ansteckung und Verführung zu derart weitverbreiteten Kommunikationsmodellen in der damaligen Gesellschaft wurden. In der dörflichen und kleinstädtischen Erfahrungswelt wurde der einzelne als Mitglied der Gemeinschaft aufgefaßt und Kommunikation verlief zum Teil nach dem Muster des gesprochenen Worts. In gewisser Hinsicht bedeutete der Austausch von Worten mit einer anderen Person, daß man sich ihr verpflichtete, daß man Teil eines Komplexes von Beziehungen war. Wenn man auf diese Erfahrung die Vorstellung einer konsistenten Persönlichkeit pflanzen wollte – einer Persönlichkeit, die nicht von gemeinsamen Erfahrungen abhing und sich dementsprechend veränderte, sondern ein einzigartiges Individuum war –, dann stand nur das Modell der Ansteckung zur Verfügung. Es bereitete keine Schwierigkeiten, das Wort als Quelle von Macht in Verbindung mit einer Vorstellung vom konsistenten Bösen nach dem Muster von Verführung zu verstehen. Genauso wie Gottes Wort ganz plötzlich den Christen hervorbringen konnte, konnten die Worte der Hexe blitzschnell Verderben bringen. Der Hexenwahn des 17. Jahrhunderts kann als Bestandteil der Dialektik zwischen Staat und Bevölkerung aufgefaßt werden, und eine seiner Folgen war die Ausbreitung einer Vorstellung von der Person, die sie als ablösbar von der Matrix lokaler Beziehungen begriff. Eine der sonderbaren Theorien des Johannes Brenz besagte, daß Hexen nicht in der Lage seien, anderen Leuten irgend etwas von dem anzutun, was sie ihnen anzutun glaubten. Ihrer inneren Verderbtheit wegen verdienten sie jedoch den Tod.[28]

Die Konzeption der Hexe als eines Menschen, der einfach magische Praktiken gebrauchte, der eine der alternativen Methoden der Machtausübung einsetzt, enthält implizit eine Vorstellung von der Person als Teil eines Komplexes von Gemeinschaftsbeziehungen. Das wird verstanden, da der Kampf um eines der gesellschaftlichen Güter geführt wird: um Eigentum, Ehre und ähnliches. Zum Kampf kommt es, wie Favret-Saada ausführt, wenn es keinen Platz für mehr als eine Person in einem bestimmten Raum oder einer bestimmten Position gibt.[29] Eine solche Auffassung von Magie und Hexerei impliziert nicht notwendig die Vorstellung, daß die Hexe ein konsistentes Wesen, ein durch und durch böser Mensch wäre. Eine derartige Theorie wurde von staatlichen und kirchlichen Beamten entwickelt und ging dann in der Zeit des Hexenwahns in die Alltagspraxis ein.

Pfarrer Bregenzer läßt sich vielleicht als eine Übergangsgestalt verstehen.[30] Wenn er seine Feinde als durch und durch verdorben betrachtete, ging er von einer Vorstellung aus, die die Person als konsistent und motivational integriert ansah. Die Kraft seiner Metaphern rührt in vielen Fällen daher, daß er das Individuum auf seine Stellung in einem bestimmten Haus reduzierte. Damit berührte er einige der Hauptinteressengebiete des Finanzstaats: Allianz, Eigentumsübertragung und häusliche Organisation. Mit seiner Auffassung, daß die Gesellschaft in einander radikal bekämpfende Familiengruppen aufgespalten sei, tendierte er zum Individualismus; gleichzeitig stellte er das Haus als den Ort der individuellen Selbstverwirklichung heraus. Bregenzer liefert uns ein Beispiel für die Möglichkeiten, die in einer Vereinigung der geistlichen und finanzstaatlichen Personvorstellungen ent-

halten waren; seine spezielle Sicht spricht von einer tiefen Hoffnungs-
losigkeit, was die Möglichkeit von Gerechtigkeit in dieser Welt betrifft.
Inwieweit das Konzept des Individuums in den dörflichen Diskurs Eingang fand und zu einem beständigen Element in ihm wurde, läßt sich
schwer beurteilen. Die Vorstellungen vom guten und schlechten Hausvater im 18. Jahrhundert legen nahe, daß einige Dorfmitglieder in Vorstellungen von konsistenten Persönlichkeitsstrukturen dachten.[31] Die
solchen Konzeptualisierungen innewohnende Nützlichkeit für die alltägliche Herrschaftspraxis liegt auf der Hand. Die problematischen
Vorstellungen von der Hexe (äußerlich angepaßt, aber innerlich verdorben) oder dem Häretiker (äußerlich fromm, aber innerlich voller Gift)
sind nicht länger relevant. Für die Beamten des Finanzstaats als Teil
einer Kultur, die langsam ihren eigenen Wertekanon definiert, stellte die
Frage nach dem Außen und Innen kein Problem mehr dar. Das äußere
Verhalten, das, was man tatsächlich produzierte, war der Maßstab für
den Beitrag, den man dem Staat leistete. Und unter diesem ideologischen Deckmantel wurde auf lokaler Ebene Macht ausgeübt. Andererseits fanden jene, die unter der willkürlichen Auferlegung dieser Struktur litten, im Gewissen eine ausgleichende Instanz, eine Möglichkeit,
die Legitimität ihres Anspruchs auf Gerechtigkeit auszudrücken und
eine Strategie zu entwickeln, um die eigene Definition ihrer Bedürfnisse
zu verteidigen.
In der letzten Episode wurde der Diskurs über die Person auf die Ebene
der Gefühle verlagert. Kanzleiadvokat Bolley glaubte, daß die lebende
Welt empfindungsbegabt ist und daß Tiere ähnliche Gefühle wie die
Menschen haben. Er stellte der Dunkelheit und Brutalität Aufklärung
und Empfindungsfähigkeit gegenüber und verlieh damit der Diskussion über die Beziehung zwischen dem Inneren und dem Äußeren eine
neue Dimension. Eines seiner zentralen Probleme war, die verschiedenen Emotionen und Gefühle, deren man fähig ist, zu identifizieren und
zu Bewußtsein zu bringen, sie zu verfeinern und sein bewußtes Sein
unter Berücksichtigung der gleichartigen Gefühlszustände anderer
Menschen und Tiere zu gestalten. Die Verfeinerung der eigenen Identi-
tät erfolgte nicht im Gewebe realer Beziehungen, sondern durch die Bestimmung der anderen als Wesen mit psychologischen Zuständen, die
den eigenen gleichen. Dieser Prozeß der Selbstbestimmung sollte mit
Hilfe eines Erziehungsprogramms ablaufen, das das Gewissen aus-
bilden und den verderblichen Einfluß von Unwissenheit und Aberglauben zurückdrängen sollte. Im Unterschied dazu projizierten die Dorfbewohner ihre innere Verfassung nicht auf den Farren, obwohl sie über
die ihm zugefügten Qualen keineswegs glücklich waren, und bestimmten sich nicht mit Hilfe einer reflexiven Sympathie. Sie vollzogen viel-

mehr eine praktische Tätigkeit, die das Individuum und die allgemein geteilte Bedeutung der Gemeinschaft nicht in Gegensatz zueinander brachte. Sie wußten sehr wohl, was Bolley unterdrückte: daß Wissen nicht von Macht und ihrer Ausübung abstrahiert werden kann. Verinnerlichung von Werten ist immer die Verinnerlichung von Werten anderer – worauf es ankommt, ist zu wissen, wer am Diskurs teilnimmt.

Wir mußten uns darauf beschränken, der Frage nach der historischen Konstruktion der Wirklichkeit nur an der Oberfläche nachzugehen. Wir sind auf keine eigenständige Volkskultur gestoßen, die irgendwo unter einem zivilisatorischen Deckmantel existiert hätte oder durch verschiedene Schutzmechanismen dem Zugriff der herrschenden Mächte entzogen gewesen wäre. Gefunden haben sich verstreute Bruchstücke eines permanenten Diskurses, in dem zwischenmenschliche Beziehungen durch diesen oder jenen Komplex von Begriffen, Metaphern oder Bildern ausgedrückt wurden. Wir haben einen Aspekt der Dialektik zwischen Wirklichkeit und Wirklichkeitsauffassung der Menschen untersucht und die Rekonstruktion neuer Wirklichkeiten in einem Spektrum von gutem Glauben, Heuchelei, Eigeninteresse, Verpflichtung, Hoffnung und Verzweiflung beobachtet. Wir haben alle gelernt, die Geschichte unserer Zivilisation unter dem Gesichtspunkt der fortschreitenden Emanzipation des Individuums zu sehen, aber wir befassen uns selten mit den paradoxen Kosten der Abhängigkeit von jenen, die die Freiheitsbotschaft verkündet haben. Natürlich ist das die Geschichte des württembergischen Dorfes. Am Ende scheint es jedoch nicht möglich zu sein, eine Bilanz der Kosten und der Gewinne vorzulegen. Es mag sein, daß es für die Dorfbewohner besser war, sich – wie von den Geistlichen empfohlen – mit ihren Nachbarn zu versöhnen, doch dürfen wir nicht davon ausgehen, daß sie keine wirksamen Mechanismen gehabt hätten, mit deren Hilfe sie die Konflikte im Alltagsleben der Gemeinschaft lösen konnten. Die Verdammung der Ignoranz und Barbarei der volkstümlichen Hexereivorstellungen ist schön und gut, doch warum mußten die Spannungen zwischen Nachbarn durch die Optik der Seelsorge verzerrt werden? Wir mögen großen Wert auf das wohlgeordnete Haus legen, doch dürfen wir dabei nicht verkennen, welche Rolle ihm in der Dynamik der Aneignung zukam.

Anmerkungen

In den Anmerkungen werden folgende Abkürzungen verwendet:

BWKG *Blätter für württembergische Kirchengeschichte*
LKA   Landeskirchliches Archiv, Stuttgart
RGG   *Die Religion in Geschichte und Gegenwart*, 3. Aufl., Tübingen 1957.
RTK   *Realencyklopädie für protestantische Theologie und Kirche*, 3. Aufl., Leipzig 1896.
WA   *D. Martin Luthers Werke: Kritische Gesamtausgabe;* Weimar 1883 ff.
WHSA Württembergisches Hauptstaatsarchiv Stuttgart

Einleitung

1 Zu den Problemen bei der Erforschung bäuerlicher Kultur mit Hilfe von Texten siehe Peter Burke, *Popular Culture in Early Modern Europe*, London 1978, S. 65–87, besonders S. 66 und S. 75–79 (dt.: *Helden, Schurken und Narren. Europäische Volkskultur in der frühen Neuzeit.* Übersetzt von Susanne Schenda, Stuttgart 1981, S. 77–100, besonders S. 77 und S. 80–88). Burke legt nicht genügend Gewicht auf die in den Texten verborgenen Machtverhältnisse und gebraucht den neutralen Begriff »Vermittler« zur Beschreibung des Bearbeiters bäuerlicher Tradition zu allgemein. Ganz besonders gut ist seine Beschreibung der verschiedenen Arten von verfügbaren Texten, ihrer Kontamination und der Tatsache, daß sie selten von Bauern oder anderen Angehörigen der Volksklassen selbst stammen. Höchst scharfsichtig sind seine methodologischen Ausführungen zur Notwendigkeit eines »indirekten« Zugangs bei der Erfassung der in ihnen enthaltenen volkstümlichen Ideen. Carlo Ginzberg erörtert ebenfalls das Problem der Erforschung von Volkskultur anhand von Quellen, die der herrschenden Kultur entstammen. Er spricht von einer »Tiefenschicht volkstümlicher Glaubensformen, die grundlegend autonom und unabhängig waren« (S. 14). Obwohl sein Buch für jeden an diesen Fragen Interessierten unentbehrlich ist, kann seine Sicht meiner Auffassung nach aus zwei Gründen nicht überzeugen. Er führt nicht aus, was »Autonomie« bedeutet und wie sie mit seiner sonst dialektischen Kulturauffassung zu vereinbaren ist. Zum anderen verdinglicht er Ideen und fügt sie nicht in eine Theorie der Praxis ein. *Il formaggio e i vermi. Il cosmo di un mugnaio del '500*, Turin 1976 (dt.: *Der Käse und die Würmer. Die Welt eines Müllers um 1600.* Übersetzt von Karl F. Hauber, Frankfurt am Main 1979, S. 7–21).

2 Einen guten Ausgangspunkt für die Befassung mit dem Kommunikationsprozeß in *face-to-face*-Gesellschaften bietet Basil Bernstein (Hg.), *Class, Codes and Control*, 3 Bände, London 1977, Bd. 1, *Theoretical Studies towards a Sociology of Language*. Er untersucht die metaphorischen Inhalte dessen, was er »eingeschränkte Codes« nennt, Formen der Kommunikation, die in besonderen Situationen auftreten, kontextgebunden sind und ihre Wurzeln in lokalen Verhältnissen haben (S. 175–178). Ginzburg sorgt sich übermäßig um die Anekdote, problematisiert aber nicht die Art der Kommunikation: *Der Käse und die Würmer*, a.a.O., S. 19 ff.

3 Vgl. die von Peter Burke diskutierten Punkte: *Popular Culture*, a.a.O., S. 23–29, 58 ff.. Obwohl er sich für eine Interaktion zwischen hoher und niederer Kultur ausspricht, sieht er die ländliche Kultur weiterhin eher als langsam voranschreitend und traditionsgebunden, als eine Art Filter für Impulse von außen. Die Ebene, auf der die Innovationen innerhalb der bäuerlichen Kultur stattfinden können, wird nicht gründlich diskutiert.

4 Zu den Erblehen in Württemberg siehe Wolfgang von Hippel, *Die Bauernbefreiung im Königreich Württemberg*, Forschungen zur deutschen Sozialgeschichte, 2 Bände, Boppard am Rhein 1977, Bd. 1, S. 120–124. Der gesamte Band ist eine reiche Quelle für die Institutionen sowohl in den ursprünglichen Kerngebieten Württembergs wie auch für die der Territorien, die in der napoleonischen Zeit eingegliedert wurden. Die Ausführungen in diesem Abschnitt stützen sich in vielen Punkten auf dieses Buch.

5 Ebd., S. 125–127, 209–213.

6 Ebd., S. 242

7 Martin Hasselhorn, *Der altwürttembergische Pfarrstand im 18. Jahrhundert*, Veröffentlichungen der Kommission für geschichtliche Landeskunde in Baden-Württemberg, Reihe B: Forschungen, 6. Band, Stuttgart 1958, S. 6–13.

8 Wolfgang Kaschuba und Carola Lipp, *1848 – Provinz und Revolution*, Tübingen 1979, S. 25 f. Dieser Band enthält eine wichtige theoretische Analyse der eigentümlichen ökonomischen Entwicklung in Württemberg.

9 Siehe Landkreistag Baden-Württemberg (Hg.), *Vogteien, Ämter, Landkreise in Baden-Württemberg*, 2 Bände, Stuttgart 1975, Bd. 1: Walter Grube, *Geschichtliche Grundlagen*, S. 14.

10 Die Probleme der wirtschaftlichen Expansion und des Bevölkerungsanstiegs im 16. Jahrhundert werden in dem kürzlich erschienenen Buch von Peter Kriedte, *Spätfeudalismus und Handelskapital*, Göttingen 1980, S. 28–44, zusammengefaßt. Die Sterblichkeitswellen sind in den württembergischen Gemeindebegräbnisregistern dokumentiert.

11 Vgl. David Warren Sabean, *Landbesitz und Gesellschaft am Vorabend des Bauernkrieges. Eine Studie der sozialen Verhältnisse im südlichen Oberschwaben in den Jahren vor 1525*, Quellen und Forschungen zur Agrargeschichte, Bd. 26, Stuttgart 1972, S. 36–48.

12 Die Größe der württembergischen Bauernhöfe im 16. Jahrhundert ist bisher noch nicht untersucht worden. Es gibt auch noch kaum Forschungen zur Bodenaufteilung bei Erbschaften. Die Durchsicht einiger Lagerbücher führt zu der Vermutung, daß Erbteilung noch nicht jene Wirkung zeitigte wie später im 18. Jahrhundert. Vgl. die Daten, die Paul Sauer für ein Dorf zusam-

mengestellt hat: *Affalterbach 972–1972, Weg und Schicksal einer Gemeinde in tausend Jahren*, Affalterbach 1972, S. 70–79. Zur Sozialstruktur in Württemberg in der Mitte des 16. Jahrhunderts siehe Claus-Peter Clasen, *Die Wiedertäufer im Herzogtum Württemberg und in benachbarten Herrschaften. Ausbreitung, Geisteswelt und Soziologie*, Veröffentlichungen der Kommission für geschichtliche Landeskunde in Baden-Württemberg, Bd. 32, Stuttgart 1966, S. 204 ff.

13 Siehe etwa die Zulassungsarbeit von Ingrid Schulte, ›Ländliches Nebengewerbe in Oberschwaben am Vorabend des Bauernkrieges‹, Ms., Bielefeld 1976.

14 Siehe zum Beispiel Franz Irsigler, ›Intensivwirtschaft, Sonderkulturen und Gartenbau als Elemente der Kulturlandschaftsgestaltung in den Rheinlanden, 13.–16. Jahrhundert‹, in *Atti della XIe Settimana di Studio, Prato 1979*, Florenz 1982, desgleichen sein Beitrag ›Gross- und Kleinbesitz im westlichen Deutschland vom 13. bis 18. Jahrhundert: Versuch einer Typologie‹, in Peter Gunst und Tamás Hoffmann (Hg.), *Large Estates and Small Villages in Europe in the Middle Ages and Modern Times*, Budapest 1982, S. 33–59.

15 Kriedte, *Spätfeudalismus*, a.a.O., S. 13 ff, 31 ff.

16 Hippel, *Bauernbefreiung*, a.a.O., S. 242 f.

17 Siehe dazu Emmanuel Le Roy Ladurie, *Les Paysans de Languedoc*, 2 Bände, Paris 1966, Bd. 1, S. 187–235.

18 Siehe die zusammenfassende Darstellung in Kriedte, *Spätfeudalismus*, a.a.O., S. 67–70.

19 Die »Armen« als soziale Gruppierung sollten von der Vorstellung vom »armen« oder »gemeinen Mann« unterschieden werden, die sich auf die unteren Schichten in den Städten und unterschiedslos auf alle Bauern – wohlhabende oder arme – bezog. Der Punkt wird im 2. Kapitel behandelt. Zur Verwendung des Begriffs »armer Mann« oder »armer gemeiner Mann« in der Zeit des Bauernkriegs von 1525 siehe Peter Blickle, *Die Revolution von 1525*, 2. Aufl., München 1981, S. 191–195.

20 Eberhard Elbs hat Auszüge aus dem Tagebuch des Pfarrers Wirsing transkribiert. Die beiden umfangreichen Bände befinden sich in der Fürstenbergischen Hofbibliothek, Donaueschingen, Hs. Nr. 676a und b. Die Auswahl umfaßt auch die beiden Monate Januar und Juni 1573. Ich möchte Eberhard Elbs für die mir überlassenen Kopien und die Erlaubnis, sie anzuführen, danken.

21 Hasselhorn, *Pfarrstand*, a.a.O., S. 6–18. Material zu den Pfarrern als Gruppe von Rentiers im 18. Jahrhundert bieten die Inventare (Teilungen) in den Dorfarchiven. Angaben zu den Pfarrern eines Dorfes sind in meinen demnächst erscheinenden Arbeiten über das Dorf Neckarhausen enthalten.

22 Zum verheerenden Bevölkerungsrückgang in Württemberg siehe die Eintragungen für die einzelnen Dörfer im Württembergischen Hauptstaatsarchiv Stuttgart (WHSA), A 29 (Kriegsakten II) Büschel (Bü) 105.

23 Kaschuba und Lipp, *1848*, a.a.O., S. 20.

24 Beispiele für einige der Probleme werden im 4. Kapitel angeführt.

25 Kaschuba und Lipp, *1848*, a.a.O., S. 20.

26 Ebd., S. 19.

27 Kriedte, *Spätfeudalismus*, a.a.O., S. 15, 117 f. Reaktionen der Bauern auf die Besteuerung werden im 2. Kapitel behandelt.

28 Beispiele für diese Probleme finden sich im zweiten, dritten und vierten Kapitel.

29 In einem Hexereifall aus der Zeit nach dem Dreißigjährigen Krieg mußte für zwei kleine Kinder ein neues Heim gefunden werden. Staatsbeamte versuchten, verschiedene Verwandte zur Aufnahme der Kinder zu nötigen; WHSA A 209 Bü 1 467, 18. Mai 1658. Siehe auch 23. Januar 1657. Der Punkt, daß Kinder zwischen verschiedenen Verwandten hin- und herwechseln, erscheint häufig in diesen Dokumenten. In vielen Fällen ging es um die Verantwortlichkeiten, die Verwandte unterschiedlichen Grades einander gegenüber hatten. Der Staat erwartete damals offenbar mehr von den entfernten Familienangehörigen, als diese zu leisten bereit waren. Einige der Probleme kommen im 3. Kapitel zum Ausdruck.

30 Siehe dazu das 3. Kapitel.

31 Um diese Frage geht es unter anderem im 4. Kapitel.

32 Siehe zum Beispiel das zweite, dritte und vierte Kapitel.

33 Material zur Vermögensverteilung ist in meinem demnächst erscheinenden Buch über Familie und Verwandtschaft in Neckarhausen aufgenommen.

34 Helga Schultz, ›Landhandwerk und ländliche Sozialstruktur um 1800‹, *Jahrbuch für Wirtschaftsgeschichte*, Teil 2, 1981, S. 11–50.

35 Ebd., S. 21–24.

36 Ebd., S. 27f.

37 Ebd., S. 28.

38 Ebd., S. 24, 28.

39 Kaschuba und Lipp, *1848*, a.a.O., S. 26.

40 Dazu siehe den ausgezeichneten, mit zahlreichen Beispielen versehenen Überblick von Heinz Reiff, ›Vagierende Unterschichten, Vagabunden und Bandenkriminalität im Ancien Régime‹, in: *Beiträge zur historischen Sozialkunde*, 11, 1, Januar-März 1981, S. 27–37.

42 Ebd., Eintragungen zu Neckarhausen, Neckartailfingen, Wolfschlugen, S. 117ff., 185ff., 222ff.

43 Statistische Angaben zu den abnehmenden Besitzgrößen und der zunehmenden Kommerzialisierung des Bodens finden sich in meinem demnächst erscheinenden Buch über Verwandtschaft und Familie in Neckarhausen.

44 Siehe mein demnächst erscheinendes Buch über Neckarhausen (Anm. 43).

45 Auf diese Angabe stieß ich bei der Bearbeitung der Dorfakten von Neckarhausen; ihr wird in künftigen Veröffentlichungen genauer nachgegangen.

46 Siehe mein demnächst erscheinendes Buch über Neckarhausen (Anm. 43).

47 Siehe dazu das 6. Kapitel.

48 Beispiele finden sich im 5. Kapitel. Siehe auch meine demnächst erscheinende Arbeit über Verwandtschaft und Familie in Neckarhausen (Anm. 43).

49 Friedrich Huttenlocher, *Baden-Württemberg. Kleine geographische Landeskunde*, 3. Aufl., Karlsruhe 1968, S. 83ff. Statistische Angaben für das 18. Jahrhundert finden sich in WHSA A 8 (Kabinettsakten III) Bü 85–92.

50 Vgl. Grube, *Geschichtliche Grundlagen*, a.a.O., S. 10–14.

51 Zu den Angaben über Beamte und ihre Tätigkeiten siehe die *Gerichts- und Ratsprotocolle*, *Vogtruggerichtsprotocolle* und *Kirchenkonventsprotocolle* des Dorfs Neckarhausen. Außerdem stütze ich mich in diesem Abschnitt auf Grubes Arbeit, *Geschichtliche Grundlagen*, a.a.O.

52 Grube, *Geschichtliche Grundlagen*, a.a.O., S. 11–32.

53 Ebd., S. 14

54 Die *Communordnung* ist abgedruckt in A. L. Reyscher (Hg.), *Sammlung der württembergischen Geseze*, Bd. 14, Tübingen 1843, S. 537–777.

55 Angaben über die Wahl der Schulmeister und ihre Stellung im Dorf sind den verschiedenen Gerichts- und Ratsprotokollen des Dorfs Neckarhausen entnommen.

56 Hasselhorn, *Pfarrstand*, a.a.O. S. 30–34.

57 Die Angaben in diesem Abschnitt beruhen auf der *Communordnung* von 1758, in: Reyscher (Hg.), *Sammlung*, a.a.O., und auf Grubes Ausführungen, *Geschichtliche Grundlagen*, a.a.O., S. 10–35.

58 *Communordnung* von 1758, in: Reyscher (Hg.), *Sammlung*, a.a.O., S. 730–750.

59 Ein sehr nützlicher Artikel zur historischen Entwicklung des Begriffs »Herrschaft« findet sich in *Geschichtliche Grundbegriffe. Historisches Lexikon zur politisch-sozialen Sprache in Deutschland*, Bd. 3, Stuttgart 1982, S. 1–102.

60 Zur Frage der herrschaftlichen Institutionen in Württemberg sind die beiden Bücher von Theodor Knapp immer noch von großem Wert: *Gesammelte Beiträge zur Rechts- und Wirtschaftsgeschichte vornehmlich des deutschen Bauernstandes*, Tübingen 1902, und *Neue Beiträge zur Rechts- und Wirtschaftsgeschichte des württembergischen Bauernstandes*, Tübingen 1919 (Nachdruck Aalen 1964). Ebenfalls nützlich in diesem Zusammenhang ist von Hippels Buch *Bauernbefreiung*, besonders hinsichtlich der vielen detaillierten Angaben zu den Feudalabgaben. Die moderne Diskussion von Herrschaft befaßt sich vor allem mit dem Problem des Widerstandes. Siehe die beiden neuen Veröffentlichungen von Winfried Schulze, *Bäuerlicher Widerstand und feudale Herrschaft in der frühen Neuzeit*, Neuzeit im Aufbau, Bd. 6, Stuttgart – Bad Cannstatt 1980, und Peter Blickle, *Deutsche Untertanen. Ein Widerspruch*, München 1981.

61 Artikel ›Herrschaft‹, in *Geschichtliche Grundbegriffe*, Bd. 3, a.a.O., S. 64 ff., 72 f., 76–82, 85 f.

62 Zentral für eine neue Betrachtung des Verhältnisses von Gewalt und modernem Staat ist das Werk von Pierre Bourdieu. Siehe *Esquisse d'une Théorie de la Pratique*, Genf 1972 (dt.: *Entwurf einer Theorie der Praxis*. Übersetzt von Cordula Pialoux und Bernd Schwibs, Frankfurt am Main 1976), sowie Pierrre Bourdieu und Jean-Claude Passeron, *La reproduction*, Teil I, Paris 1970 (dt.: *Grundlagen einer Theorie der symbolischen Gewalt*. Übersetzt von Eva Moldenhauer, Frankfurt am Main 1973). Viele meiner Überlegungen zu diesem Thema bildeten sich in Diskussionen mit meinem Kollegen Alf Lüdtke heraus, dessen kürzlich erschienenes Buch entscheidend für die weitere Debatte ist: ›Gemeinwohl‹, *Polizei und ›Festungspraxis‹. Staatliche Gewaltsamkeit und innere Verwaltung in Preussen, 1815–1850*, Veröffentlichungen des Max-Planck-Instituts für Geschichte, Bd. 73, Göttingen 1982.

63 Siehe Alf Lüdtke, ›The Role of State Violence in the Period of Transition to Industrial Capitalism: The Example of Prussia from 1815 to 1848‹, *Social History*, 4, 1979. S. 175–221. In diesem Punkt bin ich anderer Meinung als Winfried Schulze, *Widerstand*, a.a.O., der die Auffassung vertritt, daß der

Umgang mit dem bäuerlichen Widerstand – besonders der Einsatz von Rechtsinstitutionen – einen Trend zur Rationalität aufweise. Er analysiert die Gerichte jedoch nicht als Bestandteil einer übergreifenden Gewaltstruktur.

64 Artikel ›Herrschaft‹, in *Geschichtliche Grundbegriffe*, Bd. 3, a.a.O., S. 11 ff., 16 f., 36 f.

65 In den Bauernaufständen und Widerstandsbewegungen geht es immer wieder um diese Frage der Leistung und Gegenleistung. Siehe dazu die Ausführungen von Blickle, *Untertanen*, a.a.O., und Schulze, *Widerstand*, a.a.O.

66 Artikel ›Herrschaft‹, in *Geschichtliche Grundbegriffe*, Bd. 3, S. 51 f., 98 ff.

67 Ebd.; Max Weber, *Wirtschaft und Gesellschaft*, 5. Aufl., 1. Halbband, Tübingen 1976, S. 122–130.

68 Dieses dichotome Modell steht im Mittelpunkt von Peter Blickles Arbeit und durchzieht sein gesamtes Buch; siehe *Untertanen*, a.a.O. Schulze bietet trotz seiner Bemühungen, die Strategie des Staats gegenüber der Bauernschaft in voller Breite herauszuarbeiten, nirgends eine zufriedenstellende Einsicht in das Funktionieren von Herrschaft; siehe sein Buch *Widerstand*, a.a.O.

69 Siehe Blickle, a.a.O., *Untertanen*, und Schulze, *Widerstand*, a.a.O.

70 Ein Beispiel ist der Bauernprophet Hans Keil, von dem im 2. Kapitel die Rede ist.

71 Die Literatur zu Gemeinschaft ist riesig. Einen guten Überblick bietet der entsprechende Artikel in *Geschichtliche Grundbegriffe*, Bd. 2, Stuttgart 1975, S. 801–862. Eine sehr nützliche Untersuchung zu Dorfgemeinden und zum Begriff »Gemeinschaft« ist der Artikel von McKim Marriott, ›Little Communities in an Indigenous Civilization‹, in McKim Marriott (Hg.), *Village India*, Chicago 1955, S. 171–222. Siehe auch Julian Pitt-Rivers, *The People of the Sierra*, 2. Aufl., Chicago 1971, 1. Kapitel.

72 Diese Bedeutung liegt z. B. dem Artikel ›Person‹ in *Die Religion in Geschichte und Gegenwart*, 3. Aufl., Bd. 5, Tübingen 1961, S. 234, zugrunde. Die Auffassung von der »Person« als durch vermittelte Beziehungen konstituiert läßt sich auch auf »Gemeinschaft« anwenden.

73 Das gleiche Problem taucht in Ivan Illichs neuestem Buch, *Gender*, New York 1982, auf. Zum Problem von »Gemeinschaft« als einem analytischen Begriff und von ›Tradition« als etwas, das erklärt werden muß, siehe den nützlichen Überblick von Sydel Silverman, ›The Peasant Concept in Anthropology‹, *Journal of Peasant Studies*, 7, 1979, S. 49–69, besonders S. 56 f., 63 f.

74 Siehe den anregenden Artikel von Joan Vincent, ›Agrarian Society as Organized Flow: Processes of Development Past and Present‹, *Peasant Studies*, 6, 1977, S. 56–65.

75 Eine ausgezeichnete Diskussion dieses Problems bietet Clifford Geertz, ›»From the Native's Point of View«: On the Nature of Anthropological Understanding‹, in Keith H. Basso und Henry A. Selby (Hg.), *Meaning in Anthropology*, Albuquerque, New Mexico 1976, S. 221–237 (dt.: ›»Aus der Perspektive des Eingeborenen«. Zum Problem des ethnologischen Verstehens‹, in: Clifford Geertz, *Dichte Beschreibung. Beiträge zum Verstehen kultureller Systeme*. Übersetzt von Brigitte Luchesi und Rolf Bindemann, Frankfurt am Main 1983, S. 289–309.

76 Ein sehr wichtiger Beitrag zum Thema Person ist Marc Augés Buch *Théorie des pouvoirs et idéologie. Étude de cas en Côte-d'Ivoire*, Paris 1975, besonders S. 162–233).

77 Edmund Leach, ›Rethinking Anthropology‹, in seinem Buch *Rethinking Anthropology*, London 1961, S. 1–27, besonders S. 8–16. Eine kritische Stellungnahme zu Leachs Argumentation findet sich in Marc Augé, *Théorie des pouvoirs et idéologie*, a.a.O., S. 162–233.

78 Leach, ›Rethinking‹, a.a.O.

79 Siehe ebd. und Augé, *Théorie des pouvoirs et idéologie*, a.a.O., S. 162–233.

80 Auf den Brauch, geborgtes Brot auf Magie hin zu überprüfen, indem man zunächst Stückchen davon an die Hühner füttert, hat mich mein Kollege Hans Medick hingewiesen, der über das württembergische Weberdorf Laichingen arbeitet; siehe Pfarramt Laichingen, *Kirchenkonventsprotocolle*, Bd. 1754–64, 24. Mai 1758. Ein Beispiel dafür, daß sich Frauen am Totenbett einer Nachbarin einfanden und dort das Abendmahl einnahmen, selbst wenn sie nie etwas mit ihr zu tun gehabt hatten, findet sich in WHSA A 209 Bü 1467, 8. April 1658.

81 Siehe zum Beispiel den in den Kirchenkonventsprotokollen von Neckarhausen verzeichneten Fall, wo eine Frau wiederholt ihren Mann beschuldigte, während des Essens Hexerei auszuüben, und ihn nicht zusammen mit sich und ihren Kindern die Mahlzeiten einnehmen ließ. Sie vertrug das Essen nur dann, wenn sie alleine aß. Jedesmal, wenn sie mit ihrem Mann aß, war sie einem magischen Angriff ausgesetzt. Sie erlaubte nicht, daß ihr Sohn aus einer früheren Ehe Brot von ihm entgegennahm. *Kirchenkonventsprotocolle*, Bd. 2, 22. Januar 1769, 25. Februar 1770, 13. Juli 1770, 11. Januar 1771. Ein anderes Beispiel für den Verdacht, daß ein Mann seine Frau durch magische Angriffe vergiftete, findet sich in WHSA A 209 Bü 1467, 13. Oktober 1656.

82 Schimpfwörter für Verwandte werden in meinem demnächst erscheinenden Buch über Familie und Verwandtschaft in Neckarhausen (Anm. 43) untersucht.

83 Eine äußerst wichtige Untersuchung zum Thema »Gewissen« wurde von Heinz-Dieter Kittsteiner unternommen. ›Von der Gnade zur Tugend. Über eine Veränderung in der Darstellung des Gleichnisses vom verlorenen Sohn im 18. und frühen 19. Jahrhundert‹, in: N. W. Bolz und W. Hübener (Hg.), *Spiegel und Gleichnis. Festschrift für Jacob Taubes*, Würzburg 1983, S. 135–148.

84 Diese Perspektive fehlt in Geertz' Aufsatz ›Native's Point of View‹. Ein wichtiger Beitrag zum Problem der »Person« ist die Arbeit von Michelle Z. Rosaldo, *Knowledge and Passion: Ilongot Notions of Self and Social Life*, Cambridge 1980.

85 Ich denke hier zum Beispiel an Fortes. Zwei erhellende Beiträge zu seiner Art des Umgangs mit Glauben und Handeln sind: Marshall Sahlins, *Culture and Practical Reason*, Chicago 1976, S. 4–18 (dt.: *Kultur und praktische Vernunft*. Übersetzt von Brigitte Luchesi, Frankfurt am Main 1981, S. 7–35) und J. A. Barnes, *Three Styles in the Study of Kinship*, Berkeley, California, 1972, 2. Kap. Ein gutes Beispiel für die Art, in der Fortes die Beziehung zwischen beiden sieht, ist sein Artikel ›Kinship and the Axiom of Amity‹, in seinem Buch *Kinship and the Social Order*, London 1970, S. 219–49 (dt.:

›Verwandtschaft und das Axiom der Amity‹, in: *Gesellschaften ohne Staat.* Bd. 2: *Genealogie und Solidarität,* herausgegeben von Fritz Kramer und Christian Sigrist, Frankfurt am Main 1978, S. 120–164, übersetzt von Irene Leverenz). Eines der Probleme bei der gegenwärtigen Erforschung von Volkskultur ist, daß sie Zugang zu dieser Kultur zu finden sucht, indem sie sie als einen Komplex von Ideen begreift, der sich zwar von dem der »hohen Kultur« unterscheidet, aber analog gebildet ist. Einerseits werden Handeln und Praxis nicht als Teil der Kultur betrachtet. Andrerseits werden Ideen und Werte nicht als Teil der Praxis erfaßt, sondern weiterhin verdinglicht. Dieses Problem scheint mir in Peter Burkes Buch *Popular Culture* nicht gelöst. Das zweite und sechste Kapitel des vorliegenden Buchs sind Versuche, Kultur und Praxis, Glauben und Handeln zu untersuchen.

1. Kommunion und Gemeinschaft

1 Die Quellen befinden sich in den Akten der Kirchenvisitationen *(Synodus Protocolle)* im Landeskirchlichen Archiv (LKA) Stuttgart. Sie werden nach Jahr, Band (wenn mehr als ein Jahr pro Band vorliegt) und Folionummer zitiert.

2 Eine ausgezeichnete kritische Einführung in die Praxis der Kirchenvisitationen im 16. Jahrhundert findet sich in Gerald Strauss, *Luther's House of Learning: Indoctrination of the Young in the German Reformation,* Baltimore 1978, Kap. 12–14. Einen nützlichen Überblick über den Kontext der kirchlichen Institutionen in Württemberg bietet Martin Brecht, *Kirchenordnung und Kirchenzucht in Württemberg vom 16. bis zum 18. Jahrhundert,* Quellen und Forschungen zur Württembergischen Kirchengeschichte, Bd. 1. Stuttgart 1967, S. 9–52.

3 LKA *Synodus Protocolle* 1587 II, fol. 203.

4 Hermann Ehmer, *Valentin Vannius und die Reformation in Württemberg,* Veröffentlichungen der Kommission für geschichtliche Landeskunde in Baden-Württemberg, Reihe B: Forschungen, 81. Band, Stuttgart 1976, S. 77 f.; Brecht, *Kirchenordnung,* a.a.O., S. 39.

7 Siehe unten, S. 68; LKA *Synodus Protocolle* 1584 II, fol. 216.

8 LKA *Synodus Protocolle* 1587 I, fol. 220. Im gesamten Buch sind bestimmte erzählende Passagen durch kursive Schrift kenntlich gemacht. Sie ermöglicht mir die Hervorhebung bestimmter Materialien und die Präsentation jener Textpassagen, die ich einer »eingehenden Lektüre« unterziehen werde. Bei diesen Abschnitten handelt es sich gemeinhin nicht um Zitate, sondern um Nacherzählungen der Quellen, die sich sprachlich und rhythmisch eng an die Originale anlehnen. Textteile, die direkt zitiert werden, stehen in Anführungszeichen.

9 Martin Luther, *Von weltlicher Obrigkeit, wie weit man ihr gehorsam schuldig sei (1523),* in *D. Martin Luthers Werke: Kritische Gesamtausgabe (WA),* Weimar 1883 ff., Bd. 11, S. 268 f.

10 Ebd. S. 264 f. Diese Position wurde auch später vertreten, zum Beispiel in *Vermahnung zum Sakrament des Leibes und Blutes unsers Herrn (1530),* in *WA,* Bd. 30, 2. Teil, a.a.O., S. 107.

11 Johannes Brenz, *Ob ein obrigkeit über das gewissen handle, wann sie mit gewalt die verfüerischen leerer verweiset*, in: Johannes Brenz, *Frühschriften*, hg. von Martin Brecht, Gerhard Schäfer und Frieda Wolf, Bd. 2, Tübingen 1974, S. 501–505.

12 Ebd., S. 502.

13 Ebd.

14 Ebd., S. 503.

15 Ebd., S. 504.

16 Ebd., S. 505.

17 *Visitations-Ordnung vom 4. Mai 1547, in:* Reyscher (Hg.), *Sammlung*, Bd. 8, a.a.O., S. 70.

18 *General Reskript, betr. die Visitation der Speziale vom 6. August 1597*, in: Reyscher (Hg.), *Sammlung*, Bd. 8, a.a.O., S. 300.

19 In Luthers Schreiben zum Bauernkrieg taucht das Thema der Gnade verschiedene Male auf, wobei es sorgfältig von dem der Barmherzigkeit unterschieden wird. Wegen ihres Ungehorsams verdienten die Bauern nichts als Strafe. Kein Beamter habe das Recht, mit Barmherzigkeit vorzugehen. Es sei jedoch möglich, Gnade walten zu lassen und nicht so zu strafen, wie es das Gesetz verlange. Um Gnade erlangen zu können, müßten sich die aufständigen Bauern ergeben; tun sie das nicht, habe der Staat das volle Recht, keine Barmherzigkeit zu zeigen. *Ein Sendbrief von dem harten Büchlein wider die Bauern* (1525), in *WA*, Bd. 18, a.a.O., S. 385–90.

20 Weiss' Konflikt mit der Obrigkeit war keineswegs ein isoliertes Ereignis. Im Fall des Jacob Heer (LKA *Synodus Protocolle 1587 II*, fol. 209, angeführt auf S. 68) wurde Feindseligkeit gegenüber Beamten vermerkt. In Neckarhausen wurde Jerg Maier ins Gefängnis geworfen, weil er den Pfarrer verflucht und sich geweigert hatte, zum Abendmahl zu gehen (*Synodus Protocolle 1587 II, fol. 218*. In Enzweihingen (*Synodus Protocolle 1584*, fol. 230) nahm ein Mann nicht am Abendmahl teil, weil er mit dem Dorfschütz im Streit lag. In Neckartenzlingen mußte der unbotmäßige Bastian Heim wegen Schwörens und Nichtbeteiligung am Abendmahl ins Gefängnis (*Synodus Protocolle 1582*, fol. 176). In Unterensingen konnte Andreas Fausel trotz Gefängnisandrohung nicht zum Gehorsam gebracht werden (*Synodus Protocolle 1582*, fol. 177). In Neckarhausen wurde Matthias Dettinger wegen Gotteslästerung und Nichtteilnahme am Abendmahl zu einer körperlichen Bestrafung und Gefängnis verurteilt (*Synodus Protocolle 1586*, fol. 177).

21 *Vermahnung*, *WA*, Bd. 30, 2. Teil, a.a.O., S. 131.

22 Ebd., S. 131 f.

23 Ehmer, *Vannius*, a.a.O., S. 75.

24 Johannes Brenz, *Verantwortung obgemelter argument, so der warheit im sacrament des leibs und blut Christi zuwider sein… (3. September 1529)*, in *Frühschriften*, a.a.O., S. 453.

25 Ebd., S. 453 f.

26 Ebd., S. 459.

27 *Kirchen-Ordnung von 1559*, in: Reyscher (Hg.), *Sammlung*, Bd. 8, a.a.O., S. 195 ff.

28 Ebd., S. 192 f.

29 Reyscher (Hg.), *Sammlung*, Bd. 8, a.a.O., S. 193, Anm. 75.

30 LKA *Synodus Protocolle* 1582, fol. 69.

31 LKA *Synodus Protocolle* 1586 II, fol. 123.

32 LKA *Synodus Protocolle* 1587 I, fol. 251.

33 LKA *Synodus Protocolle* 1586 II, fol. 521.

34 LKA *Synodus Protocolle* 1587 I, fol. 159.

35 LKA *Synodus Protocolle* 1584 I, fol. 220.

36 LKA *Synodus Protocolle* 1586 II, fol. 59.

37 Vgl. den Fall des Jacob Heer S. 68, LKA *Synodus Protocolle* 1587 II, fol. 209.

38 Friedrich Armin Loofs, ›Abendmahl‹, in: *Realencyklopädie für protestantische Theologie und Kirche (RTK)*, 3. Aufl., Bd. 1. Leipzig 1896, S. 66. f.

39 *Kirchen-Ordnung von 1559*, in: Reyscher (Hg.), *Sammlung*, Bd. 8, a.a.O., S. 265.

40 LKA *Synodus Protocolle* 1587 I, fol. 138.

41 LKA *Synodus Protocolle* 1586 II, fol. 251.

42 LKA *Synodus Protocolle* 1587 II, fols. 210ff. Vgl. S. 68.

43 LKA *Synodus Protocolle* 1584 I, fol. 230.

44 *Vermahnung, WA*, Bd. 30, 2. Teil, a.a.O., S. 595–626.

45 Artikel ›Gedächtnis‹, in: Jacob Grimm und Wilhelm Grimm, *Deutsches Wörterbuch*, Bd. 4, Leipzig 1878, S. 1927ff.

46 *Vermahnung, WA*, Bd. 30, 2. Teil, a.a.O., S. 616f.

47 Ebd., S. 618, 621.

48 Ebd., S. 617.

49 Ebd., S. 601f.

50 Ebd., S. 623.

51 LKA *Synodus Protocolle* 1582, fol. 118.

52 *Vom Missbrauch der Messe*, in: *WA*, Bd. 8, a.a.O., S. 517.

53 Ebd., S. 518.

54 *Eyn Sermon von dem newen Testament das ist von der heyligen Messe*, in: WA, Bd. 6, a.a.O., S. 364.

55 Eine wichtige neue Abhandlung stellt der Beitrag von Heinz-Dieter Kittsteiner dar: ›Von der Gnade zur Tugend. Über eine Veränderung in der Darstellung des Gleichnisses vom verlorenen Sohn im 18. und frühen 19. Jahrhundert‹, in: N. W. Bolz und W. Hübener (Hg.), *Spiegel und Gleichnis. Festschrift für Jacob Taubes*, Würzburg 1983, S. 135–148. Eine nützliche Zusammenfassung der westlichen Diskussion um das Gewissen, die Luther in seinen Kontext stellt, ist M. Kählers Artikel ›Gewissen‹, in: *RTK*, Bd. 6, a.a.O., S. 646–654.

56 Artikel ›Abendmahl‹, in: *Die Religion in Geschichte und Gegenwart (RGG)*, 3. Aufl., Bd. 1, Tübingen 1957, S. 30.

57 LKA *Synodus Protocolle* 1586, fol. 177. Meiner Auffasssung nach geht es in diesem Fall nicht um die Frage wiedertäuferischen Denkens. Zumindest steht sie nicht im Mittelpunkt der Auseinandersetzung. Siehe die Ausführungen von Franklin Hamlin Littel in seinem Buch *The Anabaptist View of the Church*, 2. Aufl., Boston 1958, S. 98–101.

58 LKA *Synodus Protocolle* 1587 II, fols. 210f.

59 LKA *Synodus Protocolle* 1587 II, fols. 210f.

60 LKA *Synodus Protocolle* 1584 II, fol. 216.

61 Neuere Forschungen zur Hexerei unterscheiden zwischen Personen, die

aktiv Handlungen vollführen, die ganz bestimmten Personen schaden (oder schaden sollen), und anderen, die ungewollt und häufig ohne bestimmtes Ziel Schaden zufügen können. Die klassischen Formulierung dazu findet sich bei E. R. Leach, *Rethinking Antrhopology*, New York 1966, S. 19–27. Eine wichtige Auseinandersetzung mit den verschiedenen Auffassungen legt Marc Augé in seinem Buch *Théorie des pouvoirs et idéologie. Étude de cas en Côte-d'Ivoire*, Paris 1975, S. 85–233, vor.

62 LKA *Synodus Protocolle* 1585 II, fol. 202.

63 LKA *Synodus Protocolle* 1582, fol. 117.

64 Ehmer, *Vannius*, a.a.O., S. 52.

65 *Sermon von der heyligen Messe*, in: *WA*, Bd. 6, a.a.O., S. 362.

66 Artikel ›Abendmahl‹, *RGG*, Bd. 1, a.a.O., S. 35.

67 Ehmer, *Vannius*, a.a.O., S. 61 f.

68 Johann Georg Hartmann (Hg.), *Kirchengeseze des Herzogthums Wirtemberg*, Bd. 3, Stuttgart 1798, S. XXX.

69 *Kirchen-Ordnung von 1559*, in: Reyscher (Hg.), *Sammlung*, Bd. 8, a.a.O., S. 219.

70 Der Ausdruck »Gutherzige« taucht in den Gesetzestexten des 16. Jahrhunderts häufig auf. In der *Visitations-Ordnung vom 4. Mai 1547* [Reyscher (Hg.), *Sammlung*, Bd. 8. a.a.O., S. 71] werden *»gutherzige trewmainende personen«* genannt, die bei der Visitation helfen sollten. Eine ihrer Aufgaben war es, dafür zu sorgen, daß die Dorfobrigkeit »unns gutherzig«, das heißt der Herrschaft wohlgesonnen war (S. 72). Die »Hartnäckigen« sollten ihres Amtes enthoben und durch »Guthertzige« ersetzt werden (S. 74). Der entgegengesetzte Typus von Leuten wurde als »Vergiffte Neid hertzige Leut« bezeichnet (S. 78). Der Kontext macht deutlich, daß »Gutherzigkeit« offenbar nicht nur guten Willen, sondern auch aktive Unterstützung beinhaltete.

71 Die Informationen über die Pestopfer fanden sich bei der Durchsicht mehrerer Kirchenregister aus dem Gebiet südlich von Stuttgart. Weitere Angaben finden sich in meiner demnächst erscheinenden Studie über die Bevölkerung in Neckarhausen.

72 Hartmann, *Kirchengeseze*, Bd. 3, a.a.O., S. XXX.

73 Es könnte tatsächlich sein, daß das Abendmahl erst mit der Reformation zu einer zentralen Herrschaftsinstitution wurde. In der spätmittelalterlichen Kirche bildete es keinen wichtigen Aspekt der religiösen Praxis. Carl C. Christensen hat zum Beispiel in einer statistischen Untersuchung der religiösen Bildwerke aus der Zeit vor der Reformation (1495–1520) gezeigt, daß die Szene des Letzten Abendmahls selten als Thema auftauchte. In der protestantischen Kunst war es absolut zentral; *Art and Reformation in Germany*, Athens, Ohio, 1979, S. 147–151.

2. Ein Prophet im Dreißigjährigen Krieg

1 Die Quellen für diese Studie stammen aus einem Aktenbund in der Reihe der Kriminalakten im Bestand des Württembergischen Oberrats [*Oberrat: Kriminalakten* (1513–1806)]. Sie finden sich im Württembergischen Hauptstaatsarchiv (WHSA) in Stuttgart unter der Bestandsnummer A 209, Büschel

1462a: ›Acta die von Hans Keylen zu Gerlingen angegebene Visionen betr. 1648–1653‹. Die Akte umfaßt 167 einzelne Dokumente. Einige tragen eine Nummer, andere nur ein Datum. Der Verweis auf die einzelnen Dokumente geschieht in der folgenden Form: ›WHSA A 209 Bü 1462a, 1‹ (oder zum Beispiel: ›12. Mai 1648‹). Die Flugschrift, der die Verse entnommen sind, liegt der Akte bei (Nr. 1) und trägt den Titel: ›Kurtzer Summarischer doch aigentlicher und wahrhaffter Bericht Was sich den 4. Hornung dises jetzt lauffenden 1648. Jahrs zu Görlingen 2. Stund von der Fürstlichen Württembergischen Hauptstadt Stuttgart mit einem Rebmann Namens Hanns Keil laut seiner aussag begeben unnd zugetragen hat‹. Sie erschien während des Verfahrens gegen Keil und wurde von den Behörden konfisziert.

2 WHSA A 209 Bü 1462a, 89. Aus einer anderen konfiszierten Flugschrift, die kurz nach Keils Visionen herauskam und den Titel trägt: ›Eyfferiges Bedencken ob die Kundt- und Wunderbahre Erscheinung einem Mann den 4. Februarii dieses 1648. Jahrs zu Görlingen… für ein Göttlich Wunder Zeichen anzunemmen und zu halten seye?‹.

3 Ebd., 26. Der Vorfall wurde bereits einmal dargestellt, aber ohne jegliche Bemerkungen zu den Texten: Dreher, ›Hans Keil, der »Prophet«‹, *Blätter für württembergische Kirchengeschichte* (BWKG), 8, 1904, S. 34–61. Dreher verwendet an manchen Stellen einen anderen Text als ich, äußert sich jedoch zu keinem der Dokumente genauer. Wahrscheinlich benutzte er Nr. 36, eine Fassung mit dem Titel: ›Begründte Relation, welcher gestalten es mit denen zu Gairlingen, Leonberger Ampts zum zweyten mahl erfolgten Visionen…‹ Interessante Bemerkungen zu den Keilschen Erscheinungen enthält der Artikel von Martin Scharfe ›Wunder und Wunderglaube im protestantischen Württemberg‹, in BWKG, 68/69, 1968/69, S. 190–206. Er interpretiert die Wunderzeichen als soziale Sanktionierungen. Keil habe irgendein Zeichen benötigt, um sich zu legitimieren. Scharfe ist der Auffassung, daß die Bevölkerung die Vision unreflektiert als wirkliches Geschehen aufnahm. Die Funktion derartiger Ereignisse sei es, die innere Gruppe zu integrieren und Fremde auszuschließen. Im folgenden vertrete ich die Ansicht, daß eine genaue Lektüre der Vision nicht zu einer funktionalen Erklärung des Texts führt und daß die Leichtgläubigkeit der Bevölkerung zu vorschnell vorausgesetzt wird. Pierre Bourdieus und Jean Claude Passerons Ansatz scheint mir ergiebiger: »Die offensichtliche Beziehung zwischen der Prophetie und ihrer Hörerschaft muß umgekehrt werden: der religiöse oder politische Prophet predigt stets zu Bekehrten und folgt seinen Schülern mindestens ebenso wie diese ihm, denn nur diejenigen lauschen seinen Lektionen, die ihn mit allem, was sie sind, objektiv bevollmächtigt haben, ihnen die Lektionen zu erteilen.« *La reproduction*, Paris 1970 (dt.: *Grundlagen einer Theorie der symbolischen Gewalt*. Übersetzt von Eva Moldenhauer, Frankfurt am Main 1973, S. 226).

4 WHSA A 209 Bü 1462a, 3.

5 Ebd., 23.

6 Ebd., 24.

7 Ebd., 107.

8 Vgl. Winfried Schulze, *Reich und Türkengefahr. Studien zu den politischen*

und gesellschaftlichen Auswirkungen einer äußeren Bedrohung, München 1979, S. 255 ff.

9 H. Vorgrimler, ›Buß-Sakrament‹, in: Heinrich Fries (Hg.), *Handbuch theologischer Grundbegriffe*, Bd. 1, München 1962, S. 204–217. Eine ältere, aber äußerst nützliche Übersicht enthält der Artikel ›Buße‹ in J. S. Ersch und J. G. Gruber (Hg.), *Allgemeine Encyclopädie der Wissenschaften und Künste*, Bd. 14, Leipzig 1825, S. 142–145. Siehe auch den Artikel ›Buße‹ von J. Köstlin in der *Realencyclopädie für protestantische Theologie und Kirche (RTK)*, 3. Aufl., Bd. 3, Leipzig 1897, S. 584–591.

10 WHSA A 209 Bü 1462a, 1 (4. Februar 1648). Man beachte, daß die in Anm. 1 angeführte Flugschrift ebenfalls die Nummer ›1‹ trägt.

11 Ebd., 2.

12 Ebd., 4, 5.

13 Martin Brecht, *Kirchenordnung und Kirchenzucht in Württemberg vom 16. bis 18. Jahrhundert*, Quellen und Forschungen zur Württembergischen Kirchengeschichte, Bd. 1, 1967, S. 63–65.

14 Johann Valentin Andreä, *Theophilus*, hg. von Richard van Dülmen, Stuttgart 1973, S. 105.

15 Brecht, *Kirchenordnung*, a.a.O., S. 60.

16 Andreä, *Theophilus*, a.a.O., S. 104 f.

17 Brecht, *Kirchenordnung*, a.a.O., S. 81.

18 WHSA 209 Bü 1462a, 6 (7. Februar 1648).

19 Ebd., 7, 8.

20 Ebd., 10.

21 Ebd., 16.

22 Ebd., 19.

23 Ebd., 17.

24 Ebd., 12.

25 Ebd., 34, 37b, 63, 64a, 64b, 88.

26 Wie so häufig in derartigen Fällen ereigneten sich andere Dinge, die – so glaubte man – Licht auf das Hauptereignis warfen, hier im wörtlichen Sinn (ebd., 18). Der Bote aus Gerlingen sah, als er sich abends dem Rotenbildtor in Stuttgart näherte, ein großes Licht am Himmel. Ein Soldat berichtete, daß eine Feuerkugel am Himmel aufgetaucht und dort bis 10 Uhr 30 zu beobachten gewesen sei. Ein anderer nannte sie eine Kugel so groß wie der Mond, die sich verfinsterte, als hätte man das Licht gelöscht, und dann wieder aufleuchtete.

27 Ebd., 30.

28 Ebd.

29 Ebd., 28.

30 Ebd., 30.

31 ›General Rescript, betr. Abwarnung der Gemeinden von den Vorspiegelungen eines Schwärmers‹ (14. April 1648), in: A. L. Reyscher (Hg.), *Sammlung der württembergischen Geseze*, Bd. 8, Tübingen 1834, S. 325.

32 WHSA A 209 Bü 1462a, 37a.

33 Ebd., 52.

34 Ebd., 54.

35 Ebd., 55.

36 Ebd., 53.

37 Ebd., 61.

38 Ebd., 65.

39 Nicht nur, daß sich die Neuigkeit in ganz Württemberg verbreitete und den Beamten in Gerlingen und den umliegenden Ortschaften ganz konkrete Unannehmlichkeiten verschaffte, die Gerüchte, die an den Landesgrenzen umliefen, bargen noch eine ganz andere Bedeutung. Die politischen Implikationen des Gerüchts, daß der Papst und der Kaiser Agenten geschickt hätten, die sich – mitten im protestantischen Württemberg – nach Keil erkundigen sollten, sind deutlich erkennbar. Die folgende Geschichte aus Hechingen, einer Stadt in einem katholischen Land im Süden von Württemberg, zeigt jedoch, wie historische Momente dieser Art die konfessionellen Gegensätze zwischen den Ländern vertiefte (ebd., 74b): Es wurde erzählt, daß der Herzog und seine Frau Keil zu sich kommen ließen, um festzustellen, ob er in seiner Aussage konsistent bliebe. Da habe es geklopft und die Herzogin sei zur Tür gegangen, habe aber niemanden gesehen. Es habe erneut geklopft, aber auch der Herzog habe niemanden sehen können. Beim dritten Mal sei Keil gegangen und er habe einen Engel dort stehen sehen. Dem Herzog, dem er den Engel habe zeigen wollen, sei er unsichtbar geblieben. Der Engel habe dem Herzog befohlen, sich zu bekehren, andernfalls werde ein grausamer Tod kommen und Land und Leute mit allerhand Strafen heimgesucht werden. Der Herzog habe dem Engel geantwortet, daß er sich zum katholischen Glauben bekehren werde. Daraufhin habe der Engel ihn geheißen, ihm die Hand zu geben, doch der Herzog habe gezögert, weil er den Engel nicht habe sehen können. Da habe der Engel die Hand ausgestreckt und der Herzog habe nur einen halben Arm sehen können. Er habe dem Engel die Hand gegeben. Seitdem habe der Herzog Kapuziner und Jesuiten bei sich.

40 Ebd., 75a.

41 Ebd., 75c.

42 Ebd., 76.

43 Ebd., 78a.

44 Ebd., 84, 85.

45 Ebd., 94.

46 Ebd., 73.

47 Ebd., 115, 122.

48 Ebd., 108.

49 Ebd., 143.

50 Ebd., 166.

51 Zum Thema Spinnstube siehe den Aufsatz von Hans Medick, ›Spinnstuben auf dem Dorf. Jugendliche Sexualkultur und Feierabendbrauch in der ländlichen Gesellschaft der Neuzeit‹, in: G. Huck (Hg.), Sozialgeschichte der Freizeit. Untersuchungen zum Wandel der Alltagskultur in Deutschland, Wuppertal 1980, S. 19–49.

52 Keils Vetter, der zwanzig Jahre zuvor in einem anderen Ort eine Vision im Weinberg gehabt haben wollte, wurde nur bedeutet, nicht töricht zu sein. Die Sache blieb folgenlos; WHSA A 209 Bü 1462a, 30.

53 Ebd., 151.

54 Ebd., 107.

55 Claude Lévi-Strauss, La pensée sauvage, Paris 1962 (dt.: Das wilde Denken.

Übersetzt von Hans Naumann, Frankfurt am Main 1968, S. 31). Auf die Ähnlichkeit mit dem *bricoleur* hat mich Hans Medick hingewiesen.

56 Tatsächlich arbeitete er an seiner »spontanen« Vision mehr als neun Wochen, wobei er sie mehr als »40 Mahl« umschrieb.

57 Heinz-Dieter Kittsteiner, ›Von der Gnade zur Tugend. Über eine Veränderung in der Darstellung des Gleichnisses vom verlorenen Sohn im 18. und frühen 19. Jahrhundert‹, in: N. W. Bolz und W. Hübener (Hg.), *Spiegel und Gleichnis. Festschrift für Jacob Taubes*, Würzburg 1983, S. 135–148.

3. Das heilige Band der Einheit

1 Ein prozessuales Konzept von Kultur entwickelte Gerald Sider in einer Reihe anregender Aufsätze: ›Christmas Mumming and the New Year in Outport Newfoundland‹, *Past and Present*, 71, Mai 1976, S. 102–125; ›The Ties that Bind: Culture and Agriculture, Property and Propriety in Village Newfoundland‹, *Social History*, 5, 1980, S. 1–39; ›Familienvergnügen in Starve Harbour: Brauchtum, Geschichte und Konfrontation auf dem Dorf in Neufundland‹, in: Hans Medick und David Warren Sabean (Hg.), *Emotionen und materielle Interessen. Sozialanthropologische und historische Beiträge zur Familienforschung*, Göttingen 1984, S. 435–472.

2 Zum Thema Hexerei im 17. Jahrhundert existiert eine sehr umfangreiche Literatur. Den neuesten Überblick und Leitfaden durch die Literatur bietet Gerhard Schormann, *Hexenprozesse in Deutschland*, Göttingen 1981. Für Württemberg siehe H. C. Erik Midelfort, *Witch Hunting in Southwestern Germany 1562–1684. The Social and Intellectual Foundations*, Stanford 1972.

3 Die Quellen zu diesem Kapitel bilden die Dokumente einer Akte im Württembergischen Hauptstaatsarchiv Stuttgart (WHSA), A 209 *(Oberrat: Kriminalakten (1513–1803)*, Büschel 1481, mit dem Titel: ›Untersuchung gegen die 13.jährige Anna Catharina Weissenbühler von Warmbronn wegen Hexerei Verdachts‹. In den meisten Fällen wird das Datum des benutzten Dokuments im Text angegeben, so daß die Notwendigkeit entfällt, die Quelle jedesmal anzuführen.

4 Ebd., 17 (4. November 1683).

5 Ebd., 1 (16. Juni 1683) und 26. November 1683.

6 Vgl. die davon abweichende Behandlung von Blutsverwandten im 5. Kapitel.

7 Das gemeinsame Mahl war natürlich ein zentraler Aspekt des Abendmahls, speziell eines Krankenabendmahls; vgl. die Ausführung dazu im 1. Kapitel.

8 Vgl. Siders Untersuchung der »Scoffs« in seinem Artikel ›Familienvergnügen‹. Ein zentraler Punkt dieser hergebrachten Form von Parties, für die die Lebensmittel gestohlen werden, ist nach Siders Auffassung das Fehlen von Austausch.

9 Der Begriff »Beziehungsidiom« wird von Esther Goody in ihrem Buch *Contexts of Kinship*, Cambridge 1973, S. 2 f., 41–50, 121–128, entwickelt, wo sie den Ausdruck im Zusammenhang mit der gemeinsamen Einnahme von gekochter Nahrung und Hexerei verwendet. Die Parallelen zum vorliegenden Material sind bemerkenswert.

10 Ebd., S. 23. Vgl. auch die Ausführungen von Hans Medick und David Warren Sabean in ›Emotionen und materielle Interessen in Familie und Verwandtschaft‹, in dem von ihnen herausgegebenen Band *Emotionen und materielle Interessen*, a.a.O., S. 34–39.

11 Midelfort, *Witch Hunting*, a.a.O., S. 158–163.

12 Zu den Unterscheidungen siehe E. R. Leach, ›Rethinking Anthropology‹, in seinem Buch *Rethinking Anthropology*, New York 1966, S. 1–27. Siehe auch die wichtige Arbeit von Marc Augé, *Théorie des pouvoirs et idéologie. Étude de cas en Côte-d'Ivoire*, Paris 1975, besonders S. 180 ff.

13 Ein Mann, der seine Frau der Hexerei beschuldigte, sagte zum Beispiel: »Das alles aber hat sie nicht erkauft aber ererbt«; Neckarhausen, *Kirchenkonventsprotocolle*, Bd. 1, 24. August 1744.

14 Von einem dörflichen Informanten.

15 WHSA A 209 Bü 1467, 13. Oktober 1656.

16 Ebd., 22. Juli 1658.

17 Ebd., 23. Januar 1657.

18 Ebd., 8. April 1658.

19 Midelfort, *Witch Hunting*, S. 178 ff.; Keith Thomas, *Religion and the Decline of Magic. Studies in Poplular Beliefs in Sixteenth and Seventeenth-Century England*, London 1971, S. 526 ff.; Alan Macfarlane, *Witchcraft in Tudor and Stuart England. A Regional and Comparative Study*, London 1970, S. 168 ff.

20 Zum Beispiel die im 4. Kapitel berichteten Vorfälle.

21 Ein gutes Beispiel legt Schormann vor: *Hexenprozesse*, a.a.O., S. 96–99. Siehe auch WHSA A 209 Bü 1467.

22 Medick und Sabean, ›Emotionen und materielle Interessen‹, a.a.O. Marcel Mauss, *Die Gabe. Form und Funktion des Austauschs in archaischen Gesellschaften*, in: *Soziologie und Anthropologie*, hg. von Wolf Lepenies und Henning Ritter, Bd. 2, Frankfurt am Main / Berlin / Wien 1978.

23 Neckarhausen, *Kirchenkonventsprotocolle, Bd. 2, 15. Mai 1769.*

24 Ebd., 13. Juli 1770, Bd. 3, 5. Mai 1776.

25 WHSA A 209 Bü 1467, 13. Oktober 1656. Neckarhausen, *Kirchenkonventsprotocolle*, Bd. 2, 22. Januar 1769, 25. Februar 1770, 13. Juli 1770, 11. Januar 1771.

26 Laichingen, *Kirchenkonventsprotocolle*, Bd. 1754–64, 24. Mai 1758.

27 Frances A. Yates, *The Art of Memory*, London 1972 (Repr.), S. 6 ff.

28 Ebd.; Ruth Crosby, ›Oral Delivery in the Middle Ages‹, *Speculum*, 11, 1936, S. 88–110. Siehe auch den anregenden Beitrag von Franz H. Bäuml, ›Varieties and Consequences of Medieval Literacy and Illiteracy‹, *Speculum*, 55, 1980, S. 237–265, besonders S. 249 ff.

29 Walter J. Ong, S.J., *The Presence of the Word*, New Haven 1927, S. 32 f., 223.

30 S. J. Tambiah, ›The Magical Power of Words‹, *Man*, N.S. 3, 1968, S. 175–208.

31 Dale E. Eickelmann, ›The Art of Memory: Islamic Education and its Social Reproduction‹, *Comparative Studies in Society and History*, 20, 1978, S. 485–516, besonders S. 494 f., 505.

32 Die Literatur zur Vorstellung vom Wort in der Reformation ist umfangreich. Ein nützliches Werk aus der neueren Zeit ist das Buch von Klaus Haendler, *Wort und Glaube bei Melanchthon*, Gütersloh 1968.

33 Johannes Brenz, *Frühschriften*, hg. von Martin Brecht, Gerhard Schäfer und Frieda Wolf, Bd. 2, Tübingen 1974, S. 280 ff., 385 ff.

34 *Kirchenordnung von 1559*, in: A. L. Reyscher (Hg.), *Sammlung der württembergischen Geseze*, 19 Bände, Tübingen 1828 – 1851, Bd. 8, S. 243.

35 Johannes Calvin, *Unterricht in der christlichen Religion* (Institutio Christianae Religionis), übersetzt und bearbeitet von Otto Weber, Neukirchen-Vluyn 1963, S. 688.

36 Ebd., S. 688.

37 Ong, *Presence of the Word*, a.a.O., S. 122–32.

38 *Kirchenordnung von 1559*, in: Reyscher (Hg.), *Sammlung*, Bd. 8, a.a.O., S. 881.

39 Ebd., Bd. 11, 1. Teil, S. 4.

40 *Publications-Rescript zum zweiten Landrecht* (1. Juli 1567), in: Reyscher (Hg.), *Sammlung*, Bd. 4, a.a.O., S. 168–170; *General-Rescript* (4. April 1584), S. 442; *Mandat* (21. Mai 1586); *Verordnung* (11. November 1608), S. 464.

4. Gotteslästerung, Ehebruch und Verfolgung

1 Die Akte befindet sich im Württembergischen Hauptstaatsarchiv Stuttgart (WHSA) in der Reihe A 214 (*Kommissionen des Oberrats (1579–1817)*, Büschel 335. Sie trägt den Titel: ›Acta der zu Heubach, Pflugfelden, Mauren und endlich zu Hattenhofen gewesenen unruhigen, und aus dem Herzogtum fortgewiesenen Pfarrer Mr. Georg Gottfrid Bregenzer betr. 1696–99, 1700–1710‹. Die einzelnen Dokumente werden unter ihrem Datum oder Titel angeführt.

2 Siehe Christian Sigel, *Das evangelische Württemberg*, 2. Teil, *General Magisterbuch* (Bd. 10, vervielfältigte Exemplare ohne Erscheinungsort und -jahr [1932]), S. 419. Ein Exemplar befindet sich in der Landesbibliothek Stuttgart.

3 WHSA A 214 Bü 335, 13. Oktober 1696.

4 Ebd., ›Wann ein Schuler seinem Schulmeister alles layds anthät…‹.

5 Ebd., 6. Dezember 1697.

6 Ebd.

7 Ebd., 4. Mai 1698.

8 Ebd., 6. Dezember 1697.

9 Siehe Einleitung, S. 24–28.

10 WHSA A 214 Bü 335, 4. Mai 1697. In Konflikte über die kleinen Zehnten waren württembergische Pfarrer häufig verwickelt; Martin Hasselhorn, *Der altwürttembergische Pfarrstand im 18. Jahrhundert*. Veröffentlichungen der Kommission für geschichtliche Landeskunde in Baden-Württemberg, Reihe B: Forschungen, 6. Band, Stuttgart 1958, S. 9–12.

11 WHSA A 214 Bü 335, 4. Mai 1697.

12 Ebd., 12. Juli 1699, 24. Juli 1699, 1. August 1699.

13 Ebd., 7. November 1705.

14 Ebd., 6. Februar 1706.

15 Ebd.

16 Ebd., 1. Februar 1706.

17 Ebd.

18 Siehe die vergleichenden Beiträge in Gisela Völger und Karin von Welck (Hg.), *Rausch und Realität*, 2 Bände, Reinbek 1982, Bd. 1, S. 134–362.

19 Eine gute Darstellung des Zusammenhangs, in den meine Ausführungen zu stellen sind, gibt Hartmut Lehmann, *Pietismus und weltliche Ordnung in Württemberg vom 17. bis zum 20. Jahrhundert*, Stuttgart 1969, S. 22–65.

20 Die im folgenden angeführten Zeugenaussagen und Bregenzers Antworten darauf finden sich in: WHSA A 214 Bü 335, 6. Februar 1706 (Protokoll vom 1. bis 4. Februar 1706).

21 Ebd., Mai 1705.

22 Ebd.

23 Ebd., 6. Februar 1706 (Protokoll vom 2. November 1705).

24 Ebd.

25 Ebd., 11. Februar 1705.

26 Ebd.

27 Ebd., 22. Februar 1706.

28 Ebd., 22. August 1710.

29 Ein gutes Beispiel für die pietistischen Praktiken des 18. Jahrhunderts ist der Roman von Karl Ph. Moritz, *Anton Reiser*, Frankfurt am Main 1979.

30 Vgl. die scharfsichtigen Beobachtungen von Martin Scharfe zum 19. Jahrhundert in seinem Buch *Die Religion des Volkes. Kleine Kultur- und Sozialgeschichte des Pietismus*, Gütersloh 1980, S. 62, 65, 88.

31 Siehe Edwar Shorter, ›Illegitimacy, Sexual Revolution and Social Change in Modern Europe‹, *Journal of Interdisciplinary History*, 2, 1971/72, S. 237ff. Angaben für ein württembergisches Dorf wird meine Studie über Neckarhausen enthalten; bis dahin siehe meinen Artikel ›Unehelichkeit: Ein Aspekt sozialer Reproduktion kleinbäuerlicher Produzenten. Zu einer Analyse dörflicher Quellen um 1800‹, in Robert Berdahl u. a. (Hg.), *Klassen und Kultur. Sozialanthropologische Perspektiven in der Geschichtsschreibung*, Frankfurt am Main 1982, S. 54–76.

32 Auf diesen Punkt hat mich Eric Wolf hingewiesen.

33 Siehe Emmanuel Le Roy Ladurie, ›Family Structures and Inheritance Customs in Sixteenth-Century France‹, in: Jack Goody u. a. (Hg.), *Inheritance. Rural Society in Western Europe 1200–1800*, Cambridge 1976, S. 37–70. Die große Studie zum französischen Gewohnheitsrecht ist die von Jean Yver: *Egalité entre héritiers et exclusion des enfants dotés*, Paris 1966.

34 Zu Württemberg siehe Rolf-Dieter Hess, *Familien- und Erbrecht im württembergischen Landrecht von 1555*. Veröffentlichungen der Kommission für geschichtliche Landeskunde in Baden-Württemberg, Reihe B: Forschungen, 44. Band, Stuttgart 1968.

35 Siehe Jeanne Favret-Saada, *Les mots, la mort, les sorts. La sorcellerie dans le Bocage*, Paris 1977 (dt.: *Die Wörter, der Zauber, der Tod. Der Hexenglaube im Hainland von Westfrankreich*. Übersetzt von Eva Moldenhauer, Frankfurt am Main 1979, S. 32ff.)

36 WHSA A 214 Bü 335, ›Geistliche Schützen-Kunst und Schützen-Zunfft‹.

37 Ein immer noch nützliches Buch zum »Schwärmertum« ist das Werk von Ronald Knox, *Enthusiasm. A Chapter in the History of Religion*, New York

1961 (dt.: *Christliches Schwärmertum*. Übersetzt von P. Havelaar und A. Schorn, Köln 1957). Zu Arndt siehe Constantin Grosse, *Die alten Tröster*, Hermannsburg 1900, S. 177–197. Siehe auch den Artikel zu Arndt in der *Realencyclopädie für protestantische Theologie und Kirche*, 3. Aufl., Bd. 2, Leipzig 1897, S. 108–12.

38 Johann Arndt, *Vier Bücher vom wahren Christenthum* (1619), Lüneberg 1653, Vorrede.

39 Ebd.

40 Ebd., 1. Buch, S. 33.

41 Ebd., S. 44.

42 Ebd., S. 48.

43 WHSA A 214 Bü 335, ›Theologica Apologia‹

44 Zu Stegmann siehe den Artikel in Johann Heinrich Zedler (Hg.), *Großes Vollständiges Universal-Lexikon*, Bd. 32, Leipzig 1744, Nachdruck Graz 1962, S. 1471 f., der eine Liste seiner Werke und eine kurze Biographie enthält. WHSA A 214 Bü 335, ›Aus D. Josua Stegmanni pp. Rintel: seinem Nutzlichen unndt Geistreichen Tractat vom wahren Christenthumb etc. Excerpta...‹.

45 Arndt, *Vom Wahren Christenthum*, a.a.O., 1. Buch, S. 33 f.

46 Ebd., 4. Buch, S. 110 ff.

47 Siehe den Artikel ›Hermeneutik‹ in: *Die Religion in Geschichte und Gegenwart (RGG)*, 3. Aufl., Bd. 3, Tübingen 1959, S. 242–262, außerdem den Artikel ›Typologie‹, ebd., Bd. 6, Tübingen 1962, S. 1094–1098.

48 Artikel ›Typologie‹, *RGG*, Bd. 6., a.a.O., S. 1095.

49 Artikel ›Hermeneutik‹, *RGG*, Bd. 3, a.a.O., S. 251 f.

5. Gute Haushaltung und schlechtes Gewissen

1 Die in diesem Kapitel herangezogene Akte befindet sich im Württembergischen Hauptstaatsarchiv Stuttgart (WHSA), Reihe A 214 *Kommissionen des Oberrats (1579–1817)*, Büschel 476. Sie trägt den Titel ›Acta, die wegen des 9. Juli 1733 todgefundenen Pfarrers Breuningers zu Zell in Anno 1743. zu tag gekommenen bedencklichen Umbstände betr. 1733–48‹. Der Hinweis auf einzelne Dokumente erfolgt durch Angabe ihrer Nummer.

2 Ebd., 5.

3 Ebd., 8.

4 Die Gerichtsprotokolle des Dorfs Neckarhausen enthalten zahlreiche Beispiele. Sie werden in meiner demnächst erscheinenden Studie eingehend erörtert werden.

5 Manchmal bewirkte dieses Verfahren eine Art Reinigung. Eine schuldige Person mochte jemanden wegen Verleumdung vor Gericht bringen, obwohl sie sehr wohl wußte, daß sie verlieren würde. Sobald sie sich für schuldig befunden und ihre Strafe erhalten hatte, konnte sie wegen ihres Delikts nicht mehr geschmäht werden, ohne daß sie ihrerseits Genugtuung verlangen konnte.

6 Eine wichtige Untersuchung zum Charakter des dörflichen Diskurses ist der Beitrag von Regina Schulte, ›Kindsmörderinnen auf dem Lande‹, in: Hans Medick und David Warren Sabean (Hg.), *Emotionen und materielle*

Interessen. Sozialanthropologische und historische Beiträge zur Familien-forschung, Göttingen 1984, S. 113–142.

7 In meinem demnächst erscheinenden Buch über Familie und Verwandt-schaft in Neckarhausen wird die Ideologie des »Hauses«, des »Haushalts« und des »Haushalters« detailliert untersucht. Bis dahin siehe die kritischen Anmerkungen in meinem Artikel ›History of the Family in Africa and Europe: Some Comparative Perspectives‹, *Journal of African History*, 24, 1983, S. 163–171.

8 WHSA A 214 Bü 476, 13.

9 Anschließend zitierte Mauchard 1. Mose 49, 5–7.

10 WHSA A 214 Bü 476, 14.

11 Ebd., 2.

12 Ebd., ohne Nummer, mit dem Datum: 12. August 1733.

13 Ebd., 46.

14 Georgii leitete sein Plädoyer gegen die Drohmanns mit den Worten aus Nahum 1, 2–3 ein; ebd., 31.

15 Ebd., 58.

16 Der schwäbische Ausdruck »brutal« bedeutete grob, unverschämt, unhöf-lich, anmaßend. Er wurde häufig in bezug auf Worte gebraucht. »Bruta-lium« war ein derber Ausdruck für Mund: »Ich schlage dich aufs Bruta-lium«. Siehe Hermann von Fischer, *Schwäbisches Wörterbuch*, 6 Bände, Tübingen 1904–1936, Eintrag ›brutal‹.

17 Siehe mein demnächst erscheinendes Buch über Familie und Verwandtschaft in Neckarhausen.

18 Diese Aussage stützt sich auf Heirats- und Nachlaßinventare aus Neckar-hausen. Siehe auch Rolf-Dieter Hess, *Familien- und Erbrecht im württem-bergischen Landrecht von 1555*. Veröffentlichungen der Kommission für ge-schichtliche Landeskunde in Baden-Württemberg, Reihe B: Forschungen, 44. Band, Stuttgart 1968.

19 Meine Studie über Verwandtschaft und Familie in Neckarhausen wird auch eine Untersuchung des Grundstücksmarktes enthalten.

20 Siehe die Bemerkung in der Einleitung, S. 49–50.

21 WHSA A 214 Bü 476, 58.

6. Die Sünden des Glaubens

1 Das Gedicht stammt aus Karl Steiff, *Geschichtliche Lieder und Sprüche Württembergs*, Stuttgart 1912, Nr. 288, S. 1009f. Es trägt den Titel ›Die letzte Hoffnung Demokratie‹ oder ›Wie reimt man das zusammen?‹ und wurde im Oktober 1850 verfaßt. Das Original umfaßt mehrere Strophen, die alle ein Reimwort enthalten, das ungenannt bleibt und durch einen harmlosen Ausdruck ersetzt wird. Hier lautet das fehlende Wort »Sparren«.

2 Hugo Moser, *Schwäbischer Volkshumor. Neckereien in Stadt und Land, von Ort zu Ort*, 2. Aufl., Stuttgart 1981, S. 346f.

3 Württembergisches Hauptstaatsarchiv Stuttgart (WHSA), Reihe A 214 *(Kom-missionen des Oberrats 1579–1817)*, Büschel 810, betitelt: ›Commissarische Untersuchung wegen Lebendigbegrabung eines Farrens zu Beutelsbach‹.

4 Ebd. Das Protokoll trägt die Daten 24. Oktober bis 15. November 1796, der Bericht das Datum vom 7. November (Dokument 10 A).

5 Einen Überblick über die Erlasse und Verordnungen ermöglicht A. L. Reyscher (Hg.), *Sammlung der württembergischen Geseze*, Bd. 14, Tübingen 1843, S. 1110f.

6 WHSA A 214, 10. Dezember 1796 (Dokument 13).

7 Ebd., 7. Januar 1797 (Dokument 15).

8 Ebd., 29. Juli 1801 (Dokument 19).

9 Ebd., 20. August 1801, 22. September 1801 (Dokumente 21, 22).

10 Ebd., 14. September 1801 (Dokument 23).

11 Ebd., 14. September 1801 (Dokument 25).

12 Ebd., 1. Oktober 1801 (Dokument 25).

13 Ebd., ohne Nummer und Datum.

14 Auf diesen Punkt machte mich Vanessa Maher aufmerksam. Siehe die von M. F. C. Bourdillon und Meyer Fortes zusammengestellte Aufsatzsammlung: *Sacrifice*, London 1980, besonders J. W. Rogerson, ›Sacrifice in the Old Testament. Problems of Method and Approach‹, S. 45–60, und S. W. Sykes, ›Sacrifice in the New Testament and Christian Theology‹, S. 61–83.

15 Tatsächlich war er ein sehr alter Mann, der kurz nach der ersten Untersuchung im Alter von neunundsiebzig Jahren starb. Der neue Pfarrer wurde im Dezember 1796 ernannt. *Schwäbischer Merkur*, 23. November 1796, S. 347; 26. Dezember 1796, S. 375.

16 In Neckarhausen zum Beispiel wurde ein Eber für das Dorf zum ersten Mal in den 60er Jahren des 19. Jahrhunderts gekauft. Die zunehmende Schweinehaltung im Dorf und das wachsende Interesse an der Zucht waren Folgen des Anbaus neuer Knollenfrüchte nach der agrikulturellen Revolution.

17 Das Beispiel stammt aus einer Untersuchung der kriminellen Aktivitäten eines Schultheißen in Neckarhausen während des ersten Jahrzehnts des 19. Jahrhunderts; WHSA A214 Bü 746.

18 Interessante Ausführungen zum Thema Wissen als Macht und zur Notwendigkeit von Verheimlichungs- und Verstellungsstrategien finden sich bei Juliet Du Boulay, *Portrait of a Greek Mountain Village*, Oxford 1974, S. 179–229. Was die Autorin über die Kommunikation zwischen den Dorfbewohnern schreibt, ist auch für die Kommunikation zwischen Innen und Außen relevant.

Schlußbetrachtung

1 Fritz Redlich, *The German Military Enterpriser and his Work Force*. Vierteljahrschrift für Sozial- und Wirtschaftsgeschichte, Beiheft 47, 2 Bände, Wiesbaden 1964.

2 Einen Überblick über die Literatur zu den europäischen Bauernrevolten und ihrer Bedeutung für die Entwicklung des Staates bietet Winfried Schulze, ›Europäische und deutsche Bauernrevolution der frühen Neuzeit – Probleme der vergleichenden Betrachtung‹, in dem von ihm herausgegebenen Band *Europäische Bauernrevolten der frühen Neuzeit*, Frankfurt am Main

1982, S. 10–60. Siehe auch seine Arbeit über Revolten in Mitteleuropa: *Bäuerlicher Widerstand und feudale Herrschaft in der frühen Neuzeit*, Neuzeit im Aufbau, Bd. 6, Stuttgart / Cannstatt 1980.

3 Siehe Dietrich Gerhard, ›Amtsträger zwischen Krongewalt und Ständen: ein europäisches Problem‹, in seinen *Gesammelten Aufsätzen*, Veröffentlichungen des Max-Planck-Instituts für Geschichte, Bd. 54, Göttingen 1977, S. 71–88; J. Russel Major, ›The Crown and the Aristocracy in Renaissance France‹, *American Historical Review*, 69, 1963/64, S. 631–645; Hans Rosenberg, *Bureaucracy, Aristocracy and Autocracy. The Prussian Experience 1660–1815*, Cambridge, Mass., 1958, S. 1–25.

4 Diese Angaben stammen aus meiner Untersuchung von Gerichtsprotokollen aus Neckarhausen.

5 Zwei nützliche Arbeiten über den Finanzstaat sind: Rudolf Braun, ›Taxation, Sociopolitical Structure, and State-Building: Great Britain and Brandenburg-Prussia‹, in: Charles Tilly (Hg.), *The Formation of National States in Western Europe*, Princeton 1975, S. 243–327; Gabriel Ardant, ›Financial Policy and Economic Infrastructure of Modern States and Nations‹, ebd., S. 164–242.

6 Zu diesem Abschnitt siehe einige der Konfliktfälle in der Dokumentensammlung A206 *(Oberrat: ältere Ämterakten (1550–1748)* im Württembergischen Hauptstaatsarchiv in Stuttgart (WHSA), Büschel 1341a, 1348, 1364, 3871, 3929, 3966, 4233, 4941, 4942, 4950, 4971, 5091, 5099.

7 Hans Medick, ›Spinnstuben auf dem Dorf. Jugendliche Sexualkultur und Feierabendbrauch in der ländlichen Gesellschaft der frühen Neuzeit‹, in: G. Huck (Hg.), *Sozialgeschichte der Freizeit. Untersuchungen zum Wandel der Alltagskultur in Deutschland*, Wuppertal 1980, S. 19–49.

8 Siehe Ivan Illich, *Vom Recht auf Gemeinheit*, Reinbek bei Hamburg 1982, S. 30–48, besonders S. 33.

9 Ivan Illich, *Gender*, New York 1982, S. 148–157. Jeffrey Burton Russell, *Witchcraft in the Middle Ages*, Ithaca 1972, S. 50, 60, 65, 93, 110, 170.

10 Illich, *Gender*, a.a.O., S. 147–152.

11 Siehe die Eintragungen aus Neckartailfingen in der Sammlung der *Urfehden* (A44) im WHSA.

12 Illich, *Gender*, a.a.O., S. 152.

13 1. Kapitel.

14 Johann Valentin Andreä, *Theophilus*, hg. von Richard van Dülmen, Stuttgart 1973.

15 Ebd., S. 83.

16 Ebd., S. 57, 89, 109.

17 Ebd., S. 35, 107.

18 Ebd., S. 105.

19 Ebd., S. 35.

20 2. Kapitel.

21 5. Kapitel.

22 Clifford Geertz, ››From the Native's Point of View«: On the Nature of Anthropological Understanding‹, in: Keith H. Basso und Henry A. Selby (Hg.), *Meaning in Anthropology*, Albuquerque, New Mexico, 1976, S. 221–237, hier S. 225 (dt.: ››Aus der Perspektive des Eingeborenen«. Zum Problem

des ethnologischen Verstehens‹, in: C. Geertz, *Dichte Beschreibung. Beiträge zum Verstehen kultureller Systeme.*Übersetzt von Brigitte Luchesi und Rolf Bindemann. Frankfurt am Main 1983, S. 289–309, hier S. 294).

23 Oben, S. 54–55.
24 Andreä, *Theophilus*, a.a.O., S. 135.
25 2. Kapitel.
26 Russell, *Witchcraft*, a.a.O., S. 170.
27 Oben, S. 117–118.
28 H.C. Erik Midelfort, *Witch Hunting in Southwestern Germany 1562–1684. The Social and Intellectual Foundations*, Stanford 1972, S. 37f.
29 Jeanne Favret-Saada, *Le mots, la mort, les sorts. La sorcelleric dans le Bocage*, Paris 1977 (dt.: *Die Wörter, der Zauber, der Tod. Der Hexenglaube im Hainland von Westfrankreich*. Übersetzt von Eva Moldenhauer, Frankfurt am Main 1979, S. 104ff.).
30 4. Kapitel.
31 5. Kapitel.

Sachregister

270

Ortsregister

Personenregister

suhrkamp taschenbücher wissenschaft
Geschichte, Sozialgeschichte,
Zeitgeschichte, Dokumentation

suhrkamp taschenbücher wissenschaft
Geschichte, Sozialgeschichte, Zeitgeschichte, Dokumentation

Reinalter (Hg.): Demokratische und soziale Protestbewegungen in Mitteleuropa 1815-1848/49. stw 629
– Freimaurer und Geheimbünde im 18. Jahrhundert in Mitteleuropa. stw 403
Rosenbaum: Formen der Familie. stw 374
Rosenbaum (Hg.): Familie und Gesellschaftsstruktur. stw 244
Rossi: Vom Historismus zur historischen Sozialwissenschaft. stw 699

Saage: Arbeiterbewegung, Faschismus, Neokonservatismus. stw 689
Schulze (Hg.): Europäische Bauernrevolten der frühen Neuzeit. stw 393
Tibi: Der Islam und das Problem der kulturellen Bewältigung sozialen Wandels. stw 531
Vranicki: Geschichte des Marxismus. 2 Bde. stw 406

suhrkamp taschenbücher wissenschaft
Politische Ökonomie,
Staats- und Politiktheorie